《西方古典学研究》
编辑委员会

主　编：黄　洋　（复旦大学）
　　　　高峰枫　（北京大学）

编　委：陈　恒　（上海师范大学）
　　　　李　猛　（北京大学）
　　　　刘津瑜　（美国德堡大学）
　　　　刘　玮　（中国人民大学）
　　　　穆启乐　（Fritz-Heiner Mutschler，德国德累斯顿大学；北京大学）
　　　　彭小瑜　（北京大学）
　　　　吴　飞　（北京大学）
　　　　吴天岳　（北京大学）
　　　　徐向东　（浙江大学）
　　　　薛　军　（北京大学）
　　　　晏绍祥　（首都师范大学）
　　　　岳秀坤　（首都师范大学）
　　　　张　强　（东北师范大学）
　　　　张　巍　（复旦大学）

西方古典学研究

Medieval Studies
An Introduction

中世纪研究导论

James M. Powell

[美] 詹姆斯·M. 鲍威尔 编

汪辉 喻乐 译

北京大学出版社
PEKING UNIVERSITY PRESS

著作权合同登记号 图字：01-2014-4166

图书在版编目（CIP）数据

中世纪研究导论 /（美）詹姆斯·M. 鲍威尔编；汪辉，喻乐译. —北京：北京大学出版社，2021.10
（西方古典学研究）
ISBN 978-7-301-32516-2

Ⅰ. ①中… Ⅱ. ①詹… ②汪… ③喻… Ⅲ. ①社会科学 – 文集 Ⅳ. ①C53

中国版本图书馆 CIP 数据核字（2021）第 194985 号

Medieval Studies: An Introduction/edited by James M. Powell. 2nd ed.
© 1992 by Syracuse University Press

"Medieval Studies: An Introduction"was originally published in English in 1992.
This translation is published by arrangement with Syracuse University Press.
Simplified Chinese Edition Copyright © 2021 by Peking University Press.
All Rights Reserved.

书　　　名	中世纪研究导论 ZHONGSHIJI YANJIU DAOLUN
著作责任者	[美] 詹姆斯·M. 鲍威尔（James M. Powell）编　汪　辉　喻　乐 译
责任编辑	延城城
标准书号	ISBN 978-7-301-32516-2
出版发行	北京大学出版社
地　　　址	北京市海淀区成府路 205 号　100871
网　　　址	http://www.pup.cn　新浪微博：@ 北京大学出版社
电子信箱	pkuwsz@126.com
电　　　话	邮购部 010-62752015　发行部 010-62750672　编辑部 010-62752025
印　刷　者	北京中科印刷有限公司
经　销　者	新华书店
	730 毫米 ×1020 毫米　16 开本　36.75 印张　395 千字 2021 年 10 月第 1 版　2021 年 10 月第 1 次印刷
定　　　价	109.00 元

未经许可，不得以任何方式复制或抄袭本书之部分或全部内容。
版权所有，侵权必究
举报电话：010-62752024　电子信箱：fd@pup.pku.edu.cn
图书如有印装质量问题，请与出版部联系，电话：010-62756370

"西方古典学研究"总序

古典学是西方一门具有悠久传统的学问,初时是以学习和通晓古希腊文和拉丁文为基础,研读和整理古代希腊拉丁文献,阐发其大意。18世纪中后期以来,古典教育成为西方人文教育的核心,古典学逐渐发展成为以多学科的视野和方法全面而深入研究希腊罗马文明的一个现代学科,也是西方知识体系中必不可少的基础人文学科。

在我国,明末即有士人与来华传教士陆续译介希腊拉丁文献,传播西方古典知识。进入20世纪,梁启超、周作人等不遗余力地介绍希腊文明,希冀以希腊之精神改造我们的国民性。鲁迅亦曾撰《斯巴达之魂》,以此呼唤中国的武士精神。20世纪40年代,陈康开创了我国的希腊哲学研究,发出欲使欧美学者以不通汉语为憾的豪言壮语。晚年周作人专事希腊文学译介,罗念生一生献身于希腊文学翻译。更晚近,张竹明和王焕生亦致力于希腊和拉丁文学译介。就国内学科分化来看,古典知识基本被分割在文学、历史、哲学这些传统学科之中。20世纪80年代初,我国世界古代史学科的开创者日知(林志纯)先生始倡建立古典学学科。时至今日,古典学作为一门学问已渐为学界所识,其在西学和人文研究中的地位日益凸显。在此背景之下,我们编辑出版这套"西方古典学研究"丛书,希冀它成为古典学学习者和研究者的一个知识与精神园地。"古典学"一词在西文中固无歧义，但在中文中可包含多重意思。丛书取"西方古典学"之名，是为避免中文语境中的歧义。

收入本丛书的著述大体包括以下几类：一是我国学者的研究成果。近年来国内开始出现一批严肃的西方古典学研究者，尤其是立志于从事西方古典学研究的青年学子。他们具有国际学术视野，其研究往往大胆而独具见解，代表了我国西方古典学研究的前沿水平和发展方向。二是国外学者的研究论著。我们选择翻译出版在一些重要领域或是重要问题上反映国外最新研究取向的论著，希望为国内研究者和学习者提供一定的指引。三是西方古典学研习者亟需的书籍，包括一些工具书和部分不常见的英译西方古典文献汇编。对这类书，我们采取影印原著的方式予以出版。四是关系到西方古典学学科基础建设的著述，尤其是西方古典文献的汉文译注。收入这类的著述要求直接从古希腊文和拉丁文原文译出，且译者要有研究基础，在翻译的同时做研究性评注。这是一项长远的事业，非经几代人的努力不能见成效，但又是亟需的学术积累。我们希望能从细小处着手，为这一项事业添砖加瓦。无论哪一类著述，我们在收入时都将以学术品质为要，倡导严谨、踏实、审慎的学风。

我们希望，这套丛书能够引领读者走进古希腊罗马文明的世界，也盼望西方古典学研习者共同关心、浇灌这片精神的园地，使之呈现常绿的景色。

"西方古典学研究"编委会
2013年7月

目 录

图　例 i
导　言 I
第一版导言 II
作者简介 IV

拉丁古文字学　　　　　　　　　詹姆斯·J. 约翰 / 1
古文献学　　　　　　　　　　　伦纳德·博伊尔 / 104
钱币学　　　　　　　　　　　　菲利普·格里尔森 / 149
考古学　　　　　　　　　　　　大卫·怀特豪斯 / 212
群体传记学　　　　　　　　　　乔治·比奇 / 242
应用计算机统计分析中世纪社会资料　　大卫·赫利希 / 296
中世纪年代学　　　　　　　　　R. 迪恩·韦尔 / 324
中世纪英语文学　　　　　　　　保罗·泰纳 / 360
中世纪拉丁哲学　　　　　　　　爱德华·A. 西纳 / 410
中世纪法律　　　　　　　　　　肯尼斯·彭宁顿 / 438
中世纪科学和自然哲学　　　　　爱德华·格兰特 / 467
中世纪艺术传统与创新　　　　　韦恩·戴恩斯 / 495
中世纪音乐概览　　　　　　　　西奥多·卡普 / 529

图　例

图 1.1　等高平民体　　　　　　　　　　　　　11

图 1.2　等高方体　　　　　　　　　　　　　　12

图 1.3　安瑟尔圆体　　　　　　　　　　　　　13

图 1.4　安瑟尔半圆体　　　　　　　　　　　　14

图 1.5　后期罗马草体　　　　　　　　　　　　16

图 1.6　圆岛体　　　　　　　　　　　　　　　18

图 1.7　岛体之参差尖体　　　　　　　　　　　19

图 1.8　西哥特参差体　　　　　　　　　　　　21

图 1.9　贝内文托参差体　　　　　　　　　　　24

图 1.10　墨洛温草体　　　　　　　　　　　　25

图 1.11　吕克瑟伊参差体　　　　　　　　　　26

图 1.12　加洛林参差体　　　　　　　　　　　29

图 1.13　早期哥特体文稿　　　　　　　　　　33

图 1.14　正式哥特文本体　　　　　　　　　　35

图 1.15　哥特文本巴黎体　　　　　　　　　　35

图 1.16　哥特文本圆体博洛尼亚体　　　　　　35

图 1.17　哥特文本体和连笔草体　　　　　　　41

图 1.18　哥特草体　　　　　　　　　　　　　41

图 1.19　正式哥特草体　　　　　　　　　　　42

图 1.20　正式哥特混合体　　　　　　　　　　　　42

图 1.21　人文主义圆体　　　　　　　　　　　　　44

图 1.22　人文主义草体　　　　　　　　　　　　　47

导　言

《中世纪研究导论》初版面世，便受到认可，在过去的15年中，许许多多中世纪专业的学生和学者从这本书中获益。近些年来这本书一直没有重印。目前这个版本经过大幅修订，增加了三章，分别探讨考古、法律和科学方面的内容。第一版的各位作者功不可没，这一版中新加入的学者们为我们扩大了读者群，对前后两批作者我们都衷心感谢。

詹姆斯·M.鲍威尔
写于纽约雪城
1991年10月

第一版导言

这本文集是为帮助那些刚刚接触中世纪研究的本科生和研究生,引导他们了解这一领域的概况。本书篇幅有限,但所收录的文章均是后续研究的奠基之作。这些文章不仅概述了某一研究方向的发展轨迹和架构,而且推荐了阅读资料,为进一步研究提供指导。就这点来说,这本书是很成功的。这本文集既可以作为教材,供修中世纪导论课程的学生使用,也可以为他们之后的研究提供参考资料。此外,我们吸纳了一些方法论层面的研究成果,同时保留了一些传统因素,后者对于中世纪学者的训练不可或缺。

前两章探讨拉丁古文字学和古文献学,指导学生使用手稿文献。当下获得摹本和缩微胶卷已非难事,广泛使用各种形式的文献去培训学生已然成为可能。詹姆斯·J.约翰(James J. John)和伦纳德·E.博伊尔(Leonard E. Boyle)在文中给出一些可行的建议,鼓励学生在这些艰涩的领域中探索。虽然并不是所有中世纪学者都要懂古代钱币的相关知识,但菲利普·格里尔森(Philip Grierson)告诉我们他的研究对其他研究方向有重要意义,而且他广泛讨论了古钱币研究中的各种问题,无论是古币年代的界定与分类,还是其他价值媒介、度量标准,或是钱币上重重叠叠的符号,他都有所涉及,这为经验不足的入门研究者指明了道路。乔治·比奇(George Beech)阐述了一种新研究方法,社会史研究者以族谱和其他材料为基础,通过探析群体特性,来研究过去官员的官场生涯、一些小人物的家族历史与生活际遇。大卫·赫利希（David Herlihy）告诉我们中世纪社会和经济史学者该如何充分使用电脑。读完他的文章，学生应该会想去参观机房，并在专业人士的帮助下搞一个试点项目。众所周知，中世纪的年表十分复杂，针对这一点，迪恩·韦尔（Dean Ware）为初次阅读中世纪原文文献的同学提供了极大的帮助。本书最后四章主要对中世纪文学、哲学、艺术、建筑、音乐进行文献导读，读者在其中也会发现学者们研究的主要问题。各位作者也尽量呈现当下各领域的研究情况。

还有许多主题没能纳入本书，一定程度上是因为受限于篇幅，更重要的是，很难找到专业对口、时间也合适的作者。我们希望本版的反响能在今后使其扩充篇幅，同时也希望看到本书各篇文章能够对培养中世纪研究者产生实实在在的影响。

中世纪研究已发展到其关键阶段，现在也广受欢迎，然而我们必须谨慎，因为古典语言研究在各院校衰微，这可能会阻碍中世纪研究的发展势头。其实训练中世纪研究者并不缺乏材料，材料散布各处，但却难以利用起来。中世纪研究有自己的追求目标，且为此作了诸多准备，这其中存在着挑战，我们希望这本文集能够帮助研究者去应对挑战。

本书针对的是中世纪研究这一大的领域，而非某一小的研究方向。编者认为学生需要的是清晰且不失权威的引导，使他们得以踏入某些自己未曾涉猎的研究范畴，以便进行跨学科研究。一些章节篇末附上精挑细选的参考文献，意在指明进一步的阅读方向。

对那些帮助和支持本文集的人，我们深表感谢，对于那些能用得上本书的学生们而言，这本书是献给你们的。

1976 年春
写于纽约雪城

作者简介

乔治·比奇（George Beech），中世纪史教授，西密歇根大学中世纪研究所（Medieval Institute）研究员。1960年从约翰斯·霍普金斯大学获得博士学位，曾在马萨诸塞大学和斯沃斯莫尔学院执教。他是期刊《中世纪人物志》（*Medieval Prosopography*, 1980—　）的创刊人兼编辑，代表作有《中世纪时期的法国乡村社会：11—12世纪普瓦图的加蒂讷》（*A Rural Society in Medieval France: The Gâtine of Poitou in the 11th and 12th Centuries*, 1965）,《遗世而独立：中世纪的乡村生活》（*A World Unto Itself: Life in a Medieval Village*, 1975）。他也曾发表文章探讨阿基坦贵族、"游吟诗人"威廉九世、人名考证、诺曼征服时期英格兰与阿基坦的关系等问题。

伦纳德·E. 博伊尔（Leonard E. Boyle）于1961—1984年在多伦多大学中世纪研究宗座学院任古文字学和古文献学教授。他曾在爱尔兰和英国深造（1972年在牛津大学获博士学位），1956—1961年在罗马圣托马斯大学执教。代表作有《梵蒂冈档案及其中世纪藏品探微》（*A Survey of the Vatican Archives and of Its Medieval Holdings*, 1972）,《对主教、教士的关怀与教育，1200至1400年》（*Pastoral Care, Clerical Education and Canon Law, 1200-1400*）,《中世纪拉丁古文字学：文献导读》（*Medieval Latin*

Paleography: A Bibliographical Introduction, 1984）。在《兄弟会传教士档案》(*Archivum Fratrum Praedicatorum*)、《中世纪教会法研究公告》(*Bulletin of Medieval Canon Law*)、《中世纪研究》(*Medieval Studies*)、《宝鉴》(*Speculum*)上发表多篇文章，探讨古文字学、古文献学、中世纪大学等问题。他是皇家历史学会（Royal Historical Society，伦敦）、美国中世纪研究院（Medieval Academy of America）、英国科学院（British Academy）的成员。自1984年以来，一直担任拉丁古文字学国际委员会（Comité Internationale de Paléographie）主席，他也是梵蒂冈图书馆（Vatican Library）馆长。

韦恩·戴恩斯（Wayne Dynes）是纽约城市大学亨特学院的艺术史教授。他曾在瓦萨学院和哥伦比亚大学执教，于纽约大学艺术研究院获得博士学位。代表作有《欧洲宫殿》(*Palaces of Europe*, 1969)，并且发表多篇文章探讨中世纪艺术。1970—1973年他编辑《艺术史》(*Gesta*)，由国际中世纪艺术中心出版。他是《同性恋百科全书》(*Encyclopedia of Homosexuality*, 1990)的主编，并与马歇尔·迈尔斯（Marshall Myers）合作出版了《耶罗尼米斯·博斯与以赛亚的颂歌》(*Hieronymus Bosch and the Canticle of Isaiah*, 1987)。

爱德华·格兰特（Edward Grant）是布鲁明顿印第安纳大学杰出的科技史与科学哲学教授、历史学教授。他撰写或编辑了八部著作，发表了五十余篇探讨中世纪科学的文章，代表作有《中世纪的物理科学》(*Physical Science in the Middle Ages*, 1971)、《中世纪科学的经典著述》(*A Source Book in Medieval Science,* 1974)、《无中生有：从中世纪到科学革命的空间和真空理论》(*Much Ado About Nothing: Theories of Space and Vacuum from the Middle Ages to the*

Scientific Revolution, 1981）。他最近出版了他的新书《行星、恒星、球体：中世纪的宇宙，1200—1687》(*Planets, Stars, and Orbs: The Medieval Cosmos, 1200-1687*, 1994）。他曾获美国国家科学基金会科技史与科学哲学项目资助，1965—1966 年获古根海姆基金会资助，1974—1975 年获美国学术团体协会资助。1965—1966 年、1983—1984 年他两度前往普林斯顿高等研究院访学。他是美国艺术与科学研究院、美国中世纪研究院成员，国际科学史研究院成员，1985—1986 年担任科学史学会主席。

菲利普·格里尔森（Philip Grierson）是剑桥大学和布鲁塞尔大学钱币学荣誉教授。他著有《钱币学》(*Numismatics*, 1975)、《钱币学文献导读》(*Bibliographie Numismatique*, 1966) 等书，与他人合作编著《敦巴顿橡树园和惠特摩拜占庭造币目录》(*Catalogue of Byzantine Coins in the Dumbarton Oaks Collection and in the Whittemore Collection*, 1966—) 和《欧洲中世纪货币》(*Medieval European Coinage*, 1986—)。他多次担任英国皇家历史学会图书馆馆长和皇家钱币学会主席。他目前是英国剑桥大学菲兹威廉博物馆所藏钱币的荣誉管理员，也是华盛顿敦巴顿橡树园拜占庭研究中心（Dumbarton Oaks Center of Byzantine Studies）拜占庭钱币方面的顾问。

已故的大卫·赫利希（David Herlihy）曾任布朗大学历史学玛丽·克里奇菲尔德和巴纳比·基尼教授（Mary Critchfield and Barnaby Keeney Professor）。1956 年他从耶鲁大学获得博士学位后，先后在布林茅尔学院、威斯康辛大学和哈佛大学任教，1973—1986 年在哈佛期间，任历史学亨利·查尔斯·李教授（Henry Charles Lea Professor）。著有《文艺复兴早期的比萨城：城市发展研究》

(*Pisa in the Early Renaissance: A Study of Urban Growth*, 1958)、《中世纪和文艺复兴时期的皮斯托亚：一座意大利小城的社会史，1200—1430》(*Medieval and Renaissance Pistoia: The Social History of an Italian Town, 1200-1430*, 1967) 等书。他与克里斯蒂安·克拉皮什·朱伯 (Christiane Klapisch-Zuber) 合著有《托斯卡纳人及其家族》(*Les Toscans et leurs familles*, 1978，英译本 1985 年出版)。他的代表作还有《中世纪家庭》(*Medieval Households*, 1958，1987 年被译为意大利文) 和《女性劳工：中世纪欧洲的妇女与工作》(*Opera Muliebria: Women and Work in Medieval Europe*, 1990)。他曾获得诸多头衔和荣誉，于 1990 年担任美国历史学会主席，1981—1983 年任意大利历史研究学会主席，1992 年担任美国中世纪研究院和美国天主教历史学会主席。他的《中世纪家庭》一书获得约翰·吉尔马里·谢伊奖 (John Gilmary Shea Prize)，1963—1964 年获得古根海姆基金，旧金山大学授予他荣誉文学博士学位。这本文集也是为了纪念他。

詹姆斯·J. 约翰 (Jame J. John) 是康奈尔大学的古文字学和中世纪史教授，1959 年于圣母大学中世纪研究所获博士学位。在普林斯顿高等研究院当助理研究员期间，他参与了埃利亚斯·艾弗里·罗伊 (Elias Avery Lowe) 主编的《古拉丁文手稿》(*Codices Latini Antiquiores*, 1953-1971) 最后七卷的编纂，目前是威斯康辛大学人文研究所和普林斯顿高等研究院的成员。

西奥多·卡普 (Theodore Karp) 是美国西北大学音乐学院的音乐史和文学教授，于纽约大学获博士学位，读博期间师从古斯塔夫·里斯 (Gustave Reese) 和库尔特·萨科斯 (Curt Sachs)。

他曾在加利福尼亚大学戴维斯分校执教，出版了一部专著和一本编著，分别是《圣马尔夏尔和圣地亚哥复调》（The Polyphony of Saint Martial and Santiago de Compostela）和《音乐词典》（Dictionary of Music）。在《音乐学学报》（Acta Musicologica）、《美国音乐学会志》（Journal of the American Musicological Society）、《中世纪与人文主义》（Medievalia et Humanistica）、《音乐季刊》（Musical Quarterly）以及各种纪念文集中发表多篇文章，探讨吟游歌曲（trouvère chansons）、格里高利圣咏（Gregorian chant）、巴黎圣母院复调音乐、约翰内斯·马丁尼（Johannes Martini）等问题，目前是美国国家人文基金会和美国音乐学会理事会成员。

肯尼斯·潘宁顿（Kenneth Pennington）是雪城大学的中世纪教授，1972年在康奈尔大学布莱恩·蒂尔尼（Brian Tierney）的指导下完成了博士学位论文。他是《中世纪教会法研究公告》的编辑，与维尔弗里德·哈特曼（Wilfried Hartmann）合编的四卷本新中世纪教会法史即将出版。他出版了专著《教皇与主教：12和13世纪的教皇专制》（Pope and Bishops: The Papal Monarchy in the Twelfth and Thirteenth Centuries），主编了约翰内斯·条顿尼库斯《第三文集中的评注辞表》（Johannes Teutonicus's Apparatus glossarum in Compilationem Tertiam），并且发表一系列文章。

詹姆斯·鲍威尔（James Powell）是雪城大学中世纪史教授。1989—1990年任普林斯顿高等研究院的客座研究员。1987年他的著作《一次十字军运动剖析，1213—1221》（Anatomy of a Crusade, 1213-1221）获美国天主教历史协会（American Catholic Historical Association）颁发的约翰·吉尔马里·谢伊奖（John Gilmary Shea

Prize）。他最近出版了《布雷西亚的阿尔伯塔努斯：13 世纪初的幸福追寻》（*Albertanus of Brescia: The Pursuit of Happiness in the Early Thirteenth Century*）。

爱德华·A. 西纳（Edward A. Synan）曾任中世纪研究宗座学院院长，现为多伦多大学荣誉教授，在两个机构都开设了中世纪哲学课，他是加拿大皇家学会（Royal Society of Canada）成员，获多伦多大学博士学位。他出版多部专著和文章探讨中世纪思想以及犹太教和基督教的关系。他是高级荣誉教士，1991 年获得美国天主教哲学学会（American Catholic Philosophical Association）的阿奎那奖提名，先后获得西东大学（Seton Hall University）的法学荣誉博士、达林顿神学院（Darlington Seminary）的神学荣誉博士和达拉斯大学（University of Dallas）的文学荣誉博士头衔。

保罗·泰纳尔（Paul Theiner）是雪城大学英文教授，本科毕业于康涅狄格大学，在哈佛大学获得硕博学位，分别师从 B. J. 怀廷·马古恩（B. J. Whiting Magoun）和威廉·阿尔弗雷德（William Alfred）。他编译出版了《汉波尔的利查·罗尔驳贪恋世俗者》（*The Contra Amatores Mundi of Richard Rolle of Hampole*），他发表大量文章、评论，讨论中世纪英文、法文、拉丁文学，以及比较研究和文学史理论。他曾在加州大学伯克利分校执教，1965—1966 年任威斯康辛大学人文研究所研究员。

R. 迪恩·韦尔（R. Dean Ware）是马萨诸塞大学安姆斯特分校历史学教授，他在威斯康辛大学麦迪逊分校获得博士学位。1970—1971 年，他是都柏林圣三一学院（Trinity College, Dublin）中世纪史富布赖特教授（Fulbright Professor）。1989—1990 年他担任中西部中世纪史年会（Midwest Medieval History Conference）主席。他在《经济史刊》（*Journal of Economic History*）、《美国历史评论》（*American Historical Review*）、《宝鉴》（*Speculum*）、《伊西斯》（*Isis*）、《新天主教百科全书》（*New Catholic Encyclopedia*）、《世界历史手册》（*Handbook of World History*）、《中世纪文化研究》（*Studies in Medieval Culture*）以及其他出版物上发表多篇文章和评论。

大卫·怀特豪斯（David Whitehouse）是康宁玻璃博物馆（Corning Museum of Glass）副馆长。怀特豪斯博士曾在剑桥大学学习考古学。1966—1973年，他在牛津大学获得温赖特基金（Wainwright Fellow）资助，主持在波斯湾西拉夫的考古挖掘工作；1973—1974年，他担任喀布尔英国阿富汗研究所（British Institute of Afghan Studies in Kabul）所长；1974—1984年，任罗马不列颠学院（British School at Rome）院长。他与鲁思·怀特豪斯（Ruth Whitehouse）合作出版了《世界考古地图集，西拉夫三期：聚众清真寺》（*Archaeological Atlas of the World, Siraf III: The Congregational Mosque*），与大卫·安德鲁斯（David Andrews）、约翰·奥斯本（John Osborne）合著《中世纪拉齐奥的方方面面》（*Aspects of Medieval Lazio*），与唐纳德·B.哈登（Donald B. Harden）、汉斯格德·海伦坎普（Hansgerd Hellenkemper）、肯尼斯·佩因特（Kenneth Painter）合著《罗马皇帝们的玻璃》（*Glass of the Caesars*）、《罗马帝国的玻璃》（*Glass of the Roman Empire*）。大卫·怀特豪斯被选为多家专业机构的成员，其中有皇家地理学会（Royal Geographical Society）、教皇考古学院（Pontificia Accademia Romana di Archeologia）。

拉丁古文字学

詹姆斯·J. 约翰

从古至今文人学者一直在反思，文字将可理解且又转瞬即逝的音节转换为可见的符号，代代相传，弥补了人类易忘的缺陷，经验、知识和智慧得以积累、传播，文明得以产生。即便大家都认识到文字非常重要，其实也没有必要去组织一批人专门研究文字的起源和历史。假设现在古文字学这一学术专业宣称其目标是完成一部贯穿古今的文字史，那么现在连最基本的工作还没有完成，要完全达成这一目标，还有相当长的路要走，实际上大家也愈发意识到这一过程相当滞缓，迂回不前。

古文字学这一学科的历史发展轨迹在此不做赘述（Traube 1909-1920, 1:1-80; Brown 1959-63; Petrucci and Pratesí 1988），古文字学是一种辅助性历史类学科，这一功能从根本上左右着其发展，古文字学教人解读古老的文字，分析手稿字体的年代与产生地区，这些都是从其他学科中孕育出来的。其实古文献学最先强烈感受到需要使用字体去衡量文献的真伪。这孕育出让·马比荣（Jean Mabillon，1632—1707）的杰作《论古文献学》（*De re diplomatia*），此书 1681 年在巴黎出版，其中一些篇幅论及手写字体，他的开创性研究可以称为古文字学研究。不过，"古文字学"

（paleography）这一提法本身到1708年才广泛流传起来，当时伯纳德·德·蒙福孔（Bernard de Montfaucon）出版了他的希腊字体研究成果，将之命名为《希腊古文字学》(Paleographia Graeca)。

长期以来，古文字学的大量研究任务被其他领域的学者包揽下来，这些学者主要出自文献学、铭文学、古币学、印章学或者纸莎草文献研究领域，他们关注的并不是字体本身，因此古文字学家一直倾向于关注那些尚无人认领的手稿。不过，如今形成一种共识，即古文字学者应去关注字体的历史渊源，甚至去关注字体中蕴含的历史信息，不论字体出自哪里。从前大家在古文字学领域的兴趣非常分散，如今得到整合，古文字学的关注范畴因此大为扩张，这非但没有消除劳动分工，反而助长了分工合作的需求，研究不同字母类型、针对不同时间段的古文字学家需要相互配合。当下的分工应多多考虑字体自身的特质，这样各个方向的研究者就能够更加了解同行们的研究，也能够从别人的研究中多得益处。本文关注的是中世纪拉丁手写体文字（其他字母、音节和图像文字方面的概述，参见Jensen 1969和Diringer［1953，1968］）。

古文字学日益坚信自己已然成为一门成熟的历史分支学科，可以提供解释，也有描述功能，还可以去探究自己的兴趣点，但它仍无法摆脱与生俱来的功能性使命，它是基础的历史辅助学科，是因为其与生俱来的功能。本文所侧重的也正是这些实际功能，尤其要去探讨手写字体的特点及其产生的时间和发源地，这些要点正是初学者需要知道的，本文正是为他们而写。有经验的非初学者研究手写字体也离不开这些信息，这一点不用多做解释。

根据字体形态来分析其手稿的形成时间和发源地，这一研究被称为应用古文字学。各时期、各地区誊写手稿有自己的规范和习惯，发掘、解释这些特定规范和习惯的研究被称为理论古文字学，这一先行的理论建构决定着应用研究的成败。近年来，拉丁古文字学国际委员会（Comité International de Paléographie Latine）主持出版了大量年代明确的插图版手稿集（参见 CMD 和 Les manuscrits datés 1985），大大推动了理论古文字学的研究。理论与应用古文字学争论的核心在此不做介绍（参见 John 1987, 337-41; Autenrieth 1978; Gilissen 1973, Techniques 1974, 25-40; Poulle 1974）。但关键要记住一点，应用古文字学界定某一手稿的年代或源地，其结论在推理或理论框架中可能是正确的，但事实上却不一定对。誊写员可能学会了某个地区的流行字体写法，又用之抄写其他地区的手稿，研究时会误以为这种字体风格出自后者。誊写员也有可能模仿过去的书写方式，或者开创一种后来才流行起来的书写风格。还有一种问题，即如何断定同一手稿是出自一人还是多人之手（参见 Gilissen 1973; Poulle 1974）。微距摄影技术可以帮助解决这类问题（参见 Gilissen 1973; Poulle 1974; Fink-Errera 1962; Garand and Etcheverry 1975）。

　　古文字学是一门辅助性学科，反过来说，它也有自己的辅助学科，其中许多学科可以独立存在。几乎所有学科都是古文字学的潜在辅助学科，但关联程度有所不同，文字依赖物质材料而存在，包括保存手稿的材料、书写的工具以及写字的液体或其他媒介，只有能帮助学者们了解这些物质材料的学科才能真正成为古文字学的辅助学科。古文字学家在迫不得已的情况下，或许能够成为这些辅助领域的专家，但他们的目标仍是古文字学，其他学科的知识只是为了帮助他们深入理解文字。

近来，许多辅助学科被用来服务所谓的"抄本学"（codicology）（参见 Masai 1950a; Delaisse 1959; Gruijs 1972; *Codicologia* 1976-; Gilissen 1977; Turner 1977; Canart 1979; Bozzolo and Ornato 1980; Muzerelle 1985; Lemaire and Van Balberghe 1985; Lemaire 1989; Martin and Vezin 1990），这一词在拉丁语中表示"书"，其形式与书相似，即封面与封底之间有许多单页（参见 *Codex*）。抄本学有时也被称为"书籍考古学"，引导人们去关注书籍自身。抄本学研究者对与书有关的一切都感兴趣，包括物质层面的、知识内容方面的、装帧技术方面的，他们既关注书稿本身及其装饰，也关注写下来的内容，即便不是所有，但那些影响外观的内容一定在他们的研究范围之内。本文中使用狭义的"抄本学"，指代字体的物质载体，侧重形式，而古文字学则重内涵。

接下来开始进入正题，本文将依次探讨：专业术语、中世纪手写体、缩写、数字、标点符号、阅读、抄录、手稿案例分析（describing manuscripts）、书写材料、墨水、书写工具、手稿的外观、装帧、流传下来的中世纪手稿、中世纪图书馆、参考文献。

专业术语

为古文字学提供一套全新且统一的术语系统是一项正在进行的长期项目，这些术语不只针对各类型字体，还涵盖那些写字的工具和技术（参见 *Nomenclature* 1954, 4; Gasparri 1976）。这项任务极为烦琐，完成之路其修远兮，本文中出现的常用术语，其含义多已形成共识，在此我就不再多做发挥，以免显得冒昧。

　　大多数指代字母中直线与曲线笔画的词汇不需要解释，其含义一目了然。最基本的笔画，即简单的垂直"i"，被称为"竖干"（upright 或者 minim，后者出自哥特手稿，就是由十个几乎一样的垂直"i"笔画构成的）。如果竖干或者其他垂直笔画向上或向下延长，超出最短的字母，那么向上和向下超出的部分分别被称为"上突"（ascenders）和"下突"（descenders）。如果竖干没有上突或者下突，而是与其他笔画组成一个字母，那么它常常被称为"字茎"（stem）。连接两个倾斜笔画或者两个垂直笔画的横线被称为"连杆"（bar）。其他水平横笔画被称为"字臂"（arms 或 hastas，例如字母 E、F、L 中的水平横笔画），或被称为"字顶"（head 或 top，如字母 T 中的横笔画）。一个字母的"主干"（body）要么指的是整个字母，如 a、c、e、i 等类的字母，要么指除去上突和下突的部分，如 b、d、f、g、h、j 等类的字母。连接两字母的符号常被称为"连字符"（ligature），但是一些专家倾向于使用这一名称来描述两个或多个字母以某种方式连接时，它们的形态发生改变，例如 et 被写为 &（参见 Loew 1914, 140-1）。

　　关于曲线笔画，一些根据其构成的字母命名，如 c 与 s 笔画。附缀在字茎上的曲线笔画被称为"凸腹"（bow 或者 lobe），如字母 b、d、p、q 中的曲线笔画。附在竖干上的曲线笔画被称为"曲肢"（limb）。

　　"衬线"（serif 或是 finial）指字母开始或结束的衬线。对字母的存在来说，衬线并不是非有不可，但对于那些边缘没有写好或是墨水未能表现出下笔轻重的字母，衬线有助于保持它们的完整美观。

手写字体整体上有诸多分类和命名方式。根据其产生过程，手写体可分为字母手写体（lettering）和行文手写体（writing）。字母手写体根据字母的轮廓，使用描绘、填充、勾勒各种方法书写字母，无论什么方法，字母中的每一部分都超过了一笔，然而行文手写体中字母的每一部分都不超过一笔。行文手写体又被分为潦草型（cursive）和非潦草型（noncursive）。典型的非潦草型手写体中，一笔写字母的一部分。若一笔写两个或多个部分，那么此手写体显然是潦草型的。典型的潦草型手写体中，不仅字母各部分由一笔写成，而且相邻字母也连在一起，下笔一气呵成，没有停顿。实际上手写体或多或少都有些潦草，当然也有例外。

有的字母手写体书写变形，变形后的写法可能会获得认可，成为一种或唯一的标准写法，进而成为非潦草型手写体，有学者对某一字母的潦草型写法和通行（current）写法进行了区分（Lieftinck 1954, 18-21；*CMD-NL*, vol. 1, xiv-xv）。最初刻意不加停顿、一气写成的字母属于潦草型写法，例如一笔写成的 *d*，这些字母后来实际可能成为非潦草型手写体，通行的字母指那些实际上无需停顿、可一笔写成的字母。

从审美和书法艺术的角度来看，结合手写体产生的过程和外观，可以分为正式（formal）与非正式（informal）两类。正式手写体精雕细琢而成，给人眼目以愉悦的享受，观赏功能大于实用功能。非正式或"日常"手写体产生于各类信件，多服务于实际需要，观赏功能较弱。在此两极之间，存在着诸多相差不大的半正式手写体。正式手写体倾向于使用非潦草型字母，非正式手写体偏好通行字母，但也有例外。

另一根据字母外观的分类方式，将手写体分为等高型（majuscule）和参差型（minuscule）。等高型手写体中各字母高度相同（相当于印刷字体中的大写字母），参差型手写体中的一些字母向上或向下突出，错落有致（相当于印刷字体中的小写字母）。现代学者区分二者时，常认为等高手写体写在两条或实或虚的平行线之间，参差手写体则写于四条线上，主干位于中间两线之间，上突或下突不超出外侧两线，中世纪的文人可能不会这么区分（有关此区分的评论，参见 Mallon 1952, 102-3）。

最后，根据内容，手写体可分为书稿体（book, literary）和文书档案体（charter, documentary）。当然，手写体的内在本质不受内容影响，但实际上，书稿体更为正式，也不那么潦草，文书档案体各有特色，以提高仿造难度。

手写体中笔画的粗细对比被称为"宽差"（shading）。这一对比至少可以区分字母手写体与行文手写体，宽尖书写工具在这两种手写体中的转动方向不同，书写工具的下笔力道也不同，这两大差异可以辨别这两种手写体。用宽笔尖书写时，最粗的一画与水平横线交叉，形成一个可测量的角，角的一边为九点整的时针，从这一边开始，顺时针找到最粗的那一画，如此便可测量这一角度。多种因素造就这一角度，但它与竖干或上突或下突的倾斜角度不同，后者因不垂直而形成角度，要么偏向左，要么偏向右。

"行笔"（ductus）通常指字母书写笔画的数量、顺序和方向，不过这一术语时常也泛指宽差和下笔的力道。行笔多是关于字母的动态结构，而非字母的静态特征，这一概念可以帮助学者来解读手写体，界定字体成型的时间和地点，但是其最重要的功能是解释字母外观的变化。行笔基本上能够展现快速书写过程中的下笔惯性和力道变化。约翰·彼得·贡贝特（Johan Peter Gumbert）使用"字架"（structure）来代替行笔，他区分了两种变化：形变（metamorphosis）与神变（metanalysis），前者指字母的形态改变了，行笔不变，后者指形态不变，书写的行笔发生改变（Gumbert 1974, 216-7）。

教廷手写体（canonical scripts）及相关术语后面会谈到，这里就不多说了，但是关于"canonical"一词需要多说几句。教廷手写体无疑是一种标准，得到广泛认可，具体来说，教廷手写体的形态、结构已成定式，自成一家，与其他手写体形成鲜明对比，甚至不同于其他出自教会的手写体（Cencetti 1954-56, 55-6）。

"源地"（provenance）常指手写体的出处，也常指手稿的保存处，但这一概念最大的功能是帮助学者确定某一手稿最早的收藏地点。若能确定手稿的出处，源地即同于其出处；若不能，源地或许能够帮助学者找到出处，但手稿成型的时间与源地的时间相差越久，源地信息所能提供的帮助就越小。

最后，关于手写体和手稿的名称问题，再多说一句。学术文献常以手稿过去或现在的保存者或收藏地来命名（通常使用拉丁文），这其中存在着许多混乱，但弗雷德里克·威廉·霍尔（Frederick William Hall）在其著作的"希腊与拉丁手稿的命名（The Nomenclature of Greek and Latin Mss.）"一章中解决了许多这类问题（参见 Hall 1913, 286-357）。关于拉丁地名，也有非常好的参考书（见 Graesse-Benedict-Plechl, 1972）。关于中世纪文书手稿的名称，《16 世纪西方手稿出版信息》（*Colophons de manuscrits occidentaux des origines au XVIe siècle*, 1965-1982）收录了大量手稿信息（Catich 1968, 3-20; Cencetti 1954-56, 51-7; *CLA*, 6:xi-xii; Gasparri 1976; Mallon 1952, 100-4; Meyer and Klauser 1962; *Nomenclature* 1954; Parkes 1969, xxvi; Valentine 1965; Weijers 1989. 法国手抄本命名参考文献见 Muzerelle 1985）。

中世纪手写字体概览

接下来本文将介绍一些中世纪手写体，限于篇幅，本文只简要概述常见的中世纪手写体及其时空信息，而它们的出处、演变、传播、简化、解体、消失存在多种历史解释，这些内容可能无法完全确知，若展开讨论，倒是可以呈现古文字学引人入胜的一面。不过，即便给出确切解释，就古文字学的辅助性学科性质而言，比起其历史背景信息、其提供的历史描述，这些解释其实没有那么重要。下文附有它们的影印图像，并摘录其内容，以增强对所选手写体的理解。

拉丁手写体在中世纪的历史可分为至少三个时期：中世纪早期或前加洛林时期、加洛林时期、哥特时期。本文将逐一讨论此三者。但是更早的罗马时期和后来的人文主义时期以及近代时期也不得不谈，理由稍后呈上。如此便形成六个时期，各个时期的拉丁手写体无疑都在发展进步，但只要各个时期有一些可准确界定时间、地点的，且适于分析的手稿，就能够完成古文字学这一辅助性学科的主要目标。

罗马手写体

罗马手写体自身的历史需要进一步分期，它固然是中世纪手写体的历史背景，但事实是一部分罗马手写体与中世纪手写体混同起来，一部分再度发展起来，因此不该忽视罗马手写体，不看重历史解释并不代表可以轻忽这一手写体。罗马黑色大理石（Lapis Niger）和普拉尼斯特出土的胸针（Praenestine brooch）上的罗马手写体（Steffens 1909, pl. 1; Degering 1929, pl. 1; Diehl 1912, pl. 1 and figure on p. vii; Jensen 1969, figs. 510-1）产生于公元前6至前5世纪，中世纪不再使用了。罗马共和国后期以及帝国早期存在几种不同手写体，一些成为经典，其中主要有等高平民体（rustic capital）、等高方体（square capital）和早期罗马草体，前两者在中世纪仍在使用。公元2至4或5世纪形成的经典手写体主要有原始参差体（primitive minuscule）或者早期安瑟尔半圆体（half-uncial）、后期罗马草体（Roman cursive）、后期安瑟尔半圆体，除了原始参差体，这些字体都与中世纪手写体融在一起（ChLA passim; CLA passim; Mallon 1952, 1961; Mallon, Marichal, and Perrat 1939; Marichal 1948; Schiaparelli 1921; Seider 1972-81; Zangemeister and Wattenbach 1876-79）。

等高平民体

这一手写体被称为"平民体"不是很恰当，好像暗示它不够正式，也不如等高方体优美。平民体是罗马人正式的书面手写体，它的宽差、衬线、各字母一致的高度构成了其外观特点。只有 F 和 L 总是比别的字母高一点儿，不过 B、G、Q 有时也突出来一些。最粗的一画常与水平线成45度角。垂直笔画或者向右倾的笔画自然比较细，其下方端点有一条近似水平的短粗线，如果与同一字母的其他笔画连在一起的话，则没有这条短粗线（例如 *M*、*N* 的第三画和 *V* 的第二画，见图 1.1）。公元 1 世纪时，这一字体发展成熟，之后，这种平民体作为一种华丽的书稿字体，一直沿用到 6 世纪，后来的数百年里，它被用在标题和其他特殊场合中，在西班牙语中尤其普遍。在 8 世纪的英格兰和加洛林时期的法兰克，这种字体再度被用来书写各种导言（*CLA*, vol. 2, no. 193; vol. 5, no. 526; Lowe 1960, 21, 22, and pls. XXVII, XXX）。这种字体 9 世纪在法国复兴，最著名的例子是乌特勒支诗篇集（Utrecht Psalter，其完整影印版参见 *Codices Selecti*, vol. 75, 1982）。但奇怪的是人文主义者们竟然没有使用这种字体（Pratesi 1964; Autenrieth 1988; Bischoff 1990, 55-61）。

图 1.1 等高平民体，约 400 年，可能出自意大利。梵蒂冈图书馆手稿（Bibliotheca Vaticana MS. Palat. Lat. 1631, fol. 20v.），拓本出自 Ehrte and Liebaert 1932, pl. 3b。

等高方体

"方正""优美""庄重"等词可以用来形容非常正式的罗马等高字体，这些字体有些像现代印刷的大写字体。等高方体和等高平民体的基本字母形态和书写方式相同，但是等高方体字母最粗的笔画更为垂直，与水平线成 60 度角，衬线不同于平民体。书写这一字体时，并非完全"自然"，因为某些笔画的角度需要或允许有意识地变动，不用凿子刻写的话，这种字体甚至既能写成字母手写体，又能写成行文手写体。实际上，现存最古老的等高方体文字较为粗糙，可追溯到公元前 3 世纪，所有这些文字都是铭文，后来才出现一些例外，中世纪这种手写体要么也是铭文，要么用在文稿的标题中。公元 2 世纪时，铭文中的这种字体达到鼎盛（见图 1.2）。罗马时期使用这种字体的文稿极少流传下来，现存的只有 4 至 6 世纪留下来的、抄有维吉尔作品的三张碎片（参见 CLA, vols. 1, 8, no. 13; vol.7, no. 977; vol. 10, no. 1569）。这三张碎片中的字母形态全然不同，它们之前或者之后，等高方正体是否被用在书稿正文中，现在许多专家倾向于否定，不过标题或者其他特殊场合持续使用这一字体长达数百年。在加洛林时期，这一字体经历规范化改革。后来，这一字体被尘封了几个世纪，15 世纪人文主义者们再次起用这种字体，直至如今（Autenrieth 1988; Bischoff 1990, 59-61; Meiss 1960）。

图 1.2　等高方体，出自罗马，112—113 年，图拉真柱上所刻铭文，E. M. 卡迪奇（E. M. Catich）拼接拓本，经许可复制图像。

安瑟尔圆体

安瑟尔圆体与等高平民体的差异尤其表现在字母 A、D、E、G、H、M、Q 的写法上（见图 1.3）。等高平民体字母垂直笔画末端的短粗线，安瑟尔圆体也没有。安瑟尔圆体不能算严格的等高手写体，因为有些字母总会向上或向下突出一部分，特别是字母 D、H、L 向上突出，F、G、P、Q、Y 向下突出，不过最初这种现象较为少见。这种字体比较圆，但早期字体并没有后来那么圆。现存的安瑟尔圆体手稿均形成于公元4世纪下半叶以后（参见 *CLA*, vol. 4, no. 467），但很可能在3世纪，甚至2世纪这一字体就已经产生了。保存下来的手稿虽不能充分证明，但也反映出从5世纪到8世纪，安瑟尔圆体是誊抄书稿最常用的字体。现存1800份9世纪以前的拉丁手稿中，有三分之一至少有一处安瑟尔圆体文字。这一趋势持续到9世纪，在10世纪奥托王朝时期，这一字体再度盛行（Lowe 1972, 2:399-416, and pls. 80-7）。之后几百年里，这一字体不断用在标题和其他特殊场合中。早期的安瑟尔圆体手稿中发现了参差体的字母 *b* 和 *d*，这似乎是安瑟尔圆体与原始参差体、与早期安瑟尔半圆体最早的联系。一些5、6世纪的安瑟尔圆体手稿中，字母 *B*、*R* 的写法十分特别，多数与法律有关的内容似乎出自君士坦丁堡（Lowe 1972, 2:466-474, and pls. 108-113）。没有发现出自爱尔兰的安瑟尔圆体手稿，遭到人文主义者们冷落的不仅有平民等高体，也有安瑟尔圆体（Chatelain 1901-2； Lowe 1960, 1:103-26, 277-88, and pls. 8-21, 31-6; Petrucci 1971; Tjäder 1974; Bischoff 1990, 66-72）。

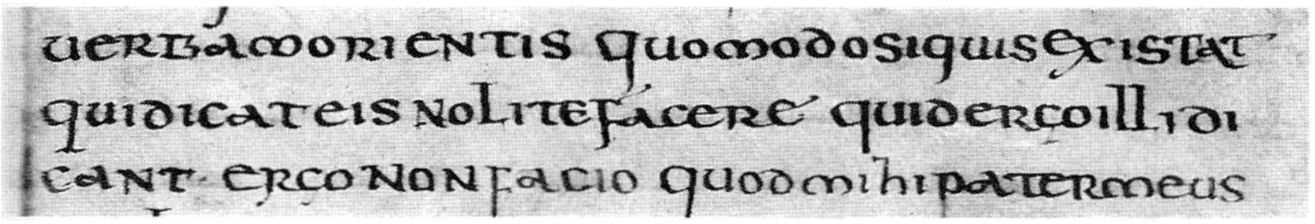

图 1.3　安瑟尔圆体，出自法国吕克瑟伊，669年，纽约皮尔庞特·摩根图书馆（Pierpont Morgan Library）收藏手稿，MS. M. 334, fol. 132r，经许可复制图像。

安瑟尔半圆体

安瑟尔半圆体最粗的一画与水平线近乎垂直，5、6、7世纪时普遍用它来誊抄文本，其受欢迎程度不亚于安瑟尔圆体。这三百年里，大约三分之一的手稿使用这一字体（*CLA* 127），与安瑟尔圆体手稿数量不相上下（*CLA* 380），5 世纪的半圆体手稿约占总量的四分之一（*CLA* 30：113），7 世纪这一比重不变（*CLA* 37：144），6 世纪则高达二分之一（*CLA* 60：123）。通常认为这一字体最晚 8 世纪得名安瑟尔半圆体，意指它是一种低级的安瑟尔圆体，这一说法如今已经不被接受，但是安瑟尔半圆体这一名称仍可用来代指一类特色鲜明的字体。它的经典写法（见图 1.4）一直沿用到中世纪，其字母 a、b、d、g、m、r、s 的形态与圆体的完全不同，e、f、h、g 的写法与等高平民体也有着天壤之别，现存最古老的半圆体手稿分别形成于公元 486 年以前和 509 或 510 年（*CLA*, vol. 4, no. 508; vol. 1, no. 1a）。不过，5 世纪早期，甚至更早，成熟的半圆字体很可能已经被用来誊抄文稿了（*CLA*, vol. 3, no. 286; vol. 7, no. 984）。到 8 世纪，半圆体经典写法的使用频率有所降低，直至 10 世纪，安瑟尔半圆体才被完全弃用。

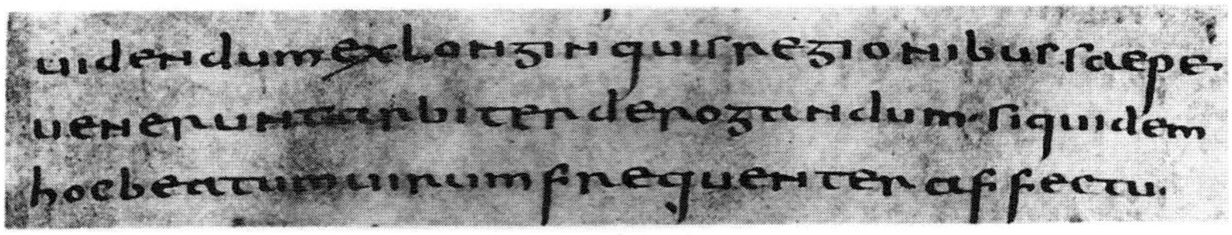

图 1.4 安瑟尔半圆体，出自意大利维罗纳（Verona），517 年，维罗纳盖皮托雷瑞图书馆（Biblioteca Capitolare）收藏手稿，Ms. XXXVIII（36），fol. 88r，图像引自 *CLA*, vol. 4, no. 494。

一种与安瑟尔半圆体相似但更古老的字体被称为"早期安瑟尔半圆体"或"原始参差体"，产生于地中海东部，和安瑟尔半圆体并没有什么关联（Bischoff 1990, 72-5），5 世纪时基本就消失了。这种早期安瑟尔半圆体与安瑟尔圆体的相似之处更多，尤其是字

母 *a*、*g*、*s* 的形态，后者发展成型之前，这一字体可能就已产生了。其最为人知的代表手稿是李维作品概要（Epitome of Livy），据考证产生于 3 世纪上半叶（Mallon 1961, 576-77; *CLA*, vol. 2, 2d ed., no.208）。

下文探讨岛体（Insular）、西哥特体（Visigothic）和加洛林体（Caroline）时，也将一同呈现更多关于早期安瑟尔半圆体的信息（Chatelain 1901-2, pls. 61-100; Lowe 1972, 1:139-41, 303-14, and pls. 39-42; Bischoff 1990, 72-8）。

罗马草体

早期或古罗马草体（见 Steffens 1909, p. 4; *CLA*, vol. 8, no. 1038）又被当作一种等高体或大写体，让·马龙（Jean Mallon）和其他学者称之为"经典常用(日常)手写体"，4 至 7 世纪在《市政纪要》(*Gesta Municipalia*)的第一行使用这种字体，写得非常花哨烦琐，且难以辨认，除此之外，其他中世纪手稿不再使用这种字体（Tjäder 1954-82, 1:22, and pls. 43-5, 85）。后期或新罗马草体也被当作一种参差草书，马龙常称之为"新常用（日常）字体"（见图 1.5），最迟 3 世纪后半叶定型，一直沿用至 8 世纪。但后来，这种字体略作调整，被用来记录那不勒斯公共档案，又沿用了数百年（Mazzoleni 1972, pls. IV-V）。6 世纪与 8 世纪之间，这种字体不时变身成各种正文字体和文书档案字体，不知不觉演化出许多地区或"国家"版本的罗马草体。这一字体使用环形或其他连接笔画，一笔连写两画或多画，不仅如此，两个或多个字母常常也连在一起写，甚至相邻单词的字母都可以连写。其中垂直笔画常常向右偏，宽差不是很明显。图 1.5 是一个比较著名的例子，字母 *b* 的凸腹在左边，早

期罗马草体的 *b* 也是这样的（Mallon 1952, 32-5; Mallon 1961, 553-4. Bischoff 1990, 61-6; Tjäder 1985）。

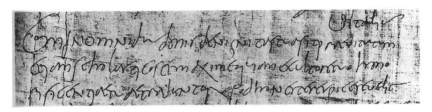

图 1.5　后期罗马草体，出自埃及，317—324 年，藏于斯特拉斯堡国家和大学图书馆（Bibliothèque Nationale Universitaire de Strasbourg），Pap. Lat. 1 B。图像摘自 Garcia Villada 1923, pl. IV。

中世纪早期或前加洛林手写体

　　5 世纪时，罗马帝国权势从其拉丁语半边疆域消退，当然这一区域，拉丁手写体并不一定会随着被废弃。相反，手写体递相沿袭的连续性极为显著，5 世纪晚期不能被视为一个新时期的开端，很难说中世纪早期或前加洛林手写体兴起于这一时期，不过这些手写体传到西部一些地区，逐渐改变了当地书写习惯。6 世纪时就已经出现这种趋势，但直到 7 世纪，甚至 8 世纪，才成气候，这得益于传统手写体的"自然"衰微。6 世纪开始，尤其到 7、8 世纪，安瑟尔半圆体和后期罗马草体经历显著转型，使传统手写体逐渐退出历史舞台，新局面才得以开启。6 世纪后期出现了一种安瑟尔半圆体的变异字体，即爱尔兰手写体（the Irish）。7 世纪中期，在后期罗马草体的基础上，根据抄本的需要，法国开始形成一系列档案手写草体的变异体。8 世纪早期，或者更早，在西班牙，安瑟尔半圆体和罗马草体都渐变为一种新手写体，即西哥特参差体（Visigothic minuscule）。8世纪中期，在意大利，沿袭下来的档案文书手写体逐渐演变为一种长盛不衰的中世纪书面字体，即贝内文托参差体（Beneventan minuscule）。上述变异手写体只是诸多手写体中比较成功的几种，本文接下来将对它们一一简要探讨。还有大量不那么受欢迎的手写体，它们使这一时期的手写体愈发丰富多元（*CLA* 和 *ChLA* 全面收录了这类手写体的影印图像）。8 至 9 世纪上半叶，加洛林参差体（Caroline minuscule）取代了大多数手写体，但是拉丁文字世界南部和北部边界地区在这之后的几百年里一直沿用传统手写体，此时拉丁语的南部边疆有所收缩，北部则有所扩张。此外，在拉丁语的核心地区，一些由后期罗马草体发展而来的档案文书手写体也被沿用了数百年，较为典型的案例是墨洛温王朝王室档案（Lauer and Samaran 1908; Lot and Lauer 1936-49）和罗马教皇法院所用的手写体（Rabikauskas 1958; Battelli 1965）。（*ChLA* and *CLA* passim; Lowe 1962, 1:2-65, and pls. 1-7; Bischoff 1990, 83-111）。

岛体

罗马手写体和加洛林手写体之间，最独特、最重要的手写体或许就是岛体，得名如此是因为这些手写体发源于爱尔兰，且长期在不列颠诸岛占主导地位。现存岛体手稿中，有一些书写技巧可谓登峰造极，无与伦比，比如《林迪斯法恩福音书》（*Lindisfarne Gospels*）和《凯尔经》（*Book of Kells*）（*CLA*, vol. 2, 2d ed., nos. 187, 274），两书全本均有影印版，后者有彩色全书影印版。

岛体主要有两类手写体，一为安瑟尔半圆体或等高圆岛体（见 Lowe in *CLA*），另一为参差尖体。每一类的形态、各通行版本、各字母写法均有差别，两类岛体有时趋于一致。综合这些差别，托马斯·朱利安·布朗（Thomas Julian Brown, 1982, 101-2，另见 1977 年他在莱尔讲坛 [Lyell Lectures] 的讲稿，这些讲稿即将作为其遗稿出版）将岛体分为五种：安瑟尔半圆体、通行体、草体、固定参差体、混合参差体，后者吸收了安瑟尔半圆体的一些特征。圆岛体字母较宽，最粗的一画近乎垂直，多数曲形笔画基本遵照同一对称模式，且更为浑圆，而非椭圆。字母 a 仿佛是连写的 o 与 c。甚至 l 和 b 的竖干都不直挺，像倒过来的 s。上突和下突不长，并未超出字母主体部分很多，与安瑟尔圆体一样，严格遵循等高原则。竖干的始端呈楔形。连字笔画很少见。这一圆岛体基本涵盖了所有安瑟尔半圆体字母的基础形态，但如果基础字母是安瑟尔半圆体的，那么这一字母一定是不正宗的安瑟尔半圆体字母（*CLA*, vol. 3, no. 395），因为圆岛体手稿既使用非安瑟尔半圆体的 d、n、r、s，也使用这些字母的安瑟尔半圆体（见图 1.6，不过图中只出现了安瑟尔半圆体的 d）。

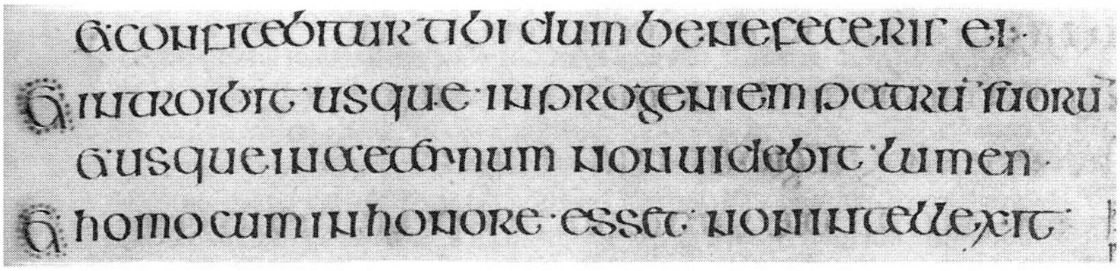

图 1.6　圆岛体，出自英格兰，8 世纪中期。纽约摩根图书馆收藏手稿，M. 776, fol. 15r。经许可复制图像。

岛体中的参差尖体（见图 1.7）最粗的笔画有时与水平横线成 30 度角，或向逆时针方向偏。这一角度使下突落笔为一点。各字母横向簇拥在一起，椭圆笔画、锐角较多，圆圈或半圆笔画少见。字母 a 的一角尖锐扁平，字母 c 口大开，这也是其特点。多数字母上突和下突，突出部分较长，超过顶线或底线。除了 a，一般只有字母 d 有不同写法。连字符比圆体要多得多，有时候，参差尖体一度成为成熟的通行草体（CLA, vol. 2, nos. 270, 275, 276）。

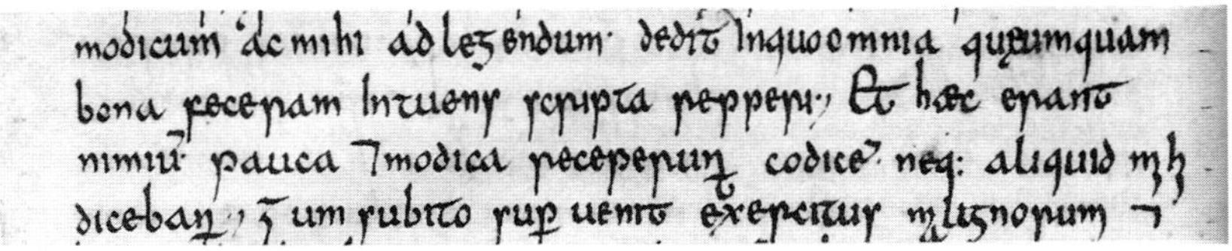

图 1.7 岛体之参差尖体，可能出自德国，9 世纪早期。印第安纳大学伯明顿分校莉莉图书馆（Lilly Library）收藏手稿，Ricketts MS. 177, 右页。经许可复制图像。

上述两类字体孰先孰后，孰为因孰为果，这些关键问题仍未有结论，还有大量兼具此两类字体特征的手写体使这些问题更加复杂了。圆体在爱尔兰一直发展得不错，直至 6 世纪后期，《圣哥伦巴诗篇》就是用这种字体写的，传统上认为这部诗篇是由圣哥伦巴（St. Columba，597 年卒）所写，但其誊抄本直到 7 世纪上半叶才出现（CLA, vol. 2, 2d ed., no. 266）。流传下来的最早尖体手稿是爱尔兰班格尔的对唱圣诗集，成稿时间在 680 和 691 年年之间（CLA, vol. 3, no. 311）。

爱尔兰人早早地将自己的字体带到了英格兰，圣哥伦巴于 560 年前后移居苏格兰海域的爱奥那岛，爱尔兰字体传入英格兰的时间可能并不比圣哥伦巴的迁徙晚，635 年《林迪斯法恩福音书》的成稿更是推动了这一进程。现存英格兰尖体手稿中最早的文本成稿于 730 年代和 740 年代（CLA, vol. 2, no. 139; vol. 11, no. 1621）。岛体手稿也传到了大陆（有关爱尔兰手写体，参见 Bischoff, 1966-

81, 3:39-54），现存最早手稿出自意大利北部博比奥的圣哥伦巴（St. Columban）修道院，时间约为613年。盎格鲁－撒克逊教士卓有成效地在德意志推广了这些岛体字体。爱尔兰和英格兰书写方式逐渐分道扬镳，二者虽然在早期相差无几，但其差异后来最终显明出来。由于爱尔兰人热衷旅行，将文稿上标注的起源地当作其字体风格的起源地是有风险的。

9世纪圆体已然走向衰微，不过10世纪英格兰亨伯（Humber）南部通行一种盎格鲁－撒克逊参差体，被称为"方体"（square），从中可以看到一些圆体的影响（参见Dumville 1987; Steffens 1909, pl. 71a）。爱尔兰的圆体用在一些特殊场合中，到15世纪盖尔语手稿也开始使用这种字体。德意志于9世纪中期停用尖体，英格兰的拉丁语手稿于10世纪和11世纪、其他地方语手稿于13世纪均止用了尖体，这一字体于13世纪在爱尔兰的拉丁语手稿中也消失了，但是盖尔语手稿一直使用一种变异的尖体，直至今日（Bieler 1949; Bischoff 1966-81, 3:39-54; Bischoff 1990, 83-95; T. J. Brown 1972, 1982, 1984; *CLA*, vol. 2, x-xvi [2d ed., xiv-xx]; Gneuss 1981; Lindsay 1910, 1912; Lowe 1972, 2:441-58, and pls. 95-102; Morrish 1988; O Cróinín 1984; O'Neill 1984; O'Sullivan 1985; Spilling 1978）。

西哥特参差体

这种手写体在中世纪被称为"托莱多字体"（Littera Toletana），最晚于8世纪早期，或7世纪晚期，兴起于西班牙和今天法国周边地区。西哥特人统治这一区域时期，这一字体成型，由此取名西哥特体十分恰当，不过穆斯林后来推翻了西哥特人的统治，而且这一字体的许多因素源自罗马，并非西哥特。如果去看看西奈山上圣凯瑟琳修道院（Saint Catherine's Monastery）保存的几卷拉丁语手稿，会发现西哥特手写体似乎也与穆斯林征服之后非洲拉丁语群体所用过的字体相似（参见 Lowe, 1972, 2:417-40, 520-574, and pls. 88-94, 120-28）。

除了 g 和 N，西哥特体涵盖了所有安瑟尔半圆体字母，其字母宽度，尤其是 1 世纪的字母，也让人联想到安瑟尔半圆体。g 写得像安瑟尔圆体，可能出自某种变异的安瑟尔半圆体（参见 CLA, vol. 4, nos. 410a, 474; vol. 11, no. 1636）。这一字体也从后期罗马草体汲取了许多因素，尤其是 e 与字母 c、m、n、r、s、x 之间的连字符，以及 t 与字母 e、i、r 之间的连字符。西哥特体还有一些特征，比如单词开头的 i 一般写得很长（如果第二个字母较长，i 或许不会写得很长），单词中间表示半辅音的 i 也是如此，又如 t 的水平笔画向左下方延伸，最终和其字茎在底线处交汇，再如 y 写得又细又长（见图 1.8）。

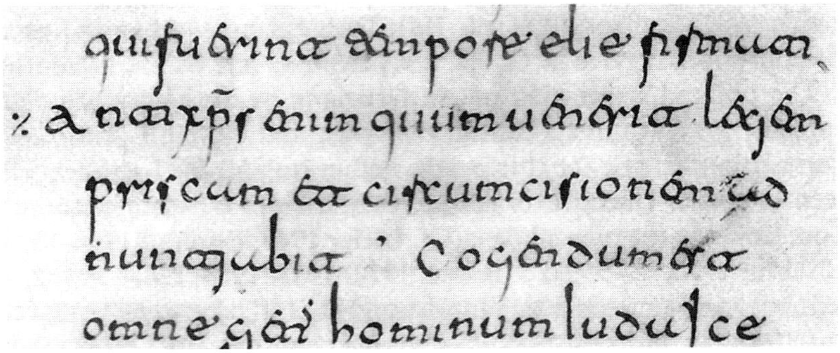

图 1.8 西哥特参差体，出自西班牙，926 年。纽约摩根图书馆（Morgan Library）收藏手稿，M. 644, fol. 172r。经许可复制图像。

到 11 世纪后期，西哥特参差体走向矫揉造作，加洛林参差体开始取代它。有学者认为西哥特体到 14 世纪早期才消失（Mundó 1965），但是米利亚雷斯·卡洛（Millares Carlo）和鲁伊斯·阿森西奥（Ruiz Asencio）坚持传统观点，相信这一字体在 12 世纪就消亡了。西哥特体手稿年代的界定标准有许多。10 世纪中期，文学手稿中咝音的 *ti* 与其非咝音的写法出现区别（参见 Lowe 1972, 1:40-64; Robinson 1939, 26），这一变化可能是界定西哥特手稿年代最有效的标准，至少对北部非穆斯林地区手稿来说，这一标准十分适用。从 10 世纪中期往后，咝音 *i* 写得向下延伸，超出底线（见图 1.8，第 4 行）。总的来说，早期这一手写体向左倾，向上突出的笔画形似杵。后期西哥特体向上突出部分从左起，呈水平或倾斜的细线状（参见 *Actas* passim; Arribas Arranz 1965; Avelino de Jesus da Costa 1990; Bischoff 1990, 96-100; Burnam 1912-25; Canellas 1974, vol. 2; Ewald and Loewe 1883; Garcia Villada 1923; Millares Carlo and Ruiz Asencio 1983; Millares Carlo 1963, 1973; Nunes 1969- ）。

贝内文托参差体

贝内文托参差体因其发源地而得名，纵观整个中世纪，这一手写体显得别具一格，且被世代沿用。贝内文托体手稿主要保存在卡辛诺山上的本笃修道院（Benedictine abbey），不过意大利南部周边地区也广泛使用这种字体，10 至 12 世纪，乃至之后，达尔马提亚地区也使用这一字体。现存最早的手稿似乎能追溯到 8 世纪中期（参见 *CLA*, vol. 3, no. 381），最晚到 15 世纪，甚至 16 世纪早期，这种字体还在使用（见 V. Brown 1988; Kirchner 1955, pl. 28b）。现存一千多卷手稿中可见贝内文托参差字体，其中许多手稿残缺不全（见 Loew and Brown 1980, vol. 2; V. Brown 1988）。

贝内文托参差体多数要素直接或间接来自后期罗马草体（8世纪从后者借鉴了许多），在其七百年的发展历程中，这一字体虽然逐渐成为一种极为正式且严谨的手写体，但其与生俱来的草书性质始终如影随形。11 至 12 世纪期间，这一字体发展成熟，其宽差形成定式，清晰明了，最粗的一画与水平线形成不大于 45 度的角（见图 1.9）。*i* 笔画裂为三部分，中间的主体部分弱化为一条倾斜的细线，连接始末端两个庞大的菱形。其最有特点的字母当属 *a*、*t*（二者有所区别，*t* 的字顶向左下方弯曲，在底线处碰到其竖干时，二者右上方端点的写法不同，这是二者唯一的差异）和延长的 *i*（通常单词的开头的 *i* ——若其后第二个字母有上突部分则例外——和单词中间表半辅音的 *i* 会写得很长）。还有一些其他特征，比如 *ei*、*fi*、*gi*、*li*、*ri*、*ti* 之间必有连字符，*ti* 之间有两种连字写法，发咝音的是一种（见图 1.9，第二幅图，第 2 和 5 行），不发咝音的是一种（见第一幅图，第 2 行）。又如这一字体成熟以后，相邻字母的凸腹连在一起写（例如安瑟尔半圆体的 d 和 o，见图 1.9，第二幅图，第 4 行），两字母的凸腹通常并列而写，不是重叠在一起。还有一种变异的贝内文托字体，更浑圆，笔画粗细对比较弱，兴起于意大利东南部巴里一带和达尔马提亚地区（参见 Loew and Brown 1980, 1:150-2, and pls. VI-VIII）（另见 Bischoff 1990, 109-11, and 图 22; Cavallo 1970; Lowe 1929; Lowe 1972, 2:477-9）。

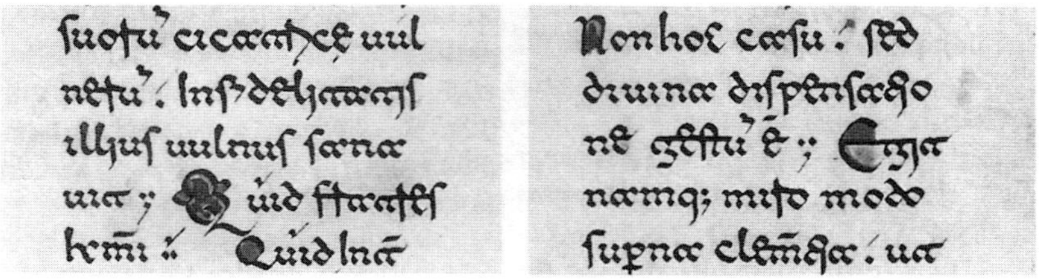

图 1.9 贝内文托参差体，出自意大利南部，约 1100 年。纽约摩根图书馆收藏手稿，M. 642, fol. 135r。经许可复制图像。

墨洛温手写体

如果另有一种类似贝内文托字体的手写体也曾在整个意大利和瑞士南部盛行的话，加洛林参差体也会取而代之，打断其流行势头。同样地，在墨洛温王朝境内，包括今天法国大部分地区及其周边的低地区域、德国和瑞士等地，一些字体一时各领风骚，如同贝内文托体在意大利南部、西哥特体在西班牙，但还未等到它们占地为主，加洛林参差体就异军突起，抢占了它们的地盘，不过墨洛温档案手写体（Merovingian chancery script）的地位并未被撼动。无论是书法技巧，还是文化方面，许多墨洛温手写体都十分有趣，但它们存在时间较短，留下的手稿相对较少，因而在此只做简要介绍（见 Bischoff 1990, 100-9）。

意大利、西班牙以及墨洛温境内都有可供借鉴的罗马手写体，尤其是安瑟尔圆体、半圆体、后期罗马草体，这些字体均可模仿。安瑟尔圆体和半圆体实际上一直被用来誊抄文稿、撰写标题或其他特殊文本。例如以科尔比修道院院长卢查尔（Abbot Leutchar of Corbie）命名的字体基本上就是安瑟尔半圆体（参见 *CLA*, vol. 6:xxiii-xxiv; vol. 8, no. 1067a; vol. 11, nos. 1601-2）。安瑟尔圆体与半圆体也常常混用，后期罗马草体的衍生字体同样混在其中。

8 世纪下半叶，一种被称为 eN 的字体就是混用后期罗马草体的衍生体的产物，这种字体可能出自科尔比修道院，它得名如此，是因为其 N 总是大写，其 e 与 m、r、s、t、x 或其他字母连写，但一定不会和 N 写在一起（参见 CLA, vol. 6:xxiv-xxv, and no. 711; vol. 5, nos. 638, 647, 655-7; Kirchner 1955, pl. 33; Stiennon 1973, 208-9）。这种字体吸收了安瑟尔半圆体小巧、速写的一面，其连字笔画又取自后期罗马草体。卢查尔体和 eN 体很可能均在丕平加冕、墨洛温王朝覆灭之后发展起来。早在很久以前，无疑就是 7 世纪初期，后期罗马草体就形成了自身的特色（见图 1.10），可能是人为设计的，也可能是渐渐自然形成的，从加洛林王朝到卡佩王朝，再到 11 世纪初期，这一特色在王室文书中世代相承，一眼就可以看出来（参见 Lauer and Samaran 1908; Lot and Lauer 1936-49; Prou 1924, pl. X, 1; Steffens 1909, pl. 28; Mallon, Marichal, and Perrat 1939, pl. XXVII, 38）。以墨洛温命名这一手写体极为恰当，因为现存最早的手稿均是墨洛温国王颁发的文书，然而，加洛林王朝以前，墨洛温领土范围内的其他手写体，以及那些有意模仿墨洛温王室文书的一系列新兴手写体也被称为墨洛温体，如此命名也并非有失妥当，后

图 1.10　墨洛温草体，出自法国马恩河畔诺让（Nogent-sur-Marne），692 年。法国国家档案馆，K 3, no. 5（图像引自 Lauer and Samaran 1908, pl. 22）。

者之中有一些甚至在墨洛温王朝瓦解之后才产生。

模仿墨洛温字体的最早手写体被称为吕克瑟伊体（Luxeuil script），现存三十多幅手稿中的二分之一都是用这一字体写成的，这一字体极有可能出自吕克瑟伊修道院（见图 1.11）。各种证据指明 7 世纪下半叶和 8 世纪上半叶使用这一字体（参见 *CLA*, vol. 6:xv-xvii; vol. 5, no. 579; Lowe1972, 2:389-398, and pls. 74-79; Kirchner 1955, pl. 31; Lowe 1969, pl. X; Mallon, Marichal, and Perrat 1939, pl. XLV, 66; Steffens 1909, pl. 25a）。8 世纪时，有一种吕克瑟伊体的变异字体，被称为 *az* 体，其字母 *a* 和 *z* 十分有特点，这一字体已然利用了一些形态相同的字体，不过这只是少数情况（参见 *CLA*, vol. 6:xviii, nos. 752, 765, 766; Kirchner 1955, pl. 32, lines 7,11 for *z*; Mallon, Marichal, and Perrat 1939, pl. XLVII, 69）。

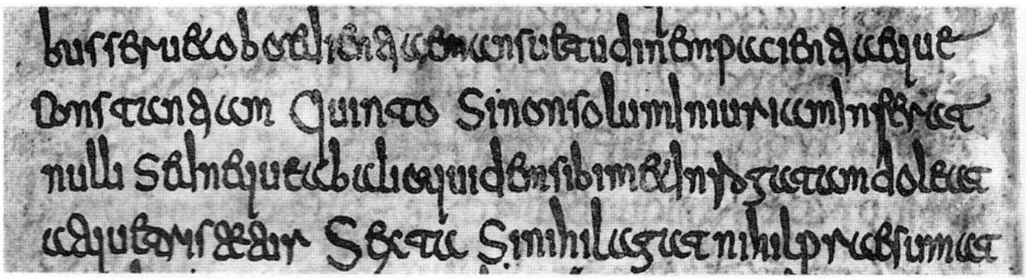

图 1.11 吕克瑟伊参差体，可能出自法国吕克瑟伊，8 世纪早期。纽约摩根图书馆收藏手稿，M. 17, fol. 37v，经许可复制图像。

另一种非常优美的、模仿墨洛温王室文书的字体，即 *b* 体，保留了后者速写的特质，之所以得名如此，是因为如果其字母 *b* 和右边邻近字母之间没有连在一起，那么从 *b* 通常会延伸出一个连字符，与后者连接起来。这种字体可能形成于 8 世纪中期或后半叶，出处也许是巴黎附近的谢尔（Chelles）女修道院（参见

Bischoff 1966-1981, 1:16-34; *CLA*, vol. 6:xxi-xxii, nos. 719, 791）。

另外一种模仿墨洛温体的字体与上述 *b* 体的字母 b 形态相同，都有延伸的连字符，其存留下来的手稿数量比吕克瑟伊体还多，这种字体被称为科尔比 *ab* 体（Corbie *ab* script）。其 *a* 很有特点，像连写的 *ic*，有时写得像僵硬的 *cc*，似乎与前面邻近字母之间有连字符相连。各种证据说明这一字体产生于 8 世纪最后 10 年的科尔比；大约到 830 年，这一字体才完全废止不用（参见 *CLA*. vol. 5, no. 554; vol. 6:xxv-xxvi, nos. 743, 767, 792; Kirchner 1985, pl. 34; Mallon, Marichal, and Perrat 1939, pl. XLVI, 67; Steffens 1909, pl. 29a; and Bischoff 1990, 106，这些文章均认为这一字体产生于科尔比附近的女修道院，列出以供参考）。

上述一系列墨洛温字体是诸多流传下来的一类手写体，其字体形态是刻意设计出来的，值得特别关注，但同时不应忽略这样一个事实，即 7、8 世纪大多数墨洛温书稿是用其他拉丁字体写成的，大多数手稿不是用上述字体写成的，而且它们在古文字学领域甚至都谈不上重要。手写体种类之多有如汗牛充栋（*CLA* 中收录了许多字体的手稿图片），一些字体无意间摒弃旧范，一些字体兼容并包，汲取前代字体之所长，一些字体试图推陈出新，创造一种比罗马手写体更小巧、更节省笔墨空间，又比墨洛温体更易识读的参差字体。出人意料的是，最终完美实现这些目标的是加洛林参差体。

加洛林参差体

加洛林参差体作为一种手写体，存在了四百多年，后来到 1400 年前后，文艺复兴人文主义者们再次起用这种字体，1460 年代，它作为一种拉丁字体被引入印刷业，又延续了近六百多年。乐天派人士可能会认为这一字体是人类一大永恒基业。其他拉丁字体存在时间可能更久，但从未有一种字体的使用范围如此之广，存在时间如此之久。770年代，科尔比修道院院长莫德拉姆（Abbot Maurdramn）下令誊抄《圣经》，781—783年之间查理曼的随行人员誊抄了一卷福音书，书后加了献辞，现存最早的加洛林体手稿保存在这两个文献中（参见 CLA, vol. 6, no. 707; vol. 5, no. 681）。从法国北部到邻近的德国境内，这一区域的几个不同地点或许都曾出现过加洛林参差体。9世纪初期，这一字体快速传遍这一区域，但并未传到加洛林王朝的南部边疆地区。到9世纪中期，这一区域内所有其他誊抄书稿的字体几乎都被加洛林体取代，包括曾在德国盛行的盎格鲁-撒克逊尖体。法国图尔（Tours）圣马丁修道院（abbey of St. Martin）的作用十分关键，先不说它在加洛林体早期形成阶段的角色，它在后来的传播过程中起到了举足轻重的作用。9世纪留下来的加洛林手稿接近七千份，超过以前数世纪留下来的所有手稿总和，数量惊人，亟待出版（Bischoff 1963）。10世纪下半叶，加洛林参差体开始取代英格兰地区的盎格鲁-撒克逊字体，成为新的拉丁书稿誊抄字体。11世纪后期，加洛林参差体在西班牙开始代替西哥特参差体。当然，与此相伴的是9世纪以来基督教势力向德国北部、欧洲东部、斯堪的纳维亚地区的扩张。在欧洲的另一端，加洛林体也正在取代传统的王室令状字体，后者源自后期罗马草体。9世纪的德国王室法庭、11世纪早期的法国、12世纪初教皇法庭先后都采纳了加洛林体。这些地区的私人文书中加洛林体普及得更早，不过其他字体也同时在用。文书档案中的加洛林体与书稿中的有所不同，前者字母中上突往往十分花哨夸张，缩写笔画华丽，有时 *ct*、*rt*、*st* 之间的连字符宽得夸张。最终，到 11 世纪晚期或 12 世纪初期，法国北部的加洛林参差体逐渐变为哥特体，到 13 世纪初，欧洲各地的加洛林体几乎都产生了，或正在发生变化。

纵观其历史，除了修长的 *s*，加洛林体各字母主要形态都没有发生重大改变，基本上类似于今天拉丁字母形态。早期的加洛林体，多数字母写得像安瑟尔半圆体，只有字母 *a*、*g*、*n* 有所区别（见图 1.12）。加洛林参差体内部虽然始终一致，但这并不代表各时期、西欧各地的加洛林体都千篇一律。字母的大小、高宽比例、宽差、倾斜角度、个别字母的形态均有差异，即便差别不大，但整体上存在区别，尤其是个别字母的写法。许多差异并不是事先计划出来的，或说难以事先计划。总的来说，数百年来加洛林字母历经横向压缩，故此愈发修长，字母越来越局促在一起，一些曲线笔画变成折角笔画，至少在意大利以外的地区，这一趋势十 27

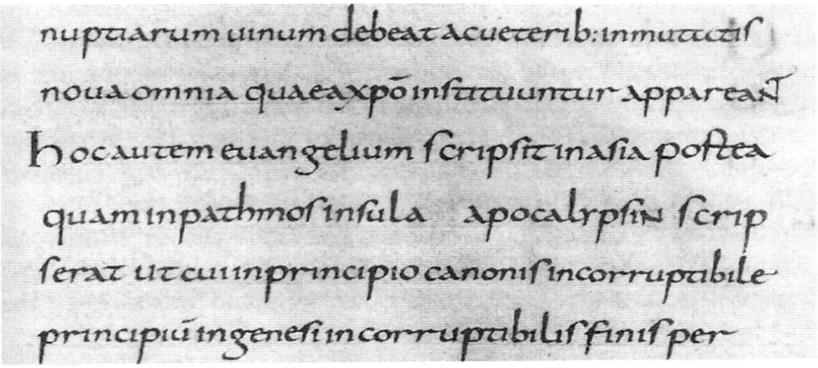
nuptiarum uinum debeat acueterib: inmutatis
noua omnia quae a xpō instituuntur appareant
Hoc autem euangelium scripsit in asia postea
quam in pathmos insula apocalypsin scrip
serat ut cui in principio canonis incorruptibile
principiū in genesi incorruptibilis finis per

图 1.12　加洛林参差体，出自图尔，9 世纪初期。纽约摩根图书馆收藏手稿，M. 191, fol. 169r。经许可复制图像。

分明显。换句话说，加洛林体正在向哥特体转变。上突的笔画顺序、下笔力道也改变了。9 至 10 世纪成型的上突呈现为叠在一起的圆环笔画，这一笔画从字母的中间起笔，上突看上去像杵，后来的上突越来越从字面顶部起笔，向上，然后折笔画一条水平横线，最后这一横线向下折。

  自始至终，加洛林参差体的一些个别字母一直在变化，这些各式各样的形态将加洛林体与其前代字体、墨洛温体及其后继字体、哥特体联系起来。早期阶段，较为特别的字母有 *a*、*d*、*N*，*a* 常常写得像连写的 *cc*，*d* 写得像安瑟尔圆体（即上突向左倾斜或弯曲），*N* 呈大写形态。到其后期，较为特别的字母有 *s*、*v*、*u*、*i*、*d*，单词结尾的 *s* 写得圆润，*u* 写得像 *v*，尤其是词首的 *u*，一些 *i* 的头上有一条斜细线，*d* 仍旧是安瑟尔圆体的写法。到 11 世纪，字母 *w* 出现。双元音 *ae* 写法上的变化同样值得关注。9 世纪时，虽然这两个字母通常都完整写出来，但 *e* 上的变音符号相当于 *ae* 组合字母中的 *a*，带变音符号的 *e* 从加洛林世代以前就开始使用了。10 世纪时，这种带变音符号的 *e* 使用频率增加，11 世纪普遍开来。后来，到 12 世纪，变音符号开始变得多余，写得越来越少，简简单单的 *e* 受到青睐，到 13 世纪初期，变音符号完全消失了。

  与墨洛温体这一前代字体相比，二者的主要区别是加洛林参差体清除了前者中大多数连字符。这一过程是渐进的，哪种字体可算为加洛林体，判断起来多少有些武断。有一些连字变化，比如 et、ct、rt、st 之间的连字符，从未在经典加洛林体中完全消失，不过 12 世纪时，提洛符号（nota tironiana）中像"7"的符号取代了"&",岛体书稿一直使用前者。

同一时期,加洛林参差体正逐步完善,古老的各类罗马字体正在推陈出新,多出现在标题和书籍出版信息中,但也出现在一些书稿的正文中。尤其值得注意的是,圣阿芒莱索(Saint-Amand-les-Eaux)、图尔的主要誊抄室中,誊抄人员在文本的前一两行中越来越多地使用安瑟尔半圆体,其他受此影响的地区也如此(参见 Bischoff 1954; Bischoff 1966-1981, 3:1-38; Bischoff 1974-1980; Bischoff 1990, 112-121, 247-250, and pls. 12, 14; Autenrieth 1978; Bishop 1971; Cencetti 1954-1956, 166-205 with a bibliographical survey; *CLA*, vol. 6:xii-xxx passim; 10:viii-xix; Dufour 1972; D. Ganz 1987; Garand 1980; Jones 1932; Ker 1960; Lowe 1969, 27-33; Marichal 1948, 63-64, 97-99; Rand 1929, 1934; Supino Martini 1987; Vezin 1974)。

哥特体

加洛林参差体盛行期间,其书稿呈几何级增长,哥特字体及其书稿重现了这一历史,现在所说的"哥特体"源于18世纪,最初是由意大利人文主义者们提出来的蔑称,指代他们眼中的野蛮字体。现存中世纪拉丁书籍中,绝大多数都是用哥特体写成的,更别说档案文书了,书籍得以爆炸性增长,其决定因素是12世纪教育的复兴,进而催生了第一批大学。到1500年,近乎80%的高等教育机构在西欧地区。这些教育机构大大激发了人们读书的渴望,到13世纪,这一渴望又孕育出一种更为高效的制书方法,即分制系统(pecia/piece system,见 Destrez 1935; Bataillon et al. 1988;图1.16中正文边缘有分制系统的标记),这样通过直接复制某书的权威且无误范本,就可以同时生产出多本书,也提升了书的准确性和生成速度。15世纪，大学给新兴出版业带来极大利润，在经济层面，为出版业创造了生存空间。

从加洛林参差体到哥特体，这一字体更换过程极为缓慢，但不曾中断，其间两种字体一度共存，又产生一些兼具二者特征的混合字体，这些混合字体既近似晚期的加洛林体，又非常形似早期的哥特体，相似程度均非常高，早期加洛林体与其晚期形态的相似度、早期哥特体与其晚期形态的相似度都较之远远不及（参见 CMD-NL, vol, 1, pls. 26, 92, 94, and 295）。棱角分明、高度大于宽度、宽差分明、最粗一画近似垂直水平线，偏爱安瑟尔圆体的 *d*，而非加洛林体的 *d*，词尾的 *s* 写得圆润，而非修长，用"7"表示 *et*，而非 &，如果说这些是哥特体的特质的话，晚期的加洛林体也越来越多地表现出这些特点，有时候甚至超过那些所谓的早期哥特体。一般认为正式哥特体最典型的特征是割裂字母主干，以形成一个尖角或直角，就连这一点在后期加洛林体中也不难见到。故此，从马比荣那时开始，人们就不愿意，有时甚至直接拒绝承认哥特体是一种新的字体，这一情绪持续至今，且不加掩饰。

哥特体本质上是不是一种新字体，这是一个审美哲学问题，这里不做探讨。但毋庸置疑的是哥特体带来了一些新东西，不光是字母的角多了，笔画也变多了，也不光是后期加洛林体呈现出来的那些变化——那些变化参与塑造了哥特体的形态，但它们自身并不是哥特体的构成要素，也不能说它们就是哥特体外观形态的决定性因素。故此，就哥特体的外观而言，有必要在审美层面向前迈进一步，有必要将各种唾手可得的要素有意识且系统化地融汇在一起。这一刻意的融汇结果及其字体对称性中，抽象的、数学的成分多于实用成分，这可以说就是哥特体的本质，其中不免也有自相矛盾之处。这里并不是说其多角、垂直等特点不重要，只是要将哥特体中刻意性、计划性的一面凸显出来，这是一个极为有用的标准，可以用来区分早期哥特体和晚期加洛林体，后者以一刀切的方式处理所有垂直于底线上的笔画，包括 *f* 和修长的 *s*，这两个字母先前向下超出底线，现在变得和其他字母一样了（见图 1.13, Bischoff 1954, 11-14）。这种整齐划一的处理方式在哥特体中多是随意自发的，并不是这一字体必不可少的特征，后面会看到，许多字体虽然称为哥特体，却不遵循这种写法。 30

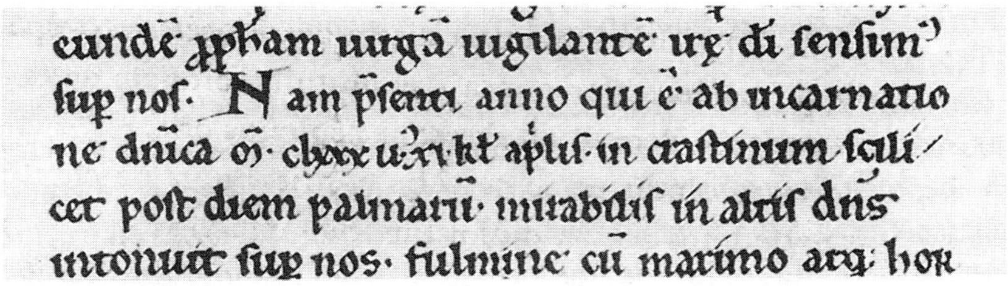
eunde apham uirga uigilante ure di sensim
sup nos. Nam psenti anno qui e ab incarnatio
ne dnica. m. clxxx ii. xi. kt aplis. in crastinum sci li
cet post diem palmaru. mirabilis in altis dns
intonuit sup nos. fulmine cu maximo arg hor

图 1.13　早期哥特体文稿，出自比利时列日（Liège），1182 年。天主教鲁汶大学（Université catholique de Louvain）图书馆手稿，MS. VI（已被损毁）。图像引自 Reusens 1899, pl. XXVII。

然而，这一字母竖干根部的处理方式只能说明其字体是否为早期或原始哥特体。其角的美感才是成熟哥特体的主要特征。不过是否有角也不是判断哥特体成熟与否的绝对标准，但这方面有一个易于辨识的标记，即相对的凸腹连在一起写（现在看上去像半个六边形），比如连写的安瑟尔圆体 *d* 和 *e*（见图 1.14，Meyer 1897）。若始终遵循这一规则，每当 *b*，安瑟尔圆体的 *b*、*h*、*o*、

p，哥特体的 v 与 y，颠倒的 c（con 的缩写）遇到 c、d、e、g、o、q 中的任意一个，相对的凸腹重叠，共用一画。从 13 世纪到 15 世纪，乃至以后，大多数哥特体文字遵循这一规则，但只有少数一丝不苟地照办。这类手稿其实最早可以追溯到 1146 年（见 Gasparri 1973, 115）和 1162 年（见 *CMD-F*, vol. 2, pl. XXa）。

与上述现象并行发展的还有 r 及其连字笔画，若 r 跟着一个带凸腹的字母，如 b，安瑟尔圆体的 b、h、o、p、v、y，那么 r 上则会延伸出一笔，连上前面的字母（见图 1.14, 1.15, 1.19）。原来，在安瑟尔圆体手稿中，一行行文结束时，R 偶尔会和它前面的 O 连起来（见 facs. in *CLA*, vol. 2, nos. 126, 193），加洛林体借鉴了这一写法，后来哥特体也借来，并加以发挥。13 世纪后期，字母 R 中写得像 "2" 的那部分偶尔与前面相邻字母的凸腹分开写，逐渐地，这像 "2" 的部分开始被当作 "r" 本身，这样它就可以与前面的凸腹分开，成为独立的字母（参见图 1.22，图中说明人文主义时期的草书沿用了这种写法）。

最近，根据对 *CMD*（见文末参考文献）收录手稿的研究，正式哥特手写体的另一特征引起关注（Zamponi 1988）。一些字母（如 i、m、n、p、r、t、u）的第一个竖干收笔的角形或矩形，以及前面相邻字母 f、g、r、t（有时是 c、e、x）的横向收笔一画，它们的角度都被省略，这一趋势兴起于 12 世纪，一直延续到 16 世纪，在意大利尤为显著，一度成为一种规则（见图 1.14，1.15，1.16）。

上述谈到的形态特点是哥特手写体公认的基本特征，然而，一些称为哥特体的手写体不仅不具备这些特征，反而还有某些截

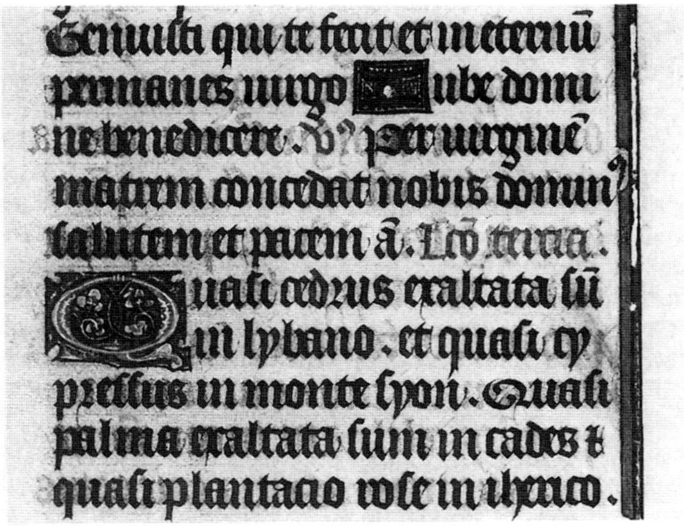

图 1.14　正式哥特文本体。出自佛兰德斯，可能出于根特－布鲁吉画派（Ghent-Bruges School），16 世纪早期。作者收藏手稿。

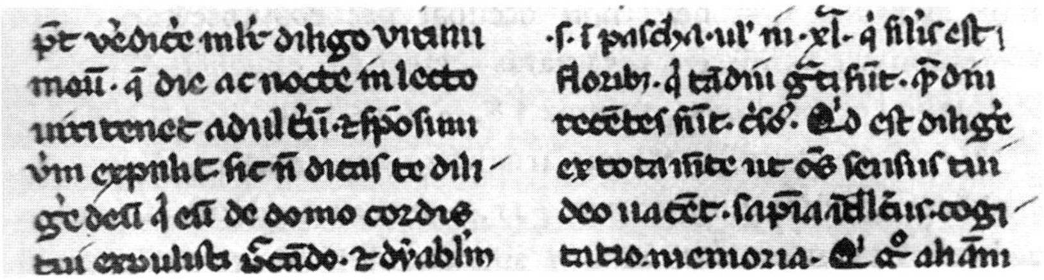

图 1.15　哥特文本巴黎体。可能出自巴黎，1293 年。鲁汶，天主教鲁汶大学（Université catholique de Louvain）图书馆收藏手稿，MS. 46（已被损毁）。摘自 Reusens 1899, pl. XXXIII。

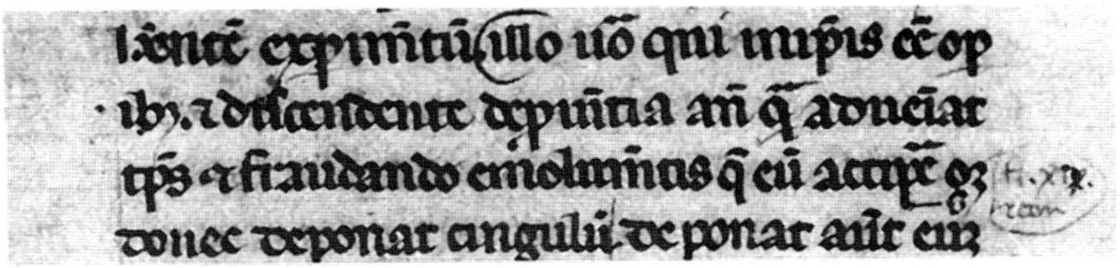

图 1.16　哥特文本圆体博洛尼亚体。可能出自博洛尼亚，约 1300 年。普林斯顿大学图书馆罗伯特·泰勒收藏（Robert H. Taylor Collection）系列，AM21140，Item 42。经许可复制图像。

然相反的特点。这使人对哥特体的本质属性产生困惑，哥特体何以成为哥特体也令人不解，因此，显然需要对这整个问题进行全面反思。这一工作完成之后，虽然学者们提出了反对意见（Gumbert 1974, 199-214, 回应了这些反对之声），但对哥特手稿的分类和命名，这一工作极有实用价值。1954 年，杰拉德·艾萨克·利夫廷克（Gerard Isaäc Lieftinck）研究低地国家手写体时，提出了哥特体手稿分类和命名的问题。他提出，根据客观标准，哥特体首先可以分为三类：文本体（textual）、混杂体（bastard）、草体（cursive）。混杂体后来被称为混合体（hybrid，见 *CMD-NL*, 1:xv-xvii）。然后，他又提出在这每一类之内，根据手写体正式（formata）与否、是否连笔潦草（currens）、是否介于两者之中，又可分为三种。有学者称这第二层分类属于质料层面（niveaux）的分类（Gumbert 1974, 205, 215-233），较为依赖主观判断。哥特手写体最终被分为以下 9 类：（1）正式文本体，（2）（一般）文本体，（3）连笔文本体，（4）正式混合体，（5）（一般或利夫廷克所说的文本）混合体，（6）连笔混合体，（7）正式草体，（8）（一般或利夫廷克所说的文本）草体，（9）连笔草体。第一层分类中，文本体透彻表现出哥特体的美感，出现时间也比较早，因而它的地位无可比拟。第二层分类中，正式文本体更受青睐（见图 1.14），它是哥特体中的精品，见过中世纪后期那些华丽字体的人一听到哥特体这个词，头脑中就会浮现出这种字体，本文一直所说的哥特体也是指这种字体。这种字体由一般文本体演变而来，13 和 14 世纪时发展到鼎盛，其形态臻于完美，使用频率也达到最高。当时它被称为圣诗体（*littera psalterialis*）或弥撒体

(*missalis*)，说明这一时期它主要用来书写精美华丽的教会礼拜书籍。15世纪另一种正式字体兴起，哥特体的正式文本体走向衰微，但一直到16世纪都没有消亡。事实上，因为它被纳入第一批印刷体之列，所以今天通行的德文文学和报纸标题依旧在使用这种字体。

比起正式文本体，一般文本体（参见 Lieftinck 1954，图 14，15，18，29b，30）的变异版本更多。总的来说，它们比正式体的书写速度更快、更随意，或者说它们没有正式体那么严格且始终如一地遵守规则。垂直笔画终端的处理方式以及字母各角的形态，这些范式一般文本体可能并没有打算完全遵从，也未能完全遵从。正式体和一般体这方面的差异有时可能是字母写得太小导致的，字母太小，字母的角难以清晰表现出来。有大量手稿确实是这样的，其中多数是13世纪出自法国的袖珍《圣经》，这类微型哥特文本体有专门的名字——珍珠体（pearl script，见 facs. in Degering 1929, pl. 81; *CMD-F*, vol. 5, pl. XXIIIb; vol. 6, pl. XXa; Stiennon 1973, 247）。一般文本体中有一类是专业誊写员为各个大学写材料所用的字体（见图 1.15，1.16），巴黎字体（*littera Parisiensis*，Parisian script）就是这类字体的典型代表（Destrez 1935, pls. 1-18; Kirchner 1966, pl. 18; Steffens 1909, pl. 98）。到15世纪中叶，一般文本体的使用频率早已高于正式文本体，其功能越来越被草体和混合体取代，接下来看看后者的发展。

第三类文本体，即连笔文本体（Lieftinck 1954, 图 16），其书写速度比一般体更快，存在时间也更短。早在13世纪后期、14世纪早期，其功能就开始被草体取代。

不过，讨论哥特草体之前，需要来说一说另一种哥特文本体，即意大利出现的圆体（rotunda）特性字体，法国南部、西班牙和葡萄牙也出现过这种字体（参见图 1.16，以及 Canellas 1974, vol. 1, pl. XLIX; vol. 2, pls. XLVIII-LII; Kirchner 1955, pls. 43-44; Kirchner 1966, pls. 13, 23; Steffens 1909, pl. 106; Thomson 1969, pls. 75, 77）。通常认为这种字体指的是博洛尼亚体（littera Bononiensis），因为其独特形态似乎源于博洛尼亚，当地确实广泛使用这种字体来为大学誊写普通、或精装的法律课本（见 Pagnin 1933-1934; Destrez 1935, pls. 19-26）。教会礼拜用书也使用这种字体的正式版来誊写，直到 16、17 世纪，大型诗歌手稿使用它的时间更长。这种字体虽说有圆体特性，但并不乏折角，与北部哥特体相比，这种字体更宽，高度不足，角度因而被弱化，看上去十分圆润。其字母 d 很有代表性，它的凸腹饱满，上突很短，几乎向左横躺下去。圆体特性的这种字体处理垂直收笔一画的方式也不同。意大利正式的文稿中，字母 f、h 的足端，m 的前两画，n、r 的第一笔和修长的 s 都较为扁平。北部地区的哥特体有时也有这样偏平的足端，甚至没有足端（sine pedibus），不过写成如此的笔画（Kirchner 1966, pl. 11a）和圆体特性的哥特体不是同一部位。字母 b、q 后面跟着的向左开口的 c 是一种缩写，表示 bus 或 pue，这是圆体特性哥特体的另一特征（见图 1.16，第 2 行）。

加洛林参差体早在转变为哥特文本体之前，就已经成为一种令状字体（charter script，见前文）。在这过程中（见 Steffens 1909, pls. 78b, 80-82, 有关 12 世纪的案例），字母的基本形态和书写过程受到的影响并不大，其中形成的特点可以忽略不计，实际上也被遗忘。然而，紧接着到 13 世纪，书稿字体产生了深刻变革。它发展成为一种新型草体，截然不同于后期罗马草体。这一发展在多地以不同的速度展开，1240 年在一次国家统计活动中就已开始，一直持续到 16 世纪，乃至更后（Steffens 1909, pls. 92, 96a, 97, 100, 105a, 107-108, 113b, 118b, 119-120, 123a），不过这一转变并不彻底，也未贯穿始终。这一新型草体最典型的特征是字母 b、d、h、l 的上突，以及 f、p、q 的下突（不多见）均呈环状，其 s 十分修长。这些环状笔画通常不与相邻字母连写，甚至没有让其所在字母写得更流畅，但许多字母却越来越青睐这种笔画，甚至一笔写成的单词中也愈发出现这些环状笔画，缩写笔画中也同样有这种现象。这种字体中有一些字母十分有特点，它们或多或少形成了自己的规律，字母 a、g、m、n、r、s、u 尤其值得关注。a 在加洛林体和安瑟尔半圆体中还可以看到它上突的字茎，但这部分在这里消失了。g 与其在哥特文本体中的写法相比，在这里省去许多笔画，写法大为简化。m、n、r、u 第一画的底部（m 第二画的底部）开始与下一画的顶部连在一起，呈现为一条斜细线。词尾 m 或 n 的最后一画常常超出下划线。词尾的 s 显得圆润，常采用新式简化写法，写得像参差体的 b，这可能受到哥特文本体中 s 新写法的影响。词首 v 状的 u，其第一画超出上划线，向右延伸，甚至弯曲成环，也和 b 很像。

这种文书字体形态多样，又无章可循，因此难以确定它何时变化、何以成为草体，同样，如果草体也曾变为哥特体，那这一转变的时间也难以确定。这里无暇探讨后者，故此干脆假设这种草体以某种方式名正言顺地变为哥特体，不过这种变化显然和文本体的变化不同。不管这种假设能否站得住脚，事实是在 14、15 世纪拉丁手写体演化进程中，最重要的发展除了人文主义手写体的兴起，还有就是这种新兴文书草体被广泛用来誊抄书籍。

最开始一成不变地使用这种字体，成品或许就像哥特连笔草体（见图 1.17，Lieftinck 1954，图 20），如果多加几分规则，多几分计划，成品就呈现为一般文本体或哥特文本草体（Lieftinck 1954，图 19, 21, 23）。在 1291 年的一部手稿中发现了一些典型的哥特草体英语文字，其中呈现出一系列哥特文本体特点，这种字体最近得到一个名字——安立甘字体（Anglicana，参见 Parkes 1969, xvi, pl. 4, i; Kirchner 1966, pl. 37a）。这种正式的、严肃的哥特草体通常被称为混杂体，早在 1337 年，但丁的《神曲》誊写百份，引发轰动，此时这种字体在意大利就已然成型（Steffens 1909, pl. 103; Lowe 1969, pl. XIX）。其他地区到 14 世纪末 15 世纪初才出现这种正式的哥特草体（Lieftinck 1954，图 22, 24）。14 世纪后期，这种字体的一种变异版本成功从法国传入英国，被称为公文体（secretary script），它最开始用来书写公文档案，后来用来誊写书籍（Parkes 1969, xix-xxii），最终混入安立甘体（见图 1.18，英文字母 th [thorn] 之后）。正式哥特草体中，字母的曲线笔画和上突部分的环状笔画写得越来越像折角，这种字体用来誊写华丽的书稿，这些手稿出自王室，也服务于王室，它理应青睐，甚至炫耀自己那些环状笔画才对，但实际趋势却相反，这一现象在拉丁手写体历史中绝无仅有，需要给出合理解释。

可能受到正式文本体的影响，哥特草体在低地国家和法国北

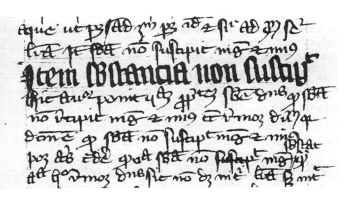

图 1.17　哥特文本体（第三行）和连笔草体（第一、二行，第四到八行）。出自德国，14 世纪。作者收藏手稿。

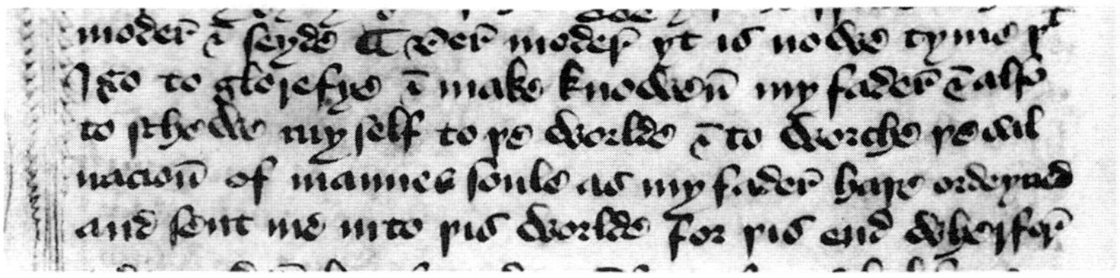

图 1.18　哥特草体（混有安立甘体和公文体）。出自英国，15 世纪。纽约伊萨卡，康内尔大学图书馆收藏手稿，MSS. B41, fol. lr。经许可复制图像。

部的正式化发展程度更高，最终其代表性的环状笔画多数都消失不见了。这一发展似乎开始于 1440 年，当时勃艮第公爵资助誊写了一批精美的书籍，其中可以看出这种变化，这些书稿中的字体近来被命名为勃艮第体（见图 1.19，*CMD-NL*, l:xv, xvi, and pls. 271, 274, etc.; also Lieftinck 1954, 23, 28-29, and 图 25）。

　　哥特草体正在变得愈发正式，与此同时，哥特文本体也相应地向草体转变。就个别字母的形态来说，这体现为 *a*、*g* 的写法简化，词尾的 *s* 变得圆润，*f* 和长 *s* 的足端略去折角，后二者写得向下延伸，超出下划线。这种发展趋势催生出我们今天所说的哥特

图 1.19　正式哥特草体（类似勃艮第体）。出自法国克莱尔沃（Clairvaux），1485 年。普林斯顿大学图书馆收藏手稿，MS. Garrett 91, fol. 178v。经许可复制图像。

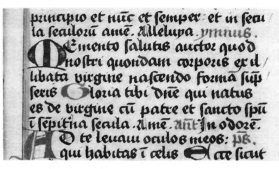

图 1.20　正式哥特混合体。可能出自佛兰德斯，1528 年。纽约伊萨卡，康内尔大学图书馆收藏手稿，MS. BX C36 H484, fol. 30r。经许可复制图像。

混合体，这种字体放弃了上突的环状笔画，但字母底部的写法和哥特草体一样。如同哥特文本体和草体，这种混合体根据其正式程度大致可分为正式体（见图 1.20，Lieftinck 1954，图 26 字体仍是混杂体；*CMD-NL*, vol. 1, pls. 202-203）、一般体（Lieftinck 1954，图 29a, 30; and *CMD-NL*, vol. 1, pls. 207-208, 213-214, etc.）、连笔体（Lieftinck 1954，图 32 为混杂连笔体；and *CMD-NL*, vol. 1, pls. 200, 205, 210-211, etc.）三类。如果除了 *f* 和长 *s*，其他字母都不像哥特文本体那样处理字母足端，那么这种混杂体就很难和勃艮第体区分开来。它在历史上各地区的发展情况还未得到充分研究，它很可能兴起于 14 世纪的意大利，15 世纪在加泰罗尼亚和法国南部流行（*CMD-F*, vol. 1, pl. 88b; vol. 6, pl. 138c）。不过，这种字体盛行之地似乎在下莱茵地区，15 世纪早期在那里发展壮大，又从那里传到周边的德国、法国和低地国家，持续被使用，直至 16 世纪（除了以上参考文献，另见 Chaplais 1971; Dobiache Rojdestvensky 1925; Heinemeyer 1982; Johnson and Jenkinson 1915; Mazal 1975; Newton 1971; Spilling 1978; Wright 1960）。

人文主义字体

人文主义字体的出现与中世纪各字体的消失多是同时并进的，但暂不提这一点，这些新字体可以说表达了其创造者的审美倾向和对中世纪文化的敌意，故此，本文探讨中世纪文字学时，似乎理所应当将之排除在外。实际上，这里也不会详细讨论这些新字体，但也不能完全无视它们，起码的理由有三：（1）许多用这些字体誊写的书稿是"中世纪的"，也是"中世纪之后的"；（2）需要将中世纪的加洛林参差体与人文主义者们复兴的加洛林体区分开来，这一需求十分现实；（3）若要理解哥特体后来的发展进程，就需要了解那些与之争高下、使之由盛转衰的字体。第三个理由不是那么切中实际，但前两个足以服众。

人文主义字体主要有两类，一类正式，一类潦草，正式体出现时间较早，但影响力未见得持久。这种正式体（见图 1.21）曾经一致被称为文艺复兴体或人文主义体，今天常被称为人文主义圆体或文本体或正式人文主义体，人文主义者们则称之为旧体（antiqua）或新旧体（the new antiqua，见 Battelli 1954），它其实就是再生的加洛林参差体。一般认为波焦·布拉乔利尼（Poggio Bracciolini，1380—1459），或许还有尼克洛·尼克里（Niccolò Niccoli），于 14 世纪末期在佛罗伦萨创造或复兴了这种字体（Billanovich 1981; de la

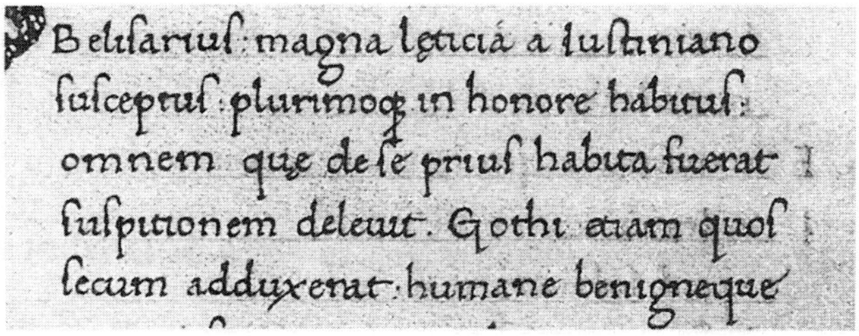

> Belisarius magna leticia a Iustiniano
> susceptus plurimoq in honore habitus
> omnem que de se prius habita fuerat
> suspitionem deleuit. Gothi etiam quos
> secum adduxerat humane benigneque

图 1.21　人文主义圆体。出自意大利，1456 年。普林斯顿大学图书馆收藏手稿，MS. Grenville Kane 55, fol. 78r。经许可复制图像。

Mare 1977; also Ullman 1960, 21-57, and 图 13-27，认为这一事件发生于 1402 年）。波焦是佛罗伦萨的公证员，后来成为教皇秘书，在他之前的教皇秘书，即大名鼎鼎的彼特拉克，曾表达过对哥特体的不满，因为哥特体难以识读，波焦自己则使用一种非常清晰的正式哥特文本体（Petrucci 1967; Ehrle and Liebaert 1932, pl. 45, where it is called fere humanistica; Foerster 1963, pl. 21; Kirchner 1955, pl. 48; Kirchner 1966, pl. 27; Steffens 1909, pl. 101; Thomson 1969, pl. 71），他可能也从科卢乔·萨卢塔蒂（Coluccio Salutati）的启发中获益颇多（Ullman 1960, 11-19）。其实北欧的哥特体更难识读，远超意大利，但讽刺的是最先站起来激烈排斥哥特体的却是意大利人。波焦再度起用加洛林体时，从许多范本中挑选了一些加洛林手稿作参考，但还不能确定他挑选了哪些手稿，不过他的字体中有着 10 到 12 世纪意大利手稿的痕迹（Ullman 1960, 54, and pls. 1, 18; de la Mare 1969, xxii; de la Mare 1977; *CMD-IT*, vol. l, passim）。人文主义圆体长期遭到学者忽视，不过伯特霍尔德·L. 厄尔曼（Berthold L. Ullman）、德·拉·梅尔（de la Mare）等人详尽地研究过，成果颇丰，但波焦创造新字体及其传播这个问题还需要进一步研究，然后这整个发展模式才能清晰显现出来。现在可以确定的是此模式绝非单一。

人文主义圆体与 10 到 12 世纪的原始加洛林体之间有一个显著差异，它们宽差和比例不同，这一差异常常有助于区分二者。找不到这一差异的情况下，面对一份看上去像加洛林体的手稿时，如果它呈现出一些哥特时代的手稿特征，或者具备一些哥特时代以来才形成的特点，如以纸为书写材料、大量使用墨水等，那么基本可以确认这是一份人本主义圆体手稿。如果这份手稿的内容产生于 13 世纪后期以后，那更说明上述判断完全可靠。即便这份手稿整体上使人觉得不像后期加洛林体，仍然可以通过个别字母的形态来再次强化上述判断，这些字母的写法有意或无意显露出哥特体的影响。许多哥特体要素时常出现在人文主义圆体中，包括相对的两个凸腹重叠在一起，*d* 呈现为安瑟尔半圆体，代表双元音 *ae* 的 *e* 去掉了变音符号，*f* 和修长的 *s* 不再超出下划线，*i* 上方有一点，*R* 与前面邻近字母（除了 *o*）的凸腹之间有连字笔画，有时候 *R* 的"2"状部分加上连字笔画成为单独一个字母，词尾的 *s* 常常比较圆润，*t* 的垂直笔画超出其水平笔画，词首的 *u* 常常写得像 *v*，人文主义圆体中的这些哥特体要素不光在 15 世纪初有，后来也屡次出现。当然也不能全然依赖这些要素作为判断的依据，它们虽然是哥特体的特征，但晚期加洛林体中它们就已经出现了，故此它们既可以说明哥特体即将到来，也可以证明哥特体行将就木。不过其中两点不曾在原始加洛林参差体中出现过，即上方带点的 *i* 和单独使用的"2"状的 *r*。

还有一点可以帮助我们鉴别人文主义圆体，即看手稿中是否有罗马等高体，尤其是方正等高体，人文主义圆体借鉴古代铭文（见图 1.2），用之书写标题和书籍发行信息。波焦引入这些古老的等高体（Ullman 1960, 54-56），其他人一直沿袭下去（Meiss 1960）。

1465 年德国人康拉德·斯韦恩海姆（Conrad Sweynheim）和阿诺尔德·潘纳尔茨（Arnold Pannartz）将印刷术引入意大利，波焦起用的罗马等高体被选为印刷字体，这一始料未及的事件大大提升了波焦及其字体的影响力。到 16 世纪中期，这种罗马字体在意大利、西班牙、法国取代了哥特字体，同样 16 世纪晚期的英国和荷兰、19 世纪的斯堪的纳维亚也放弃了哥特体，纷纷用起了这种罗马字体，它在拉丁字母世界的普及势不可挡，到 20 世纪，仅剩一些德语地区仍然使用哥特体来印刷文学作品、学术书籍、宗教书籍、报纸等。

人文主义者们培育出来的另一种字体通常被称为人文主义草体（见图 1.22, Battelli 1954, 40, 图 38-41; Ullman 1960, 59-77, 图 29-39, 50, 66; Wardrop 1963），与圆体相比，这种字体让人自由发挥的空间更大。一方面因为，它不像圆体源自加洛林参差体，这种字体并不是由某种权威字体衍生而来，受到的限制较少。另一方面也因为这种字体的用途更为广泛，用它记录档案（这里它又被称为人文主义档案体），学者用它写信、做记录、写作，这种草体也有不同程度的正式写法，有些也可以誊抄书籍。

与圆体相比，草体书写速度更快，这似乎决定了其许多字母的形态，比如其 *m* 的形态非常适合速写，而且显然一气呵成的写法也造就了其外观。一般草体上突、下突有环状笔画，人文主

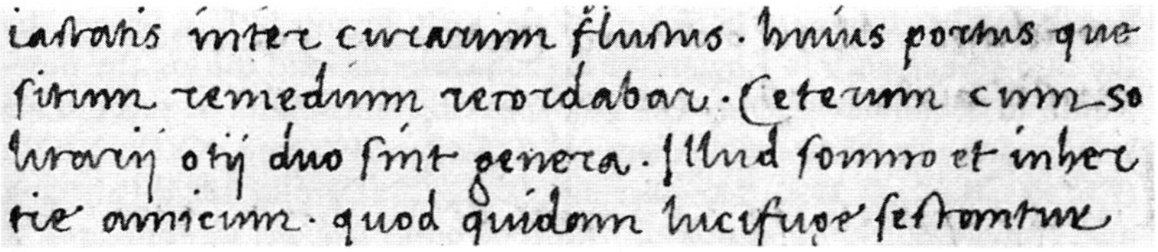

图1.22 人文主义草体。出自意大利，1500年左右。纽约伊萨卡，康奈尔大学图书馆收藏手稿，MSS. Bd. Petrarch P P49 R4+ +, fol. 2r。经许可复制图像。

义草体没有，书稿中字母连写时，除了使用一些常见的连字笔画（如 ct、et、st 的连写），几乎都是无章可循（图 1.22 and Fairbank and Wolpe 1960, pl. 11, 特殊连写方式）。综合这些因素，一些人更愿意称这种字体为意大利斜体（italic），此名也指代其印刷版字体（Cencetti 1963, 85; de la Mare 1969, xxix-xxxi）。这种人文主义草体几乎没有宽差，字母一般向右倾斜，没有圆体那么圆滑，角更多。就具体字母而言，比较典型的，除了连笔的 m（以及 n），还有简化了的 a，加洛林形态的 d, f 和修长的 s 下方超出下划线。

现在认为这种字体产生于 1420 年前后，佛罗伦萨人文主义者尼克洛·尼克里（1364-1437）被视为其创始者（Ullman 1960, 59-77）。从 1430 年代开始，尼克里的字体（Ullman 1960, 图 29-39; Fairbank and Wolpe 1960, pl. 2c）逐渐被许多较为正式的字体借鉴（de la Mare 1969, xxvii）。

人文主义草体兴起时间晚于圆体，成为印刷字体后，直到 1501 年人们才知道这种意大利斜体（Wardrop 1963, 35），但与此相比，它对现代手写体的影响更深，远胜圆体。逐渐地，使用圆体印刷的地区开始以这种草体为主要手写字体。16 世纪中期的西班牙、17 世纪初期的法国、17 世纪中期的英国和低地国家、19 世纪的斯堪的纳维亚都被这种字体征服。到 20 世纪，只剩下德语地区没有拜倒在这种字体的魅力之下（Steffens 1909, pp. XXIV-XXV）（另见 Bischoff 1990, 145-149, and pls. 22-23; Derolez 1984; Fairbank and Hunt 1960）。

现代字体

哥特体和人文主义字体当下都在演化、发展、转型，它们过去的发展是中世学者所关注的，但同理，它们当下的这些趋势也应当被关注。很多时候，只有在现代书籍中才能看到中世纪手稿，这些手稿通常难以识读。而中世纪对后世思想的影响，有时候只有在现代学者对中世纪手稿的注释中才能零零星星发现一些痕迹。若想搞清楚后期中世纪手稿的出处和发展状况，常常只能在现代书籍中，从物主的标记和其他记号中寻找蛛丝马迹。如果说这件事，即让一个中世纪研究者意识到掌握现代字体的相关知识十分重要，还能够做到，那么提供这些相关知识几乎难以做到。这一领域空间甚大，多数仍未开垦。古文字学可能已经将从古至今所有字体都收入囊中，但古文字研究者们却反应迟钝，迟迟不愿承担自己的责任。故此，关于现代字体，这里只能提供一份简短的书单，这些书中收录了一些影印摹本，和一些令人欣喜的抄本。

古文字学作品中有一些受到广泛欢迎，这些书里有些章节涉及现代字体，十分宝贵（如 Degering 1929; Prou 1924; Reusens 1899; Steffens 1909; Thompson 1912）。其中各种字体几乎都是 17 世纪之前的，不过这些书中没有抄本（*CMD*）。较为小众的读物中，有些书探讨个别国家的字体（关于法国：Poulle 1966, Samaran 1922；关于德国：Dulfer and Korn 1967, Mentz 1912; 关于英国：Dawson and Kennedy-Skipton 1966, Hector 1966, Jenkinson 1927, Petti 1977, Simpson 1973; 关于爱尔兰：O'Neill 1984; 关于意大利：Battelli 1965, Federici 1934; 关于荷兰：Horsman et al. 1984; 关于西班牙和葡萄牙：Avelino de Jesus da Costa 1990, Arribas Arranz 1965, Canellas 1974, vol. 2, Millares Carlo with Ruiz Asencio 1983 and with Mantecon 1955, Nunes 1969）。

缩写

路德维希·特劳伯（Ludwig Traube）常常说字母缩写在古文字学史上举足轻重，若要确定手稿的时间，他首先去看其中的缩写。缩写对于界定手稿的出处也有帮助。不过先不谈这些作用，如何将缩写正确地还原无疑才是最重要的问题。

缩写尤其使古文字学与语文学（philology）的关系清晰起来，因为还原缩写时，最终要依据上下文语境的意思。还原缩写并非完全是一门科学，但也绝不能肆意妄为。掌握缩写的规则（已有系统阐述，见 Schiaparelli 1926，另见 Laurent 1939 and Bischoff 1990, 150-68），了解这些规则的历史，既可以有效地帮助我们还原缩写，还可以从缩写中界定手稿的时间和出处，不过，记住个别缩写、理解上下文语境仍是必要的。

多数缩写包含两部分，从要缩写的单词中挑一两个字母，再加一个标记符号，表示被省略的字母，如此形成一个缩写。许多缩写中标记符号写得不像正规字母，此类标记可能是一些字母的速写形态（图 1.7 中 "7" 状的符号表示 *et*）。缩写中的字母部分，大多数要么是悬浮状态（有两部分，缩写单词的前一两个字母，再悬浮几个音节字母,即每个音节的首字母),要么是缩略式的(取单词的首尾一两个字母而成,有时也取中间的字母),其他缩写形式也并非没有。缩写出现之前,常常有一些预示符号,如点、线或点线组合等。词尾的个别字母通常也会充当预示符号,它们会写得高一些,并向右稍稍倾斜(图 1.15,1.17)。著名的提洛符号(*notae tironianae*, Tironian Notes)是一种极端缩写,出自西塞罗的秘书提洛(Tiro)之手,据说他参与创造了这种速写符号,一直到 11 世纪这种符号还在使用。许多书籍中可以找到有关这 13000 左右个提洛符号的研究信息(Kopp 1965, Chatelain 1900, Schmitz 1893, Ruess 1914, Steffens 1909, pl. 56, Bischoff 1990, 80-82)。

卡佩里·阿德里亚诺(Cappelli Adriano)写了一本小册子(Cappelli 1929),指导我们还原缩写,其实用性首屈一指,是古文字学专业的学者、上古或中世纪手稿研究者必备参考书。这本实用且珍贵的小册子收录了许多摹本,还原了 14000 多个缩写,还包括大量常见缩写符号和铭文缩写,但使用时会发现仍有许多缩写没有收录其内。补充资料仍是需要的(见 Pelzer 1966, Martin 1910, Prou 1924)。

卡佩里书中的每一个缩写都注有使用年代,但不能据此确定其所在手稿的年代。缩写标注的年代肯定是其使用年代,但不能据此认定其前后几百年里就没有使用过。确认中世纪早期手稿的时间和地点时,特劳伯的书是不可或缺的参考资料(Traube 1907; 1909-20, 1:129-156),这一领域还有一些书颇有开拓价值(如 Lindsay 1915, Bains 1936, Paap 1959)。中世纪晚期手稿还缺乏基础研究,这一领域的资料汗牛充栋,难以穷尽,这一时期的誊写员流动性高，字体模式传播也较快，这些都使基础研究难以取得实际进展（Bozzolo et al. in *Aetas* 1990, 17-27）。总之，依据缩写界定手稿年代时，关键要记住，即便能确定个大概年代，但之后几百年要么继续使用，要么消失一段时间再度出现，这样的事太正常不过了。一般来说，年代清晰的缩写只能确定一个时间上限。所以看到词尾有"2"状的符号表示 *ur* 时，没有出现省略号，说明其手稿的成型不早于 18 世纪末期，但在此之后任何时间都是有可能的。不过需要注意一下，这一"2"状的符号在不同时间、不同地点呈现出不同形态，这些形态或许可以透露一些信息（图 1.14-18 中表示 *et*、*and* 的"7"状符号也有不同形态）。另外，各地互借缩写也是正常不过的。最后一点，手稿里没有出现缩写，并不意味着写的人不懂，因为没有看到完整词库，只有全篇手稿尽收眼底，其完整词库才可能浮现。

数字

数字大致被视为常见的非字母缩写符号，例如除法符号代表 *est*。一些罗马数字凑巧和拉丁字母非常相似，如 *I*、*V*、*X*、*L*、*D*，即便如此，除了 *C*、*M*，罗马数字和拉丁字母之间没有关联。罗马和阿拉伯数字的传入时间给我们一个时间起点，这些数字随后几百年里的形态屡经变化，了解这些变化可以帮助我们界定手稿的时间和地点，否则也不能正确识读出它们（Cappelli 1929, 413-428; Steffens 1909, XXXV- XXXVI, XL; Bischoff 1990, 176-177; 图 1.17 中有阿拉伯数字 3、4、5）。

标点符号

标点符号体态虽微，但却是一个大的研究主题。手稿中的标点符号既有作者自己写的（类似于句号、冒号、分号、逗号、问号等），表达自己或真实的、或隐含的意思，也有校对者加上去的（类似于删除、省略、插入、换位等符号），为了使作者字里行间的意思或意欲表达的意思浮现出来，还有读者后加的符号（划重点、表赞同、否定等标记），来表达阅读感受。标题符号既庞杂又重要，但古文字学专业却对其鲜有关注。已有学者概述过现有相关文献（Moreau-Marichal 1968, Rafti 1988, Bischoff 1990, 169-73）。资料成千累万，后世阅读者添加、修改标点符号，拍摄过程中，尤其是黑白摄影，痕痕点点非但没有减少，反而有时增加了，这些都使标点符号问题越来越复杂，消磨着人们的研究积极性。研究标点符号本来是想挖掘作者的意思，但反复誊抄过程中，标点符号倒是越来越表现出誊抄员的习惯或意思，作者的用法和用意被削弱（假设二者不是同一人）。作者对标点符号因此意兴索然，但古文字学者的兴致却理当被调动起来才对。

"阅读"、理解标点符号，将之转换为相应的现代标点，必须要参照文本内容，即便誊抄员按照语法专家的规定方式使用标点，也不能脱离文本来断定标点的意思，因为誊抄员很可能没有按约定俗成的方式用标点。从专业语法角度来规定标点的用法，塞维尔的伊西多（Isidore of Seville）在其《词源》（*Etymologiae*）所提出的规范最广为人知（Bk. I, chap. 20; chaps. 18-19, 21, II, chap. 18），他规定在下划线写一点，相当于现代的逗号，两线中间的点表示分号，上划线上的点表示句号。

最老的拉丁手稿除了用点隔开单词，几乎不使用标点。即便到5、6世纪，手稿中仅有的标点不外乎缩紧、空格、偶尔的点这类符号（Müller 1964; Wingo 1972）。空格不怎么出现在语法专家们的理论中，但它向来都被用作标点，或替代标点。圣哲罗姆（St. Jerome）翻译《圣经》时，引入一直用空间和缩紧来分隔短句和短语的标点方式（*CLA*, vol. 2, no. 141, 附有影像摹本）。爱尔兰和英国这类非拉丁母语地区更青睐用空格分隔单词。不过介词及与连带的名词之间没有空格，贴在一起写，到12、13世纪才有所改变。17、18世纪标点的使用频率高了起来，各种标点的组合几乎无章可循。5、6世纪有些经典书籍的精装版本已经采纳了伊西多整编的标点运用规则，9世纪的德国、法国各地誊抄室，10、11世纪精美的礼拜书籍均遵循伊西多的标点规范（Bischoff 1990, 169）。12世纪，西多会修士（Cistercian）阅读过程中采纳了一种新标点系统，后来加尔都西会（Carthusian）、多明我会（Dominican）、平民生活兄弟会（Brothers of the Common Life）修士也纷纷在礼拜书稿中使用这一新标点体系。这种标点体系里，意思不完整时的停顿，用一个点并在点上加一个"7"状的符号表示，或者有时候只用一个点，意思完整但仍可加入其他词句时，用一个对号或倒过来的逗号表示停顿，完整句子最后用一个点并在其下附一个逗号表示句子终结（Hubert 1970, 160-165; Ker 1960, 58-59; Gumbert 1974, 159-169; Bischoff 1990, 170-171）。值得注意的是，有的手稿只用一种标点体系，有的多种体系混用，还有的甚至不成体系。

如果能确定某种标点的出现时间，或者大致时间，那么用到这种标点的手稿也大致可以确定个时间范围，肯定是在标点出现之后才成型的。例如，目前最早的问号大致可以确定出现在 770 年代以后（*CLA*, vol. 6, no. 707, 附有影像摹本；Steffens 1909, pl. 46, 第二列，第 27、40 行；Vezin 1980）。连字符号到 11 世纪才开始广泛使用，不过早在 8 世纪的英国已经零星出现这种符号（*CLA*, Suppl., nos. 1,679, 1,703; Vezin in *Scriptorium* 19 [1965]: 86）。经证实，5 世纪，很可能不会早于 4 世纪末，就开始使用括号了（Roncaglia 1941）。

对于中世纪研究者来说，仅以某一个古老的标点为依据，比如分段符和引文符号，来划定手稿出现的时间范围，几乎没什么价值，但根据一些古老标点的各种形态、后来逐渐形成且不断演化的标点来界定手稿的时间和出处，则十分有效，许多基础研究已证明了这一点（有关分段符号见 Lehmann 1959-62, 4:9-ll, p. 21, 附有影像摹本；Sorbelli 1944; 有关引文符号见 McGurk 196la; 有关省略和插入符号见 Lowe 1972, 2:349-380, pls. 61-70）。

手稿的阅读、抄录和阐释

古文字学家不抄录手稿，也能对其字体类别和起源提出自己的见解，但这通常是让别人知道自己读过，短篇的通读过，长篇的选读过重要片段。反过来讲，识读显然是古文字学家应该具备的能力，即能将古老的手稿转译为现代文字，也能教别人去识读。虽然识读一般被视为基本功，难登大雅之堂，抄录被看为可有可无，但这两项工作可能非常难，因为有些手稿写在重写本上，上面原先的字体还能看见（见下文"书写材料"），有些写在破旧不堪的莎草纸上，即便面对完整的手稿，这两项工作也不容易。传言说古文字学基本上解决了所有识读问题，理论上可能确实如此，但实际上不是这样，即便是经验丰富的古文字学家也做不到这一点。当然每个学生都要从头一点一滴掌握各种理论和其实际应用。一些文本非常难读，初次接触极易受挫，非常正常，但不应轻易放弃，也不要绝望，多些耐心和毅力，提高语言能力，抓住文本主旨，搞清楚缩写，就一定会克服困难。粗略誊抄几次，或许花费时间过长，忘记了最初的印象，誊抄过程中注意到相似的字母和单词，这常常足以使人把握原创者的书写习惯，其字母形态、字母笔画数量、顺序、连字符等特点，明白这些有助于识读那些模糊不清的字母。同类手稿的影印摹本和抄录本极为有帮助，所以后文附上的参考文献侧重此类材料，需要特别关注一下。针对一些需要一字一词识读的文稿，有些著作或许能提供帮助（如 Gradenwitz 1904）。

手稿经过修订，有时会使誊抄变得复杂，因此有人发明了一套常用符号系统，标记、区分原始阅读注释和早期校对痕迹，手稿写成，被带出誊抄室之前要经历几番校对，因而会留下许多记号（Masai 1950b）。这套符号系统经过改良，被运用起来，一些著作研究过这类运用（如 Vanderhoven, Masai 1953, *CMD-B*）。这套符号中，方括号表示删除，各种斜线组合表示添加，删除和添加符号一起用时表示替代，括号或者下划线或者斜体表示还原缩写，这些最初是为了方便文献学材料的出版（详情参见 Falconi 1969），但对于转录重要文稿，它也十分有用，同时它也是一种准确保留文稿的简易方式，以便后来供人参阅，如果再引入尖括号等类括号来标记晚期的修订和誊抄员的评论时，这套符号系统就更有价值（有关抄录古典和中世纪手稿时遵循的惯例，参见 Bidez and Drachmann 1932, Dondaine 1960）。

一般抄录手稿不是终点，而是要进一步描述（其实是编目）手稿及其文本内容。一份合格的手稿描述势必要澄清本文内容，又要解释其字体，此外还要说明所谓抄本学范畴的各种特征，包括各种装饰特征（如果文稿中有装饰的话），以及手稿后来的历史。本文前面所述以及接下来的内容有助于完成这一描述工作，但建议去参阅一些典型编目案例（参见 Kristeller 1965）。许多这方面的参考书目已经出版，编目工作源远流长（Wilson 1956, Petrucci 1984；对当下编目极为有用的参考书有 *Richtlinien* [1985], Mazal 1975b, 133-72；另外，使用计算机编目，请参阅 Gruijs and Holager 1981, Jemolo and Morelli 1990）。

书写材料

有时人们断定某些字体离开某种书写材料就不行。不过，这种论点并没有事实依据，即便在看似最适用的地方，如刻在石头上的铭文，也站不住脚（Catich 1968, 90- 97, 283-284）。书写材料和字体之间倒也有一些关系，这或多或少有助于推敲字体的时空信息。

纸莎草纸是古代主要书写材料，不过 4、5 世纪以后存留下来的手稿多是保留在石头上，而非纸莎草纸上，后者相对来说十分脆弱。现存纸莎草纸手稿大多是因为埋在埃及南部而保存下来，那里的土壤有利于保存这种材料；1 世纪罗马征服埃及，因此最早的拉丁语纸莎草手稿自然不会早于这个时间（Marichal 1950）。

埃及以外，现存屈指可数的拉丁语纸莎草手稿中，最晚的成型于8世纪早期（*CLA*, vol. 5, no. 614; Tjäder 1954-1982, 1:37-42）。从拉文那到墨洛温加档案文书，保存下来的6至7世纪拉丁语纸莎草手稿不在少数，有的纸莎草教皇档案文书迟至11世纪中期才成型（Tjäder 1954-1982, 1:35-37, 42-48; Santifaller 1953, 52-76）。

羊皮纸在中世纪是另一种主要书写材料（Reed 1972; Santifaller 1953, 77-115; Wattenbach 1896, 113-139; Kenyon 1951, 87-112），现存最早羊皮纸手稿可追溯到公元前195年至前189年，是一份希腊语的买卖合同。动物皮不经加工，直接拿来写字，这种现象早已存在几千年。罗马世界接触到羊皮纸的时间早于1世纪，但4世纪之前的拉丁羊皮纸手稿存留下来的非常少。从5世纪开始，才有大量拉丁羊皮纸手稿存留下来，数量多于拉丁纸莎草手稿，但由于后者难以保存，到7、8世纪，拉丁纸莎草手稿逐渐消失时，人们似乎才能确定羊皮纸的主导地位。羊皮纸无疑一直被使用着，直到15世纪，纸张兴起，取代了它的主导地位。

与羊皮纸的使用情况相比，羊皮纸加工方法和品质等信息更有助于敲定手稿的时空背景（有关羊皮纸不同时间、不同地区的差异，参见 Wattenbach 1896, 113-139）。人们可能会想到一个相关例子，7、8世纪爱尔兰、英格兰生产了一种书写材料，表面看着像天鹅绒，摸起来有些硬，其内外两面几乎一样，将其与大陆书写材料对比时，会发现其发源地留下的直接或间接影响。这种源于岛国地区的书写材料被称为牛皮纸（vellum, 参见 *CLA*, vol. 1:xi; vol. 2:viii [2d ed., p. xii]），不过现在一般用之指代质量上乘的羊皮纸。

重写本（palimpsest）不光只有羊皮纸，不过这里该指出的是因为纸莎草重写本难以保存下来，即便存留下来，其可读性也远比不上羊皮纸重写本。从词源来看，重写本仅仅指原有字迹被擦掉、刮去，重新写上新内容的手稿，但该词有了别的含义，指代写过两次或两次以上的手稿，原有字迹墨水被洗去，而不是被擦掉、被刮去。即便没有将原有且已经失传的字迹文稿保留下来（例如圣奥古斯丁的《诗篇记述》[*Enarrationes in Psalmos*] 之下发现了西塞罗的《论共和国》[*De re publica*]），且大多数重写本都是如此，但它们仍是经济史、文化史、思想史方面有用的资料。早期的重写本都已被整理编目（Lowe 1972, 2:480-519, pls. 114-119，其中原有底层字迹形成于9世纪之前），但后期的重写本还有待发掘和研究。荧光摄影技术的发明极大便利了字体和文本分析（Dold 1950），含有金属物质的墨水，无论含量多少，都不会发出荧光，而羊皮纸（不像纸莎草纸）的发光效果却非常好。以前使用化学试剂，对原有字迹和重写字迹都会产生长期不良影响，字迹往往变得更为模糊（参见 *CLA*, vol. 4, nos. 486-487, 500，影印摹本），不过一些新兴化学手段已经开始使用、推广（Ouy 1958）。最近出现的数字图像处理技术似乎更加有前景，无论是识读重写本，还是其他任何损坏的文本，这种技术都有望提供帮助（Benton 1978; Benton and Soha 1979）。

纸张在中国出现的时间大致与已有最早羊皮纸的时间一致，但拉丁世界出现并制造纸张的时间要晚得多（Santifaller 1953, 116-152; Wattenbach 1896, 139-149）。现有最早的拉丁纸张手稿似乎成型于10世纪（Lowe 1972, 2:547, 557-558, 561, pls. 120, 126-127）。穆斯林时期的西班牙早在9世纪就见识过纸张,1009年的一份文书和1036年的一份礼拜手稿在西班牙存留下来。12世纪开始,西西里的诺曼统治者使用纸张来记录档案文书,现存纸质的热那亚房产文书档案从1154年开始。尽管法国和德国现存最早的纸张手稿只能追溯到13世纪,但一些文献显示,这些地区在12世纪时至少已经知道纸张的存在了。英国也是从13世纪开始使用纸,还没有发现14世纪以前的纸张手稿。

西方世界最早的纸质文件和书稿,其纸张要么来自东方,要么来自西班牙的造纸厂,可以确定后者建于12世纪,乃至更早的10或11世纪就已经存在了。13世纪上半叶,意大利地区建立起造纸厂,安科纳省的法布里亚诺出现第一座造纸厂,之后其他地区陆续也出现了,直到此时,纸张才在西方拉丁世界通行起来。14世纪上半叶的法国、14世纪晚期的德国、迟至15世纪末期的英国也纷纷出现造纸厂,造纸厂在英国出现的时间如此之晚,令人不解。

纸由各种动植物材料制成,这些原料研磨成浆,用纱布或筛子过滤后的沉淀物,干燥后即可成为纸。产自东方的纸与西方最早生产的纸有些区别,纸面、颜色、质地、形态、纸面显出来的网纹都有所差异(Irigoin 1950, 194-204)。西方世界制造的纸,表面网纹数百年间不断变化,从这当中大致可以推敲其产出时间(Irigoin 1950, 201, 202; Briquet 1905, 22-29)。不过,若想知道纸的确切产出时间,常常需要通过其线性图案,纸张生产者在纸的网纹上标注一个图案,图案由名字首字母、动物形象或者其他图形构成,用来标识自己生产的纸。网纹图案作为一个整体,可以恰当地称之为水印，不过水印多指身份标记（Briquet 1907, 此书是经典之作；Mosin and Traljic 1957; Piccard 1961- ; Irigoin 1980; and Zerdoun Bat-Yehouda 1989）。13世纪最后15年里，法布里亚诺开始使用水印（Briquet 1907, no. 5410, dated in 1282），蔚然成风，而后快速传播到各地。查尔斯·布里克特（Charles M. Briquet, 1839-1918）查阅了成千上万卷研究水印的资料，追本溯源，调查它们最早在何时何地被使用，如此确定了一批水印的产生时间。这种方法只能确定相应纸张产生的时间下限，并不能说明上限，因为有些水印可能许多年间一直在使用，甚至在它之后还会出现相同的水印。有学者提出一些办法和技术，可以缩小水印产生的时空范围（见 Stevenson 1961; 1967, 26-127, 248-252; 还有一种更严谨的推测办法，参见 Bühler 1973, 257-265）。当然，布里克特断定的水印发源地并没有排除其他可能性。布里克特手动从遍满字迹的手稿每一页搜寻水印，这难免会出现误差，这个难题可以用埃拉斯托夫（D. P. Erastov）的贝塔射线摄影技术解决（Irigoin 1980, 19, 图 5; *Techniques* 1974, 159-176）。

墨水

许多能上色的物质，不管是固体，还是液体，都可以用来书写，比如白垩、石墨、铅、彩蜡、油漆、墨水等，这里只探讨墨水（有关墨水的配方，参见 Zerdoun Bat-Yehouda 1983, Wattenbach 1896, 233-261, Diringer 1953, 544-553; 有关墨水的化学成分，见 Barrow 1972, 8-28）。有些字体不是通过在书写材料表面着色而成的，而是通过改变书写材料的表面形态而成的，比如阴刻铭文，通过重构、删减书写材料而形成，下文探讨书写工具时会提到这种情况。

墨水中包含染色物质、溶剂（雨水、醋、或酒）和黏性物质（比如阿拉伯树胶），后者使染色物质乳化，使之黏稠，可以附着在书写材料上。已知最古老的墨水利用碳（炭灰、灯黑或木炭）上色。到公元 1 世纪，出现一种金属没食子酸墨水（metallic gall ink），这种墨水中含有铁或硫酸铜（分别是绿色或蓝色的硫酸）以及没食子酸（一种鞣酸），逐渐取代含碳墨水，最终成为使用范围最广的写字墨水，部分是因为它不像含碳墨水那么容易堵塞笔。鞣酸和硫酸的比例不同，墨水的颜色就会产生变化，通过这种颜色变化可以推断手稿的时空信息，这点很有趣。三份鞣酸一份硫酸时，墨水呈黑色。鞣酸量越少，墨水就越趋向深浅不一的棕色。不同时代、不同地区其实有自己青睐的颜色（Bischoff 1990, 16-18），墨水颜色或许可以用来当作辅助证据，来帮助我们推定手稿的时空背景。然而，墨水颜色的证据只能是辅助性的，因为书写材料表面的化学物质，以及手稿的保存环境都会影响墨水最终呈现出来的颜色。不过，含铁的这种墨水，尤其是和纸张结合在一起时，是一种更为可靠的证据，或许可以多考虑一下。罗德里克·麦克尼尔（Roderick J. McNeil）发明了一种技术，通过墨水测定手稿年代，其误差不超过 30 年（McNeil 1984）。这种墨水中的二次离子缓慢且有规律地移动，扫描俄歇电子显微镜（Scanning Auger Microscopy, SAM）可以检测出这种移动，他的技术就是以此为基础的。

书写工具

对于手写体来说，书写工具的影响超过书写材料，但矛盾的是，对于断定手稿时空信息来说，书写工具并没有那么有用，所以只对之稍作概述。这里说的书写工具仅仅指誊写员直接用来写字的工具，不包括辅助工具，如削笔刀、擦字工具、海绵、尺子、锥子、墨水容器等（此类信息，请参阅 Wattenbach 1896, 203-219, 228-232; Jones 1946; Diringer 1953, 559-561, 图 XI, 1-2）。

就影响力而言，书写工具显然影响着字母的外观。例如，笔尖的柔韧性和宽度有助于呈现宽差，甚至是必需条件。又如，削笔尖的角度决定着粗细笔画的走向，进而有助于某种字体的书写，对另一种字体却有妨碍作用，当然这里的前提是假设其他因素，像写字的方向和下笔的角度等，保持不变（Hurm 1928, 8-12; 有关写字姿势，见 Metzger 1968）。举例来说，写贝内文托参差体时，宽笔尖且笔尖左侧削得短些更容易写出来（从誊写员的角度来说），而写正式哥特文本体时，笔尖右侧削得短些则写得更顺手。不过，须谨记，笔尖的宽度和角度由誊写员随意控制，因而不能单独拿来解释什么。或者可以说意欲呈现的笔画状态决定着笔尖的状态，而不是反过来。而且，誊写员并不受制于笔尖角度，比如有些字母顶部的笔画呈直角，有些平行笔画有时粗有时细。之所以说书写工具对于推断手稿时空信息作用有限，是因为众多书写工具中，不知道哪一种是首先被使用的，又因为它们的使用时间太长，还因为有时难以确定某种书写工具是否曾被使用过。从誊抄员的画像和文献资料中找证据时，须十分谨慎。

书写工具种类繁多（Wattenbach 1896, 203-232; Diringer 1953, 553-563 附有影印摹本；Hunger 1961, 40-43 附有影印摹本；Bischoff 1990, 18-19）。甚至不用工具，徒手也可以写字，就像用手指在潮湿的沙地或有雾气的窗户上写字那样。不过，从历史上来看，中世纪最重要的书写工具有两类：一为平整、凿挖书写材料类工具，如凿子和尖头工具；二是着色类工具，如毛笔、苇管笔（reed）、羽毛笔。凿子在古代、中世纪时期主要用来刻写铭文，其实是刻字工具，而不是写字工具（不过凿子上的图案设计可能用到毛笔或其他书写工具）。凿子不易刻出曲形笔画，但用之刻写直线笔画的难度似乎也没降低（Catich 1968, 90-96）。尖头工具由铁、银、铜、象牙等材料制成，特别适合在蜡版上写字，中世纪之前以及整个中世纪学者们多使用这种工具，写文稿、信件、商业文书等。中世纪早期也使用这类尖头工具在羊皮纸上誊写手稿，尤其多用它在字里行间添加白话注释（Bischoff 1966-81, 1:188-192）。第二类着色工具中，最为灵活的是毛笔，它可以向各个方向转动。中世纪之前用毛笔在墙壁上写字，装饰铭文、绘制图案时也用到它，中世纪期间用它来写大写的首字母。用毛笔写字，最后那一画常常参差不齐，因此有学者认为是毛笔孕育出了衬线（Catich 1968）。中世纪之前虽然已经出现了金属笔，但当时主要的誊写工具是苇管笔，若其笔尖磨损、碎裂，就和毛笔并无二致。有人认为苇管笔写出来的字没有粗细笔画的强烈对比，虽然存在这种可能性，但并不绝对。苇管笔何时被完全淘汰，不得而知，是不是被淘汰过还是个问题，但不管怎样，到15世纪人文主义时代，它一度略略复兴。可以确定的是，中世纪时，羽毛笔取代了苇管笔，前者由鹅的羽毛制成，天鹅、孔雀、公鸡、火鸡的羽毛也可以制作这种羽毛笔。有证据显明羽毛笔的出现不会晚于6世纪，7世纪早期塞维尔的伊西多提到羽毛笔和苇管笔同时并行（*Etymologiae* 6:14）。这似乎反驳了奥尔加·罗杰斯特文斯基（Olga Dobiache-Rojdestvensky, 1925）的观点，他认为哥特体的兴起是由于羽毛笔的出现。爱德华·约翰斯顿（Edward Johnston）书中插入图像，说明了苇管笔和羽毛笔的制作流程（Johnston 1939, 17-26）。

手稿外观

历史上，主要有两种方式将一页页手稿整合在一起，以便使文本完整保留下来，即卷页式（roll）和平铺式（codex），这两种方式对字体的形态外观都没有直接影响，卷页和平铺的一些要素的特殊处理方式也没有对字体产生过影响。不过手稿外部尺寸、文字列的尺寸、每列的行数、页面切割方式、刻线方式、扎洞方式多种多样，其中的差异极易辨识，常常被精确测量出来。这每一项都是抄本学所关注的，通过这些特征，有时可以推敲出手稿所出的工坊或誊抄室，这是极为有用的证据。当然，须记住这些可以独立出来，成为新的研究领域，可以脱离它们曾经赖以生存的手写体而存在。

卷页式比平铺式要古老得多，但到4世纪迅速遭到淘汰，因而这里概述一下卷页式的情况，不做详谈（有关其制作过程、尺寸[长度一般不超过10至11米]、文字列的尺寸、每列的行数、标记、容器，参见 Schubart 1962, 37-99; Kenyan 1951, 40-86; Diringer 1953, chap. 4; Hunger 1961, 43-47; Wattenbach 1896, 150-174）。羊皮纸手稿可以制成卷页式（Santifaller 1965），纸张也可以，但古代卷页式书稿一般是纸莎草纸。分栏书写，列与列的中轴与卷轴方向成直角。唯一的例外是正反都写字的手稿。卷页式有诸多不便之处，而且还兼有现代缩微胶卷所有不便之处。中世纪卷页式羊皮纸或纸张手稿主要用来记录档案文书、家族谱系、礼拜仪文（Bischoff 1990, 32-33），每卷手稿只用一种材料，行文列排布方向和卷轴方向一致。

当然，卷页式绝非中世纪手稿的最佳整合形式，平铺式才是，后者经过详尽研究后（Roberts and Skeat 1987, 1; Turner 1977），被认为是"可以收纳整合任何书写材料，页面对折，从背面或中间固定在一起，通常外加封面封底进行保护"。与卷页式相比，平铺式的优越之处在于其便利性，从社会和学术角度来说，平铺式的发明，其意义不亚于印刷术的发明。平铺式书稿还有其他卷页式所没有的优点，如更为密实、不易损坏（与羊皮纸和纸莎草纸卷页式手稿相比）、更经济（相同的材质，平铺式的正反两面都可以写字）。公元1世纪，当时许多渗有写字蜡层的木片累叠固定在一起（CLA, Suppl., no. 1684, 附有蜡版影印摹本），罗马人将这种固定方式应用到纸莎草纸和羊皮纸上，如此就有了平铺式的纸莎草纸和羊皮纸手稿，平铺式手稿的种种优势显然与此历史事件有关。平铺式之所以盛行起来，最主要的推动因素似乎是基督徒从一开始就使用这种方式来处理《圣经》书稿。4世纪以前，平铺式还未成为异教书籍的主要整合方式。

仅仅以平铺式出现的时间作为推敲手稿的时间界限，这个时间太早，对于中世纪研究者来说帮助不大，但平铺式书稿的制作过程和其构成要素对确定手稿时空信息有巨大的潜在帮助。单页对折合成贴，各贴缝合成为平铺式书稿，贴中对折单页数量从 1 到 50 不等，不过多数时候，各地通行的是每贴 4 到 5 个对折页。羊皮纸对折时，通常会避免皮纸的内面对着毛面，后者颜色一般比较深，通常会留下毛囊的痕迹。一张羊皮纸外三折，或者两张羊皮纸分别对折，然后再连在一起，这样内面自然就对着内面，毛面对着毛面。有证据表明纸张或者羊皮纸以这种方式折叠、切割成贴之前，通常已经写上了字，这种反常顺序有点儿像印刷中的"拼版"（Gilissen 1977, pt. 1; Bozzolo and Ornato 1983, 123-212, 379-384）。

  贴由多个折页构成，折页上有准线，来辅助誊写员书写文字。操作起来，这些常常因书而异，如一次在多少个折页上画准线，页面折叠之前还是之后画准线（早期岛体文字是在之前），直接在毛面还是内面上刻画准线，用什么工具刻画准线（尖头工具是最早的刻画工具，11 世纪才开始使用铅，13 世纪才开始使用笔和墨水）等。折页之前，若用尖头工具一次性在多个页面上刻画准线，那么之后通常要调整一下，使刻线工具留下的凹槽面对凹槽面，隆起面对隆起面。一整张页面刻画上准线后，再对折，自然就会呈现出这种效果。尼尔·柯（Neil Ker）发现第一行文字写在第一条准线的下方，而不是上方（Ker 1985, 70-74），这一发现为 12 世纪晚期的《圣经》注释书稿和 13 世纪的其他书稿提供了一个时间起点，至少在英格兰适用。不过，一些誊写员一直在第一条准线的上方写字。

  画准线的工具通常比照着两排平行的小孔画线，两排小孔平均排列在即将写字的页面上（Jones 1946）。小孔的形状各异，它们要么排列在书写范围内（最早的一批手稿是这样的），要么分布在写字区域的边缘，要么在页面的边沿（如果太靠外，装订的时候常常会被切割掉）。如果页面先对折，再画准线，就像岛体书稿那样，那么每一折页中，不光是外边，连内边的小孔通常也都能看到。

  书稿尺寸的差异也可以区分彼此，这种差异由数据表现出来。无论是手稿整体页面，还是书写区域的长宽高的确切数值，或是高宽比例均因书而异。制书作坊常倾向于将书写区域和边缘区域的比例确定下来，不过这最初的比例常常遭到破坏，因为后来书稿会被再度切割（有关书稿外观形态，参阅 Martin and Vezin 1990, Gilissen 1977, pt. 2, Bühler 1973, 100-108）。书写列数和每列的行数也因书而异。制书作坊可以选择某一种制贴方式、一种准线、一种打孔方式、一种外观尺寸，这些组合起来，或许就构成了其产品的独特之处（Gilissen 1969）。

  书稿外观各要素的分析与区分方法多样，都是为了获得更多信息，来为确定手稿的时空信息提供依据。页面的裁剪、编码、文字列编号这些普及速度很慢，批量印刷发展起来之前，它们的参考价值也不高（Lehmann 1959-1962, 3:1-59）。但制贴标记或者特殊记号却在整个中世纪广为使用（许多标记在后来重新装帧过程中被切割开），这些标记是为了辅助书稿装订。它们也形态各异，如标记类型（字母或罗马或阿拉伯数字）、标记位置（通常是在每贴的最后一页，偶尔在第一页；有时在下方空白区域的中间，有时候在右半边）、字体类型、表示贴的字母缩写、标记四周的装饰图案等均有所不同。在每贴最后一页下方空白区域的右半边写出下一贴的第一个或前几个单词（即接头词），9、10世纪就有许多这类案例保留下来，这种行为到11世纪广泛流行起来，最初这一风尚来自西班牙（Vezin 1967）（有关抄本学的相关问题，另请参阅 Canart 1979; *Codicologica* 1976- ; Delaissé 1959; Gruijs 1972; Lemaire 1989; Masai 1950a; Parkes 1976; Vezin 1978）。

装订

将单页纸莎草纸手稿粘贴在一起，卷成卷状，放入有保护作用的容器中，这一过程或许可被视为一种装订，但是装订这个词用来形容平铺式手稿的成书过程可能更恰当，这过程中各贴缝合在一起，然后加上一个永久保护手稿的封面。稍作延伸，这个词也常单指添加封面。手稿本身并不一定经过装订，但除了各类文书、钱币、纪念建筑，大多数保留下来的手稿都是装订过的，而它们之所以能流传下来，也是因为它们经过了装订。因此，可以说书稿装订的时间、地点或许能帮助我们分析装订保护之下的手稿字体。

华丽的装帧总在引人关注，其价值较高，甚至被视为一种小众的艺术形式。不过近几十年来，学者们渐渐开始关注那些不怎么华丽的装帧，开始投入同等精力，去系统研究其历史变迁（Kyriss 1951-1958），同时也开始关注到装订技术，甚至是一般装订过程中用到的技术（van Regemorter 1948, 1955; Pollard 1976; Bischoff 1966-1981, 1:93-100; McGurk 1956）。因此，在抄本学领域，对书稿装订演变历史的研究愈发重要起来。

如果某书经过了重新装订，其装帧不是原有的（早期的手稿大多是这样的），那么其装帧自然能提供更多信息，说明其后来的历史，却难以揭示其早期的历史。不过，尽管经过重装，新的装帧依旧能提供一个大致时间下限，但不能确定何时从原书中摘取片段，也不能确定这些片段何时插入新装订的版本中的。

二次装订、切割页面往往会去掉原先的小孔、贴的标记、接头词和其他空白处的记号，因此绝不能据此断定它们最开始就不存在（Helwig 1953-1955; Diehl 1946; Wattenbach 1896, 386-408; Needham 1979; Gilissen 1983; Bischoff 1990, 30-32.）

现代中世纪手稿收藏地·中世纪图书馆

哪里能找到手稿？人们如何才能接触到手稿？一般认为公共和教会档案馆、图书馆、博物馆保存着大量手稿。由于本文重点探讨书稿，而不是文书档案、铭文等，所以这里只谈一谈图书馆。有关手稿在各个图书馆之间的转移，参阅《英国手稿研究》（*English Manuscript Studies*, 1989- ）中"手稿拍卖"（"Manuscripts at Auction"）一节。

有一些图书馆，如想了解其收藏的中世纪手稿，只能直接联系这些图书馆询问，有时甚至需要亲自前往查看。不过，有一些馆藏手稿目录会出版，保罗·奥斯卡·克里斯特勒（Paul Oskar Kristeller）编撰了一部非常好的文献导读，帮助读者了解已出版的手稿目录（Kristeller 1965）。克里斯特勒涉及许多未出版的缩微胶卷目录，这些在美国文艺复兴协会（Renaissance Society of America）收藏的348卷胶卷中可以找到（Cranz 1987）。克里斯特勒书里有一章专门谈到一般馆藏目录，如《德国图书馆年鉴》(*Jahrbuch der deutschen Bibliotheken,* 1989)和法国《图书馆和档案馆名录》(*Répertoire des bibliothèques et organismes de documentation,* 1971)。这些引导读本需要不断修订、更新，它们含有各图书馆休假安排、开放时间、使用条件、拍照设备等信息，这些信息极为有用。对于古文字学的游历研究，这些辅助信息不可或缺。

当然，摄影技术的出现即便没有根除四处游历、搜寻资料的必要性，也降低了这一必要性。大多数图书馆接受读者直接订购缩微胶卷。没有摄影设备的图书馆，如巴黎历史与文本研究所（Institut de Recherche et d'Histoire des Textes）或许可以接受委托，制作影印摹本，借给读者。越来越多的图书馆开始将自己所藏所有手稿影像化，以便其他地区的读者使用。因而，在圣路易斯大学（St. Louis University）能看到梵蒂冈图书馆的手稿，在圣母大学（University of Notre Dame）可以查阅、使用米兰安波罗修图书馆（Ambrosian Library）的手稿。明尼苏达州科利奇维尔的圣约翰大学（St. John's University）的希尔修道院手稿馆（Hill Monastic Manuscript Library, HMML）将73000份手稿、120000份纸莎草纸手稿影像化，其中包括大多数出自澳大利亚，部分出自英国、埃塞俄比亚、德国、意大利、马耳他、波兰、葡萄牙、西班牙的手稿，并且其数量还在增长（Plante 1967-1974; *Annals of HMML*）。希尔修道院手稿馆通过密歇根州安阿伯市的大学缩微胶卷出版公司（University Microfilms）制作正版手稿影像，发售。英国和威尔士地区的手稿也被制成影像，有2652卷，这些在国会图书馆（Library of Congress）能买到（Born 1955）。其他图书馆也藏有大量手稿缩微胶卷，如多伦多的宗座中世纪研究所、宾夕法尼亚大学（University of Pennsylvania）、慕尼黑大学的格拉布曼中世纪神学和哲学研究所（Grabmann-Institut zur Erforschung der Mittelalterlichen Theologie und Philosophie）（另请参阅 Sharpe 1971）。

古文字学者首要关心的是如何获得现代图书馆所藏的手稿，不过他也不能忽视中世纪的图书馆，也需要关注手稿是如何从一地转移到另一地、如何最终落入现在所在地的。举例来说，若有人想确定一份手稿准确的产地，手稿上却没标注出处，那么他会非常想看到早期图书馆的藏书标记。知道了出处后，又想确定其成型时间，那么他会参照其他出自同一制书作坊，又有确切成型时间的手稿，通过对比来推敲时间信息。如果这些供参考的手稿真存在的话，它们在中世纪通常保存在同一个图书馆中。了解图书馆的历史（Christ 1984; Thompson 1939 有概述）可以使人把握某一手稿的流传与变迁，找到其最早的保存地，也会明白从其最早保存地出来的一批手稿如何流入现今的收藏地。利奥波德·德利勒（Léopold Delisle）及其研究在这方面树立起一个典范（Delisle 1868-1981）。图书馆史领域最扎实的研究当属图书馆名录方向，这一方向的研究在中世纪就已经成果卓著了。西奥多·戈特利布（Theodor Gottlieb, 1890）和詹姆斯·贝蒂（James S. Beddie, 1930, 17-20）研究现有图书馆名录，出版了一些导读著作，不过现在有些过时了（Derolez 1979）（相关文献参阅 Becker 1885, *MBKÖ* [1915-1971], *MBKDS* [1918-], Derolez 1966-, Delisle 1868-1881）。这些名录有的非常详细，甚至列出第二页的前几个单词（*dictio probatoria*——见 Williman and Dziedzic 1978），这无疑说明他们手头就有他们正在探讨的手稿。如果没有那么详细，也有其他办法来确定现有手稿在中世纪的藏书地点。英国在这方面的表现突出，英国学者根据藏书票、装帧、藏书架标记等"复原"了中世纪英国多个图书馆和书目索引（Ker 1964 and Watson's *Supplement*）。德国目前也有类似的研究成果（Krämer and Bernhard 1989-1990）。

参考文献

下面附上参考文献，这些文献自然偏重中世纪手稿，忽略了之前或之后的相关文献，并且侧重介绍那些能够看得到的作品，不过也未完全排除其他的。本文也侧重影印摹本和誊抄的手稿（影印摹本类文献后有时加有星号），因此有些老旧过时的文本也不可避免地会提到。完整收录手稿影印摹本的参考书不多，最近仅有的几部还未被奥蒙·亨利（Omont Henri, 1935）的书收录，汉斯·佐特（Hans Zotter, 1976）所列出来的则没有囊括所有。可参考的期刊和其他系列出版物都是比较新的；许多其他相关期刊或许列在文章列表里。期刊《写字间》（*Scriptorium*）的"抄本学公告"（Bulletin codicologique）持续介绍最新出版的相关作品，《中世纪图书公告》（*Gazette du livre médiéval*）像是一个信息发布平台，供学者交流观点，介绍最近的出版物，通知学术会议、研讨班、展览、研究项目等信息，公布图书馆和大学的人事变动情况。《手写本：手稿、手写体与文明期刊》（*Codices manuscripti:Zeitschrift für Handschriftenkunde and Scrittura e civiltà*）也提供类似信息供参考。前文所引用的参考文献按字母顺序罗列下来，这样损失了一些按类罗列的好处，但这一列表一定程度上弥补了这种损失。所有成型时间明确的手稿都收录在缩写"*CMD*"所代表的系列丛书中，其后的缩写字母表示各个国家（通常使用各国邮政字母代码）。后面文献列表中的多数著作都还有参考文献，不过要特别注意一下伦纳德·E.博伊尔、劳雷尔·尼克尔斯·布拉斯韦尔（Laurel Nichols Braswell）、马特·伊瓦尔斯（Mateu Ibars）、杨－奥洛夫·柴德（Jan-Olaf Tjäder, 1977）的书。有些参考文献会稍作注释，特别是针对一些概览手册。最近出版的概览手册中，属伯恩哈德·毕肖夫（Bernhard Bischoff, 1990）的那本尤为出色，他提出了一套评价标准，全面梳理了近15年古文字学领域的学术著作，他的这本书是一本非常好的文献导读。

参考文献

Actas = Actas del VIII Coloquio del Comité Internacional de Paleografía Latina: Madrid-Toledo 29 setiembre-1 octubre 1987 [= *Estudios y Ensayos* 6]. 1990. Edited by Manuel C. Díaz y Díaz. Madrid: Joyas Bibliográficas.

Archiv für Diplomatik, Schriftgeschichte, Siegel- und Wappenkunde. 1955-. Cologne.

Archivio paleografico Italiano. 1882-. Edited by E. Monaci, L. Schiaparelli, et al. Rome. 75 fascicles to 1984, with hundreds of pls., some of which are transcribed in *Bullettino*.

Aris, Rutherford. See *CLA*.

Armarium codicum insignium. 1980-. Turnhout: Brepols. Complete facsimile eds. 3 vols. to 1984.

Arribas Arranz, Filemón. 1965. *Paleografía Documental Hispanica*. 2 vols. Valladolid: Sever-Cuesta. 129 pls.* from A.D. 812 to 1641.

Autenrieth, Johanne. 1978. "Probleme der Lokalisierung und Datierung von spätkarolingischen Shcriften (10. und 11. Jahrhundert)," *Codicologica* 4:67-74.

———. 1988. *"Litterae Virgilianae": Vom Fortleben einer römischen Schrift* [= *Schriften des Historischen Kollegs* 14]. Munich: Stiftung Historisches Kolleg. 21 figs.

Avelino de Jesus da Costa, P. 1990. *Album de paleografia e diplomática portuguesas.* Vol. 1. 5th ed. Coimbra. 312 facs., 189 B.C.-A.D. 1815.

Bains, Doris. 1936. *A Supplement to Notae Latinae: Abbreviations in Latin MSS. of 850 to 1050 A.D.* Cambridge: Cambridge Univ. Press. See also under Lindsay 1915.

Barrow, W. J. 1972. *Manuscripts and Documents: Their Deterioration and Restoration.* 2d ed. Charlottesville: Univ. Press of Virginia.

Bataillon, Louis J., Bertrand G. Guyot, and Richard H. Rouse, eds. 1988. *La production du livre universitaire au moyen âge: Exemplar et pecia.* Paris: Éditions du CNRS. 19 pls.

Battelli, Giulio. 1949, 1968. *Lezioni di paleografia.* 3d ed. Vatican City: Scuola Vaticana di Paleografia e Dipiomatica. Reprint. 45 figs.* 需要修订，但仍非常有用。

———. 1954. "Nomenclature des écritures humanistiques," *Nomenclature* (q.v.), 35-44. With figs. 35-44.

———. 1965. *Acta pontificum* [= *Exempla scripturarum* 3]. 2d ed. Vatican City: Bibliotheca Vaticana. 50 pls.* 从9到19世纪。

———. 1975. *Scritti scelti: codici, documenti, archivi.* Rome: Multigrafica editrice. 13 pls.

BEC = *Bibliothèque de l'Écoles des Chartes.* 1839-. Paris.

Becker, Gustav. 1885. *Catalogi bibliothecarum antiqui.* Bonn.

Beddie, lames S. 1930. "The Ancient Classics in the Mediaeval Libraries," *Speculum* 5:3-20.

Benediktsson, Hreinn. 1965. *Early Icelandic Script as Illustrated in Vernacular Texts from the Twelfth and Thirteenth Centuries.* Reykjavik: Manuscript Institute of Iceland. 78 pls.*

Benton, John F. 1978-79. "Nouvelles recherches sur le déchiffrement des textes effacés grattés ou lavés," Académie des Inscriptions & Belles-Lettres. *Comptes rendus des séances de l'année 1978,* 580-94. With 8 figs.

Benton, John F., Alan R. Gillespie, and James M. Soha. 1979. "Digital Image-Processing Applied to the Photography of Manuscripts, with Examples Drawn from the Pincus MS of Arnald of Villanova," In *Scriptorium* 33:40-55, and pls. 9-13.

[Bidez, J., and Drachmann, A. B.]. 1932. *Emploi des signes critiques, disposition de l'apparat dans les éditions savantes de textes grecs et latins: conseils et recommandations.* Paris; 2d ed. by A. Delatte & A. Severyns, Brussels-Paris: L'Union académique internationale, 1938.

Bieler, Ludwig. 1949. "Insular Palaeography: Present State and Problems." *Scriptorium* 3:267-94.

Billanovich, Giuseppe. 1981. "Alle origini della scrittura umanistica: Padova 1261 e Firenze 1397," In *Miscellanea Augusto Campana* [= *Medioevo e umanesimo* 44]. Padua: Antenore, 1:125-40, and pls. II-IV.

Bischoff, Bernhard. 1954. "La Nomenclature des écritures livresques du IXe au XIIIe siécle," In *Nomenclature* (q.v.) 7-14, with figs. 1-12.

———. 1963. "Über den Plan eines paläographischen Gesamtkatalogs der festländischen Hndschriften des neunten Jahrhunderts," *Archivalische Zeitschrift* 59:166-67.

———. 1966-81. *Mittelalterliche Studien: Ausgewählte Aufsätze zur Schriftkunde und Literaturgeschichte.* 3 vols. Stuttgart: A Hiersemann. 46 pls.

———. 1974-80. *Die südostdeutschen Schreibschulen und Bibliotheken in der Karolingerzeit.* Vol. 1, 3d ed., *Die bayrischen Diözesen.* Vol. 2, *Die vorwiegend österreichischen Diözesen.* Wiesbaden: O. Harrassowitz. 57 facs.

———. 1990. *Latin Palaeography: Antiquity and the Middle Ages.* Cambridge- New York: Cambridge Univ. Press. 23 pls.* Translated by Dáibhí O Cróinín and David Ganz from the 2d rev. ed. of *Paläographie des römischen Altertums und des abendländischen Mittelalters.* Berlin: Erich Schmidt, 1986. French trans. by H. Atsma and J. Vezin, *Paléographie de l'antiquité romaine et du moyen âge occidental.* Paris: Picard, 1985.

The best and most up-to-date treatment of the subject.

Bischoff, Bernhard and Virginia Brown. 1985. "Addenda to *Codices Latini Antiquiores*," *Mediaeval Studies* 47:317-66. 18 pls., 54 new items, and new *membra disiecta* for 39 others.

Bishop, T. A. M. 1961. *Scriptores Regis: Facsimiles to Identify and Illustrate the Hands of Royal Scribes in Original Charters of Henry I, Stephen, and Henry II.* Oxford: Clarendon Press. 40 pls.

——. 1971. *English Caroline Minuscule.* Oxford: Clarendon Press. 24 pls.*

Bishop, T. A. M. and P. Chaplais. 1957. *Facsimiles of English Royal Writs to A.D. 1100 Presented to Vivian Hunter Galbraith.* Oxford: Clarendon Press. 30 pls.*

Born, Lester K. 1955. *British Manuscripts Project: A Checklist of the Microfilms Prepared in England and Wales for the American Council of Learned Societies 1941-1945.* Washington: The Library of Congress.

Boyle, Leonard E., O. P. 1984. *Medieval Latin Palaeography: A Bibliographical Introduction.* Toronto: Univ. of Toronto Press.

Bozzolo, Carla, and Ezio Ornato. 1980. *Pour une histoire du livre manuscrit au moyen âge: Trois essais de codicologie quantitative.* Paris: CNRS. Reprinted with supplement, 1983.

Braswell, Laurel Nichols. 1981. *Western Manuscripts from Classical Antiquity to the Renaissance: A Handbook.* New York: Garland.

Briquet, Charles M. 1905. "Notions pratiques sur le papier," *Le bibliographe moderne* 9:5-36. Reprinted in *Briquet's Opuscula = Monumenta Chartae Papyraceae Historiam Illustrantia* 4, Hilversum (1955): 310-20, and pls. LXXXII-LXXXV.

——. 1907. *Les Filigranes: Dictionnaire historique des marques du papier dès leur apparition vers 1282 jusqu'en 1600 avec 39 figures dans le texte et 16112 fac-similés de filigranes.* 4 vols. Paris: Picard; 1968 reprinted ed. by Allan Stevenson brings the bibliography up to date.

Brown, Michelle P. 1990. *A Guide to Western Historical Scripts from Antiquity to 1600.* London: The British Library, and Toronto: Univ. of Toronto Press. 52 pls.*

Brown, T. J. 1959-63. "Latin Palaeography Since Traube," *Transactions of the Cambridge Bibliographical Society* 3:361-81; rev. ed. in *Codicologica* I (1976): 58-74.

——. 1972. "Northumbria and the Book of Kells," *Anglo-Saxon England* 1:219- 46, and pls. II-VI.

——. 1982. "The Irish Element in the Insular System of Scripts to circa A.D. 850," In *Die Iren und Europa im früheren Mittelalter*, 2 vols., edited by Heinz Löwe, 1:101-19. Stuttgart: Klett-Cotta.

Brown, Virginia. 1988. "A Second New List of Beneventan Manuscripts (II)," *Mediaeval Studies* 50:584-625. See also Bischoff 1985 and Loew 1914.

Bruckner, Albert. 1935-78. *Scriptoria medii aevi Helvetica: Denkmäler schweizerischer Schreibkunst des Mittelalters.* 14 vols. Geneva: Roto-Sadag. Hundreds of pls. Vol. 14: *Indices*. See also under *ChLA*.

Bühler, Curt F. 1960. *The Fifteenth-Century Book: The Scribes, the Printers, the Decorators.* Philadelphia: Univ. of Pennsylvania Press. 8 pls.

——. 1973. *Early Books and Manuscripts: Forty Years of Research.* New York: Grolier Club.

Bullettino dell' "Archivio Paleografico Italiano": Rivista italiana di paleografia, diplomatica e scienze ausiliarie della storia. 1908-64. First series, Rome, 1908-19; new series, 1955-59; third series, 1962-64.

Burnam, John M. 1912-25. *Palaeographia Iberica: Fac-Similés de manuscrits Espagnols et Portugais (IXe-XVe siècles).* 3 Fascicles. Paris: Champion. 60 pls.*

Canart, Paul. 1979. "Nouvelles recherches et nouveaux instruments de travail dans le domaine de la codicologie." *Scrittura e Civiltà* 3:267-307.

Canellas, Angel. 1974. *Exempla scripturarum latinarum in usum scholarum.* 2 vols., 2d ed. Saragossa: Libreria General. 157 pls.*（第二卷全卷探讨西班牙手稿）

Cappelli, Adriano. 1929. *Lexicon abbreviaturarum· Dizionario di abbreviature latine ed italiane*. Rev. ed. Milan: Hoepli; later reprints.

Casamassima, Emanuele. 1988. *Tradizione corsiva e tradizione libraria nella scriftura latina del Medioevo*. Rome: Gela editrice. 30 pls.

Catich, Edward M. 1968. *The Origin of the Serif: Brush Writing & Roman Letters*. Davenport, Iowa: Catfish Press. 235 figs.

Cavallo, Guglielmo. 1970. "Struttura e articolazione della minuscola beneventana libraria tra i secoli X-XII," *Studi Medievali*, 3d series, 11:343-68.

Cencetti, Giorgio. 1954-56. *Lineamenti di storia della scrittura latina*. Bologna: Patron. 对古文字学领域的各类问题作了详尽的文献综述，且非常有洞见，参考价值很高。

——. 1963. *Compendio di paleografia latina per le scuole universitarie e archivistiche*. Naples: Istituto editoriale del Mezzogiomo. 36 facs.* A summary of the author's *Lineamenti*.

Chaplais, Pierre. 1971. *English Royal Documents: King John-Henry VI, 1199-1461*. Oxford: Clarendon Press, 27 pls.*

Chatelain, Émile. 1884-1900. *Paléographie des classiques latins*. 2 vols. Paris: Hachette. 195 pls.*

——. 1900. *Introduction à la lecture des Notes Tironiennes*. Paris: Author. 18 pls.

——. 1901-2. *Uncialis scriptura codicum latinorum novis exemplis illustrata*. Paris: Welter. 100 pls.*

ChLA = *Chartae latinae antiquiores: Facsimile-Edition of the Latin Charters Prior to the Ninth Century*. 1954-. Edited by Albert Bruckner, Robert Marichal, et al. Olten-Lausanne (from vol. 5, Dietikon-Zurich): Urs Graf. 39 vols. (except for 27, 29) by 1991. 1155 items with complete facs.*

Christ, Karl. 1984. *The Handbook of Medieval Library History*. Translated by Theophil M. Otto from Milkau and Leyh (q.v.), vol. 3, chap. 5. Metuchen, N.J.: Scarecrow Press.

Chroust, Anton. 1902-40. *Monumenta palaeographica: Denkmäler der Schreibkunst* *des Mittelalters.* 1st and 2d series, Munich: Bruckmann, 1902-17; 3d series, Leipzig: Harrassowitz, 1931-40 (left incomplete). 690 pls.*

CLA = *Codices latini antiquiores: A Palaeographical Guide to Latin Manuscripts Prior to the Ninth Century.* 1934-71. Edited by E. A. Lowe. 11 vols. and Supplement. Oxford: Clarendon Press. Vols. 1, 3-11 reprinted, Osnabrück: Otto Zeller. 1982. Over 2000 facs. of 1811 MSS. See also Bischoff and Brown for Addenda; Rutherford Aris, *An Index of Scripts for E. A. Lowe's CLA* (Osnabrück: Zeller, 1982). 当前作者正在着手编撰索引。

CMD = *Catalogue des manuscrits datés.*

CMD-A [A = Austria]. 1969-88. *Katalog der datierten Handschriften in lateinischer Schrift in Österreich.* Edited by Franz Unterkircher et al. 8 vols. Vienna: Verlag der österreichischen Akademie der Wissenschaften. 3559 facs.

CMD-B [B = Belgium]. 1968-. *Manuscrits datés conservés en Belgique.* Edited by François Masai, Martin Wittek, et al. Brussels-Ghent: Story-Scientia. 5 vols. by 1987. 1234 pls.

CMD-CH [CH = Switzerland]. 1977-. *Katalog der datierten Handschriften in der Schweiz in lateinischer Schrift vom Anfang des Mittelalters bis 1550.* Edited by Max Burckhardt, Pascal Ladner, Martin Steinmann, Beat Matthias von Scarpatetti, et al. Dietikon-Zurich: Urs Graf. 2 vols. by 1983. 1471 facs.

CMD-D [D =Germany]. 1984-. *Datierte Handschriften in Bibliotheken der Bundesrepublik Deutschland* [up to 1550]. Edited by Johanne Autenrieth et al. Stuttgart: Anton Hiersemann. 3 vols. by 1991, dealing with Frankfurt am Main, Freiburg im Breisgau, and Stuttgart, 895 facs.

CMD-F [F = France]. 1959-. *Catalogue des manuscrits en écriture latine portant des indications de date, de lieu ou de copiste.* Edited by Charles Samaran, Robert Marichal, et al. Paris: Centre National de la Recherche Scientifique. 7 vols. by 1984. 1442 pls.

CMD-GB [GB= Great Britain]. 1979-, [Vol. 1:] *Catalogue of Dated and Datable*

Manuscripts c. 700-1600 in The Department of Manuscripts, The British Library. Edited by Andrew G. Watson. London: The British Library. Facs. of 915 MSS. [Vol. 2:] *Catalogue of Dated and Datable Manuscripts c. 435-1600 in Oxford Libraries.* Edited by Andrew G. Watson. Oxford: Clarendon, 1984. 878 facs. of 818 MSS. [Vol. 3:] *Catalogue of Dated and Datable Manuscripts c. 737-1600 in Cambridge Libraries.* Edited by P. R. Robinson. Cambridge: D. S. Brewer, 1988. 412 facs.

CMD-IT [IT= Italy]. 1971-. *Catalogo dei manoscritti in scrittura latina datati O databili per indicazione di anno, di luogo o di copista.* Turin: Bottega d'Erasmo. Vol. 1: *Biblioteca Nazionale Centrale di Roma.* Edited by Viviana Jemolo. 215 pls. Vol. 2: *Biblioteca Angelica di Roma.* Edited by Francesca Di Cesare. 1982. 222 pls.

CMD-NL [NL =Holland]. 1964-88. *Manuscrits datés conservés dans les Pays-Bas: Catalogue paléographique des manuscrits en écriture latine portant des indications de date.* 2 vols. Vol. 1: *Les manùscrits d'origine étrangère*, by G. I. Lieftinck, Amsterdam: North Holland Publishing Company. Vol. 2: *Les manuscrits d'origine néerlandaise (XTV^e-XVIe siècles) et supplément au tome premier*, by J. P. Gumbert, Leyden: E. J. Brill, 963 pls.

CMD-S [S = Sweden]. 1977-80. *Katalog der datierten Handschriften in lateinischer Schrift vor 1600 in Schweden.* Edited by Monica Hedlund under the direction of Gert Hornwall and Jan-Olof Tjäder. 2 vols. Stockholm: Almquist & Wiksell International. 397 facs.

CMD-V [V = Vatican City]. 1989-. *I manoscritti datati della Biblioteca Apostolica Vaticana.* Vol. 1: *Fondi Archivio di S. Pietro, Barberini, Boncampagni, Borghese, Borgia, Capponi, Chigi, Ferrajoli, Ottoboni.* Edited by J. Ruysschaert, Adriana Marucchi, and Albinia de la Mare. Vatican City.

Codices manuscripti: Zeitschrift fur Handschriftenkunde. 1975-. Vienna.

Codices selecti phototypice impressi. 1960-. Edited by F. Sauer and J. Stummvoll. Graz: Akademische Druck- und Verlagsanstalt. 85 vols. by 1989, not all in the Latin alphabet.

Codicologica: Towards a Science of Handwritten Books. 1976-. Edited by A. Gruys and J. P. Gumbert. In *Litterae Textuales* (q.v.). Leyden: E. J. Brill. 5 vols. by 1980.

Colophons de manuscrits occidentaux des origines au XVIe siècle. 1965-82. Edited by the Bénédictins du Bouveret. 6 vols. Fribourg: Éditions Universitaires. 23774 items arranged alphabetically by scribes' names.

Corbin, Solange. 1965-. *Répertoire de manuscrits médiévaux contenant des notations musicales.* Paris: Éditions du CNRS, 3 vols. until 1974. 94 pls. dealing with Parisian libraries.

——. 1977. *Die Neumen.* In *Palaeographie der Musik*, edited by Wulf Arlt, vol. 1, pt. 3. Cologne: Arno Volk-Verlag. 41 pls.

Cranz, F. Edward. 1987. *A Microfilm Corpus of Unpublished Inventories of Latin Manuscripts through 1600 A.D.* Vol. 1: *Catalogue of the Microfilm Corpus.* New London, Conn.

Dain, A. 1964. *Les manuscrits.* 2d ed. Paris: Les belles-lettres.

Dawson, Giles E., and Laetitia Kennedy-Skipton. 1966. *Elizabethan Handwriting 1500-1650: A Manual.* New York: Norton. 50 pls.*

Degering, Hermann. 1929. *Die Schrift: Atlas der Schriftformen des Abendlandes vom Altertum bis zum Ausgang des 18. Jahrhunderts.* Berlin: Wasmuth; English trans.: *Lettering.* London: Benn. Reprinted, New York: Universe Books, 1965. 240 pls., including inscriptions and vernacular languages.

[Delaissé, L. M. J.]. 1959. *Le siècle d'or de la miniature flamande: Le mécénat de Philippe le Bon.* Brussels: Bibliothèque royale de Belgique. 64 pls. Illustrates the codicological approach to deluxe books.

de la Mare, A. C. 1969. "Humanistic Script." In *The Italian Manuscripts in the Library of Major J. R. Abbey.* Edited by J. J. G. Alexander and A. C. de la Mare. New York-Washington: Praeger. Numerous pls.

——. 1973-. *The Handwriting of Italian Humanists.* Oxford: Oxford Univ. Press. Vol. 1, fascicle 1, 25 pls.

——. 1977. "Humanistic Script: the First Ten Years," In *Das Verhältnis der Humanisten zum Buch*, edited by Fritz Krafft and Dieter Wuttke [= Deutsche Forschungsgemeinschaft, Kommission für Humanismusforschung, *Mitteilung* 4]. Boppard: Harald Boldt, 89-110, and 12 figs.

Delisle, Léopold. 1868-81. *Le Cabinet des manuscrits de la Bibliothèque Impériale* [*Nationale*]. 3 vols. and atlas. Paris.

Delitsch, Hermann. 1928. *Geschichte der abendländischen Schreibschriftformen*. Leipzig: Hiersemann. 104 pls.

Denholm-Young, N. 1954. *Handwriting in England and Wales*. Cardiff: Univ. of Wales Press. 31 pls.

Derolez, Albert. 1966-. *Corpus catalogorum Belgii: De middeleeuwse bibliotheekscatalogi der Zuidelijke Nederlanden*. Vol. 1: *Provincie West-Vlaanderen*. Brussels: Paleis der Academiën.

——. 1979. *Les catalogues de bibliothèques* [= *Typologie des sources du moyen âge occidental* 31]. Turnhout: Brepols.

——. 1984. *Codicologie des manuscrits en écriture humanistique sur parchemin*. Turnhout: Brepols.

Destrez, Jean. 1935. *La pecia dans les manuscrits universitaires du XIIIe et du XIVe siècle*. Paris: Editions J. Vautrain. 36 pls.

Diehl, Edith. 1946. *Bookbinding: Its Background and Technique*. 2 vols. New York: Rinehart.

Diehl, Ernst. 1912. *Inscriptiones latinae*. Bonn: Marcus and Weber. 50 pls., up to the 15th cent.

Diringer, David. 1953. *The Hand-Produced Book*. London: Hutchinson. 185 figs.

——. 1968. *The Alphabet: A Key to the History of Mankind*. 3d ed. 2 vols. London: Hutchinson. 452 pls.

Dobiache Rojdestvensky, Olga. 1925."Quelques considérations sur les origines de l'écriture dite 'gothique'." In *Mélanges d'histoire du moyen âge offerts à M.*

Ferdinand Lot. Paris: Champion.

Dold, Alban. 1950. "Palimpsest-Handschriften: lhre Erschliessung einst und jetzt; ihre Bedeutung." In *Gutenberg-Jahrbuch,* 16-24. 5 facs.

Dondaine, Antoine. 1960. "Abréviations latines et signes recommandés pour l'apparat critique des éditions de textes méctiévaux." *Bulletin de la Société Internationale pour l'Étude de la Philosophie Médiévale* 2:142-49.

Drogin, Marc. 1980. *Medieval Calligraphy: Its History and Technique.* Montclair, N.J.: Allanheld & Schram; London: George Prior. 42 figs. and 145 facs.

Dülfer, Kurt, and Hans-Enno Korn. 1967. *Schrifttafeln zur deutschen Paläographie des 16.-20. Jahrhunderts.* 2d ed. 2 vols. Marburg: Marburg-Institut für Archivwissenschaft. 50 pls.*

Dufour, Jean. 1972. *La bibliothèque et le scriptorium de Moissac.* Geneva: Librairie Droz. 78 facs.

Dumville, David. 1987. "English Square Minuscule Script: The Background and Earliest Phases." *Anglo-Saxon England* 16:147-79, and 7 pls.

Early English Manuscripts in Facsimile. 1951-. Copenhagen: Rosenkilde & Bagger. 22 vols. to 1988.

Ehrle, Franz, and Paul Liebaert. 1932. *Specimina codicum latinorum vaticanorum.* 2d ed. Berlin: Waiter De Gruyter. Reprinted, Berlin, 1968. 50 pls.*

English Manuscript Studies 1100-1700. 1989-. Edited by Peter Beal and Jeremy Griffiths. Oxford: B. Blackwell.

Escudier, Denis. 1980. "Les manuscrits musicaux du Moyen Age (du IXe au XIIe siècles): Essai de typologie." *Codicologica* 3:34-45.

Ewald, P., and G. Loewe. 1883. *Exempla scripturae visigoticae.* Heidelberg. 40 pls.*

Fairbank, A. J., and Berthold Wolpe. 1960. *Renaissance Handwriting.* London: Faber. 96 pls.

Fairbank, A. J., and R. W. Hunt. 1960. *Humanistic Script of the Fifteenth and Sixteenth Centuries. Bodleian Picture Book*, no. 12. Oxford: Bodleian Library. 24 pls.

Falconi, Ettore. 1969. *L'Edizione diplomatica del documento e del manoscritto.* Parma: La Nazionale Tipographia Editrice. 26 pls.*

Favreau, Robert. 1979. *Les inscriptions médiévales* [= *Typologie des sources du moyen âge occidental*, 35]. pp. 49-60: "L'écriture." Turnhout: Brepols.

Federici, Vincenzo. 1934. *La scrittura delle cancellerie Italiane dal secolo XII al XVII.* 2 vols. Rome: Sansaini. Reprinted, Turin, 1964. 114 pls.*, with 31 showing book and charter scripts copied prior to the twelfth century.

Fichtenau, Heinrich. 1946. *Mensch und Schrift im Mittelalter.* Vienna: Universum. 16 pls.*. 探讨手写字体和思想史。

Fink-Errera, Guy. 1962. "Contribution de la macrophotographie à la conception d'une paléographie générale." *Bulletin de la Société Internationale pour l' Étude de la Philosophie Médiévale* 4:100-18, and 5 pls.

Fischer, Hanns. 1966. *Schrifttafeln zum althochdeutschen Lesebuch.* Tübingen: Max Niemeyer Verlag. 24 pls., with selected transcriptions.

Foerster, Hans. 1946. *Mittelalterliche Buch- und Urkundenschriften.* Berne: P. Haupt. 50 pls.*

——. 1951. *Urkundenlehre in Abbildungen.* Berne: Haupt. 40 pls.*

——. 1963. *Abriss der lateinischen Paläographie.* 2d ed. Stuttgart: Hiersemann. 39 facs.* Especially useful for its surveys of the literature and frequent citations of texts.

Ganz, David. 1987. "The Preconditions for Caroline Minuscule." *Viator: Medieval and Renaissance Studies* 18:23-44, with 1 fig.

Ganz, Peter, ed. 1986. *The Role of the Book in Medieval Culture: Proceedings of the Oxford International Symposium 26 September-1 October 1982.* 2 vols. [= *Bibliologia* 3-4]. Turnhout: Brepols.

Garand, Monique-Cécile. 1980. "Manuscrits monastiques et scriptoria aux XIe et XIIe siècles," *Codicologica* 3:8-33, with 6 pls.

Garand, Monique-Cécile, and François Etcheverry. 1975. "Analyse d'écritures et macrophotographie." *Codices manuscripti* 4:112-22, with 7 pls.

García Villada, Zacarías. 1923. *Paleografía española, precedida de una introduccion sobre la paleograffia latina*. 2 vols. Madrid: Revista de Filologia Española. 116 facs. on 67 pls.*

Gasparri, Françoise. 1973. *L'écriture des actes de Louis VL, Louis VII et Philippe Auguste*. Geneva: Droz. 138 pls.

——. 1976. "Pour une terminologie des écritures latines: doctrines et méthodes." *Codices manuscripti* 2:16-25.

Gazette = *Gazette du livre médiéval*. 1982-. Paris.

Genevois, A.-M., J.-F. Genest, and A. Chalandon, with M.-J. Beaud and A. Guillaumont. 1987. *Bibliothéques de manuscrits médiévaux en France: Relevé des inventaires du VIIIe au XVIIe siècle*. Paris: Éditions du CNRS.

Gilissen, Léon. 1969. "Un élément codicologique trop peu exploité: La réglure." *Scriptorium* 23:150-62.

——. 1973. *L'expertise des écritures médiévales: Recherche d'une methode avec application à un manuscrit du XIe siècle: Le lectionnaire de Lobbes Codex Bruxellensis 18018* [= *Les Publications de Scriptorium* 6]. Ghent: Story-Scientia. 132 figs. and 44 pls.

——. 1977. *Prolégomènes à la codicologie: Recherches sur la construction des cahiers et la mise en page des manuscrits médiévaux* [= *Les Publications de Scriptorium* 7]. Ghent: Story-Scientia. 63 figs. and 95 pls.

——. 1983. *La reliure occidentale antérieure à 1400, d'après les manuscrits de la Bibliothèque Royale Albert Ier à Bruxelles*. Turnhout: Brepols. 75 pls.

Gneuss, Helmut. 1981. "A Preliminary List of Manuscripts Written or Owned in England up to 1100," *Anglo-Saxon England* 9:1-60 (947 items).

Gottlieb, Theodor. 1890. *Ueber mittelalterliche Bibliotheken*. Leipzig. Reprinted, Graz, 1955.

Gradenwitz, Otto. 1904. *Laterculi vocum latinarum: voces latinas et a fronte et a tergo ordinandas curavit O. G.* Leipzig: Hirzel. Reprinted, Hildesheim: G. Olms, 1966.

Graesse-Benedict-Plechl. 1972. *Orbis latinus: Lexikon lateinischer geographischer Namen des Mittelalters und der Neuzeit.* 3 vols. 3d ed. Edited by Helmut Plechl. Brunswick: Klinkhardt & Biermann.

Gruijs, Albert. 1972. "Codicology or the Archaeology of the Book? A False Dilemma," *Quaerendo* 2:87-108.

Gruijs, Albert, and Per Holager. 1981. "A Plan for Computer Assisted Codicography of Medieval Manuscripts." *Quaerendo* 11:95-127.

Gumbert, J. P. 1974. *Die Utrechter Kartäuser und ihre Bücher im frühen fünfzehnten Jahrhundert.* Leyden: E. J. Brill. 165 facs.

Hajnal, István. 1959. *L'enseignement de l'écriture aux universités médiévales.* 2d ed. Edited by L. Mezey. Budapest: Académie des sciences de Hongrie, 150 facs. on 50 pls., showing mostly thirteenth-century documents from Eastern Europe. 本书主要论点有待商榷。

Hall, F. W. 1913. *A Companion to Classical Texts.* Oxford: Clarendon Press. Reprinted, Hildesheim, 1968.

Haselden. Reginald B. 1935. *Scientific Aids for the Study of Manuscripts.* London: Oxford Univ. Press, for the Bibliographical Society.

Hector, L. C. 1966. *The Handwriting of English Documents.* 2d ed. London: Arnold. 36 pls.*, to the nineteenth century.

Heinemeyer, Waiter. 1982. *Studien zur Geschichte der gotischen Urkundenschrift.* 2d ed. Cologne: Böhlau-Verlag. With tables.

Helwig, Hellmuth. 1953-55. *Handbuch der Einbandkunde.* 3 vols. Hamburg: Maximilian-Gesellschaft.

Higounet, Charles. 1964. *L'écriture* [= *"Que sais-je?';* no. 653]. 3d ed. Paris: Presses universitaires de France. 45 figs.

Hill, G. F. 1915. *The Development of Arabic Numerals in Europe.* Oxford: Clarendon Press. 64 tables.

Horsman, P. J., Th. J. Poelstra, and J. P. Sigmond. [1984]. *Schriftspiegel:*

Nederlandse paleografische teksten van de 13de tot de 18de eeuw. Terra Zutphen, 127 pls.*

Hubert, M. 1970-74. "Corpus stigmatologicum minus," *Bulletin du Cange* 37:5- 171 and 39:55-84.

———. 1972. "Le vocabulaire de la 'ponctuation' aux temps médiévaux: Un cas d'incertitude lexicale." *Bulletin du Cange* 38:57-167.

Hulàkovsky, Joannes M. 1852. *Abbreviaturae vocabulorum usitatae in scripturis praecipue latinis medii aevi, tum etiam slavicis et germanicis.* Prague: M. A. Vitek. Reprinted, Munich: Otto Sagner, 1988.

Hunger, Herbert. 1961. "Antikes und mittelalterliches Buch- und Schriftwesen," In *Geschichte der Textüberlieferung der antiken und mittelalterlichen Literatur.* Vol. 1. Edited by Hunger et al. Zurich: Atlantis Verlag. 46 facs. Deals with Greek as well as Latin scripts.

Hurm, Otto. 1928. *Schriftform und Schreibwerkzeug: Die Handhabung der Schreibwerkzeuge und ihr formbildender Einfluss auf die Antiqua bis zum Einsetzen der Gotik.* Vienna: Staatsdruckerei.

Irigoin, Jean. 1950. "Les premiers manuscrits grecs écrits sur papier et le problème du bombycin." *Scriptorium* 4:194-204.

———. 1980. "La datation par les filigranes du papier," *Codicologica* 5:9-36.

Jemolo, Viviana, and Mirella Morelli. 1990. *Guida a una descrizione uniforme dei manoscritti e al loro censimento.* Rome: Istituto Centrale per il Catalogo Unico delle Biblioteche Italiane e per le Informazioni Bibliografiche. 2 figs., many forms, and 39 pls.

Jenkinson, Hilary, 1927. *The Later Court Hands in England from the 15th to the 17th Century.* Cambridge: Cambridge Univ. Press. 44 pls.* + 5 pp. of alphabets.

Jensen, Hans. 1969. *Sign, Symbol and Script: An Account of Man's Efforts to Write.* New York: Putnam. Translated from *Die Schrift in Vergangenheit und Gegenwart.* 3d ed. Berlin: Deutscher Verlag der Wissenschaften, 1969. 588 figs.

John, James J. 1987. "Paleography, Western European," In *Dictionary of the Middle Ages*, edited by Joseph R. Strayer, 9:334-51. New York: Charles Scribner's. 17 facs.*

Johnson, Charles, and Hilary Jenkinson. 1915. *English Court Hand A.D. 1066 to 1500*. 2 vols. Oxford: Clarendon Press. Reprinted, New York, 1967. 44 pls.*

Johnston, Edward. 1939. *Writing & Illuminating, & Lettering*. Rev. ed. London: Pitman; later reprints. 25 pls.

Jones, Leslie W. 1932. *The Script of Cologne from Hildebald to Hermann*. Cambridge, Mass.: Mediaeval Academy of America. 100 pls., from eighth to early tenth century.

——. 1946. "Pricking Manuscripts: The Instruments and Their Significance," *Speculum* 21:389-403. 3 pls.

Journal of the Society for Italic Handwriting. 1962-. London.

Kenyon, Frederic G. 1951. *Books and Readers in Ancient Greece and Rome*. 2d ed. Oxford: Clarendon Press. 7 pls. and 2 figs.

Ker, Neil R. 1960. *English Manuscripts in the Century after the Norman Conquest*. Oxford: Clarendon Press. 29 pls.

——. 1964. *Medieval Libraries of Great Britain: A List of Surviving Books*. 2d ed. London: Royal Historical Society. *Supplement*, edited by Andrew G. Watson, London: Royal Historical Society, 1987.

——. [1985]. *Books, Collectors and Libraries: Studies in the Medieval Heritage*. Edited by Andrew G. Watson. London: Hambledon Press. 33 pls.

Kirchner, Joachim. 1955. *Scriptura latina libraria a saeculo primo usque ad finem medii aevi*. Munich: Oldenbourg: 2d ed., 1970, 77 facs.*

——. 1966. *Scriptura gothica libraria a saeculo XII usque ad finem medii aevi*. Munich: Oldenbourg. 87 facs.*

——. 1967. *Germanistische Handschriftenpraxis: Ein Lehrbuch für die Studierenden der deutschen Philologie*. 2d ed. Munich: Beck. 12 facs.

Knight, Stan. 1984. *Historical Scripts: A Handbook for Calligraphers*. London: Adam

& Charles Black. 115 facs., showing scripts in both original and enlarged size.

Kopp, Ulrich Friedrich. 1965. *Lexicon Tironianum: Nachdruck aus Kopps "Palaeographia critica" von 1817 mit Nachwort und einem Alphabetum Tironianum von Bernhard Bischoff.* Osnabrück: Zeller.

Krämer, Sigrid, and (vol. 3) Michael Bernhard. 1989-90. *Handschriftenerbe des deutschen Mittelalters* [= *MBKDS, Ergänzungsband* 1]. 3 vols. Munich: Beck.

Kristeller, Paul Oskar. 1965. *Latin Manuscript Books before 1600: A List of the Printed Catalogues and Unpublished Inventories of Extant Collections.* 3d ed. New York: Fordham Univ. Press. 新版即将面世。

Kyriss, Ernst. 1951-58. *Verzierte gotische Einbände im alten deutschen Sprachgebiet.* Stuttgart: Hettler. 3 vols. of pls.

Lamb, Cecil M., ed. *The Calligrapher's Handbook.* 1968. 2d ed. London: Faber.

Lauer, Ph., and Ch. Samaran. 1908. *Les diplômes originaux des Mérovingiens.* Paris: E. Leroux. 48 pls.*

Laurent, M.-H. 1939. *De abbreviationibus et signis scripturae gothicae.* Rome: Apud Institutum "Angelicum".

Lehmann, Paul. 1959-62. *Erforschung des Mittelalers: Ausgewählte Abhandlungen und Aufsätze.* 5 vols. 2d ed. of vol. 1. Stuttgart: Hiersemann.

Lemaire, Jacques. 1989. *Introduction à la codicologie.* Louvain-la-Neuve: Institut d'Études Médiévales. 49 figs. and 24 and XLIII pls.

Lemaire, Jacques, and Émile Van Balberghe, eds. 1985. *Calames et cahiers: Mélanges de codicologie et de paléographie offerts à Léon Gilissen.* Brussels: Centre d'Étude des Manuscrits. 22 pls.

Lesne, Émile. 1938. *Les livres, "scriptoria" et bibliothèques du commencement du VIIIe a la fin du XIe siècle.* Lille: Facultés Catholiques.

Lewis, Naphtali. 1974. *Papyrus in Classical Antiquity.* Oxford: Clarendon Press. *A Supplement.* Brussels: Fondation Égyptologique Reine Élisabeth, 1989.

Lieftinck, G. I. 1954. "Pour une nomenclature de l'écriture livresque de la période dite gothique." In *Nomenclature* (q.v.), 15-34, with figs. 13-34.

Lindsay, W. M. 1910. *Early Irish Minuscule Script*. Oxford: Parker. 12 pls.

——. 1912. *Early Welsh Script*. Oxford: Parker. 17 pls.*

——. 1915.*Notae latinae: An Account of Abbreviations in Latin MSS. of the Early Minuscule Period (c. 700-850)*. Cambridge: Cambridge Univ. Press. Reprinted, Hildesheim: Olms, 1963, with Doris Bains, q.v.

Litterae Textuales: A Series on Manuscripts and Their Texts. 1972-. Edited by J. P. Gumbert and M. J. M. De Haan. Amsterdam: Van Gendt. Includes *Codicologica*.

Loew (Lowe), E. A. 1914. *The Beneventan Script: A History of the South Italian Minuscule*. Oxford: Clarendon Press. 2d ed., 2 vols., Rome: Edizioni di Storia e Letteratura, 1980, revised by Virginia Brown. With a vastly expanded and annotated "Hand List of Beneventan MSS," 9 pls.

Lot, Ferdinand, and Philippe Lauer (with Georges Tessier for fascs. III-V). 1936-49. *Diplomata Karolinorum: Recueil de reproductions en fac-similé des actes originaux des souverains carolingiens conservés dans les archives et bibliothèques de France*. Fascs. II-IX. Toulouse: H. Didier. 273 pls.

Lowe, E. A. (see also Loew and under *CLA*). 1929. *Scriptura Beneventana: Facsimiles of South Italian and Dalmatian Manuscripts from the Eighth to the Fourteenth Century*. 2 vols. Oxford: Clarendon Press. 100 pls.*

——. 1960. *English Uncial*. Oxford: Clarendon Press. 40 pls.

——. 1969. *Handwriting: Our Medieval Legacy*. Rome: Edizioni di storia e letteratura. Transcriptions of facsimiles by W. Braxton Ross, Jr. 22 pls.* Slightly revised text, with larger plates and transcriptions, of "Handwriting." In *The Legacy of the Middle Ages*, edited by C. G. Crump and E. F. Jacob, 197- 226, and pls. 25-40. Oxford: Clarendon Press, 1926. Emphasizes the Caroline script and its origins.

——. 1972. *Palaeographical Papers 1907-1965*. 2 vols. Edited by Ludwig Bieler. Oxford: Clarendon Press. 150 pls.

Mallon, Jean. 1952. *Paléographie romaine*. Madrid: Instituto Antonio de Nebrija de

Filologia. 87 facs. on 32 pls.

——. 1961. "Paléographie romaine," In Samaran (1961), 553-84. 14 figs.

——. 1982. *De l'écriture: Recueil d'études publiées de 1937 à 1981*. Paris: Éditions du CNRS, Numerous pls.

Mallon, Jean, Robert Marichal, and Charles Perrat. 1939. *L'écriture latine de la capitale romaine à la minuscule*. Paris: Arts et métiers graphiques. 85 facs. on 54 pls.*

Manuscripta. 1957-. St. Louis.

Les manuscrits datés: Premier bilan et perspectives/ Die datierten Handschriften: Erste Bilanz und Perspektiven, Neuchâtel/Neuenburg, 1983. 1985. Paris: Éditions CEMI. Critical reflections on *CMD* (q.v.) by the editors.

Marichal, Robert. 1948. "De la capitale romaine à la minuscule." In M. Audin, *Somme typographique*. Paris: Audin éditeur. 2 pls.

——. 1950. "Paléographie précaroline et papyrologie, II, L'écriture latine du Ier au VIIe siècle: Les sources," *Scriptorium* 4:116-42.

——. 1963. "L'écriture latine et la civilisation occidentale du Ier au XVIe siècle." In *L'écriture et la psychologie des peuples*. Edited by Marcel Cohen et al. Paris: A. Colin. 14 figs.

Martin, Charles Trice. 1910. *The Record Interpreter: A Collection of Abbreviations, Latin Words and Names Used in English Historical Manuscripts and Records*. 2d ed. London: Stevens & Sons. Reprinted, Hildesheim, 1969.

Martin, Henri-Jean, and Jean Vezin, eds. 1990. *Mise en page et mise en texte du livre manuscrit*. [Paris:] Cercle de la Librairie-Promodis. 445 figs.

Masai, François. 1950a. "Paléographie et codicologie." *Scriptorium* 4:279-93.

——. 1950b. "Principes et conventions de l'édition diplomatique." *Scriptorium* 4:177-93.

——. 1956. "La paléographie gréco-latine, ses tâches, ses méthodes," *Scriptorium* 10:281-302. Also in *Codicologica* 1 (1976): 34-57, with a "Post-Scriptum" by Albert Derolez.

Mateu Ibars, Josefina, and Maria Dolores. 1974. *Bibliografía paleográdfica*. Barcelona: Universidad de Barcelona. 17 pls.

Mazal, Otto. 1975a. *Buchkunst der Gotik*. Graz: Akademische Druck- und Verlagsanstalt. 169 figs., 1-40 devoted to Gothic scripts.

———. 1975b. *Handschriftenbeschreibung in Österreich: Referate, Beratungen und Ergebnisse der Arbeitstagungen in Kremsmünster (1973) und Zwettl (1974)*. Vienna.

Mazzoleni, Jole. 1972. *Esempi di scritture cancelleresche, curiali e minuscole* [in Italy]. Naples: Libreria scientifica editrice. 30 pls.*

MBKDS = Mittelalterliche Bibliothekskataloge Deutschlands und der Schweiz. 1918-. Edited by Paul Lehmann, Paul Ruf, Bernhard Bischoff et al. Munich: Beck. 4 vols. to 1979.

MBKÖ = Mittelalterliche Bibliothekskataloge Österreichs. 1915-71. 5 vols. Edited by Th. Gottlieb et al. Vienna: Holzhausen.

McGurk, Patrick. 1956. "The Irish Pocket Gospel Book," *Sacris Erudiri* 8:249-70.

———. 1961a. "Citation Marks in Early Latin Manuscripts (with a List of Citation Marks in Manuscripts Earlier than A.D. 800 in English and Irish Libraries." *Scriptorium* 15:3-13, and pls. 1-4.

———. 1961b. *Latin Gospel Books from A.D. 400 to A.D. 800* [Les Publications de Scriptorium 5]. Paris: Érasme.

McNeil, Roderick J. 1984. "Scanning Auger Microscopy for Dating of Manuscript Inks," In *Archaeological Chemistry – III*, edited by Joseph B. Lambert, 255-69. Washington: American Chemical Society.

Meiss, Millard. 1960. "Toward a More Comprehensive Renaissance Palaeography," *The Art Bulletin* 42:97-112, with 36 figs.

Mentz, Georg. 1912. *Handschriften der Rejormationszeit*. Bonn: Marcus and Weber. 94 facs. on 50 pls.*

Merkelbach, Reinhold, and Helmut van Thiel. 1969. *Lateinisches Leseheft zur Einführung in Paläographie und Textkritik*. Göttingen: Vandenhoeck and

Ruprecht. lll pls.

Metzger, Bruce M. 1968. "When Did Scribes Begin to Use Writing Desks?" In his *Historical and Literary Studies: Pagan, Jewish, and Christian.* Leyden: E. J. Brill. Pls. III-XIX.

Meyer, Otto, and Renate Klauser. 1962. *Clavis mediaevalis: Kleines Wörterbuch der Mittelalterforschung.* Wiesbaden: Otto Harrassowitz. 8 pls. and numerous figs.

Meyer, Wilhelm. 1897. "Die Buchstaben-Verbindungen der sogenannten gothischen Schrift," *Abhandlungen der Königlichen Gesellschaft der Wissenschaften zu Göttingen*, philol.-hist. Kl., N. F. Vol. 1, no. 6. Berlin. 5 pls.

Milkau, Fritz, and Georg Leyh. 1952-57. *Handbuch der Bibliothekswissenschaft.* 2d ed. Wiesbaden: Otto Harrassowitz. Vols. 1, 3. See also under Christ.

Millares Carlo, Agustín. 1963. *Manuscritos visigóticos: Notas bibliograficas.* Barcelona: Consejo Superior de Investigaciones Científicas. 16 facs.*

——. 1973. *Consideraciones sobre la escritura visigotica cursiva.* Leon: Centro de Estudios e Investigacion "San Isidoro." 41 figs.*

Millares Carlo, Agustín, and J. I. Mantecon. 1955. *Album de paleografía hispanoamericana de los siglos XVI y XVII.* 3 vols. Mexico: Instituto panamericano de Geografía e Historia. 93 facs.*, from 1176 to 1643.

Millares Carlo, Agustín, and José Manuel Ruiz Asencio. 1983. *Tratado de paleografía española.* 3d ed. 3 vols. Madrid: Espasa-Calpe. More than 466 figs.*

Moreau-Marichal, J. 1968. "Recherches sur la ponctuation," *Scriptorium* 22:56-66.

Morrish, Jennifer. 1988. "Dated and Datable Manuscripts Copied in England during the Ninth Century: A Preliminary List." *Mediaeval Studies*, 50:512-38, and 9 pls.

Mosin, Vladimir A., and Seid M. Traljic. 1957. *Filigranes des XIIIe et XIVe ss.* 2 vols. Zagreb: Académie yougoslave des sciences et des beaux-arts. 852 pls., with 7271 watermarks, including many overlooked by Briquet.

Müller, Rudolf W. 1964. *Rhetorische und syntaktische Interpunktion: Untersuchungen zur Pausenbezeichnung im antiken Latein.* Tübingen. With pls.

Mundó, Anscari M. 1965. "La Datación de los códices liturgicos visigóticos toledanos," *Hispania sacra* 18:1-25, and pls. i-xvi.

Muzerelle, Denis. 1985. *Vocabulaire codicologique: Répertoire méthodique des termes français relatifs aux manuscrits.* Paris: Éditions CEMI.

Needham, Paul. 1979. *Twelve Centuries of Bookbindings, 400-1600.* New York: P. Morgan Library/London: Oxford Univ. Press.

The New Palaeographical Society: Facsimiles of Ancient Manuscripts. 1903-30. Edited by E. M. Thompson, G. F. Warner, et al. 2 series. London: Oxford Univ. Press. 452 pls.*. *Indices*, by F. Wormald. 1932.

Newton, K. C. 1971. *Medieval Local Records: A Reading Aid* [= *Helps for Students of History*, no. 83]. London: Historical Association. 12 pls.* Documents of English origin from ea. 1185 to 1498.

Nomenclature = Nomenclature des écritures livresques du IXe au XVIe siècle: Premier colloque international de paléographie latine, Paris, 28-30 avril 1953. 1954. Paris: Centre National de la Recherche Scientifique. 44 figs.

Nunes, Eduardo. 1969-. *Album de paleografia portuguesa.* Vol. 1. Lisbon: Instituto de alta cultura. 170 facs. on 60 pls.* mostly of documents, A.D. 999-1712.

O Cróinín, Dáibhí. 1984. "Rath Melsigi, Willibrord, and the Earliest Echternach Manuscripts." *Peritia* 3:17-42, with 3 pls.

Omont, Henri. 1935. *Listes des recueils de fac-similés et des reproductions de manuscrits conservés à la Bibliothèque Nationale.* 3d ed. Edited by Ph. Lauer. Paris: Éditions des Bibliothèques Nationales de France.

O'Neill, Timothy. 1984; *The Irish Hand: Scribes and Their Manuscripts from the Earliest Times to the Seventeenth Century with an Exemplar of Irish Scripts.* Mountrath, Portlaoise: Dolmen Press. XXVI pls., 5 figs., and 53 facs.*

O'Sullivan, William. 1985. "Insular Calligraphy: Current State and Problems." *Peritia* 4:346-59.

Ouy, Gilbert. 1958. "Histoire 'visible' et histoire 'cachée' d'un manuscrit." *Le Moyen*

Age 64:115-38, and 2 pls.

Paap, A. H. R. E. 1959. *Nomina sacra in the Greek Papyri of the First Five Centuries A.D.: The Sources and Some Deductions.* Leyden: Brill.

Pagnin, R 1933-34. "La 'littera bononiensis', studio paleografico," *Atti del Reafe Istituto Veneto di Scienze, Lettere ed Arti* 93:1,593-665 (also separately paginated 1-73), and pls. XVIII-XX.

Palaeographia latina. 1922-29. Edited by W. M. Lindsay. 6 pts. London: Oxford Univ. Press. Reprinted, 1974.

The Palaeographical Society: Facsimiles of Manuscripts and Inscriptions. 1873-94. Edited by E. A. Bond, E. M. Thompson, et al. 2 series. London: W. Clowes. 465 pls.* *Indices*, 1901. Cf. also L R. Dean. *An Index to Facsimiles in the Palaeographical Society Publications.* Princeton, 1914. Covers the *Palaeographical Society* and the first series of the *New Palaeographical Society*.

Parkes, M. B. 1969. *English Cursive Book Hands, 1250-1500.* Oxford: Clarendon Press. 24 pls.*

——. 1976. "The Influence of the Concepts of Ordinatio and Compifatio on the Development of the Book," In *Medieval Learning and Literature: Essays Presented to Richard William Hunt,* edited by J. J. G. Alexander and M. T. Gibson, 115-41, and pls. VIII-XVII. Oxford: Clarendon Press.

Pellegrin, Élisabeth. 1988. *Bibliothèques retrouvées: Manuscrits, bibliothèques et bibliophifes du Moyen Age et de la Renaissance. Recueil d'études publiés de 1938 à 1985.* Paris: Éditions du CNRS. 24 pls.

Pelzer, Auguste. 1966. *Abréviations lalines médiévales: Supplément au Dizionario di abbreviature latine ed italiane de Adriano Cappelli.* 2d ed. Louvain: Publications universitaires/Paris: Béatrice-Nauwelaerts.

Petrucci, Armando. 1967. *La scrittura di Francesco Petrarca* [= *Studi e Testi* 248]. Vatican City. 38 pls.

——. 1971. "L'onciale romana: Origini, sviluppo e diffusione di una stilizzazione grafica altomedievale (sec. VI-IX)," *Studi Medievali* (3d series) 12:75-134, and 20 pls.

———. 1984. *La descrizione del manoscritto: Storia, problemi, modelli*. Rome: La Nuova Italia Scientifica.

Petrucci, Armando, and Alessandro Pratesí, eds. 1988. *Un secofo di paleografia e dipfomatica (1887-1986): Per il centenario dell'Istituto di Pafeografia dell'Università di Roma*. Rome: Gela editrice.

Petti, Anthony G. 1977. *English Literary Hands from Chaucer to Dryden*. Cambridge, Mass. 67 pls.*

Piccard, Gerhard. 1961- . *Die Wasserzeichenkartei Piccard im Hauptstaatsarchiv Stuttgart: Findbuch*. Stuttgart: Kohlhammer. 15 vols. by 1987.

Plante, Julian G. 1967-74. *Checklist of Manuscripts Microfilmed for the Monastic Manuscript Microfilm Library, Saint John's University, Collegeville, Minnesota*. Vol. 1: *Austrian Monasteries*, 1-2. Collegeville: St. John's University.

Pollard, Graham. 1976. "Describing Medieval Bookbindings," In *Medieval Learning and Literature: Essays Presented to Richard William Hunt*, edited by J. J. G. Alexander and M. T. Gibson, 50-65. Oxford: Clarendon Press.

Poulle, Emmanuel. 1966. *Paléographie des écritures cursives en France du XVe au XVIIe siècle: Recueilde fac-similés de documents parisiens*. Geneva: Droz. 30 pls.*

———. 1974. "Paléographie et méthodologie: Vers l'analyse scientifique des écritures médiévales," *BEC* 132:101-10.

Pratesi, Alessandro. 1964. "Considerazioni su alcuni codici in capitate della Biblioteca Apostolica Vaticana," In *Mélanges Eugène Tisserant* 7 [= *Studi e Testi* 237]. Vatican City. 5 pls.

Prou, Maurice. 1924. *Manuel de paléographie latine et française*. 4th ed. Edited by Alain de Boüard. Paris: Picard. 55 facs.* Still valuable for its pls. and for its list of French abbreviations.

Questa, Cesare, and Renato Raffaelli, eds. 1984. *Il libro e il testo: Atti del convegno intemazionale Urbino*, 20-23 *settembre* 1982. Urbino: Università di Studi. 150 pls.

Rabikauskas, Paul. 1958. *Die römische Kuriale in der päpstlichen Kanzlei*. Rome: Pontificia Universitas Gregoriana. 37 figs.

Rafti, Patrizia. 1988. "L'interpunzione nel libro manoscritto: Mezzo secolo di studi," *Scrittura e Civiftà* 12:239-98.

Rand, E. K. 1929. *A Survey of the Manuscripts of Tours* [= *Studies in the Script of Tours* 1]. Cambridge, Mass.: Mediaeval Academy of America. 200 pls.

Rand, E. K., and L. W. Jones. 1934. *The Earliest Book of Tours* [= *Studies in the Script of Tours* 2]. Cambridge, Mass.: Mediaeval Academy of America. 60 pls.

Randall, Lilian M. C. 1966. *Images in the Margins of Gothic Manuscripts*. Berkeley: Univ. of California Press. 739 figs. on 158 pls.

Reed, Ronald. [1972]. *Ancient Skins, Parchments and Leathers*. London: Seminar Press.

Reusens, Edmond. 1899. *Éléments de paléographie*. Louvain: The Author. Reprinted, Brussels, 1963. 60 pls.* and numerous figs.* Valuable for its facs. of scripts from the Lowlands.

Revue d'histoire des textes. 1971-. Paris. Continues the *Bulletin* of the Institut de Recherche et d'Histoire des Textes.

Reynolds, L. D., ed. 1983. *Texts and Transmission: A Survey of the Latin Classics*. Oxford: Clarendon Press.

Reynolds, L. D., and N. G. Wilson. 1974. *Scribes and Scholars: A Guide to the Transmission of Greek and Latin Literature*. 2d ed. Oxford: Oxford Univ. Press. 16 Greek and Latin pls.

Richtlinien Handschriftenkatalogisierung. 1985. 4th ed. Bonn: Deutsche Forschungsgemeinschaft.

Roberts, Colin H., and T. C. Skeat. 1987. *The Birth of the Codex*. London: Oxford Univ. Press. 6 pls.

Robinson, Rodney P. 1939. *Manuscripts 27 (S. 29) and 107 (S. 129) of the Municipal Library of Autun: A Study of Spanish Half-Uncial and Early Visigothic Minuscule* *and Cursive Scripts* [= *Memoirs of the American Academy in Rome* 16]. New York. 73 pls.*

Roncaglia, Aurelio. 1941. "Note sulla punteggiatura medievale e il segno di parentesi," *Lingua nostra* 3:6-9.

Ruess, Ferdinand. 1914. *Die Kasseler Handschrift der Tironischen No ten samt Ergänzungen aus der Wolfenbüttler Handschrift*. Leipzig: Teubner. 150 pls.

Samaran, Charles. 1922. "Note pour servir au déchiffrement de la cursive gothique de la fin du XVe à la fin du XVIIe siècle," *Le Moyen Age* (2d series) 24:95-106, and 3 pls.*

———. ed. 1961. *L'histoire et ses méthodes*. Paris: Gallimard.

Santifaller, Leo. 1953. *Beiträge zur Geschichte der Beschreibstoffe im Mittelalter, mit besonderer Berücksichtigung der päpstlichen Kanzlei*. Vol. 1: *Untersuchungen* [= *Mitteilungen des Instituts für österreichische Geschichtsforschung*, Erg.-bd. XVI, Heft 1]. Graz: Böhlau.

———. 1965. "Über späte Papyrusrollen und frühe Pergamentrollen," In *Speculum historiale· Geschichte im Spiegel von Geschichtsschreibung und Geschichtsdeutung*. Edited by Cl. Bauer, L. Boehm, and M. Müller. Freiburg: Alber.

Schiaparelli, Luigi. 1921. *La scrittura latina nell' età romana*. Como: Ostinelli. 11 facs.*

———. 1926. *Avviamento allo studio delle abbreviature latine nel medioevo*. Florence: Olschki. 4 pls.

Schmitz, Wilhelm. 1893. *Commentarii Notarum Tironianarum cum prolegomenis adnotationibus criticis et exegeticis notarumque indice alphabetico*. Leipzig. 132 pls.*

Schubart, Wilhelm. 1962. *Das Buch bei den Griechen und Römern*. 3d ed. Edited by Eberhard Paul. Heidelberg: Schneider. 31 facs.

Scriptorium: International Review of Manuscript Studies. 1946-. Antwerp (since 1969, Ghent).

Scrittura e Civiltà. 1977-. Rome (since 1990, Florence). Vol. 11 contains an index for the first 10 vols.

Seider, Richard. 1972-81. *Paläographie der lateinischen Papyri*. 2 vols. in 3 pts. Stuttgart: A. Hiersemann. 120 pls.*

Shailor, Barbara A. 1988. *The Medieval Book· Catalogue of an Exhibition at the Beinecke Rare Book & Manuscript Library, Yale University*. New Haven: Yale Univ. Reprinted, Toronto: Univ. of Toronto Press, 1991. 97 facs. and numerous hand drawings.

Sharpe, John L. 1971. "A Checklist of Collections of Biblical and Related Manuscripts on Microfilm in the United States and Canada," *Scriptorium* 25:97-109.

Silagi, Gabriel, ed. 1982. *Paläographie 1981: Colloquium des Comité International de Paléographie* [= *Münchener Beiträge zur Mediävistik und Renaissance-Forschung* 32]. Munich. 38 pls.

Simpson, Grant G. 1973. *Scottish Handwriting, 1150-1650: An Introduction to the Reading of Documents*. Edinburgh: Bratton. Corrected reprint, Aberdeen Univ. Press, 1986. 30 pls.*

Sirat, Colette. 1981. *L'examen des écritures: l'oeil et la machine: Essai de méthodologie*. Paris: Éditions du CNRS. 31 pls.

Sorbelli, Albano. 1944. "Dalla scrittura alla stampa: Il segno di paragrafo," In *Scritti di paleografia e diplomatica in onore di Vincenzo Federici*. Florence: Olschki.

Spilling, Herrad. 1978a. "Angelsächsische Schrift in Fulda," In *Von der Klosterbibliothek zur Landesbibliothek*, edited by Artur Brall, 47-98, with figs. 13-20. Stuttgart: A. Hiersemann.

———. 1978b. "Schreibkünste des späten Mittelalters," *Codices manuscripti* 4: 97-117.

Steffens, Franz. 1909. *Lateinische Paläographie*. 2d ed. Trier. 3d unaltered ed., Berlin: Waiter de Gruyter, 1929. Reprinted, Berlin, 1964. Also a French trans. by R. Coulon, Paris, 1910. 125 pls.* Still the best general collection of facs. in terms of paleographical scope and the quality of the accompanying information.

Stevenson, Allan. 1961. *Observations on Paper as Evidence.* Lawrence: Univ. of Kansas Libraries.

———. 1967. *The Problem of the Missale Speciale.* London: Bibliographical Society.

Stiennon, Jacques, and Geneviève Hasenohr. 1973. *Paléographie du Moyen Age.* Paris: Colin. 51 pls.*

Supino Martini, Paola. 1987. *Roma e l'area grafica romanesca (secoli X-XII).* Alessandria: Edizioni dell'Orso. 80 pls.

Svensson, Lars. 1974. *Nordisk palcografi: Handbok med transkriberade och kommenterade skriftprov.* Lund: Studentlitteratur. 85 facs.* numbered 1-64.

Techniques = Les Techniques de laboratoire dans l'étude des manuscrits [= Colloques internationaux du Centre National de la Recherche Scientifique, no. 548]. 1974. Paris: Éditions du CNRS. Many illustrations.

Thompson, Edward Maunde. 1912. *An Introduction to Greek and Latin Palaeography.* Oxford: Clarendon Press. Reprinted, New York, 1973. 250 facs.* Being replaced by Bishop (1971), Parkes (1969), Wright (1960), etc., but still valuable for its facs. of Greek and Latin, literary and documentary texts from Antiquity to modern times.

Thompson, James Westfall. 1939. *The Medieval Library.* Chicago: Univ. of Chicago Press. Reprinted, New York, 1957, with a supplement by Blanche Boyer.

Thomson, S. Harrison. 1969. *Latin Book hands of the Later Middle Ages: 1100-1500.* Cambridge: Cambridge Univ. Press. 132 pls.*

Tjäder, Jan-Olof. 1954-82. *Die nichtliterarischen lateinischen Papyri Italiens aus der Zeit 445-700* [= *Skrifter utgivna av Svenska Institutet i Rom*, 4°, XIX: 1-3]. Plates and pt. 1, Lund: Gleerup, 1954-55. Pt. 2, Stockholm: Aström, 1982. 160 pls.*

———. 1974. "Der Ursprung der Unzialschrift." *Basler Zeitschrift für Geschichte und Altertumskunde* 74:9-40.

———. 1977. "Latin Palaeography." *Eranos: Acta philologica suecana* 15 (1977): 131-61; 78 (1980): 65-97; 80 (1982): 63-92; 82 (1984): 66-95. Annotated bibliographical surveys.

———. 1985. "Later Roman (Common) Script," In Lemaire and Van Balberghe, 187-99 with 2 pls.

Traube, Ludwig. 1907. *Nomina sacra: Versuch einer Geschichte der christlichen Kürzung.* Munich: Beck.

———. 1909-20. *Vorlesungen und Abhandlungen.* 3 vols. Edited by Franz Boll. Munich: Beck. Reprinted, Munich, 1965.

Turner, Eric G. 1977. *The Typology of the Early Codex.* Philadelphia: Univ. of Pennsylvania Press. 9 pls. and 13 figs.

Ullman, Berthold L. 1932. *Ancient Writing and Its Influence.* New York: Longmans. Reprinted with Introduction and Supplementary Bibliography by Julian Brown, Cambridge, Mass.: MIT Press, 1969, and Toronto: Univ. of Toronto Press, 1982. 47 Greek and Latin facs.* Still useful, despite inevitable aging.

———. 1960. *The Origin and Development of Humanistic Script.* Rome: Edizioni di storia e letteratura. 70 facs. Groundbreaking.

Umbrae codicum occidentalium. 1960-. Amsterdam: North Holland. 10 vols. to 1966. Complete facs. eds.

Valentine, Lucia N. 1965. *Ornament in Medieval Manuscripts: A Glossary.* London: Faber. Numerous figs.

Van Regemorter, Berthe. 1948. "Evolution de la technique de la reliure du VIIIe au XIIe siècle," *Scriptorium* 2:275-85, and 4 pls.

———. 1955. "Le codex relié depuis son origine jusqu'au Haut Moyen-Age," *Le Moyen Age* 61:1-26.

Vanderhoven, H., and F. Masai. 1953. *La Règie du Maître: Édition diplomatique des manuscrits Iatins 12205 et 12634 de Paris* [= *Les Publications de Scriptorium* 3]. Brussels: Érasme.

Vezin, Jean. 1967. "Observations sur l'emploi des réclames dans les manuscrits latins," *BEC* 125:5-33.

——. 1974. *Les scriptoria d'Angers au XIe siècle*. Paris: H. Champion. 53 pls.

——. 1978. "La réalisation matérielle des manuscrits latins pendant le haut Moyen Age," *Codicologica* 2:15-51, with 8 figs. and 12 pls.

——. 1980. "Le point d'interrogation, un élément de datation et de localisation des manuscrits. L'exemple de Saint-Denis au IXe siècle," *Scriptorium* 34:181-96, and pl. 13.

Visible Language: The Journal for Research on the Visual Media of Language Expression. 1967-. Cleveland.

Wardrop, James. 1963. T*he Script of Humanism: Some Aspects of Humanistic Script, 1460-1560*. Oxford: Clarendon Press. 58 pls.

Wattenbach, Wilhelm. 1896. *Das Schriftwesen im Mittelalter*. 3d ed. Leipzig. Reprinted, Graz, 1958.

Weijers, Olga, ed. 1989. *Vocabulaire du livre et de l'écriture au moyen âge: Actes de la table ronde, Paris 24-26 septembre 1987*. Thrnhout: Brepols.

Williman, Daniel, and Margarita Dziedzic. 1978. "*Dictio probatoria* as Fingerprint: Computer Discovery of Manuscript Provenances," *Computers and the Humanities* 12:89-92.

Wilson, William J. 1956. "Manuscript Cataloging," *Traditio* 12:457-555.

Wingo, E. Otha. 1972. *Latin Punctuation in the Classical Age*. The Hague: Mouton.

Wright, C. E. 1960. *English Vernacular Hands from the Twelfth to the Fifteenth Centuries*. Oxford: Clarendon Press. 24 pls.*

Zamponi, Stefano. 1988. "Elisione e sovrapposizione nella littera textualis," *Scrittura e civiltà* 12:135-76, and 4 pls. An abbreviated version of this essay appears in *Actas*, 229-37.

Zangemeister, Karl, and Wilhelm Wattenbach. 1876-79. *Exempla codicum latinorum litteris maiusculis scriptorum and Supplementum*. Heidelberg. 62 pls., with selected transcriptions.

Zerdoun Bat-Yehouda, Monique. 1983. *Les encres noires au moyen âge (jusqu'à 1600)*. Paris: Éditions du CNRS.

———. 1989. *Les papiers filigranés médiévaux: Essai de méthodologie descriptive.* 2 vols. [= *Bibliologia* 7-8]. Turnhout: Brepols.

Ziegler, Ernst, and Jost Hochuli. 1985-. *Hefte zur Paläographie des 13. bis 20. Jahrhunderts aus dem Stadtarchiv (Vadiana) St. Gallen.* Rorschach: E. Löpfe-Benz. 5 Hefte to 1987, with 49 pls.* containing documentary scripts, 1228-1698, mostly in German.

Zotter, Hans. 1976. *Bibliographie faksimilierter Handschriften.* Graz: Akademische Druck- und. Verlagsanstalt.

古文献学

伦纳德·博伊尔

古文献学（diplomatics, 或马比荣［Mabillon］所说的 Res diplomatica）是一门文学批评类学科，旨在详细研究古代文稿，探究其内容是否连贯，是否与已知事实相符。这一学科到 17 世纪才完善健全起来，此前或中世纪并不为人所知。中世纪的教皇、教士、法官始终非常关注文稿的解读，留意文稿的真伪，英诺森三世（Innocent III, 1198-1216 年在位）颁布过一份教令，探讨如何鉴定伪造印章（Boyle 1967），内容虽然漏洞百出，但仍非常有名。人文主义者们为了捍卫自身权益，也有类似故事，其中最有名的是 1440 年洛伦佐·瓦拉（Lorenzo Valla）鉴定《君士坦丁御赐教产谕》（"Donation of Constantine"）是一份伪造文件。

16 世纪，宗教改革人士和反改革人士都开始积极出版历史书籍，同时对之进行批评研究：例如，清教徒出版了马格德堡世纪派学者编撰的《教会史》（*Ecclesiastica historia* of the Magdeburg Centuriators, 13 vols., Basle, 1559-74），天主教徒出版了恺撒·巴罗尼乌斯（Caesar Baronius）的《教会编年史》（*Annales ecclesiastici*, 12 vols., Rome, 1588-1607）。接着到 17 世纪，批评或半批判研究兴起，克劳德·罗伯特（Claude Robert）的《高卢基督教》（*Gallia*

christiana, Paris, 1626; 后来到 1656 年,塞沃尔兄弟 [Scévole] 和路易·圣马尔特 [Louis de Sainte-Marthe] 将原本的一卷扩充为四卷)、西多会修士费迪南多·乌盖利(Ferdinando Ughelli)的《神圣意大利》(*Italia sacra*, 9 vols., Rome, 1644-62)、耶稣会士菲利普·拉贝(Philippe Labbe)和加布里埃尔·科萨尔(Gabriel Cossart)的《神圣大公会议之皇室版》(*Sacrosancta Concilia ad regiam editionem exacta*, 17 vols., Paris, 1671-73)出版。

此时,有两个学术中心十分活跃,一是圣日耳曼德佩修道院(Abbey Of Saint-Germain-des Prés, 本笃会的圣莫尔修道士 [Maurists] 聚集地),在这里卢克·达什里(Luc d'Achery, 1609-1685)吸引了一群追随者,他曾编辑过圣伯纳(St. Bernard)的著作《本笃会诸圣徒》(*Acta Sanctorum Ordinis S. Benedicti*)和《古代文人作品集》(*Veterum aliquot Scriptorum Spicilegium*);另一中心是耶稣会士让·伯兰德(Jean Bolland, 1596—1665)在安特卫普建立的研究所,这里出版了《本笃会诸圣徒》这一有重要地位的著作。这两个相距不远的学术基地孕育出古文献学及其附属学科——古文字学。

虽然圣日耳曼德佩修道院的让·马比荣创立了古文献学,但是其动力却来自安特卫普和伯兰德的追随者们(Delehaye 1959; Knowles 1964)。1675 年 4 月,《本笃会诸圣徒》第二卷出版,其中有一篇长 50 页的导论性文章,页面文字摆为两列,题为"古代文献真伪辨异序"(Propylaeum antiquarium circa veri et falsi discrimen in vetustis membranis, Van Papenbroeck 1675),文章第一部分(第 i 至 xxxiii 页)的小标题为"古文献",文章的作者丹尼尔·范·帕本布鲁克（Daniel van Papenbroeck，他自称"Papebrochius"）在文中直接表达了他对古文献的关注，"尤其是 900 年或 1000 年法兰克王国以前的文献"（quae ante nongentis vel mille annos a primis Francorum Regibus signata dicuntur）。

帕本布鲁克又提到自己和其他学者曾有一段时间，对早期那些"通过些基金、捐赠和特权"（instrumenta fundationum, donationum et privilegiorum）得来的文献副本十分不信任，这些副本在最近的出版物中也出现了，据说是复制于一些修道院档案的原始文件。帕本布鲁克提出大致以谁、什么、怎样、为何这些问题为引导来研究文献，他举了一个实例，即有一份文件据说是 638 年的，出自达戈贝尔特一世（Dagobert I）之手，他将之与真正出自达戈贝尔特一世的文献作对比，从原创作者、内容、风格、结构、徽章标志、手写字体等角度来比较二者。为了提升所持观点的说服力，提高视觉表现力，他引入同时代徽章标志的副本，有趣的是，他还征引了他所研究文献中手写体的仿制字体及其同时代的同类文章。然后他继续表达他普遍不信任法国等地修道院保存的早期文献，在其序言的第二、三部分，他又表达了一些对加尔默罗修道院（Carmelite）的看法，他的其他观点也十分矫揉造作。

这卷《本笃会诸圣徒》传到巴黎后，此时的让·马比荣与达什里共事多年后已然成为一位严谨的学者，他立即组织一批本笃会同伴，查阅巴黎的图书档案，推敲帕本布鲁克的观点，寻找其"真伪辨异"标准中的漏洞。帕本布鲁克（1628-1714）的"辨异序"一文面世仅仅过了六年，马比荣的里程碑式著作《论古文献》（De *re diplomatica libri sex*, Mabillon 1681）诞生了。他废除、改进了帕本布鲁克提出的大多数批评标准，后来帕本布鲁克慷慨地表示赞同，马比荣只此一举，就为文献批评奠定了坚实的根基。

如果说帕本布鲁克是古文献批评研究之父，那么马比荣就是今天广义古文献学的缔造者。与帕本布鲁克相比，马比荣的研究方法更为精确、系统化，却又没那么尖锐；他超越帕本布鲁克之处还有，他能站在前人的肩膀上，看得更远更广，为了他口中的"古物研究新艺术"，他投入精力，撰写了一篇洋洋万言的长文，而他的对手们却满足于精简概要的短文。此外，比起帕本布鲁克，马比荣明确提出了一套更全面、更有说服力的文献批评理论，他说批评一份古文献的特征、内涵和鉴别真伪时，必须要考虑内在标准，也要考量外在标准，必须要斟酌各时期和各时代写作风尚、字体风格、体裁风格的变化，必须要酌量各地区、各时期档案馆、公证机构、誊抄作坊的历史、管理人员和使用情况。

马比荣的《古文献学》是他极为卓越的学术研究代表成果，同时他不断推动"古物研究新艺术"的发展。受此激励，很快，一批类似的古文献研究作品相继出版。1688年西班牙本笃会修士胡安·佩雷斯（Juan Perez）的《论教会古文献》（*Dissertationes ecclesiasticae de re diplomatica*）出版，1702年托马斯·马多克斯（Thomas Madox）的《安立甘文献》（*Formulare anglicanum*）出版，这本书影响力很大，1727年斯皮奥内·玛菲（Scipione Maffei）的《古文献史》（*Istoria diplomatica*）问世。马比荣也在继续自己的研究，他在圣莫尔修道院的同伴塔辛（Tassin）和图斯坦（Toustain）一定程度上提升、发展了他的研究，后二位编著的鸿篇巨制《古文献学新规范》(*Nouveau traité de diplomatique*)体现出这一点，这本书在 1750 年至 1765 年之间传播，产生了广泛的影响。1759 年至 1769 年，其 9 卷版德文译本出版，结果，德国大学开始引入古文献学这门课程。后来的一百年里，这门课甚至吸引了大批法学专家。在法国，1838 年《古文献学新规范》的一个特殊版本出版，有 2 卷，但此书以《古文字学要素：法国历史上未出版文献研究指南》(*Éléments de paléographie pour servir à l'étude des documents inédits sur l'histoire de France*)之名出版，后者出自法国古文字学派（École des Chartes）学者诺埃尔·德·威里（Noël de Wailly）之手（实出自 Natalis de Wailly，即 Noël de Wailly 的孙子——译者注）。

到 1838 年，由于法国大革命，此时圣莫尔修道士已退出历史舞台，其他学术团体开始兴起，担当起这群修道士曾经的使命。维也纳会议之后，欧洲恢复和平，出于文化上的自负，法国、德国这两个曾为敌的国家开始行动起来，发掘各自的库藏文献，至此，各个修道院积攒了多年的文献，大大扩充了两国的文献库藏（Knowles 1953）。在巴黎，法国古文字学派成立于 1821 年，其目标明确，旨在培养古文字学、古文献学、编年史方面的学者，以便深入全面地开发、出版档案文献，它在让－诺埃尔·威里（Jean-Noël de Wailly，1805-1886）、利奥波德·德利勒（1826-1910）、亚瑟·吉里（Arthur Giry，1848-1899）等古文献学者和古文字学家的带领下，势力很快发展起来，1839 年开始出版一系列十分权威的主题编年史，即《古文献学派年鉴》(*Bibliothèque de l'École des chartes, BEC*)。在德国，古文献学派之后，过了两年，德国古文献和社会研究所（Gesellschaft für ältere deutsche Geschichtskunde or Societas）在法兰克福成立，此机构是为了开发、出版德国的古代文献（pro aperiendis fontibus rerum Germanicarum），1824 年开始出版《德意志历史文献集成》（*Monumenta Germaniae Historica, MGH*）。此书的首位编者是格奥尔格·海因里希·佩茨（Georg Heinrich Pertz, 1795-1876），他很有才华，长期主持此书的编辑工作。在列奥波德·冯·兰克（Leopold von Ranke）和其他学者的帮助下，他吸引了一批学者来共同编辑《德意志历史文献集成》，其中就有格奥尔格·魏茨（Georg Waitz, 1813-1886），此人才能格外突出，他又吸引了一批学者来帮助他，如奥斯瓦尔德·霍尔德－埃格（Oswald Holder-Egger）、哈里·布雷斯劳（Harry Bresslau）、路德维希·特劳伯（Ludwig Traube）等人。古文献和社会研究所刚刚起步，也开始出版期刊《档案》（*Archiv*, 后来改名为《新档案》[*Neues Archiv*]，现在名为《德意志档案》[*Deutsches Archiv*]），约翰·弗雷德里希·伯默（Johann Friedrich Böhmer）正是其秘书。除了《德意志历史文献集成》，1831 年他出版了自己首部野心之作，即《历代罗马皇帝文献集》（*Regesta chronologico-diplomatica regum atque imperatorum romanorum*），在这本书的刺激下，后来产生了三部非常重要的著作，即菲利普·雅费（Philip Jaffé）的《罗马教皇文集：至公元 1198 年》（*Regesta Pontificum Romanorum ad a. post Christumnatum 1198*, 1851）、奥古斯特·波特哈斯特（August Potthast）的《教皇文集：公元 1198 年至 1304 年》（*Regesta Pontificum Romanorum inde ab a. post Christumnatum 1198 ad a. 1304*, 1874）、保罗·科尔（Paul F. Kehr）的《意大利教皇》（*Italia Pontificia*, 1906）。

其他国家也开始对自己的文献库藏产生兴趣。德国、法国的这两大机构可能受到一些国家关注，其中英国于1838年通过国会法案（Act of Parliament）在伦敦成立国家档案馆（Public Record Office），大约20年后出版了英国历史资料系列丛书，西奥多·冯·西克尔（Theodor von Sickel, 1826-1908）曾在法国古文字学派学习过，1854年他仿照这一机构，在维也纳建立了奥地利历史研究所（Österreichisches Institut für Geschichtsforschung）。此机构出版的期刊《奥地利历史研究所通讯》（*Mitteilungen des Instituts für österreichische Geschichtsforschung* [*MIöG*]）是《古文献学派年鉴》和《（新）档案》之外，第三大颇具影响力的古文献学期刊。

马比荣虽被推崇为古文献学的创始人，但也受到诟病，因为他并没有明确定义何为他所说的古文献（diploma），留下一个非常模糊的概念。不过事实上，本文所说的古文献一词不是马比荣提出的，而是出自帕本布鲁克。至少帕本布鲁克多少知道他想用此词来表达什么。他虽然在文章题目中用的是含义宽泛的"古旧文书"（old membranes），但正文第一段提到"古旧文书"指的是1000年以前墨洛温及前后时期的法国文献，即他所讨论的"通过些基金、捐赠和特权"得来的古文献。

马比荣提出的词其实是"古文献的"，只是一个形容词。帕本布鲁克抨击达戈贝尔特时期和其他古文献，马比荣对此作出回应，写了一本书《论古文献》，论到"古文献这件事"。帕本布鲁克只是他的跳板。马比荣没有沿着帕本布鲁克的研究路径走下去，继续去探讨"古文献"，而是超越了帕本布鲁克，走向了《古文献学》（*Res diplomatica*）。他开辟了一个新研究领域，"一种研究古物的新方法（Novum antiquariae artis genus aggredior）"。虽然这是由帕本布鲁克的"古文献这整件事"引发的，但古文献学并没有将自己局限在古文献这一范畴内。不过需要注意的是，马比荣从未从古文献的角度来论述古文献学，而是更灵活、更宽泛地将之描述为文书（instrumenta，帕本布鲁克碰巧也用过这一概念，但用得不多）："我开启了一种研究古物的新方法，探讨古代文书的逻辑、形态和真伪（Novum antiquariae artis genus aggredior, quo de veterum instrumentorum ratione, formulis et auctoritate agitur）。"

不是古文献，而是文书才是《古文献学》这一新艺术的主角，马比荣非常清醒，知道自己正在建构什么。即便他没有给出文书的准确定义，但对《古文献学》还是给出了一些定义的，这一题目自身就揭示了一些信息。此书封面上的全名是"本书解释与论述的是古代的物质、字体、古老的文书、印章、徽章图案、签名、时间，以及古代文物、法律、历史等学科"（参考文献中见本书的全名）。通过这段描述可见《古文献学》涵盖的内容非常广泛，但实际上马比荣在书中只探讨了一类，但凡是写下来的书面材料都可算为古文献，不管其出处或类型，其中既有正式文书，即各种公共或私人文书契约，也有王室令状，还有遗嘱、文学作品、信件、公告、档案、文集、人物或事件简讯等。

马比荣从帕本布鲁克那里借鉴、又自行建构起来的古文献概念包罗万象，一批追随他的圣莫尔修道士忠心耿耿地恪守着这一概念及其内涵，塔辛和图斯坦相信古文献学的研究对象就是一般的物质档案，即信件、记录、令状、法律文书、法律合同、遗嘱、简讯、计划方案、登记簿、名单、交易账本、物料清单，等等。

不过，19 世纪兴起了一批德国学者，他们践行了这一新古物研究艺术，尤其受到朱利尔斯·菲克尔（Julius Ficker）的著作（1877-1878）和西奥多·冯·西克尔著作（1861-1882）的影响，古文献范畴开始缩小，仅仅指文书，即马比荣书名的第一部分，严格来说指的是有法律效力的文书，古文献学家哈里·布雷斯劳的《手册》(*Handbuch*, 1889)开篇明确指出古文献学的研究对象是"从某种固定形态的、法律用途的文件中提取出来的书面文件"，他这本书是古文献学者必不可少的参考书。

上述主张将马比荣所说的文书，而不是古文献，缩小范围，仅仅指有法律效力的文件，这一主张在奥斯瓦尔德·雷德利希（Oswald Redlich）那里达到鼎盛，他于 1907 年高呼非法律文件（报告、调查、协议、行政来往信件、账单等类）不算古文献。索曼（Thommen 1905）和施泰因艾克（Steinacker 1927）也持类似主张，连阿兰·德·博阿德（Alain de Boüard）也这样认为，他 1925 年出版的《古文献学指南》(*Manuel de diplomatique*)将古文献学这一领域定义为研究"有法律效力的令状和法案，并且有固定格式"。

对 A. 杜马（A. Dumas）来说，从他第一次评论博阿德（Boüard 1930）的书，到在 1932 年和 1934 年的《中世纪》(*Le moyen âge*)上发文，这一古文献观念被过分压缩。杜马一方面承认古文献学合理的研究对象实际就是文书，同时又认为文书不仅仅包括书面法律文书。这类文书体现了其发布者的意愿和态度，同时也包含与之有关的法律文件，例如口头证据、报告、资产清单、埋葬记录。

总的来说，乔治·泰西耶（Georges Tessier）和罗伯特·鲍蒂埃（Robert Bautier）支持这一观念，二人分别于1930年和1961年在各自担任古文献学派教授的就任演讲中表达了他们的主张。泰西耶将古文献学定义为"研究历代文书文献的写作、修饰规范的科学"，鲍蒂埃认为"没有任何理由"将古文献学的研究范围局限于"严格的法律文书"，没有理由将其他一般"行政文书"排除在外。对于鲍蒂埃来说，所有行政档案，法律的或非法律的文书，至少有一点共同之处：全都是档案资源。简而言之，能不能成为古文献学的研究对象，不是看文件有没有法律效力，而是要看它是不是古老的档案。不过鲍蒂埃马上又补充说古文献学不是档案学，二者是有区别的。后者研究档案资料的整理与分类，前者以科学的方法来研究这些历史文献。

1961年，鲍蒂埃接替泰西耶在法国古文献学派的职位，马比荣、杜马也曾担任过这一职位，这一职位对古文献学的建构作出许多贡献。这主要归功于泰西耶，他在1952年出版的一本古文献学作品《我知道些什么？》(*Que sais-je?*) 中，以及1960年在《七星丛书》(*Encyclopédie de la Pléiade*) 收录的一篇文章中，突破古文献学原有的、仅限于法律领域的狭隘范畴，将古文献学的研究范围拓展到与法律、公证、商业有关的一切书面描述、解释文书，从巴比伦的泥版，到希腊罗马的纸莎草纸古卷，到中世纪的令状，再到现代的商业文书，这些都是古文献学的研究对象。

但即便有了这种看上去松散的概念，古文献学也从未试图实际突破法律边界。若继续以此严格的法律界限去界定古文献，就意味着忽略许许多多其他资料文献，完全不具备法律特征的文献就会被忽视，但这些非法律文献却具备历史文献的所有特质。修道院登记簿中含有非法律类信件、书籍、病例、死亡记录、礼拜记录，和中世纪领主的令状、马赛商人的交易记录一样，这些都是帕本布鲁克"鉴别真伪"的对象，是马比荣古文献学这一新艺术的研究目标。那么公众人物的信件呢？那些丝毫没有法律意味的信件呢？比如邀请其他主教参加自己圣礼的主教信件，一位领主写给远房表亲的婚礼贺词，教皇写给另外一个公众人物的、祝贺康复的贺信。

各个时代、各行各业、法律各领域等留下丰富多彩的书面文献，从最老的记录，到今天的消费报告，若不加选择，无论是法律的、类似法律的还是非法律的，古文献学对所有这些类型的书面文献都进行学术研究，那么古文献学就显得极为实际，其价值减弱，筛选性也大为降低。但这样至少保留了马比荣笔下古文献学的开放和"兼容并蓄"（quidquid），其优越之处在于包罗各种书面文本，不论是严肃的令状、某诗集扉页潦草的赠言，还是罗马防火队优雅粗犷的军旅记录、法国大革命中被逐人士的残缺不全的日记。

出于对真相的追求和对过去的尊重，许多书面文献需要严谨地识读、探究、批判、整理，古文献学这一艺术因此得以存在，这样一来，这些书面记录得以存在，又是因为有些人时不时需要与同行交流，因为需要以正式或非正式书面记录来记住某个交易或事件，就如奥法（Offa）785 年在一份赏赐令状中所说："（将赏赐记录下来）以备将来不时之需，因为有人可能出于无知，或出于恶意，或其他原因，否认过去真正发生过的事（ ob incertum futuri temporis eventum, quoniam saepe ex ignorantia sive etiam ex improbitate contingit ut denegatio rerum vere gestarum nascatur）。"公众人物（皇帝、国王、教皇、主教、政府人员、地方统治者）希望自己的信息充满威严地、清晰地传递给自己的下属官员和百姓，希望将自己发出的信息、将自己执法的严明与宽容记录下来，流传万代。非公众人物（没有公共影响力的人和一般平民百姓）希望他们的财产名正言顺，希望保护自己的贸易和投资，希望收回外债，履行合约，处理好遗产。不论为公为私，许多人急于详细记录或"以备将来"详记收支、订婚、通信、出生、死亡、婚礼、葬礼等信息。

不管是因为什么，或出于政府要求、个人的愿望，或出于焦虑，存留下来的文献记录涵盖公私各个方面（令状、特殊法令、教皇谕旨、敕令、传票、法规、租约、宪法、合约、转让契约、遗嘱），以及法律文书的周边文件（筹备笔录、拟定协议、草案、草稿、登记簿、公证笔记、备忘录、杂记），还包括那些与法律有关、无关的文件（日记、通俗读物、流水账、账簿、借书凭证、法院登记簿、死亡登记簿、租房登记簿）。其中有的有固定书写模式，有的没有，但不论是哪种，鉴别其内容、涵义、真伪、可信度时，都依照同一文法规则，即作者是谁？说了什么？如何写成？为何、何时、何地写成？除了主要人物还涉及哪些人？

简而言之，古文献学就是用文学批评的基本原则直接评估文献资料。无论文学类还是档案文件，无论原稿还是复印版，或是转引版本，无论哪种文献，批评研究时都必须完整且清晰地弄清楚文献的内容以及相关所有信息。只有内外都透彻研究了之后，才能恰当、实际求是、深入地作出评估。

故此，古文献学这一"研究古物的艺术"的最终目标是力求清晰展现文献的本来面貌，揭示文献的客观内容。照此来说，鉴别真伪其实是次要的。洛伦佐·瓦拉研究《君士坦丁的赠礼》，最终揭示了这份文件本来的面貌，避免了将之视为它所不是。但对许多德国学者来说，古文献学是鉴别文献真伪的学科，古文献是历史的见证者。对布雷斯劳等类的人来说，阐释文献内容可有可无，即便有必要，也是次要的。

虽然这种主张看上去与马比荣的观点一致，但后者将古文献学描述为研究"古代文书的本质、形态和权威"的艺术，所以二者其实相差甚远，前者太过局限。照前者这种主张来看，"纯粹的"古文献学者与"纯粹的"古文字学者完全相反，只关注文献形式，不关心内容。马比荣既是古文献学之父，又是古文字学的创建者，他更接地气。他的"古物研究新艺术"和对字体的研究就是为了开辟一条路，使人能明白古代书面记录的内容。它们自身不是目的。

古文献学的物质研究对象，或说各类文献记录是为了交流而产生。不管是骑缝契据（chirograph），还是一式三份的考试成绩单，它们都传递出一些信息，所以被保存下来。今天的专家、学者、编辑怀着批评的眼光去研究、转录、编辑、探讨时，它们仍能传递信息。文献档案为交流而存在，专业古文献学者或业余爱好人士阅读它们时，首要任务是与之交流，让它们明明白白传递出自己的信息。只关注它们的形态，就是否认它们的本质。形式是为了好好保存档案内容。当然，仅从形式理解形式，也有助于理解档案整体，但若要保全形式，就不能脱离核心内容。

举例来说,"弁言"(烦琐的序言)是颁布法令、教职人员或世俗统治者信件中的重要部分,这部分常常揭示出其作者的职业或意图。可以找一些案例,记录、分析,费希特劳(Fichtenau 1957)和芬克(Fink 1964)细致地做过这样的工作,古文献学者研究其他相关档案时,这类研究成果可能非常有帮助。如果只看某个文献的弁言,没有意识到许多弁言是从指导书籍、早期教父作品甚至周边地区的档案中借鉴来的,那么很可能得出结论,认为弁言中表达的就是作者的情感,或是执笔人的特色,殊不知此弁言只是一种常见的套话。1281年约翰·佩卡姆(John Pecham)的兰贝斯宪法(Lambeth constitutions)的序言似乎反映了当时英国教士的处境("愚蒙无知,误入歧途 [Ignorantia sacerdotum populum praecipitat in foveam erroris]"),但不能脱离其本来的出处来评价它,这份序言出自633年的第四次托莱多会议(the Fourth Council of Toledo),也不能脱离兰贝斯宪法整体冷静平缓的语调去评判它。

另外,如果单纯只看形式,将弁言视为独立的部分,与其所在文档的主要内容没有关联的话,那么得出的结论与事实常常背道而驰,"鉴别真伪"则会受到严重妨碍。举个例子,从英诺森三世1198年的信件中挑选一封,将其弁言摘录打印出来,会发现此弁言与信的整体内容明显自相矛盾,因为此弁言中的修辞与信的主体内容根本不一致。事实很简单,现今书信集中的弁言并不是其原始序言。原始弁言被删除、替换,从中可以清晰看出哪个是原始弁言,也可看出原始弁言始终与信的主体内容一致。这里发生的似乎是某封信被收录登记后,为了使之成为一种典范,其原始弁言被替换掉了。因此，不该摘录打印今天书信集中的弁言，而该打印其未被替换的原始弁言（Boyle 1967）。

古文献学是一门艺术，应让各时代、各类型的书面记录再次发声，发出自己独特的响声。无论是印刷资料，还是未出版的文献，若想让它们恢复从前的信息传递功能，而不只是发出沉闷模糊的声音，就必须投入全部学术耐心，以全部判断力和敏锐去研究它们。例如，若不知道教皇书信集中的"usque ad"相当于现代的省略号，那么就无法听清文献的声音。

和其他文学批评学科一样，古文献学是一门严谨的学科。面对档案时，研究人员要有相应的语言能力，面对书面文书时，要能够识读相应的手写字体，了解相应的书写行为和当时的缩写。它要求研究者掌握大事年表、修道院体系、法学术语、各地讲话特色、惯例和模式。熟悉档案的编写方式、形态和编撰，通晓相应时代和地区的政府官制、公证机构，这些知识也都是古文献学离不开的。

有资质的、知识渊博的专家才具备这些。就此而言，亚瑟·吉里沿袭了马比荣等圣莫尔修士一派的传统，他的名著《古文献学指南》试图涵盖一切，尽量包罗古文字学的、年代学的、专名学的、语文学的、地名学的、文体上的所有知识，力求使文献传递出它们最初所有的信息。

最近一位学者（Bautier 1961）胸有成竹地向我们表示这种方法已经太过时了。对此我有很多话要说，我想这种过时只是理论上的。布雷斯劳的《手册》一方面持狭义的古文献主张，但事实上却是一座古文献学信息库，就像吉里的《指南》一样。多数古文献学手册都提一些基本古文献学概念，一些概念也可得到区分，如发起人与收件人、公共法案与私人法令、公证人与被公证人等，但古文献学太过庞杂，没有哪本指南能包罗所有知识，甚至吉里和布雷斯劳都不能。

若一个学者非常幸运，自始至终只研究某一种历史文献，那么他不会遇到很大困难。他会很熟悉其文献范围，也了解文献形态。但如果从一种文献换到另外一种，就需要学习新形态，掌握新文献书写规范。原先研究教皇谕令、登记簿，熟悉其条文、威吓措辞和腔调的学者，转而研究王室令状、帝国文书不是难事。但若从这些领域转向研究采邑账簿、园艺记录、宗教法庭诉讼程序、土地清册、公证人的协商草稿等，则每一个都是一个新世界，需要掌握一套新的词汇、书写规范和惯例。

不过，古文献学经过近三百年的发展，总有前人已经涉足过这些领域，出版了一些成果，后来人再触及这些陌生领域时，总有一些成果可借鉴，这样入门的难度就可有所降低。就好像通过霍斯特（Foerste）的《古文献阅读导引》(*Urkundenlesebuch für den akademischen Gebrauch*, 1947) 和《图说古文献》(*Urkundenlehre in Abbildungen mit Erläuterungen und Transkriptionen*, 1951)，可以很快大致了解令状、书信、文书、教皇谕令的发展脉络，通过马佐莱尼（Mazzoleni）的《档案汇编》(*Esempi di scritture cancelleresche, curiali e minuscole*, 1958) 能了解意大利南部法庭档案的编写始末，通过查普莱斯（Chaplais）的《英国王室档案》(*English Royal Documents, King John-Henry VI, 1199-1461*, 1961) 可看出英国行政管理的多样面貌。同理，约翰逊和詹金森（Johnson and Jenkinson 1915）的书展现了许多艰涩难懂的文献案例，在古文字协会（Paleographical Society）和英格兰新古文字协会（New Paleographical Society for England）收藏的450份影印摹本中也能看到这些，普鲁（Prou）的《古代手稿汇编》（*Recueil*, 1904）、费代里奇（Federici）的《意大利档案手稿》（*Le scritture delle cancellerie italiane dal sec. XII al XVII*, 1934）分别展示了法国、意大利的文献案例。

不过即便备齐了这些影印摹本和抄录本，手边也有一系列词典、手册、指南等参考书，还不足以完全释读一份新档案，揭示其历史意义，仍有一些基本问题要处理。这些问题在法学、新闻等领域很常见。它们来自亚里士多德的《伦理学》（*Ethics*, 第三卷）和西塞罗的《论修辞发明》（*De inventione rhetorica*），前者的研究对象是人类和人有意识的行为，后者指导律师如何在法庭上出色地陈述案件。这些问题的表述方式是公认的，无关顺序，这些问题也是中世纪学者研究人类行为的处境时常用的提法，它们构成一个综合研究框架：谁（*Quis*）、是什么（*Quid*）、怎么（*Quomodo*）、谁为辅（*Quibus auxiliis*）、为什么（*Cur*）、哪里（*Ubi*）、何时（*Quando*）。

任何档案其实都是人类行为的结果，若要全面探究这些行为，就有必要了解其社会情境。上述问题从问谁到问何时，所涉及的情境涵盖了各种类型，但这些情境可以不相互排斥。相反，它们可以相互启发，使古文献学者确切地了解某个文献档案表达出来的有意识的行为，把握其实质、意图、旨趣，正是这些决定了其内容。

谁？

所有书面文献都有一个中心人物、一个主角，无论明不明显。一个人将自己的想法诉诸笔端，通过法律或其他类型文件表明自己的意愿，一旦下笔成书，就会形成一个人际关系网，除非是写给自己的私人文件，且从未被其他人转抄过。抄写员工工整整地抄录记录或原稿，再供其他人转抄。每一个抄写员反过来成为他手中抄本的一部分，成为一个谁（*Quis*），至少是他手中抄本的主角。法律文件中，抄写员、公证人、见证人都是重要构成部分，文件的起草、整合、公证、成文过程中，他们各自发挥着自己的作用。

无论什么类型的文件，为了透彻了解其情境，需尽量明确涉及的所有人员，力求澄清文件成型过程中，内内外外有哪些人参与其中。除了主角，这些都是文件成型或产生效力的协助人员，将他们放在"谁为辅（*Quibus auxiliis*）"一节下考察更恰当一些。这里主要探讨主角，尤其是公私法律文件的中心人物。

中心人物的确定非常关键，若无法做到这一点，相应的文件或记录就会失去中坚内容。法律文件中至少有两位主角：一位文件的发起者（统治者、商人、地主、道德领袖如教会神父）和一位文件的接收者（属下、佃户、买家）。私人法律文件中，除了双方的名字、职业、地区，一般难以确认双方的身世信息，除非双方所在地区有充足的地方志，档案或采邑记录簿中有完整的几代人信息，或者周边密切相关地区有一系列公证记录可参考。

公共法律文件中，文件的发起者起码要么有威严，要么有公信力，如国王、皇帝、教皇、主教、地方统治者，要么是道德领袖，如教会神父或教会团体。这类人身份的确定一般比较容易。有一些书可供参考，《英国大事记手册》(*The Handbook of British Chronology*, Powicke and Fryde 1961) 罗列了英格兰、爱尔兰的统治者和主教，卡佩里（Cappelli）的《编年史》(*Cronologia*, 1906, 1929) 涵盖了中世纪和其他时期欧洲大陆的多数统治者。《英国大事记手册》囊括了历代主教的更迭，《编年史》只谈到教皇，所以若要了解英格兰诸岛以外的主教，需要参考加姆斯（Gams 1885）和尤伯（Eubel）的书，以 1198 年为界，前者探讨 1198 年以前的主教（有些有时人云亦云），后者则涉及 1198 年以后的主教。公共法律文件的接收者往往也是公众人物，或者至少是有公共知名度的人物，这些人也不难确定，但常见的情况是（例如面对教皇援助信、特赦信、大赦信）需要仔细研究地方未出版的教会登记簿、主教区法庭记录、行政职员登记簿等，才能确定这些人的身份。

　　各种文件中各方人员社会地位、头衔的确定也尤其重要，因为这能准确反映出相关人员制定某一文件时的情况，或至少能说明当时一段时间相关人员的处境。另外，若某一文件没有任何时间特征，通过其中的称谓，也能大致猜出其成型时间。文件的发出者标注出自己的荣誉或修饰性头衔，这些头衔往往有社会、政治意味，应该仔细关注一下。举个例子，有人（Levillain 1930）认为 9 世纪以后，教皇常被称为"主的众仆之仆（servus servorum Dei）"，这似乎说明教皇越来越恬不知耻地把自己的权威和马可福音第 10 章第 44 节联系起来，"在你们中间，谁愿为大，就必作众人的仆人"。

若不仔细、透彻知晓文件或档案涉及各方的身份，那么文献自身也就不太能说明问题，发挥的信息传递效力也就会降低。若回答谁（*Quis*）的问题时太过敷衍草率，就可能出现身份误判，之后可能会引起尴尬。例如，很多年来，坎特伯雷的汤马斯·布雷德沃丁（Thomas Bradwardine, 1349 年卒）在许多书中被认为拥有一本 13 世纪的巴黎《圣经》，而这全因为有人误把一封起草在尾页上的给大主教的信认作出自主教之手。这本书目前藏于多伦多皇家安大略博物馆（Royal Ontario Museum）。

是什么？

在亚里士多德、西塞罗那里或者在中世纪，这个提问是为了弄明白某人到底做了什么。从古文献学的角度来看，某个人所做的正是将某事记录下来成为档案，将发起人的意愿记录下来成为有法律效力的文书。只有通过这种书面档案或文书，我们才能知道某人或发起者的意图（也可在"为什么？"[*Cur?*] 一节下思考这点），所以这些书面材料的性质、特征、物理外观至关重要。

当然，文献的类型繁多，每一种都有自己的传统、主要格式、书写方式，比如令状、特许状、教皇谕令、骑缝契据、协议定稿、各种诏书、介绍信、清算证明（letters close）、专利证、解除证、法令、转录本、审讯稿；教皇、国王、修道院长、主教、公证员、出纳员、图书管理员登记簿；地租账簿、备忘录、收据、交易账单、房产契据等。这些文件的公信力不尽相同。有的真实可靠（有见证人的签字，有公章，有公共权威或公证人员的保证），有的则不然。它们各有不同性质。正式文件的公信力较强，登记簿或一些不严格的抄本则弱一些；经过证实的抄本比随意抄写的版本更有研究价值；公证文件的抄本等同于其原件。

文献的恰当分类十分关键，对文献的物理外观进行全面探查也同样关键。正式文件中，其墨水的质地和外观特点（例如印章的加盖方式）传递出许多信息，文件分类也是如此，二者甚至可能不相上下，前者甚至可能帮助我们确定文件的出处，据此我们甚至能找到文件所出的档案馆。正式文件和其他所有文献一样，都应该详细考察。正式文件的背面有收件标记、摘要、公证人员的留言，要研究这些，它们或许能透露一些文件的来源信息，对文件的正面要留意那些反常之处。涂改痕迹尤其需要注意，可能说明文件是伪造的，但下结论前，最好先看看是否存在同一文件的副本。因为比较一下原件和副本，或许会发现文件的涂改是经过授权的，多明我会的建立章程就是个例子（Koudelka 1958）。

非正式文件类型及其构造同样重要，例如副本、登记簿、修道院档案册、公证登记簿等。举例来说，档案册和登记簿不太一样。登记簿通常只是将发信人（主教、教皇、国王、某团体等）的外发文件抄录下来存底，档案册一般来说则是刻意将某些文件（如转让证件、合约、捐赠证明）抄录保留下来，以维护当事人（如某个修道院、地主、商人）的财产权益。当然，不能总从表面来判断档案册的价值，它们很可能是正式文件的副本。登记簿却不总是这样的（不管是正式文件的存底副本，还是日常生意账单、通信），通常是草稿、随笔记录，往往十分简略。

怎么？

古文献学中，这个问题与文件形成的方式、文件的措辞、文件的格式有关。因此，怎么（*Quomodo*?）这个问题一般可以分成至少三个基本问题，考察或公或私的法律类文献时尤其如此。当然，这些问题不仅仅适用于这类精细的公私法律类文书，同样也适用于其他书面文献类型。为了方便起见，这里"文书"一词指代各种类型文献，王室令状、教皇法令、教皇信件、公证文件等都可称为文书。

格式

文书有开头、正文和落款，并无明显特殊之处。像一般文字稿件、商业书信一样，文书开头交代作者身份、收件人（公共或私人法律类文书中收件人前通常标有某种象征符号，或祷文，或兼有二者），表达问候，或者表明作者或笔者的正式声明（例如"主里问安 [Salutem in domino]"；公证文书中会说明地点和时间）。然后，说一些导言（弁言或客套话，或为缓和交流氛围，或为赢得对方好感，或为消除对方戒备），继而进入正文，说正事（说明情况，最终决定、法规、法案，限定条款）。最后，以通行方式（问安或警告，时间短句，收尾）告知收件人文书内容结束，公共法律类文书的落款一般表明法案正式确立。

不过，文书的严肃程度不同，文书之间因此会有所差异，同理，公众人物与私人法律文书的格式不尽相同。总的来说，一般格式如下：

		公共的	私人的
开头	引文	象征性的；字句的	象征性的，公证标记
	头衔	收件人	通常是"诸位……"
	地址	主要地址	公证人姓名；年份，地点，纪元
	致意	问候	
正文	弁言	绪言，前言	很少见
	公告	通知	偶尔有
	叙述	背景介绍	有时和决定混在一起
	决定	法案，决议	有时和叙述混在一起
	条款	限定条件：训诫性的，禁止性的，贬斥性的，强制性的	义务条款往往是誓言。许多是法律例外条款
	警辞	祝福；宗教性或世俗性威吓	多与钱财有关，很少见宗教方面的措辞
落款	签名	当事人的 证人的 官员的：公证人员等	（复述时间）只列下公证人，标注公证标记："我请求公证……"，一般到此结束。
	时间	日，月，年，地点	
	致谢	严肃的结尾：愿……愿……，教皇，逗号或句号	公证，逗号或句号

《古拉丁令状》（*Chartae Latinae antiquiores*）中有许多罗马法律类文件，尤其在第 3、第 4 卷中，从这些文件中可以看出中世纪文书模仿了罗马后期档案文书的格式，沿袭了后者的传统。私人文件和经过公证的文书直接来自罗马帝国后期的私人书面文件。12、13 世纪的公证人（有时自称为达比伦 [Tabellio]）会说清楚（一般在开头）文件的时间、地点和背景，和罗马时期的达比伦一样，他会自诩为提议者（Rogatus），并将他手中的文件称为提案（Rogatio），和罗马公证人如出一辙。照合约双方的要求（或照他

自己的判断），他会在条款中插入经典罗马法没有涉及的内容（参见 Berger 1958），不过乍看可能并不那么必要。

然而，罗马法律文件和中世纪文书的公证人之间有一个关键区别。罗马帝国的法律类书面文件有裁决效力：它自己决定当事人的义务。中世纪的公证性文书不具备这一点。这种文件的裁决效力在西哥特和勃艮第地区短暂流行过一段时间，但后来在周边日耳曼的影响下逐渐式微，日耳曼式的合约是象征性的（用杖、圆环、握在一起的手象征）。伦巴第地区，裁决性文件源远流长，即便如此，公证文件的证明属性最终盖过了过去的裁决属性。不过，12 世纪伦巴第的公证行业脱离罗马的范式，公证员成为公共权威，有资质行使裁决职能。随后，书面私人法律类文件成为正式文件，恢复了些许曾经的裁决效力，但自身的证明属性毫无疑问仍保留着，并不需要当事人的签名。但完全恢复裁决效力是不可能的。

措辞

各种文书中的措辞非常固定，鲜有变化。公共文书中那些更为诚挚、较为特殊的措辞甚至也是从各处借鉴的，理直气壮地用来用去。如果 5 世纪某位教皇向某位教士授予圣职时，评价这位教士为"尽人皆知的虔敬、热心，品德高尚"，千万不要按字面意思理解，也不要认为这位教士实际就是这样圣洁正直，因为这种措辞几百年前已经出现了，纯粹只是一种形式。法庭档案则较为传统保守。某份文件整个来看，除了模式化的措辞，怎样才算法庭档案常常不是很清楚。祝贺、授职、授惠类叙述通常只是重复一些套话，再从惯用的条款中挑选几条加上。

风格

包括中世纪，每个时代都一样，中世纪的法庭档案和公证文件的基本书写方式有一套自己的规范，有自己的书写指南。因此，总的来说，法庭档案或公证文件只需要加上时间，改正语法不当之处，润色一下发起人的语调，使之与法庭氛围相一致，符合法庭规范即可（di Capua 1941）。但许多法庭档案和公证文件用许多张扬之处来突显自己的特点；从某法庭档案和公证文件的制作作坊中随意拿一份，就足以看出它的独特之处，对相关几类文件形成一个大概的印象，据此来评判其他声称或确实出自同一作坊的文件。

谁为辅？

在文书成型过程中，谁人起辅助作用？思考这个问题时，会引出其他问题，即各类文书（备忘、公证文书、法庭档案）的起草、撰写、法律类文书（证词、印章、证明性文件）的审核等问题。

教皇、主教、统治者面向公众发布的法令类文件通常先拟草稿，然后再正式由相应的档案馆抄写发布。一些抄写员的字迹为人熟知，他们所抄文件又完整地保存下来，那么根据字迹就可以确定某份文件是否真正出自他们的手笔。其他公共文书和多数私人文书均由某一位抄写员或公证员完成。后者往往在文书上标注自己的个人标记（Purvis 1954），不过一些大型公证处可能雇有许多抄录人员，意味着某位公证员并不总是根据自己的记录和草稿来撰写最终文书。有时候他只是标上自己的标记，抄写最终的版本，即终稿（completio）。

私人文书经过验证，通过公共权威审核后，变成公共文书。不过，在欧洲大陆，这类文件主要的审核方式是公共机构，即由公共权威人物或代表公共权威的公证员来执行。英格兰到 13 世纪末才开始出现领薪水的公证员，且时有时无。从 11 世纪开始，合约和财产转让文件要么以骑缝契据（一式两份文件）形式，要么以盖章的形式，来保证真实有效。

印章的使用非常普遍，但是一些私人或小众印章难以确认其真实性（伪造起来极为容易；参见 *A Guide to Seals in the Public Record Office*），在欧洲，尤其是英国，民众可以仿照司法决议形式草拟一份合约，然后经过"非诉讼裁决"法庭审核生效，这种形式越来越普遍。

公共或私人法律文件中证人都非常重要，他们可加增文书的严肃性，他们的在场、签名、印章可以使文件产生法律效力。公证人的社会地位往往受到特别关注，历史学者从中可以得到有关他们的社会阶层、职业等珍贵信息。签名能够有效反映出某个时代的识字信息，但这方面需要投入大量精力来研究（Galbraith 1948, 1966）。证人信息往往能帮助学者鉴别文件真伪。伪造者在与他们的伪造时期有一定距离的情况下，一般能谨慎且准确地点出文件主要发起人，但往往会自不量力地伪造不可能或不正确的风格的证人（Hector 1959）。

为什么？

"为什么"这个问题被中世纪修辞学者称为原因探究（*causa faciendi*），亚里士多德认为这个问题是所有问题中最重要的一个。

在这里的古文献学语境中，这个问题意在弄清楚文书的确切意图和指向。这个问题与整个文书的内容直接相关（所有文件类型都是这样），因此细致地誊抄文书十分必要，就如掌握印刷或手稿文件的语言一样，这不是说要对语法十分敏感。

举例来说，某份印刷文件中说到修道院的修士们自己修理屋顶，若一不小心将"fratres qui fabricae operam dabant（意为'在屋顶干活的修士们'）"这句话读成"fratres qui fabricae operum dabant"，然后再夸张地将之理解为"在屋顶分配工作的兄弟们"，那么原文的启发教诲意义就会大打折扣。又如"instrumentis pro veris ostensis（意为'所呈文件真实可靠'）"这样一句专门用语若被理解为"视所呈文件真实可靠"，那么真实文件的法律效力就会减弱。再如，编辑某份修道院账簿中的"Pro expensis O. Thome cellerarii"条目时，将"O."印成"Odonis"，或是狡猾地不还原缩写，那么社会史学家、其他所有人一般都会忽略这样一个轻松愉悦的信息，即一笔钱被用来庆祝托马斯教士的命名日。

地方记录和私人文件中的手写字体往往是个障碍，使人难以明白文件的主旨，但这在一定程度上可以克服，要达到这个目的，首先需要读一读卡佩里的名著《词典》（*Dizionario*, 1906, 1929），了解缩写的主要原理，或者读一些古文字学和古文献学的导读类作品，如斯蒂农的书（Stiennon 1973），然后再看一看普鲁的《古代手稿汇编》，或者约翰逊和詹金森的《英国法庭手稿》（*English Court Hand*），或者费代里奇的《意大利档案手稿》，这些书都对古代手稿有相应的研究。

这些文件记录的拉丁语也是障碍，有时很艰涩难读，但下功夫去读，仍然可以读得懂。有些书可以提供帮助，如古德尔（Gooder）的《地方志中的拉丁语》（*Latin for Local History*, 1961），赫克托（Hector 1966）的一些法学类文章有助引人入门，斯坦顿（Stenton 1955）和维拉德（Vieillard 1927）等人的专题研究著作也有帮助。有关古文献学词汇，杜·康热（Du Cange）的《词汇表》（*Glossarium*, 1937）非常有价值；《中世纪拉丁语词汇表修订版》（*Revised Medieval Latin Word-List*）对于研究英国文献非常有利（Latham 1965）。不过，人人都知道词汇加上语法更好。不懂拉丁语的基本语法和构造，记住多少词汇都没用。

哪里？

文献的地点信息始终很重要。查士丁尼统领公证机构时，他坚信达比伦不仅要标明文件时间，而且也要说明文件的出处。中世纪的公证员是罗马达比伦的后继人，他们也非常注意这一点，例如他们会在合同上写明"我的办公室（in officina mea）""主教官邸（in camera episcopi）""伦敦新教堂（apud Novum Templum, Lond）"等表示地点的话。教皇、主教、统治者们也同样认真地在发布的文件上标上出处，如"圣彼得大教堂（apud S. Petrum）""西敏寺大教堂（apud Westmonasterium）""于吾宅……（in manerio meo apud…）"。这些是用来鉴别文件真伪、可信与否的重要信息。与其他文件比一比（如发布的教皇、主教、国王的行程），就会马上发现文件的发布者是否在某时间的某地方。

拉丁语地名常常引起误解。一些误差已经被纠正过来，这归功于最近扩充出版的《拉丁世界》（*Orbis latinus*, Graesse 1972）。

有些著作附有某些地区的详细名单,应该却不为人广知:意大利地区的参考《意大利十年档案》(*Rationes decimarum Italiae*, 1932-1952),西班牙地区的参考《西班牙十年档案》(*Rationes decimarum Hispaniae*, 2卷,马德里,1949),比利时地区的参考《从梵蒂冈到比利时文选》(*Analecta Vaticano-Belgica*)各卷(罗马-布鲁塞尔,1906-),法国和其他地区的地名参考纪尧姆·莫拉特(Guillaume Mollat)的《教皇约翰二十二世书信集》(*Lettres communes de Jean XXII*,巴黎,1947)的第14至16卷。

主教区、修道院、教堂的名字常常也会引起混乱。有些主教区有多个名字,名字又有多个变体;修道院登记时有时用自身的区域名,不用官方名字;许多教堂以同一圣徒命名。米涅(Migne)的《拉丁教父》(*Patrologia Latina*, PL 220, cols. 1009-1256)和高迪诺(Cottineau)的《名录》(*Répertoire*, 1935-37)列出了许多修道院的拉丁名字;霍贝格·赫尔曼(Hermann Hoberg)的《公共服务税》(*Taxae pro servitiis communibus*,梵蒂冈,1949)也有一定参考价值。教堂名字的确定十分艰难,只有头衔、没有其他信息时尤其困难,这种情况下,敲定某教堂的所在地之前,需要考虑多种情况,例如从相关手稿或文书中寻找地点线索等。例如,一份礼拜祷文中提到一个教堂落成时间,教堂所在地未知,这个时间一直被艺术史家视为一个同名罗马教堂的落成时间,后者有一些非常重要的壁画,这个时间也就成为这种意大利艺术发展史上的一个关键时间点。但是,详细考察整个礼拜祷文之后,找出所有与此时间有关的信息,发现这个时间里落成的教堂只是一间离罗马不远且在艺术史上没什么影响力的小教堂(Boyle 1960)。

何时？

帕本布鲁克、马比荣和他们那一众圣莫尔修道士都深知很有必要掌握纵向历史脉络，理解和评判任何文件都需要这个前提。切尼（Cheney）的《时间手册》（*Handbook of Dates*, 1955）是不可少的参考书，这本书以多条时间线为脉络，全面清晰地介绍了英格兰诸岛，且附有年代表。《英国大事记手册》（*Handbook of British Chronology*, Powicke 1961）也同样有参考价值，不过这本书不是那么全面。有关欧洲大陆历史年表和历代能反映财务状况的档案信息，卡佩里的《编年史》有很高的参考价值，借助此书尤其能了解意大利等地各王国、公国、侯国的兴衰更迭。不论在哪儿都离不了专题研究，莱恩·普尔（Lane Poole）就广义的年表进行了专门研究（1934），伊霍内（Higounet）专门研究了比萨的历代大事记（1952）。

许多私人文书、地方记录、教会档案等常常用教会节日、圣徒纪念日来标记事件的事件，若了解中世纪教会年历则是极大的优势。切尼、卡佩里、格罗提芬（Grotefend 1948）等人都在书中列出了教会节日。若地方记录出现一些小众圣徒纪念日，是别的地方没有的，那么就需要查阅一些圣徒词典，最近出版的《圣徒传》（*Bibliotheca sanctorum*，1961-1971）就是一本不错的参考书。

这组经典问题许多古文献学指导手册中很少提到。但运用这些问题评估任何文献，就不会漏掉核心要素。这些问题确实有助于史学家培养起谨慎、细致、尊重史料的习惯，而这些习惯是一个严谨的史学研究者所必备的。

参考文献

指导手册

Adelung, J. C., and A. Rudolph. 1759-69. *Neues Lehrgebäude der Diplomatik*. 9 vols. Erfurt.

Bonenfant, P. 1947. *Cours de diplomatique*. 2d ed. Liège: Desoer.

Boüard, A. de. 1925. *Manuel de diplomatique française et pontificale*. Vol. 1, *Diplomatique générale*. Avec un album de 54 planches en phototypie. Paris: A. Picard; Transcription et explication des planches de l'album. Paris: Picard, 1929. Vol. 2, *L'acte privé*. Paris: Picard, 1948; 34 plates; Transcription et explication des planches de l'album. Paris, Picard, 1952.

Bresslau, H. 1889. *Handbuch der Urkundenlehre für Deutschland und Italien*: Berlin: Veit; 2d ed. in 2 vols. -vol. 1, Leipzig: Veit, 1912; vol. 2, edited by H. W. Klewitz, Leipzig: Veit, 1931; index by H. Schulze, Berlin: W. de Gruyter, 1960; the so-called third edition, Berlin, 1958, is a simple reprint of the second.

Delehaye, H. 1959. *L'oeuvre des Bollandistes*. Rev. ed. Brussels: Société des Bollandistes.

De Wailly, N. 1838. *Éléments de paléographie pour servir a l'étude des documents inédits sur l'historie de France*. Par l'ordre du Roi et par les soins du ministre de l'instruction publique. 2 vols. Paris: lmprimerie royale.

Dölger, F. 1956. *Byzantinische Diplomatik*. Ettal: Buch-Kunstverlag Ettal.

Foerster, Hans Philipp. 1951. *Urkundenlehre*. Berne: Haupt.

Fumagalli, A. 1802. *Istituzioni diplomatiche*. Milan: Dalla stamperia e fonderia al genio tipografico.

Gatterer, S. 1765. *Elementa artis diplomaticae universalis*. Göttingen: N.p.

Giry, A. 1894. *Manuel de diplomatique*. Diplômes et chartes-chronologie technique-eléments critiques et parties constitutives de la teneur des chartes-les chancelleries-les actes privés. Paris: Hachette; reprinted, Paris: Alcan, 1925.

Knowles, M. D. 1953. *Medieval Religious Houses, England and Wales*. London:

Longmans.

———. 1963. *The Historian and Character and Other Essays.* Cambridge: Cambridge Univ. Press.

———. 1964. *Great Historical Enterprises.* London: Nelson. "The Bollandists," pp. 1-32; "The Maurists," pp. 33-56; "The *Monumenta Germaniae Historica*," pp. 63-96; "The Rolls Series," pp. 99-134.

Leclercq, H. 1953-57. *Jean Mabillon, Vie et Oeuvres.* 2 vols. Paris: Letouzey et Ané.

Mabillon, J. 1681. *De re diplomatica libri sex in quibus quidquid ad veterum instrumentorum antiquitatem, materiam, scripturam et stilum; quidquid ad sigilla, monogrammata, subscriptiones ac notas chronologicas; quidquid inde ad antiquariam, historicam, jorensemque disciplinam pertinet, explicatur et illustratur.* Paris: L. Billaine. A supplement was added by Mabillon in 1704, and a new edition was put out in Paris: Robustel, 1709, in which various parts of the supplement were incorporated in their proper places.

Madox, T. 1702. *Formulare Anglicanum.* London: Tonson and Knaplock. A classic introduction to the diplomatics of royal and private charters, it separated the study of diplomatics from that of paleography.

Maffei, F. S. 1727. *Istoria diplomatica che serve d'introduzione all'arte critica in tal materia.* Mantua: A. Tumermani.

Manuel d'Archivistique. 1973. Brussels: Ministère des Affaires culturelles.

Mazzoleni, J. 1970. *Paleografia: Diplomatica e Scienze ausiliarie.* Naples: Libreria scientifica editrice.

Meisner, H.-O. 1935. *Aktenkunde: Ein Handbuch für Archivbenutzer.* Berlin: Mittler.

———. 1952. *Urkunden-und Aktenlehre der Neuzeit.* 2d ed. Leipzig: Koehler und Amelang.

Paoli, B. C. 1889. *Diplomatica.* Florence: N.p.; new ed., edited by G. C. Bascapé. N.p., 1942.

Papenbroeck, D. van. 1675. "Propylaeum antiquarium circa veri et falsi discrimen in yetustis membranis." In *Acta Sanctorum Aprilis* 2. Antwerp: Meursium.

Perez, J. 1688. *Dissertationes ecclesiasticae de re diplomatica*. Madrid: L. Perez.

Redlich, Oswald. 1970. *Urkundenlehre: Einleitung*. Munich: R. Oldenbourg.

Santifaller, L. 1967. *Urkundenforschung: Methoden, Ziele, Ergebnisse*. Weimar: Böhlau Nachf; 2d ed., Cologne: Böhlau Verlag.

Schönemann, C. T. C. 1801-2. V*ersuch eines vollständigen Systems der allgemeinen, besonders älteren Diplomatik*. 2 vols. Hamburg: Bohn; reissued in a second edition as *Lehrbuch der allgemeinen, besonders älteren Diplomatik, zum Gebrauch akademische Vorlesungen*. 2 vols. Leipzig: Vogel, 1818.

Tassin, R. P., and C. Toustain. 1750-65. *Nouveau traité de diplomatique où l'on examine les fondaments de cel art par deux religieux bénédictins de la congregation de Saint-Maur*. 6 vols. Paris: Desprez.

Tessier, G. 1962. *Diplomatique royale française*. Paris: Picard.

——. 1952. *La diplomatique*. Que sais-je? no. 536. Paris: Picard.

——. 1961. "Diplomatique." In *L'histoire et ses méthodes*. Edited by Ch. Samaran. *Encyclopédia de la Pléiade* 11. Paris: Gallimard.

Thommen, R. 1905. *Diplomatik. Die Lehre von den Königs- und Kaiserurkunden*. Leipzig: Teubner; 2d ed., 1913.

Valenti, F. 1961. *Il documento medioevale: Nozioni di diplomatica generate e di cronologia, con 30 tavole*. Modena: Editrice modenese.

Von Sickel, Th. 1861-82. *Beiträge zur Diplomatik 1-8*. In *Sitzungsberichte der Wiener Akademie*. Vienna: Gerold.

影印摹本

Bishop, T. A. M. 1961. *Scriptores Regis: Facsimiles to identify and illustrate the hands of royal scribes in original charters of Henry I., Stephen, and Henry II.* Oxford: Oxford Univ. Press.

——. and P. Chaplais. 1957. *Facsimiles of English Royal Writs to A.D. 1100 presented to V. H. Galbraith*. Oxford: Oxford Univ. Press.

Chaplais, P. 1961. *English Royal Documents, King John-Henry VI, 1199-1461*. Oxford: Oxford Univ. Press.

Chartae Latinae Antiquiores: Facsimile edition of the Latin Charters prior to the Ninth Century. 1954-. Edited by A. T. Bruckner and R. Marichal. Olten and Lausanne: U. Graf:

    1. *Switzerland: Basel-St. Gall*, 1954.

    2. *Switzerland: St. Gall-Zürich*, 1956.

    3. *British Museum, London*, 1963.

    4. *Great Britain (without B.M., London)*, 1967.

The series, cited as *CHLA,* parallels the *Codices Latini Antiquiores* of E. A. Lowe. 12 vols. Oxford: Clarendon Press, 1934-72, cited as *CLA.*

Exampla scripiurarum edita consilio et opera procuratorum Bibliothecae et Tabularii Vaticani, 1930-:

2. *Epistolae et Instrumenta saeculi XIII.* Edited by B. Katterbach and C. Silva-Tarouca. Vatican City: Bibliotheca Apostolica Vaticana, 1930.

3. *Acta pontificum.* Edited by C. Battelli. 2d ed. Vatican City: Bibliotheca Apostolica Vaticana, 1965.

Federici, V. 1934. *Le scritture delle cancellerie italiane dal sec. XII al XVII.* Rome: P Sansaini.

Grieve, H. E. P. 1959. *Examples of English Handwriting.* 2d ed. Chelmsford, England: Essex Education Committee.

Jenkinson, H. 1927. *The later Court Hands in England.* 2 vols. Cambridge: Cambridge Univ. Press.

Johnson, C., and H. Jenkinson. 1915. *English Court Hand, A.D. 1066 to 1500, illustrated chiefly from the Public Records.* 2 vols. Oxford: Oxford Univ. Press. Text plates.

Katterbach, B. 1927. *Specimina supplicationum ex registris vaticanis.* Rome:

Bibliotheca Apostolica Vaticana.

Lauer, Ph., and Ch. Samaran. 1908. *Les diplômes originaux des Mérovingiens: Facsimiles phototypiques avec notices et transcriptions.* Paris: Leroux.

Mazzoleni, J. 1958. *Esempi di scritture cancelleresche, curiali e minuscole.* Naples: Libreria Scientifica editrice. 30 facsimiles, mostly of S. Italian chanceries, 819-1493.

Michaud, H. 1969. *La grande chancellerie et les écritures royales au XVIe siècle (1515-1589).* Paris: Presses Universitaires de France.

The New Palaeographical Society Facsimiles of Ancient Manuscripts. 1903-32. Edited by E. M. Thompson, G. F. Warner, F. G. Kenyon, and J. P. Gilson. First series. London: Oxford Univ. Press, 1903-12; index volume, 1914. Second series. London: Oxford Univ. Press, 1913-30; index volume, 1932.

The Palaeographical Society. Facsimiles of Manuscripts and Inscriptions. 1873-1901. Edited by E. A. Bond, E. M. Thompson, and G. F. Warner. 2 vols. London: Clowes, 1873-83, 1884-94; index volume, 1901.

Poulle, E. 1966. *Paléographie des écritures cursives en France du 15e au 17e siècle.* Geneva: Droz.

Prou, M. 1904. *Manuel de Paléographie Recueil de facsimiles d'écritures du Ve au XVIIe siècle ... accompagnés de transcriptions.* Paris: Picard. This pendant to his *Manuel de paléographie* is almost exclusively given over to diplomatic records.

Rycraft, A. 1973. *English Mediaeval Handwriting.* 2d ed. York: Borthwick Institute. *Sixteenth and Seventeenth Century Handwriting.* 1972. Series 1. 3d ed. Series 2. 3d ed. York: St. Anthony's Press.

Warner, G. F., and H. J. Ellis. 1898. *Facsimiles of Royal and Other Autographs in ... the British Museum. Vol. 1: William I-Richard I.* London: British Museum.

其他参考书

L'art de vérifier les dates et les faits historiques, par un religieux de la congrégation de St.-Maur. 1818-44. 4th ed. Edited by N. V. de St. Allais et al. 44 vols. Paris:

Moreau. Still very useful.

Berger, A. 1958. *Encyclopedic Dictionary of Roman Law*. Philadelphia: American Philosophical Society.

Cappelli, A. 1906. *Cronologia, Cronografia e Calendario perpetuo dal principio dell'Era Cristiana ai giorni nostri*. Milan. 6th ed., Milan: Hoepli, 1929.

——. 1929. *Lexicon abbreviaturarum: Dizionario di abbreviature laline ed italiane*. Milan: Hoepli. Numerous reprintings.

Cheney, C. R. 1955. *Handbook of Dates for Students of English History*. 3d ed. London: Office of the Royal Historical Society.

Chevalier, U. 1905-7. *Répertoire des sources historiques du moyen âge: Topo-bibliographie*. 2 vols. Paris: Picard.

Cottineau, L. H. 1935-37: *Répertoire topo-bibliographique des abbayes et prieurés*. 2 vols. Macon: Protat frères.

Davis, G. R. C. 1958. *Medieval Cartularies of Great Britain: A Short Catalogue*. London: Longmans.

Di Capua, F. 1941. *Fonti ed esempi per lo studio dello "Stilus curiae romanae" medioevale*. Rome: Maglione.

Du Cange, C. D. 1968. *Glossarium ad scriptores mediae et infimae Latinitatis*. Paris: N.p. The standard edition is *Glossarium mediae et infimae Latinitatis*, edited by F. Favre. 10 vols. Niort: L. Favre, 1883-87; reprinted, Paris: Librairie des sciences et d'art, 1937.

Eubel, C. 1960. *See Hierarchia* ...

Favier, J. 1958. *Les archives*. Que sais-je? no. 805. Paris: Presses Universitaires de France. A general survey of French archives and those of some other countries.

Foerster, H. 1947. *Urkundenlesebuch für den akademischen Gebrauch*. Berne: Haupt. 100 samples of diplomatic documents.

——. 1951. *Urkundenlehre in Abbildungen mit Erläuterungen und Transkriptionen*. Berne: Haupt.

Gams, B. 1885. *Series episcoporum Ecclesiae Catholicae.* 2d ed. Leipzig: Hiersemann.

Gooder, E. A. 1961. *Latin for Local History. An Introduction.* London: Longmans.

Graesse, J. G. Th. 1972. *Orbis latinus, oder Verzeichnis der wichtigsten lateinischen Ortsund Ländernahmen.* Re-edited in 3 vols. by H. Plechl and S.-C. Plechl as *Orbis Latinus. Lexikon lateinischer geographischer Namen des Mittelalters und der Neuzeit.* Brunswick: Klinkhardt und Biermann. Also available in a one-volume handbook: *Orbis Latinus Handausgabe.* Brunswick: Klinkhardt und Biermann, 1971.

Grotefend, H. 1891-98. *Zeitrechnung des deutschen Mittelalters und der Neuzeit.* 2 vols. Hanover: Hahnsche Buchhandlung.

——. and O. Grotefend. 1948. *Taschenbuch der Zeitrechnung des deutschen Mittelalters und der Neuzeit.* 8th ed. Hanover: Hahn.

A Guide to Seals in the Public Record Office. 1964. London: Public Record Office. Valuable pages on the study, composition, and forgery of seals.

Hall, H. 1908-9. *A Formula Book of English Official Historical Documents.* Vol. l, *Diplomatic Documents.* Cambridge: Cambridge Univ. Press, 1908. Vol. 2, *Ministerial and Juridical Records.* Cambridge: Cambridge Univ. Press, 1909.

Hector, L. C. 1966. *The Handwriting of English Documents.* 2d ed. London: Edward Arnold.

Hierarchia Catholica medii et recentioris aevi [1198-1903]. 1913-58. Edited by C. Eubel. 6 vols. Regensburg: Monasterii, sumptibus et typis librariae; reprint, 1960.

Jaffe, P. 1851. *Regesta Pontificum Romanorum* ad a. post Christumnatum 1198. 2 vols. Berlin: Veit; 2d ed. Leipzig: Veit, 1885-88.

Kehr, Paul F. 1906-75. *Italia Pontificia.* 10 vols. Berlin: Weidmann.

Latham, R. E. 1965. *Revised Medieval Latin Word-List from British and Irish Sources.* London: Oxford Univ. Press.

Martin, C. T. 1912. *The Record Interpreter: A Collection of Abbreviations, Latin*

Words and Names Used in English Historical Manuscripts and Records. 2d ed. London: Stevens; reprint, 1949.

Meyer, O., and R. Klauser. 1962. *Clavis mediaevalis. Kleines Wörterbuch der Mittelalterforschung.* Wiesbaden: Harrasowitz.

Mullins, E. 1958. *Texts and Calendars: An Analytical Guide to Serial Publications.* London: Royal Historical Society.

Potthast, A. 1862. *Bibliotheca historica medii aevi: Wegweiser durch die Geschichtswerke des eurapäischen Mittelalters bis 1500.* Berlin: Weber; 2d ed. in 2 vols., 1896. Now slowly being replaced by the *Repertorium fontium historiae medii aevi.* Rome: Istituto storico italiano per il medio evo, 1962-.

———. 1874-75. *Regesta Pontificum Romanorum inde ab a. post Christumnatum 1198 ad a. 1304.* 2 vols. Leipzig: Veit.

Powicke, F. M., and E. B. Fryde. 1961. *A Handbook of British Chronology.* 2d ed. London: Royal Historical Society.

Record Repositories in Great Britain. 1971. 4th ed. London: H. M. Stationery Office.

Stein, H. 1907. *Bibliographie générale des cartulaires français où relatifs à l'histaire de France.* Paris: Picard.

Stiennon, J., and G. Hasenohr. 1973. *Paléographie du Moyen Age.* Paris: Colin.

Thomas, D. H., and L. M. Case. 1959. *Guide to the Diplomatic Archives of Western Europe.* 2d ed. Philadelphia: Univ. of Pennsylvania Press, 1959, 1975. A good survey of archival deposits, though *diplomatic* has a political connotation.

Walther, J. L. 1751. *Lexicon diplomaticum.* Leipzig: N.p.; 2d ed., Ulm: Sumptibus Gaumanis, 1756. The first influential dictionary of abbreviations.

Wright, A. 1776. *Court-hand Restored, or the Student's Assistant in Reading Old Deeds, Charters, Records, etc.* London: B. White; 10th ed., edited by C. T. Martin. Stevens, 1912.

其他主题

Barraclough, G. 1934. *Public Notaries and the Papal Curia*. London: Macmillan.

Bartoloni, F. 1953. "Paleografia e diplomatica. Conquiste di ieri. Prospettive per il domani." *Notizie degli Archivi di Stato* 13:119-29.

Bautier, R. H. 1961. "Leçon d'ouverture du cours de Diplomatique à l'École des chartes (26 Octobre 1961)." *Bibliothèque de l'École des chartes* [*BEC*] 119:194-225. See also A. Petrucci. "Diplomatica vecchia e nuova." *Studi medievali*, 3d series, 4 (1963): 785-98.

——. 1964. "Recherches sur la chancellerie royale au temps du Philippe IV," *BEC* 122:89-174.

Blok, D. P. 1967. "Les formules de droit romain dans les actes privés au haut moyen âge." In *Miscellanea Mediaevalia in memoriam J. F. Niermeyer*. Groningen: Waiters.

Bock, F. 1941. *Einführung in das Registerwesen des avignonesischen Papsttums*. Rome: Quellen und Forschungen aus italienischen Archiven und Bibliotheken. With an album of 39 plates.

Boyle, L. E. 1960. "The Date of the Consecration of San Clemente, Rome." *Archivum Fratrum Praedicatorum* 30:417-27.

——. 1967. Review of O. Hageneder and A. Haidacher, *Die Register Innocenz' III*, I, vol. 1, *Pontifikatsjahr 1198-1199*: *Texte*. Graz: Böhlan, 1964. *Speculum* 42:153-62.

——. 1972. *A Survey of the Vatican Archives and of Its Medieval Holdings*. Toronto: Pontifical Institute of Medieval Studies.

Von Brandt, A. 1963. *Werkzeug des Historikers*. 3d ed. Stuttgart: Kohlhammer; esp. pp. 97-142.

Brooke, C. N. L. 1971. "Approaches to Medieval Forgery." In *Medieval Church and Society: Collected Essays.* London: Sidgwick and Jackson.

Chaplais, P., ed. 1964. *Diplomatic Documents Preserved in the Public Record Office,*

1101-1272. London: H. M. Stationery Office.

———. 1965. "The Origin and Authenticity of the Royal Anglo-Saxon Diploma." *Journal of the Society of Archivists* 3:48-60.

———. 1966. "The Anglo-Saxon Chancery: From the Diploma to the Writ." *Journal of the Society of Archivists* 4:160-76.

Cheney, C. R. 1950. *English Bishops' Chanceries, 1100-1250*. Manchester: Manchester Univ. Press.

———. 1966. *The Study of the Medieval Papal Chancery*. Glasgow: Jackson.

———. 1972. *Notaries Public in England in the Thirteenth and Fourteenth Centuries*. Oxford: Clarendon Press.

———. and M. G. Cheney. 1967. *The Letters of Pope Innocent III (1198-1216) Concerning England and Wales: A Calendar with an Appendix of Texts*. Oxford: Clarendon Press. With a valuable introduction on papal diplomatics.

Classen, P. 1955. "Kaiserreskript und Königsurkunden. Diplornatische Studien zum römisch-germanischen Kontinuätsproblem." *Archiv für Diplomatik* 1:1-87; 2 (1956): 1-115.

Clémencet, S. 1967. "Les archives de l'officialité de Paris." In *Huitième Centenaire de Notre Dame de Paris*. Paris: J. Vrin.

La Critica del Testo: Atti del secondo congresso intermazionale della Società italiana di Storia del Diritto. 1971. 2 vols. Florence: N.p. Various articles of diplomatic import.

Denholm-Young, N. 1946. "The Cursus in England." In *Collected Papers in Medieval Subjects*. Oxford: Blackwell.

Dumas, A. 1930. Review of de Boüard. *Manuel de diplomatique. Le moyen âge* 40:104-22.

———. 1932. "La diplomatique et la forme des actes." *Le moyen âge* 42:5-31.

———. 1933-34. "Études sur le classement des formes des actes." *Le moyen âge* 43 (1933): 81-97, 145-82, 251-64; 44 (1934): 17-41.

Fichtenau, H. 1957. *Arenga. Spätantike und Mittelalter im Spiegel von Urkundenformeln.* Graz: Böhlaus Nachf.

Ficker, J. 1877-78. *Beiträge zur Urkundenlehre.* Innsbruck: Wagner.

Fink, K. A. 1964. "Arengen spätmittelalterlichen Papsturkunden." In *Mélanges Eugène Tisserant* 4. Studie Testi 234. Vatican City: Typis Vaticanis.

Fuhrmann, H. 1963. "Die Fälschungen im Mittelalter. Ueberlegungen zum mittelalterlichen Wahrheitsbegriff." *Historische Zeitschrift* 197:529-54, 555-79 (discussion); 550-81 (reply).

Galbraith, V. H. 1934a. "Monastic Foundation Charters of the Eleventh and Twelfth Centuries." *Cambridge Historical Journal* 4:205-22, 296-98.

———. 1934b. *An Introduction to the Use of Public Records.* Oxford: Oxford Univ. Press.

———. 1948a. *Studies in the Public Records.* London: Nelson.

———. 1948b. "The Literacy of the Medieval English Kings." *Proceedings of the British Academy* 21:201-38. Reprinted in *Studies in British History: British Academy Lectures,* edited by L. S. Sutherland. London: Oxford Univ. Press, 1966.

Genicot, L. 1972. *Les actes publics.* Typologie des sources du moyen âge. Fasc. 3. Turnhout: Brepols.

Hector, L. C. 1959. *Palaeography and Forgery.* London: St. Anthony's Press.

Higounet, C. 1952. "Le style pisan. Son emploi. Sa diffusion géographique." *Le moyen âge* 68:31-42.

Hill, R. 1951. "Bishop Sutton and His Archives: A Study in the Keeping of Records in the Thirteenth Century." *Journal of Ecclesiastical History* 2:43-80.

Jacob, E. F. 1953. *The Medieval Registers of Canterbury and York.* London: St. Anthony's Press.

Koudelka, V. 1958. "Note sur le Cartulaire de S. Dominique." *Archivum Fratrum Praedicatorum* 28:92-114.

Levillain, L. 1930. "*Servus servorum Dei., Le moyen âge* 40:5-7.

古文献学 145

Major, K. 1968. "The Teaching and Study of Diplomatic in England." *Archives* 8:114-18.

Neuss, E. 1954-56. *Die Aktenkunde der Wirtschaft.* 2 vols. Berlin: Rütten und Loening. The diplomatics of modern commerce.

Ourliac, P., and J. de Malafosse. 1961. *Histoire du droit privé.* Paris: Presses Universitaires de France.

Petrucci, A. 1958. *Notarii. Documenti per la storia del notariato italiano.* Milan: Giuffrè.

——. 1963. "L'edizione delle fonti documentarie è un problema sempre aperto." *Rivista storica italiana* 75:69-80.

Poole, R. L. 1915. *Lectures in the History of the Papal Chancery down to the Time of Innocent III.* Cambridge: Cambridge Univ. Press.

——. 1934. *Studies in Chronology and History.* Oxford: Oxford Univ. Press.

Prevenier, W. 1967. "La chancellerie des comtes de Flandre dans le cadre européen à la fin du XIIe siècle." *BEC* 125:54-95.

Purvis, J. S. 1954. *Notarial Signs from York Archiepiscopal Records.* London: St. Anthony's Press.

Quirin, H. 1964. *Einführung in das Studium der mittelalterlichen Geschichte.* 3d ed. Brunswick: G. Westermann; esp. pp. 65-93, 133-53.

Redlich, O. 1911. *Die Privaturkunden des Mittelalters.* Berlin: Oldenbourg.

Riedmann, J. 1967-68. "Studien über die Reichskanzlei unter Friedrich Barbarossa in den Jahren 1156-1166." *Mitteilungen des Instituts für österreichische Geschichtsforschung* 15 (1967): 322-402; 76 (1968): 23-105.

Santifaller, L. 1958. *Neuere Editionen mittelalterlicher Königs- und Papsturkunden.* Vienna: Böhlaus Nachf.

Steinacker, H. 1927. *Die antiken Grundlagen der frühmittelalterlichen Privaturkunden.* Leipzig: Teubner.

Stenton, F. M. 1922. *Transcripts of Charters Relating to Gilbertine Houses.*

Horncastle: W. Morton for Lincoln Record Society. Valuable note in introduction on private charters.

———. 1929. "Acta episcoporum." *Cambridge Historical Journal* 3:1-14.

———. 1955. *Latin Charters of the Anglo-Saxon Period.* Oxford: Clarendon Press.

Stiennon, J. 1960. *L'écriture diplomatique dans le diocèse de Liège du XIe au milieu du XIIIe siècle: Réflet d'une civilisation.* Paris: Colin.

Tessier, G. 1930. "Leçon d'ouverture du cours de diplomatique de l'École des chartes, 8 décembre 1930." *BEC* 91:241-63.

Valois, N. 1881. "Étude sur le rhythme des bulles pontificales." *BEC* 42:161-98, 257-72.

Van Caenegem, R. C. 1959. *Royal Writs in England from the Conquest to Glanvill.* London: Quaritch. Valuable introduction.

Vieillard, J. 1927. *La latin des diplômes royaux et chartes privées de l' époque mérovingienne.* Paris: Champion.

Walker, D. 1971. "The Organization of Material in Medieval Cartularies." In *The Study of Medieval Records: Essays in Honour of Kathleen Major.* Edited by D. A. Bullough and R. L. Storey. Oxford: Clarendon Press.

期刊

AD	*Archiv für Diplomatik, Schriftgeschichte, Siegel- und Wappenkunde.* Cologne 1955-.
AfU	*Archiv für Urkundenforschung.* Berlin, 1908-1942.
AHP	*Archivum historiae pontificiae.* Rome, 1965-.
AntAnn	*Anthologica Annua.* Rome, 1955-.
Arch.	*Archives. The Journal of the British Records Association.* London, 1956-.
ASI	*Archivio storico italiano.* Florence, 1842-.
ASRSP	*Archivio della Società Romana di Storia Patria.* Rome, 1878-.
AST	*Analecta sacra tarraconensia.* Barcelona, 1925-.

AZ	*Archivalische Zeitschrift.* Stuttgart, 1876-.
BAH	*Boletín de la Real Academia de la História.* Madrid, 1877-.
BAPI	*Bullettino dell'Archivio paleografico italiano.* Rome, 1908-.
BCRH	*Bulletin de la Commission royale d'histoire.* Brussels, 1854-.
BEC	*Bibliothèque de l'École des chartes.* Paris. 1839-.
BIHBR	*Bulletin de l'Institut historique belge de Rome.* Brussels, 1919-.
BIHR	*Bulletin of the Institute of Historical Research.* London, 1927-.
BISIAM	*Bullettino dell'Istituto storico italiano per il medio evo e Archivio Muratoriano.* Rome, 1886-.
DA	*Deutsches Archiv für Erforschung des Mittelalters.* Marburg, 1937-.
EHR	*English Historical Review.* London, 1886-.
HS	*Hispania sacra.* Madrid, 1948-.
JSA	*Journal of the Society of Archivists.* London, 1964-.
LMA	*Le moyen âge.* Brussels-Paris, 1888-.
MAH	*Mélanges d'archéologie et d'histoire,* Rome-Paris, 1881-.
MIöG	*Mitteilungen des lnstituts für österreichische Geschichtsforschung.* Vienna, 1880-.
NA	*Neues Archiv der Gesellschaft für ältere deutsche Geschichtskunde.* Frankfurt-am-Main, 1876-1935.
QFIAB	*Quellen und Forschungen aus italienischen Archiven und Bibliotheken.* Rome, 1898-.
RABM	*Revista de archivos, bibliotecas y museos.* Madrid, 1871-.
RHDFE	*Revue historique de droit français et étranger.* Paris, 1855-.
RHE	*Revue d'histoire ecclésiastique.* Louvain, 1900-.
RHM	*Römische historische Mitteilungen.* Rome-Graz-Vienna, 1956-.
RM	*Revue Mabillon.* Ligugé, 1905-.
RPDSA	*Rivista italiana di paleografia, diplomatica e scienze ausiliarie della storia.* Rome, 1955-.

RQ   *Römische Quartalschrift für christliche Altertumskunde und Kirchengeschichte.* Freiburg-im-Breisgau, 1887-.

RQH   *Revue des questions historiques.* Paris, 1866-1959.

SZG   *Schweizerische Zeitschrift für Geschichte.* Zürich 1951-. Formerly *Jahrbuch für schweizerische Geschichte,* 1876-1920; *Zeitschrift für schweizerische Geschichte,* 1921-1950.

ZRGKA *Zeitschrift der Savigny-Stiftung für Rechtsgeschichte, kanonistische Abteilung.* Weimar, 1911-.

钱币学

菲利普·格里尔森

  钱币学和其他历史辅助科学不同，这表现在以下几个方面。第一，它关注的是一种考古物品，不像古文字学、古文献学、印章学这些学科，书面资料基本上不是研究对象，当然这些学科会极大推动钱币学的研究。第二，它的研究对象是收藏者们极为感兴趣的。其中许多都在私人收藏者手里，而手稿、档案资料这些多是公共收藏品。因此，钱币的研究往往引起许多问题。第三，因为前一点，大多数钱币研究者常被史学家视为外行。这些研究者几乎没有接受过专业训练，不了解如何利用资料档案，对所研究钱币的历史背景也缺乏理解。收藏者倾向于夸大自己所藏钱币的价值，非收藏者甚至对自己所研究、所发现的钱币也有着不切实际的认识。他们没意识到铸币及相关组织只是政府行为的一小部分，没意识到某一种铸币及其成型时间在历史中并无太大意义。

  中世纪钱币学兴起之初与古典钱币学并无太大关联，部分原因在于16世纪人们对中世纪历史的兴趣远比不上对希腊罗马历史的兴趣，还有一部分原因是中世纪钱币本来就没有古典钱币那么美观，不那么吸引收藏者青睐。中世纪钱币偶尔出现在16世纪的钱币学书籍中，但往往非常怪诞。例如，在明斯特发现一枚钱币，上面的头像是圣保罗，但只要把头像周围的铭文从"Scs Paulus"改成"Carolus Magnus"，这个头像就会变成查理曼。即使过了一百年，大学者杜·康热的《注释图解拜占庭史》（*Familiae Byzantinae*, 1680）中最糟粕的部分就是讨论钱币的那部分，其中大量钱币被误识，那些直径相同、受时代风尚影响、款式相似的钱币更是难逃此命运。事实上，17世纪只有一本探讨中世纪钱币学的书，即弗朗索瓦·勒布朗（François Leblanc）的《论法国钱币》（*Traité historique des monnoyes de France*），这本书到1690年才出版，今天学者仍常参考这本书。这本书的价值不在于其钱币图片和描述，而在于它常常引用铸币文献档案，这些并没有比杜·康热的论述好到哪里去。

18世纪许多国家的钱币学获得发展，尤其是意大利，各州各城出版了许多专著，菲利波·阿吉拉蒂（Filippo Argelati）的六卷本《意大利钱币论著集》（*De monetis Italiae variorum illustrium dissertationes*，米兰，1750-1759）及扎内蒂（G. A. Zanetti）的五卷本《意大利钱币及铸造论著新编》（*Nuova raccolta delle monete e zecche d'Italia*，博洛尼亚，1775-1789）整编了这些作品。这两套书今天还可以参考，勒布朗的书引用的档案文献可以借鉴一下，此外没什么值得参考的。罗杰斯·鲁丁（Rogers Ruding）的《不列颠钱币年鉴》（*Annals of the Coinage of Great Britain*，伦敦，1816；3d ed., 1840）也是一样，不过这本书的插图质量比阿吉拉蒂和扎内蒂的要好得多，而且十分忠实，可以与当今藏品匹敌。

约阿希姆·列列韦尔（Joachim Lelewel）的《各种类型的中世纪钱币》（*Numismatique du moyen-âge, considérée sous le rapport du type*，巴黎，1836）的出版象征着钱币学向前迈进一大步，这部书有 3 卷，附带一部图集，里面有将近一千幅钱币图像，都是作者自己一丝不苟绘制而成的。这部书是中世纪钱币学领域第一部综合性著作。虽然书中细节现在已经过时，它引用的书面档案按当时的标准来看都不算充分，但这本书仍旧能给人带来益处，因为列列韦尔这位伟大的波兰学者率先意识到识读钱币铭文的必要性，反复铸币过程中，钱币形态、上面的组合图案都会发生变化，他提出有必要将此变化过程还原、描述出来。1836 年在钱币学历史上是充满惊喜的一年，这一年，费里西安·德·索尔希（Felicien De Saulcy）的《拜占庭钱币分类》（*Essai de classification des suites monétaires byzantines*）在梅茨出版，这是有关拜占庭钱币最早的专著；这一年，伦敦钱币协会（Numismatic Society of London）成立，后来更名为皇家钱币协会（Royal Numismatic Society），率先出版期刊，即后来的《钱币年鉴》（*Numismatic Chronicle*）；这一年，《法国钱币评论》（*Revue de la numismatique française*）创刊，后更名为《钱币评论》（*Revue numismatique*）；这一年，赫尔曼·格罗特（Hermann Grote）主编的期刊《钱币文集》（*Blätter Für Münzkunde*）开始在莱比锡发行，在中世纪钱币学这一领域，格罗特是伟大且多产的德国学者之一。

之后十年中又有许多协会成立，许多期刊面世，尤其杰出的是柏林伯纳德·科恩（Bernhard Koehne）的《钱币、印章、纹章杂志》（*Zeitschrift für Münz-, Siegel-, und Wappenkunde*）和特勒蒙（后来迁到布鲁塞尔）的《比利时钱币评论》（*Revue de la numismatique belge*，后改为 *Revue belge de numismatique*），并且

也有一些极有价值的专著出版。索尔希的《历代洛林公爵钱币研究》(*Recherches sur les monnaies des ducs héréditaires de Lorraine*)和多梅尼科·普罗米斯（Domenico Promis）的《萨沃伊皇家钱币》(*Monete dei Reali di Savoia*)都于 1841 年分别在梅茨和都灵出版，这两本书至今仍是权威。19 世纪后半叶钱币学领域的活动繁多。成千上万种新钱币被研究出版和分类，出版的专著几乎涵盖所有铸币和钱币，即便中世纪和现代欧洲那些极鲜为人知的钱币也能找到相关论述。1880 年代摄影取像技术开始广泛使用，逐渐取代手绘取像，当时手绘取像也一直被广泛使用，且取得显著进步。中世纪叙述钱币学（descriptive numismatics）在这一时期达到顶峰，表现为亚瑟·恩格尔（Arthur Engel）和雷蒙·塞吕（Raymond Serrure）的《论中世纪钱币》(*Traité de numismatique du moyen âge*, 3 卷，巴黎，1891—1905）出版，这是本伟大的综合性著作。两位作者中，一位是杰出的业余爱好者，一位是学者兼商人，后者在他完成这部质量上乘的钱币学著作之后离世，年仅 36 岁。直至这部书问世一百年之后的今天，"恩格尔和塞吕"依旧是中世纪钱币学领域的权威，甚至与《历史上的钱币》(*Historia Numorum*)在钱币学领域的地位不相上下。

到了这个世纪，一部分学术著作纠正、优化了 19 世纪的一些观点，尤其是订正了一些钱币的时间，一部分学术作品探究新的提问角度，侧重研究钱币的度量、流通、铸造产出。从前这些问题要么被忽视，要么被视为无关紧要，要么被认为不可研究，现在引起学者们关注。这类研究有的乍看似乎太强调无关痛痒的细枝末节，但详尽研究钱币上的字母形态和类型变化，在描述钱币收藏和确定钱币成型时间时，都是不可少的先决条件；有时史学家会怀疑这些研究只是为收藏者们提供新兴趣点，这种现象当下确实时有发生，但事实并非完全如此。史学家必须找到一个立场来评估这类研究。还有一点更为重要，因为史学家一般花大量时间来查阅二手文献、钱币编目、专著、期刊论文，自顾自地研究，但却不从钱币自身来找寻结论。诚然，除非他真正接触过一些实物，至少看到它们是什么样的，否则他写这些东西是不明智的，但他通常会把实际研究留给专家。

物质资料：钱币

每年发现的中世纪钱币成千上万。这些钱币出土后的命运一部分取决于它们出土时的情景，一部分取决于其出土地的法律规定，一部分取决于人们遵行这类法律到何等程度。常规挖掘出土的钱币往往作为考古成果被保存起来，运气好的出版面世。有些国家机构意外发现大量钱币时，会将其收入博物馆，当地处置、管理无主文物的法规条例决定着大多数钱币的命运。若有些法律太过严苛，对发现者的补偿不如人意时，人们会悄悄卖掉钱币，钱币最终流入市场，其出处变得模糊不清；极端情况下，有的钱币会被融化掉。发现一批钱币后，钱币流散前，若先申报、记录，发现者得到适宜报偿，重要钱币收归博物馆，其他不重要的由发现者自行处置，那么情况就简单多了。有些国家几乎没有处置无主文物的相关法规，所以发现者或发现地的所有者直接分掉钱币。基本上各地发现的单个钱币最后都流入钱币市场，在这之前，发现者往往先把玩一段时间，但最后都落入市场。

因此，学者要研究的钱币要么在存放地，要么在博物馆，要么在各收藏者手中。这三种情形不互相排斥，也不是固定不变：个别钱币流入博物馆或收藏者之手，博物馆从收藏者手中获取钱币，再出售或复制，有的钱币有时又回到收藏者手里。但钱币分类时，基本上根据学者眼中的不同物质种类来划分，在学者的研究工作中，这会带来一些问题。

钱币发掘

钱币发掘有几种情况：成批出土的、地区出土的、累积的、偶然的，不过比起发掘，钱币的"消失"更关键，钱币消失方式各有不同，有的被人刻意藏起来，有的不知为何未被发现，等等。几乎没人故意丢弃钱币，不过给渡神卡戎（Charon）的冥币和许愿池里的币类物品除外，像前者，墓葬用品中可能有一些。

钱币主要是成批出土，这是最重要的发掘形式。出土一批，必然有很多钱币，有时还有其他贵重物品，其拥有者要么日积月累得到它们，要么是在紧要时刻将自己所有财富收罗在一起，无论如何得来，它们往往藏在一处。不过，有时候它们是海盗或强盗藏起来的掠物。有些成批钱币数量巨大。1908年在布鲁塞尔修缮勒阿索特街（rue d'Assaut）上的一处房屋时，发现了一批钱币，里面有14万枚银币，均是13世纪不列颠诸岛和低地国家的钱币。对于钱币学者来说，成批发现的钱币首先被当作资料使用，现存主要钱币都是成批发掘的，其次用来确定历代钱币发行梗概，各批钱币中有许多是一样的，通过比较这些能够勾勒出钱币发行的纵向历史。有时也可以利用成批出土钱币来研究钱币的铸造量及其波动，或某一时期货币的年限和地域结构。

以某一批钱币为研究对象时，需要十分谨慎，因为它们可能属于游离在外的商人或朝圣者，它们可能并不是发现地的主流钱币。中世纪各时期均有成批钱币发掘出来，一般动荡时期的出土钱币最多，其中最重要的出自斯堪的纳维亚和东欧地区，这些钱币均是维京时期的。大概几年前，在斯堪的纳维亚发现了62000枚9、10世纪的穆斯林钱币，而同一地区发现的10、11世纪的德国和英国钱币据说分别超过了70000枚和10000枚（Sawyer 1971, 88）。1981年发现的英国钱币据说有57000枚（Blackburn and Metcalf 1981, 14）。现在，这些数字增长了许多。除了钱币外，还发现大量银饰和熔铸外来钱币而成的金块。蛮族入侵罗马时期，也埋藏了大量钱币，这些钱币往往用来确定某些省份失守的时间、日耳曼人入侵的范围和路线等。

某些遗址中发掘出来若干钱币，可以为考古学者提供有价值的时间线索，但只有大面积系统挖掘，得到足够多的资料时，我们才能对比各个时期的钱币。就中世纪而言，这种大面积考古挖掘只适用于拜占庭钱币研究，一部分原因在于较多近东地区的遗址已经系统发掘出来，还有部分原因在于拜占庭钱币面额较小，与西部相比，损失一些钱币对于其拥有者来说并不那么难以接受。另外，所发现的个别钱币更能说明西部的情况，它们能引导学者去了解它们曾经流通区域的发展，前拜占庭领土则不然。积累出土的钱币指的是遗失或丢弃的钱币同时被发掘出来，这很罕见，但总是引人关注。举些中世纪的例子，1940年至1949年发掘罗马圣彼得圣殿过程中，发现了许多中世纪钱币（Serafini in Ghetti and others 1951, 1:224-44），在瑞士拉普兰三处祭台发现了 9 世纪到 12 世纪的钱币（Rasmusson and others in Serning 1956, 183-322），1919 年在埃尔郡清理克罗斯埃格修道院（Crossraguel Abbey）冲刷厕所管道时，惊奇地发现了一堆中世纪晚期、现代早期的小面额钱币（Macdonald 1919），最近在斯堪的纳维亚各地的教堂地板下面也发现了中世纪钱币（Jensen 1977）。这些零星发现的钱币若能被充分记录下来，则会非常有利于学者确定钱币的铸造信息，揭示钱币的流通模式。

出土钱币上的文字，有几方面处理得不很尽如人意。一次性出土的大量钱币或有特殊涵义的重要钱币，上面的文字往往出现在不同著作中，例如在克兰德尔发现的早期盎格鲁－撒克逊金币群，在费康发现的 10 世纪后期的法国银币群，在塞加（Seega）发现的 12 世纪末期、13 世纪早期的德国金币群。虽然有些例外（科林斯、雅典、萨迪斯），但发掘出土的文物确实是这样的命运。如若不然，它们就散布在期刊论文中，只有通过二手书籍，或者借助特殊的文献索引，才能搜索到它们的所在。汤普森（J. D. A. Thompson 1956）将发现的中世纪英国钱币群整理列出来，但不包括单个钱币。有一本非常不错的区域钱币索引，是关于捷克斯洛伐克的，这本书既包含几个区域的钱币（如图林根的），还有中欧、东欧国家的几个系列钱币（如阿拉伯、拜占庭和阿瓦时期的钱币）。格特·哈茨（Gert Hatz）将在瑞典发现的 10、11 世纪德国钱币进行了整理和归纳，这项工作十分艰巨。1975 年开始，他将这批瑞士发现的维京时代的钱币系统整理，形成文库，他的工作成为这方面研究的典范。有关法国钱币的研究成果最近也开始出版（Duplessy 1985），还出现一些重要的区域性研究成果，如有关朗格多克和加斯科尼的钱币研究（Depeyrot 1987）。不论钱币上的铭文重要与否，人们很难摸到其中门道，专门探讨这些铭文的期刊（伦敦皇家钱币协会的《钱币群》[*Coin Hoards*], 1975ff）内容和质量均良莠不齐。出处确定的成批钱币，对它们的介绍描述也不总如人所期待的那样完整，要么缺少钱币重量记录，要么没有澄清发行批次和数量。

博物馆里的钱币

随着公共收藏的出现，我们将目光从当代用户手中自然积累的钱币转向现代为科学目的而人为收集的钱币。前者通常由大部分甚至全部重复的钱币组成，因为它代表了某个特定时间点的流通媒介。而博物馆管理人员主要感兴趣的是钱币的发行顺序，他们想要收齐各个时期连续发行的钱币，这样能够展现过去钱币的变迁。这就需要多枚同种或相似钱币，但博物馆领导们更不想用同款钱币胡乱填满展区，不愿意看到同种钱币在自己馆里出现太多次。因为有的地方文物法规规定，有的捐赠者要求，大量同种钱币不得不全部保留时，除了拿出来作为主要藏品的部分，其他通常分开保存。

研究博物馆收藏品最好的是个体研究者，多数博物馆已经准备好让认真严肃的学生来研究自己的收藏品。许多长期研究项目中，需要使用许多种钱币，钱币学者一般使用石膏模型，不过现在主要改用偏光照片了。当然最理想的情况是将博物馆藏品整理出版，但这方面工作十分欠缺，编目出版往往十分滞缓，这一部分因为知识的发展，一部分因为藏品积累速度太快。多数博物馆偏爱整理出版古典时代藏品，中世纪藏品遭到冷落。1887年和1893年分别出版了2卷本的不列颠博物馆盎格鲁－撒克逊钱币编目，借此可以一窥其目前的藏品，盎格鲁－诺曼钱币编目（1916）和亨利二世的"第尔拜"钱币编目（1951）现在已问世，但1180年以来、中世纪后期往后的钱币还未编目。法国徽章古玩收藏馆（Cabinet des Medailles）收藏的王室钱币得到较好编目，其中各卷涵盖了梅罗文加（1892）、加洛林（1896）、卡佩及瓦卢瓦王朝至1515年（1923-32）的钱币，但未囊括封建时期的，而且墨洛温和加洛林钱币部分需要大范围修订。柏林的表现很糟糕，尽管藏有大量中世纪德意志钱币，却没有出版任何编目。

1930年代初期，为了研究中世纪与古希腊钱币的关联，人们设计出一种新的汇总编目类型，其中收录了所有钱币的图像，却大大压缩了介绍性文字。1950年代英国国家学术院（British Academy）的一个下属委员会发起了相同的计划，意在整理出版不列颠诸岛所有钱币，但各卷尺寸较小，读起来更为便利。英国各地区博物馆以及丹麦国家博物馆所藏的大量盎格鲁－撒克逊钱币也以这种汇总编目形式出版了，不列颠博物馆的盎格鲁－撒克逊藏品同样正在汇总编目。对于经验老到的钱币学者来说，这类编目可带来巨大便利，但对于史学家来说，除非已经接触过其他生动详尽的钱币学作品，已经对铸币有了一定了解，否则这类枯燥的编目难以被利用起来。

由于各种历史原因，多数国家的主要钱币编目对象都是各自国家博物馆或国家图书馆收藏的钱币，比如不列颠博物馆、法国国家图书馆、柏林国立博物馆（Staatliche Museen at Berlin）、列宁格勒冬宫（Hermitage at Leningrad）。美国中世纪欧洲钱币收藏最好的是纽约的美国钱币协会博物馆（Museum of the American Numismatic Society），不过史密森协会（Smithsonian Institution）的藏品同样重要。华盛顿敦巴顿橡树园拜占庭研究中心收藏的拜占庭钱币是全球最多的，一度也是最重要的。大学、重要的民间和私人博物馆钱币藏品仅次于这些国家博物馆，第三重要的是各地方博物馆藏品。最后这类藏品时常给学生研究带来各种问题，因为它们往往规模太小，具备相关知识的工作人员太缺乏，难以应对各种疑问，无法提供钱币模型或图片，甚至不知道钱币存在哪里。让这些专业知识不足又兴趣索然的人去管理重要钱币，或者得到了许多私人钱币藏品时，情况只会更糟。

私人收藏钱币

私人收藏者往往不愿意向严肃的钱币研究者展示自己的藏品，不甘愿透露太多藏品的信息，他们手中有什么，几乎只有他们小圈子里的人，或专注于某一类钱币的学者知道。为了实际用途，目前史学家能够接触到私人收藏的钱币，但某些特殊类别的钱币除外，后者可能在一些特别研究中出版了。整体来看，私人收藏者在世期间，其藏品鲜有出版的，他们希望得到一些罕见钱币，不愿让自己"不完美"的收藏面世。他们去世后，其藏品常常被拿出来公共拍卖。有时候，某收藏者的爱好变了，或者遇到困境，生前就会处理部分藏品。拍卖钱币的图像处理得非常好，堪称之最，这似乎是为了提高钱币的价钱，对钱币的描述也常常极为专业。因此，这种出售类钱币是各个钱币收藏馆的核心部分。1955—1961 年在英国伦敦格兰迪宁（Glendining）卖出的洛基特系列（R. C. Lockett collection）钱币是研究盎格鲁-撒克逊至复辟时期钱币不可或缺的部分；1925 年德国哈雷（Halle）里希曼（Riechmann）卖出的亚瑟·吕贝克系列（Arthur Löbbecke collection）是了解德国金币的最佳指南；1927—1929 年，在巴黎弗洛朗日和西亚尼（Florange and Ciani）卖出的马尔凯维尔（Marchéville）系列，以及法国国家图书馆的出售系列，都是研究休·卡佩（Hugh Capet）至亨利四世之死期间法国王室钱币的绝佳引导。

除了少数名声在外的，出售类钱币并不容易追踪，也难以利用起来。我的《钱币学参考文献》（*Bibliographie numismatique,* 1979）收录了一些这类钱币，并对它们进行了分类，目前还没有见到其他这种专门的指导性书籍。《美国钱币协会词典目录》（*Dictionary Catalogue of the Library of the American Numismatic Society*，波士顿，1962 年，有补充本）的第七卷按字母顺序罗列了出售类钱币的交易中介和所有者，比我的书篇幅更长。此外，许多出售的钱币不是同一个系列，各种钱币难以分类，交易中介和拍卖商将许多不同种类钱币混在一起出售，谁也不知道买来的一堆钱币中有什么：虔诚者路易时期的钱币中出现一枚苏勒德斯（solidus），或者苏维汇（Suevi）钱币里发现一枚特殊拜占庭西斯（tremissis），或者某些不知名的日耳曼或意大利铸币里出现一枚新币。将来这些出售类钱币可能会在网络上公布，供人参考，但这一天还没来到。出售类钱币的信息册也不容易，一些图书馆管理人员不将之当作"书籍"，它们往往甚至不能算入国家图书馆馆藏图书。只有在钱币展柜中，或者钱币交易商善解人意、想得周到时，才能看到这类册子。钱币交易商意识到经手的东西需要标识和分类，了解其重要性时，才会建立这类信息册。虽然只有在交易中才能见到这类册子，但钱币学者却试图将它们收集起来，放入图书馆中珍藏。

史料：书面记录

中世纪钱币学专业的学生比中世纪时期的同行要幸运得多，他能看到大量有关铸币的书面史料，加洛林时代以来，保留了一部分资料，中世纪后三百年的资料更是丰富。加洛林时代以前只残存少量资料：一些史料残片记录了某个铸币厂，或某个钱币的面额，或蛮族法律中对伪造钱币的处罚等类信息。但加洛林王朝时期，法兰克人的铸币归中央政府控制，其法令集较为详尽地记录了9世纪的铸币情况。10、11世纪留下来的主要是关于日耳曼统治者分授铸币权的记录，此外几乎不涉及其他内容，到12世纪，一些铸币中心留下了十分可观的档案记录，13世纪时，许多国家的铸币资料已相当丰富。拜占庭虽然政权组织十分严密，中央有效地实施统治，但铸币方面却没有体现出这一点。土耳其人入侵，打断了这个政权的组织，从其遗产中，找不到任何铸币档案，而且几乎没有发现有关铸币的书面记录。

为方便起见，可将西欧地区留下来的铸币记录分为四类：税币及相关记录、钱币明细、兑换汇率、商业记录。对于钱币学者来说，有些资料研究价值很高却难以划归任何一类，比如商人等群体对政府关于货币政策的"建言献策"，典型案例有4世纪早期法王菲利普四世（Philip the Fair）收到的谏言（Guilhiermoz 1922-26），1360 年前后尼克尔·奥里斯姆（Nicole Oresme）向查理五世（Charles V）的献策（Johnson 1956），又如非商业信件、对话集中涉及钱币的片段，再如编年记录里谈到货币兑换或经济危机的章节，这里无法逐一列举。威廉·杰西（Wilhelm Jesse）的《中世纪钱币史料汇编》（*Quellenbuch zur Münz- und Geldgeschichte des Mittelalters,* Halle, 1924; reprinted, Aalen, 1968）精心选取了一些可能用得上的资料。不过，参考书面记录需要谨慎，要对钱币进行统计学研究时，尤其需要慎重（Balaguer 1986）。

铸币档案

124　　最重要的铸币档案有三类：铸币合同、铸币条例及相关记录、退币记录。

　　铸币合同的细节差异巨大，有的非常简单，只和签约方规定铸币年限，有的则十分详尽，从钱币的面额到钱币的重量、纯度都有具体规定。合同中有时涵盖钱币设计说明，提到一些私人标记来区分钱币。合同常常规定钱币可换取多少金银，一般认为这一条必不可少，因为铸币者的利润取决于钱币的铸造量，不是钱币换取的金银越多，利润越高，也不是赚取成本和钱币面额的差价。中世纪晚期的合同有时定下不同面额钱币的比重，由于铸币者更愿意铸造大面额钱币，劳动成本相应地也更低，12 便士的铸造成本是 1 先令的 12 倍，若不加限制，市面上会极度短缺小面额钱币。

　　铸币条例及相关记录这类档案几乎涵盖铸币过程的方方面面，但不包括账目。铸币条例与中世纪行会条例大同小异。条例往往详细规定铸币者的权利、特权、责任、工作时长、节假日等。比较典型的有佛罗伦萨铸币厂的《铸币章程》(*Constitutum artis monetariorum*, Conti 1939)和威尼斯铸币厂的《铸币规范》(*Capitulare Massariarum monete*, Papadopoli 1893-1919, 1:311-38)。还有一类铸币记录非常罕见，典型代表是佛罗伦萨的《铸币之书》(*Libro della Zecca*)，其中记录每年春秋上任、管理铸币的官员的名字，任期6个月，任职期间铸币上标有他们的私人标志。旧版的《铸币之书》(Orsini 1760)曾被许多学者使用过，已有新版取而代之，新版中增加了许多有价值的注释等(Bernocchi 1974-85, vol. 1)。史学家乔凡尼·维拉尼(Giovanni Villani) 1317年担任铸币管理官，当时在他提议之下，开始编纂《铸币之书》，后来这一传统持续到1533年共和国末期。铸币记录有时也包含人员名单及其职任情况，偶尔也记录铸币设备清单，铸币官员换任时往往撰写这类记录。杰西的《汇编》中收录了一份1407年那慕尔(Namur)铸币设备清单(Doe. No. 350)，这份记录十分典型。

对经济史学者而言，铸币产量记录更有价值。中世纪晚期，每日铸币数量或铸币额度常常被记录下来，但这些"账目"几乎没有存留下来。价值较低、13世纪以来存留较多的是某段时期内（一年、两年或者某位铸币大师任职阶段）退币的记录，铸币税上交清算后，这类退币记录往往和库房记录合并在一起。有时钱币总额记录下来，却没有记钱币的面额，钱币学者对此十分苦恼，但有时也会记下铸币面额。如果知道了铸币方案（如每10版中取1枚币），那么通过样币有时可以推算得出铸币产量，这类特别保存的样币（英语语境中，将之称为年检样币 [Trial of the Pyx]）用来检验铸币的重量和纯度精细程度。但是这类铸币记录往往十分随意，不够严谨，这样推算出来的数据常常需要推敲。

税币及相关记录

公共财政记录对政府始终有参考价值，这是它们能保存下来的主要原因，但它们一般记录财富总额，而不是铸币情况，所以对钱币学者的参考价值有限。不过也有些例外，一些国际机构须和各国钱币接触，如罗马教廷。1180年欧洲各地教会编纂了一份支付记录，供罗马教廷参阅，即《罗马教会税簿》(*Liber Censuum*)，这份12世纪末有关钱币的资料很有代表性（Fabre and Duchesne, 1889—1905，其中有许多十分有用的注释）。这份资料记录了不同面额的钱币，其中有大量穆斯林金币，这种货币比各地银币或金币价值更稳定，颇受信任，后来收藏家的记述可以帮助我们理解这份记录。1274年里昂公会（Council of Lyon）下令整编十字架十一税单，涵盖30年的内容，充斥各种说辞，内容冗长，这份资料有助于理解13世纪后期意大利地区的钱币。一旦钱币学者充分理解了这些资料，就会发现这一时期编年记录中有关钱币的细节无一不需修订（Day 1968）。教皇约翰二十二世（1316-34）在位期间，教廷财务院（Apostolic Camera）收入汇总记录显示出14世纪初期弗罗林（florin）这种金币在国际支付中无与伦比的重要地位，其中弗罗林的数量多达350万，在如此大量的弗罗林面前，272000枚法国金币阿涅尔（agnel）和150000枚道布尔（doubles）相形见绌，其他钱币，如只有1枚的匈牙利弗罗林更是无足轻重（Göller 1910, 15-16）。难怪舍费尔（Schäfer）研究14世纪罗马教廷财政时，附注了一份钱币及其价值清单，就其涵盖范畴和用途而言，这份清单异常出色（Schäfer 1911, 38*-151*）。

国家记录不该忽视。13世纪英格兰的令状与专利许可簿（Liberate and Patent Rolls）显示亨利三世定期购买黄金，且多是穆斯林金币，这些金币在重要节日会捐给教会，从这些数额中我们可以确定钱币的种类及其价值的变化（Grierson 1951, 1974）。苏格兰大司库（Lord High Treasurer of Scotland）账簿从1488年开始持续记录，遗憾的是没有发现1488年之前的记录，这份记录是了解15世纪后期欧洲金币信息的主要资料，一方面因为它详细记载了1488年詹姆斯三世死后各"库房"经检验的库存，另一方面又因为它分门别类罗列了詹姆斯四世日常开销钱币（主要用来晚上赌博）以及相应的苏格兰钱币（Dickson 1877, 1:79 and passim）。

钱币清单和兑换汇率表

已知最早的钱币清单出现在佩戈洛蒂（Pegolotti）的《商贸实践》（La Pratica della mercatura）中，他列出了商人在西欧和地中海世界遇到的150种金银货币的形态（Evans 1936, 287-92）。佩戈洛蒂这本书定稿于1340年前后，但从其内容可看出，钱币清单编纂于1270年或1280年前后，后来又经不断增补（Grierson 1957b）。在达提尼（Datini）发现了一个14世纪晚期的文件，其中也含有一份13世纪钱币清单，与佩戈洛蒂那份清单有关（Ciano 1964, 86-90）。格罗索（grosso）的出现以及13世纪金币的复兴促使商人们整合这类信息。14世纪的一份意大利算术手册中也有其他清单，这些清单常常和商人们心仪的利润整合在一起。佩戈洛蒂论述希佩培隆金币（Hyperpyra）时，配以插图，描绘出不同纯度的特征。这一做法之后被发扬光大，如15世纪中期出现上百幅私人标记的精细手绘稿，且有一个很不贴切的名字——"沙特尔主教手稿"（Manuscript of the Bishop of Chartres），现藏于法国国家图书馆（Bibliothèque nationale de France）。很遗憾，这一系列并未全部出版，只有部分内容及绘图面世（Chalon 1852, 51-66 和 F. de Saulcy 1879-92, 1:70-82，书中有引用）。

佩戈洛蒂的清单描绘出钱币的纯度，他的清单并非出自官方，政府和商人关注的是兑换利率。圣路易斯的两项钱币条例已经规定流入法国的英国银币和一些地方钱币的兑换汇率（Saulcy 1879-92, 1:132），14 世纪以来官方规定普及开来，如意大利的格里达（gride）和低地国家（evaluacies 或 placaarts）。虽然还没有这类条例的汇编，但 19 世纪一些钱币学二手研究专著收录了部分这类条例，如范·德·齐吉斯（P. O. Van der Chijs）有关低地国家钱币的研究著作。15 世纪末印刷成品的官方条例开始出现，还配有涉及的钱币的图案（Van Gelder 1958），到 16 世纪中期，乃至 17 世纪中期，这一百年中配图盖过文字，出现了十分华丽的钱币书籍。

钱币清单无论形式如何，对于钱币学者来说都极有价值，但使用它们时仍需谨慎。其中钱币纯度虽然有研究基础，出自商人或铸币者之手，但不一定十分可靠，仍然有绘错的可能。清单中某些钱币早已不再流通，清单编纂者有时因为地区差异，可能得不到准确信息。"沙特尔主教手稿"将一枚奥地利艾伯特一世（Albert I of Austria 1350-58）的弗罗林误认为维特斯巴赫埃诺艾伯特伯爵（Wittelsbach Count Albert of Hainault 1389-1404）时期的钱币，理由是因为钱币上有奥地利盾状（Bindenschild）标记，16 世纪早期一个法国商人的记录中提到一枚卢卡弗罗林（a florin of Lucca），上面刻有卢卡（*Luca*）和木雕耶稣圣容（Volto Santo），认为这枚弗罗林是"米兰公爵卢克"（Luke, duke of Milan）时期铸造的（Blanchet 1891, 169）。

商业记录

商业记录对钱币研究者的价值难以估量。一些记录只有总额，或者只涉及内部贸易，没有任何钱币信息。若涉及对外贸易和钱币兑换，我们就会得到很多信息。现存最古老的商业档案包括大量合同和一份马赛商业公司有关的记录，这家公司曾和安茹的查理（Charles of Anjou）产生冲突，这部档案已收归国有，现藏于法国罗纳河口省档案馆（Archives départementales des Bouches-du-Rhône），其中有大量13世纪地中海地区钱币兑换信息，钱币兑换过程中常常隐含利息，因此不能直接参考钱币的面额（Biancard 1884-85）。1383年至1407年间，记录雷根斯堡（Regensburg）和马特乌斯（Matthäus）、威廉·坤廷格（Wilhelm Runtinger）交易的账目，又被称为坤廷格之书（Runtingerbuch），记录了大量德国南部铸币和兑换信息，其贸易涉及波西米亚、奥地利、威尼斯、莱茵兰和低地国家（Bastian 1935-44）。这部账目还附带许多西利家族（Cely family）的信件，西利家族是英格兰羊毛出口商，与低地国家进行贸易往来，这些资料对于研究15世纪晚期兑换汇率的价值极高，因为其中常常准确记载某个钱币在某次交易中的具体价值（Grierson 1967）。另一方面，威尼斯人贾科莫·巴多尔（Giacomo Badoer）的大部头账簿（Dorini and Bertelè 1956），记载了1436年至1440年间君士坦丁堡和近东其他地区的众多贸易来往，还记录了商品的价格，这对经济史学家来说价值极高，但对钱币学者来说，却无法提供有价值的信息，若没有注释或索引，就很难利用起来。商业记录对于钱币学研究具有很高的潜在价值，但具体到某个记录，能不能利用起来，就要视具体情况而定了。

问题和方法

20世纪的中世纪钱币学基本涉及五个主题，其中一个是纯钱币学主题，其他均与货币史有关。此纯钱币学研究方向为钱币编年，即对钱币的断代与定位，比仅仅通过阅读币上铭文来确定时间地点要准确得多。另外两个主题分别是钱币度量和铸币纯度研究，钱币直观上的一些特征决定着其价值，这两个主题就是这类研究的延伸。其余两个主题分别是铸币产量和钱币流通模式，此二者是铸币知识的延伸，不同于钱币知识。

断代与定位

不排除有例外，但大多数中世纪钱币都未确定形成时间。从查士丁尼十二年（A.D. 538/39）开始，到8世纪，多数拜占庭铜币都以在位皇帝年份为时间标记，从1372年亚琛开始，中世纪后期下莱茵地区有相当多钱币以基督降生元年（the Year of the Incarnation）为纪年标记。还有一些个别钱币用中间方法纪年，也有些钱币通过其类型或其上铭文能推断出其年代，有时准确，有时不那么精确。但总体来看，即使某个钱币上刻有某位中世纪君主的名字，也无法确定它在哪一年铸成，因为这位君主在位时间可能很长。遇到下列情况，问题就会更加复杂：前后相继的几位君主同名时，如英格兰的威廉一世和二世（1066-1100），爱德华一世、二世、三世（1272-1377），布拉班特的约翰一世、二世、三世（1268-1355）；君主去世后名号一直多年沿用时，例如在法国，一些加洛林君主的名号长期刻在许多封建钱币上；钱币上只有名号，或只有某个城市或铸币权威的标志，无法推断出具体某位君主时，此类标志可能原封不动用了几十年，甚至几百年；钱币类型不符合君主或铸币厂典型风格时，如 17 世纪末 18 世纪初多数盎格鲁－撒克逊和弗里西亚钱币。钱币学者首要关心的就是钱币的产生时间和出处，所以遇到这些情况时，学者们会用其他办法来确定。

不同情况使用不同方法。铸币厂有时任性做一些不太好的事，即二次铸币，就是说直接在旧币上重印图案，而不是将旧币熔化，重新铸坯。钱币的原有图案清晰可见时，学者就可以轻易且精准地确定不同版次的年代顺序。1920 年代，阿尔弗雷德·贝林格（Alfred R. Bellinger）研究了美国古典研究学派（American School of Classical Studies）在科林斯发掘出土的大量钱币，推敲出 970 年至 1092 年拜占庭帝国一系列无名钱币的相对年代顺序，沃里克·罗思（Warwick Wroth）研究大英博物馆馆藏拜占庭钱币名目时也涉及这个问题，但研究得并不充分（Bellinger 1928）。这种利用重印痕迹的方法也纠正了一些错误，如亚瑟·桑本（Arthur Sambon）误将萨勒尼塔纳系列钱币当作吉苏尔夫一世（Gisulf I 946-77）至吉苏尔夫二世（Gisulf II 1052-77）时期的钱币，钱币上的重印痕迹可以确定相对年代顺序，其中最早的铸造于 1050 年代的拜占庭。因此这整个系列肯定是由吉苏尔夫二世和罗伯特·吉斯卡德（Robert Guiscard 1077-85）所铸，或者在此年间所铸（Grierson 1956, 1972）。

一般更为便利的断代方法是利用藏品。忏悔者爱德华时期的11枚钱币与征服者威廉、威廉二世（William Rufus）时期的13枚钱币，通过比较各枚钱币，大致就可以确定孰先孰后。这种方法其实是技术进步的结果，格鲁伯（H. A. Grueber）在其不列颠博物馆馆藏盎格鲁-撒克逊钱币名目（从1893年开始出版）的第二卷中，并未有条理地整理忏悔者爱德华时期的钱币，只是混乱地放在那里，但1916年布鲁克（G. C. Brooke）出版诺曼诸王钱币名目时，轻而易举地列出不同威廉时期的钱币顺序。忏悔者爱德华在位统治的证据尤其有趣，显示出先验推论多么具有误导性。这位君主统治早期的钱币平均重约16谷（grains），与前代相似，其统治后期的钱币重约20谷，但这一时期有一个系列不知为何又重新采用先前的重量，即16谷。若不借助收藏信息，只从度量方面去考察，暂不管铸币者为谁，这个系列几乎肯定被归为爱德华早期钱币之列。面对收藏信息时，确实不能总接受表面证明，而需要仔细评估，因为个人收藏者可能根据偏好，刻意选取较重或者较轻或者某一类钱币，又或者无意，甚至刻意在钱币中混入新成分，这类例子很多。

根据钱币风格类型来断代、定位也很常见。细查若干枚类型相同或相近的钱币，因为不同风格特点，它们或许可以分成几类，每一类中又会有几枚出自同一凹模。过去百年中，人们没怎么意识到凹模方面的联系，一方面因为可研究的钱币不多，另一方面难以对不同藏品进行比较研究；其实曾经一度认为出自同一凹模的钱币都是现代人的伪造品。因此，学者们面对风格问题时裹足不前。然而，钱币风格相关话题有着无法抵挡的吸引力，这方面的讨论通常都预先假设风格演化变迁可能要经过较长时间，这过程并非短暂。杰出钱币学者巴克利·海德（Barclay Head）在一篇划时代的文章中定下了这方面的研究原则（Head 1874），这些原则在古希腊钱币研究方面应用得尤其普遍，一方面因为这类钱币的收藏信息或其他证据不太可靠，另一方面因为青睐艺术史的古典学者们往往对自身的风格感（*Stilgefühl*）很自信。但光靠风格一点并不稳妥，在凹模研究这一更为客观的方法面前，其弱点就变得非常明显。举例来说，风格迥异的两类或若干类希腊钱币，"因此"会被划到不同历史时期，但有可能出自同一凹模，凹模信息通常能够有力地证明它们铸造于同一年代（Ravel 1945）。

近些年，风格推论在丧失信誉、成为明日黄花之际，不知何故在一些地区却受到中世纪钱币领域的学生的推崇。只要不过界，这种方法完全合理可行。许多钱币的风格高度一致，某个组织良好的铸币厂中，凹模很可能出自同一批工人之手，反复铸币过程中形成了一致的风格。但也会出现例外，铸模工人生病了，或为了打发无聊，或被嘱咐，或临时离岗，让别人替代，或从别的地方引进新凹模，这些都会导致风格的变化，根据凹模的相似或相异程度得出的结论，不一定都是对的（Stewart 1969）。6世纪西哥特人铸造的伪帝国（pseudo-imperial）套币根据风格可分为若干组，可参考的资料有限，需要做大量推论，最后得出结论，确定这些组来自西班牙不同地区、不同铸币厂（Tomasini 1964）。若用同一方法处理众多7世纪墨洛温钱币，由于这些钱币上都刻有一种非常独特的王室半身像，所以就会认为这些钱币出自同一铸币厂，但根据币上铭文，我们得知这些钱币出自不同铸币者之手，产自近二十个铸币厂，这些铸币厂分布于高卢东北部，北部的马斯特里赫特、科隆到东南部斯特拉斯堡一带（Bauer 1951）。为什么会出现这种情况？一种解释为，可能这些钱币的凹模出自同一位铸模工人之手，这位铸模工人四处流动，为不同地区的铸币商工作，但不同情况下有不同解释。10世纪后期的一组同类盎格鲁－撒克逊钱币就是个好例子，能证明这种解释，即某地或某些地区出产的凹模在一定范围内流通。不管哪种情况，钱币上若没有铭文，单凭风格很可能找不到正确的铸币地点。

事实上，以风格、凸模、字母形态来研究钱币的方法大不如凹模研究法受青睐，但是，许多中世纪套币却可以运用前者进行深入研究。原因在于中世纪凹模上的字母和图案在不同程度上是由凸模制造出来的，而中世纪以前的凹模几乎都是刻凿出来的。因此中世纪同一凹模铸造出来的钱币带有相似且相同的图文，凸模长期使用会损坏，需要换新的，同一套币中，就有可能出现不同凸模铸成的钱币，后铸成的与先前的会产生差异。

这样，在有利情况下，面对同一风格的套币时，就有了一个绝佳的工具。福克斯兄弟和劳伦斯研究1279—1377年间三位爱德华在位时期的钱币时（Fox and Shirley-Fox 1909-13; Shirley-Fox 1928; Lawrence 1926-33），完全展现出这一工具的价值，劳伦斯分析1180—1247年亨利二世名下英格兰钱币上的"短十字（short-cross）"时（Lawrence 1915），也不那么充分地呈现了此工具的价值。例如，后者根据年代顺序可分为八类，每一类都有固定风格，但它们的主要区分点是字母形态的变化，如字母H和C的六种形态、

E 和 R 的七种形态等。此法也可用来研究间隔时间较短的钱币，例如亨利二世时期铸造的蒂尔比（Tealby）钱币，成币于1158—1180年这20年间，有一套币上的王室半身像有轻微变化，根据其中王冠的变化、斗篷细节的差异、后来出现的头发、国王左耳上随后出现且愈发精细的卷发等等，可将其分为6大类，根据风格类型的变化和收藏信息在一定程度上可确定其先后时间顺序（Allen 1951, xxi-xli, lx-lxxiv）。

将不属同一系列的钱币按时间顺序排列出来，是一项相当了不起的成就，但不借助其他证据，就不能令人信服地转化为确切的时间定论。其他证据有多种形式，如其他年代确切的藏币，其他地区类似的钱币，书面记录等，后者目前是最有价值的。六类蒂尔比钱币中有五个年代依次相连，但只能确定大致年份，间隔三到四年。短十字系列钱币同样由年代相接的钱币构成，其中除了第五种，这种钱币突然出现些变化，变得异常精细，原来的头像很奇怪，现在变得精巧，风格上更胜一筹，从专利许可簿上证据来看，这种钱币铸造于1205年约翰王时期。任何情况下，同一系列套币中各币年代均是估值，无法得到精确日期；小面额钱币通常不是用另类凹模铸成的，而是用破损的凹模与凸模，或其他差异显著的模具来铸造，在钱币学者眼中，这样就铸造出一种新钱币。遇到小面额钱币时，应该找出它们确切的成币时间，这类小额钱币通常是应上级要求而造，其年代不易确定。例如埃塞尔雷德二世（Ethelred II）时期的钱币依靠其获准发行的时间为依据来断代，但这种假设不能当作定论写入文章中。周期规律不起作用时，我们常陷入疑虑中，因为根据书面记录，铸币活动没有周期性，每年的波动很大，目前还不清楚是何原因。有些钱币类型风格上的变化极微小，据此确定时间基本无望，钱币学者自然都不愿面对这种现象。

度量学

当代人评估钱币的价值时，主要依据金属成分，金属成分又决定着钱币的重量和纯度。19世纪钱币学著作通常也应该关注钱币重量，但钱币编目和收藏信息常常忽略具体某枚钱币的重量信息。一方面因为钱币的重量不吸引人，也不影响钱币价值，另一方面因为在人工操作年代，测量成百上千枚钱币的重量太消耗时间和劳动力了。今天钱币称重基本都用电子秤等设备，可以快速且精确地得到钱币重量。不过小型博物馆和私人收藏家仍在这方面有困难。出版的藏币（有时不成套）名目仍没有重量信息，虽然从一些档案中可以查阅到理论上的重量，但对个别钱币来说，有没有重量信息倒也无关紧要。

有时确实如此，例如破损严重的钱币挖掘出土时，侵蚀污损程度或许可以帮助我们推断入土时间，没有污损的钱币可以帮助我们确定钱币最初理论上的重量。污损钱币最多能给出一个大概年代信息，因为根据对现在铸币的研究，发现污损度无章可循，既和钱币的尺寸变化无关，也无法与图案的磨损产生关联，年代信息需要根据某种面额钱币的使用程度来定（Grierson 1963）。学者们有时试图通过磨损度来断代，平均来看，流通中的钱币每年流失0.2%的重量，但有些面额损失的重量是此数字的一半或者一倍（Dolley and Seaby 1968），这类研究可信与否，还有待商榷。

13世纪晚期以前，均未发现铸币记录，这样出土钱币的重量就成为推断其原本重量的唯一凭据。面对罕见钱币时，重量只是一个数字，仅此而已，面对大量钱币时，将其重量数据绘成频率表，一般会发现它们是否同属一类币种，以及它们理论上的重量为多少。金币和大面额银币较为接近理论重量，这类钱币一般逐个（*al pezzo*）铸造，发行前都要经过检验，小面额钱币往往成批（*al marco*）铸造，一次性出产多枚，允许一定范围内的误差。这些都只是推论，并非精确计算出来的，倒也不必钻得太深，力图分析频率曲线，以求得一个高度精确的数值，有些很有数学头脑的钱币学者愿意这么做。出土的中世纪后期英格兰金币的重量，和史料记录中的理论重量比较时，会发现 1% 的差异。在 0.2% 年磨损率的对照下，这一数字显得很高，但有些较重钱币难逃被熔化的命运，有些钱币是收藏品，仍不免有所磨损。银币重量差更大，要得知确切数值仍是不可能的。钱币学者必须充分考量所研究钱币的类型和金属成分，才能得到最佳推算数值。

钱币纯度

钱币纯度研究是钱币度量研究的必要补充，但 19 世纪的钱币学者都不愿投身这一研究。钱币重量比钱币本身易于研究得多。金币有一套标准检测法，但已失传，有经验的行家或许懂得一二，但钱币学者普遍怀疑其可靠性。有一种重力检测法，但这要求备有非常精确的天平和一定程度的技巧，此外金币数量有限，且有些金币中含有铜和银。这些都不能用来检验银币，因为银与不同金属合金形成的不同"纹理"无法区分，银和铜在重力方面非常接近，不像银和金那么明显。化学验证法极少采用，因为这需要专业知识和设备。钱币所有者当然也不愿自己的珍品被损坏。无法测验银币的纯度尤其遗憾，因为 11—13 世纪银便士的贬值很常见，非常需要银币纯度的信息。这类知识也有助于确定中世纪后期银币的面额，因为有些铸币厂利用纯度的不同来区分面额，而不是重量方面的区别，这种区别一般能看出来。勃艮第公爵查理（Charles the Bold）时期的大银币双层布里克特（briquet）重达 3.06 克，和普通重量减半的布里克特价值一样，但前者的纯度是后者的 2 倍，二者分别为 798/1000 和 399/1000。

近年来，这一领域取得诸多进展。1970 年皇家钱币学会围绕这一领域在伦敦主持召开了一次大会，当时梅特卡夫（D. M. Metcalf）主编的大部头著作也出版了，这部书不仅收纳了许多专题研究论文，还包括对中世纪钱币全面综合研究的成果。目前，标准检测法已完全废弃不用，不过重力检测法借助高新技术和运算方法，还经常使用，有几套中世纪钱币在使用后者，其中有 4、5 世纪罗马帝国时期日耳曼入侵者铸造的伪帝国钱币，7 世纪的法兰克钱币，7—9 世纪的伦巴第钱币，11 世纪拜占庭通行钱币及其贬值研究，1092 年以来希佩培隆和其他面额钱币的历史研究，诺曼人和霍亨斯陶芬的西西里塔里（tari）币。其他不损坏钱币的方法也已出现，如 X 射线结晶分析、X 射线光谱分析法、中子活化分析，还有一些现代钱币不适用的方法，典型的如微量化学分析和视觉光谱分析（ocular spectrometry），经过改进，也可用于许多中世纪钱币研究。这些方法都对钱币有所损伤，但通常从钱币边缘，或缝隙内部找到取样点，钱币清洁和后续的抛光，或用毫探针（milliprobe）从内部取出少量物质基本不会留下可见的痕迹。

这些新方法基本都有不足之处。它们都要求相当程度的技术和知识，需要专门且昂贵的仪器，还需要科学家与钱币学者共同合作，双方都各取所需，又可提供可分析的钱币。除了重力分析和中子活化分析法，其他不损伤钱币的方法只在钱币表面取样，表面样本可能无法代表钱币整体构成成分。所以不同方法得到的结论不总是一致，因此有人怀疑钱币学者下错了赌注，因为他们要么得到了符合预想的结论，要么一些方法得出的精确数字使他们忘乎所以，以致忘了精确的数字并不代表真相，忘记了并不是每一个结果都需要用精确到小数点后几位的数字来表达。对菲利普·奥古斯都（Philip Augustus）时期封建钱币第纳尔（deniers）的研究是个非常成功的案例（Dumas and Barrandon 1982），此外为数不多的对银币、金币的系统研究还未付诸实践。但这一领域过去几十年所取得的成就超过了19世纪，未来方法上的更新和知识的积累都是可以期待的。

铸币产量

目前，钱币学出版物中充溢着铸币产量的数字，可信程度各异。可信度高的数据可以引起史学家极大兴趣，不是因为这些数字对经济史有多大贡献，而是因为它们有助于了解政府资源。没有人口、收入、财富分配、钱币流通周期速度等可靠数据的辅助，铸币产量数字就很难解读。先前认为不可能算出铸币产量，认为13世纪铸币档案出现以前，我们永远无法得知那时的铸币出产量，不过像德尔斐这种留下财政铭文、且包括铸币量的现象除外，现在这种观点变了。现在通过铸币中使用凹模的数量可以推算出铸币产量，有时得到的数据颇受史学家信赖。

任意取一组钱币，计算所用凹模数量，据此能推算出任何一类币种凹模的大致数量，误差常常也不小。这是一个统计学问题，已经出现了多种计算公式。最好用的一种是由里昂（C. S. S. Lyon 1965）设计的，里昂既是钱币学家，又是受过训练的数学家，还是专业的保险精算师，除了他的公式，还有许多应用范围不同、使用程度不同的公式（Esty 1986）。样本的凹模数量可以用作依据，推算出一批钱币总共凹模数量的范围，正确率达 95%，如果样币取自收藏品，铸造量比较大，那么推算的正确率会下降。如果只研究一个铸币点，一种盎格鲁－撒克逊钱币，凹模数量会很少，推算结论也比较接近真实数字，但铸币厂很大，样本中或许有多种凹模，得到的数据出入可能很大。

这样得到的数据使人多少能了解一些不同批次的铸币发行规模。若要得到铸币产量值，还需要乘以一个凹模的平均铸币数量。一般一个背面凹模能铸 10000 个币，这个数字很可靠。一位伦敦学者做过实验，复制出一双古希腊凹模，用之铸造出 8000 个高浮雕重银币（Sellwood 1963）。他铸了 116 枚币后，第一个上凹模破裂，铸了 1490 枚后，第二个破裂，第三个凹模铸了 7786 枚后缩小，无法再用。13 世纪末 14 世纪初英格兰铸币厂凹模的铸币数量为 10000 到 15000 个，有时两倍，甚至更多。根据这类数值我们可以得到某一段时间内凹模量和所铸钱币的总额及个数。对于中世纪后期规模较大的铸币厂，如果有充足的金银储备，在铸造直径约 17 毫米的浅浮雕银币时，10000 这个数量可能是最小的选择。

这里遇到难题，上述数字在其他历史时期不适用，各个时期需要考虑不同历史背景。梅特卡夫这一方面的研究著述颇多，他多次提到麦西亚的奥法（Offa of Mercia）时期，一个铸币厂的产币量为 4000 万个便士（Metcalf 1963, in *NCirc* 11 [1963]: 114-15, 后来引起争议，165-77; 72 [1964]: 23）；拜占庭皇帝利奥五世（Leo V）时期的产币量为 200 万到 1300 万铜币（Metcalf 1967）；等等。如此大的产量并非不可能，中世纪后期的一些铸币档案可以为证：伦敦和坎特伯雷的两个铸币厂从 1281 年 9 月到 1283 年 10 月两年间，生产了 2800 多万枚钱币，从 1283 年 10 月到 1285 年 5 月，生产了 1500 多万枚。现代铸币业中，凹模与出币量的比例受钱币尺寸、重量、金属成分的影响极大，过去，在手动铸币且凹模质量参差不齐的时代更是如此。13 世纪英格兰的数字无法适用于拜占庭，拜占庭钱币更重，重量有时是前者的 10 倍，面积是前者的 3 倍，币面浮雕更高，且多是铜币，不是银质的。在 13 世纪英格兰，大量钱币出自同一类型凹模，因此可以合理地推断出每个凹模都物尽其用，但奥法时期铸币情况变了，每个凹模只出产少量银币，钱币样式时常变换，所以在这里凹模未尽其用之前就被换掉了。一定有人会问如果奥法时期铸币量如此之大，为什么奥法钱币今天很少见到，为什么没有相关藏币记录。统计数据是相对的，若中世纪晚期留下大量英格兰钱币，那么保留下来的 8 世纪钱币也不在少数。

除了乘数不确定外，在下列情况下得到的数据也须谨慎对待。若样币没有铸好，或保存不佳，损坏严重，或样币高度一致，这些情况下，凹模极难辨别，若出现些许小错误，就会导致最后乘出来的数值出现巨大误差。一位意大利学者根据贝特雷（Bertelè）1937 年出版的有关大量藏币的著作，提出拜占庭皇帝约翰五世在位的不长时间里（1341-1347），拜占庭铸造了 500 万枚银币，且银币上刻有摄政女王萨伏依的安娜（Empress-Regent Anna of Savoy）的名号（Brunetti 1963）。如果他最开始观察得到的凹模数量是对的，那么最后的总数就太小了，按照他的算法，一个正面凹模只能铸造 2800 枚币，但是由于这些钱币和英格兰的先令一样大，那么铸造情形应该大同小异，所以一个凹模正常的产量应该是 15000 枚，最后总数应该在 3000 万到 4000 万之间才对。有人一定还会问如果不是来自同一批藏品，为什么只有 250 枚币存留下来。问题出在一开始，总共从 206 枚可辨别凹模的样币中，可以观察到 197 个正面凹模，200 个反面凹模，这一环节出现错误。布鲁内蒂的研究基础是图像资料，不是实际钱币，这些钱币收藏在敦巴顿橡树园拜占庭研究中心，看到实际钱币时，发现凹模数量要大得多，因此铸币用到的凹模总数要少得多。

钱币流通

钱币流通问题涉及多个主题：流通规模、社会不同阶层中的分配、特殊功能、流通周期、与其他国家钱币的关系、流通领域等等。有的主题更适合经济史学家研究，而不是钱币学者，但对每一个主题，钱币学者都做出了相当大的贡献。

钱币流通规模一方面由铸币产量决定，另一方面钱币出口或储藏（二者并非没有关联）也影响着流通规模。中世纪后期货币记述中充斥着商人失去钱币的哀叹，学者们最近对此类及相关现象兴致勃勃。不过还可以走得更远，影响铸币产量的因素须投入精力来研究。一般想当然地认为铸币产量较大且稳定，经济萎靡时才会出现产量下降。有时人们可能怀疑这是不是事实。钱币不像食物、服装这类快速消耗品，它们一旦产出，会使用相当长时间。在一个封闭且稳定的经济体系中，铸币活动包括三个阶段：（1）大量产币阶段，此阶段旧币回收，新币投入流通；（2）看似停滞阶段，大量钱币已经产出，足以支撑商业活动，钱币饱和，不需要多余或新钱币；（3）流通有限且稳定阶段，越来越多钱币遗失，或损坏，人们不愿再使用，需要更新。最后，需要"新一轮"铸币，来取代旧币。（3）阶段的铸币活动有限，（2）阶段不一定有，这些铸币活动无疑都是间歇性的，铸币者时不时从其他盈利活动中抽空、不情愿地履行自己的责任。

不过，拿奥斯卡·王尔德的名言来说，经济少有封闭，从不稳定，铸币产量数据通常只是（1）阶段大量铸币活动中的数字。之后，每年的波动极大，现代铸币也是一样。钱币损失在很多情形中都很关键，不过帕特森（C. C. Patterson 1972）提出，各时期银币无法挽回的年"损耗"量为2%，因此只用35年，钱币储量就会减半，他的观点确实未经验证，而且根本不成立。铸币原料有的来自新开采矿石，有的来自国内金属制品和金块，有的来自进口金属、别国钱币等，有的来自国内旧币，情况不同来源也不大相同。新矿的发现可能使新金属大增；战争以及随之而来的征税，导致金属制品被熔和财富重新分配（dethesaurization）；经济甚至是政治领域的大事件，如资助盟友、朝贡、交纳赎金（狮心王理查、法王约翰二世），超越政治界限，对金属流通产生影响。1300—1301年，英格兰铸币活动频繁（前文我们讨论过凹模产量），是因为英格兰一直试图废除本国那些模仿欧洲大陆且质量拙劣的先令，以正常钱币取而代之。还要许多潜在因素，但不同环境下这些因素如何影响铸币量以及流通货币，还有待研究。

　　从社会不同阶层对钱币的占有和使用这个角度来看，无法确知钱币如何分配，但钱币在社会中的功能这类问题可以从钱币不同面额的铸造来推导出答案。思考下列几种情况，对我们大有裨益：中世纪早期礼物交换在社会中的作用，当时只铸造金币，还未出现银币和铜币；银便士的引入及其重要作用（Grierson 1959, 1961b, 69-70; Duby 1974, 48ff.; contra, Metcalf 1967）；中世纪后期"小钱"和大币的作用；同一时期铜制和铅质代币的作用，它们是有效的替代钱币（Courtenay 1972-73, 有关近期的发现，见 Dolley and Seaby 1971）。欧洲许多地区都有固定的钱币修复行为（renovationes monetae），从这一点来看，钱币的使用寿命尤其关键。由此延伸，每隔一段时间，整批钱币就会重铸一次，间隔时间长短不一，6年、3年甚至1年，还有6个月就重铸这样恶劣的例子，在12、13世纪德意志大部分地区及其周边国家、埃塞尔雷德二世（Ethelred II）到斯蒂芬时期的英格兰，这类重铸现象很常见（Suchodolski 1961）。其运作机制和经济影响至今还未研究清楚，有时会发生一些钱币重铸的衍生现象，也待充分研究，例如13世纪在梅泽堡，逐年减轻钱币的重量，显然是希望在圣母降生日（Nativity of the Virgin，9月8日）召回钱币。圣母降生日和圣马丁节（11月11日）之间，300枚币实现重量削减，圣马丁节到圣诞节之间有312枚，圣诞节到圣烛节（2月2日）之间有324枚，等等。8月15日凹模破损，但旧币仍能用到9月8日（Jesse 1924, no. 127）。这些都是中世纪钱币学的研究内容，有的已经有著述出版，有的还待将来继续研究。

19世纪学者们很感兴趣的话题是钱币的分配，近些年来这方面已经出现很多研究成果。这个兴趣点与自然史的发展出人意料地一致，19世纪自然史领域中描述性形态学（descriptive morphology）和新物种分类研究占主要地位，现在生态学及相关学科成为新的主要研究方向。一些国际流通钱币，如英格兰的先令和佛罗伦萨的弗罗林，以及它们得以成为国际货币的因素都得到充分研究，这是公认的事实，但国内流通钱币以及国际货币的经济影响却被忽视，缺乏关注。现在它们登上舞台。有人可能就此举出例子，如对斯堪的纳维亚出土钱币的研究，这里发掘出大量钱币，其中有5、6世纪罗马帝国后期的金币苏勒德斯（solidi），还有10、11世纪穆斯林、日耳曼、英格兰的银币。已故的拉斯穆森（N. L. Rasmusson），也是原瑞典国家藏币（Swedish National Collection）的监管人，他主持编著了一部名为《瑞典出土9至11世纪钱币研究》（*Commentationes de nummis saeculorum IX-XI in Suecia repertis,* Stockholm, 1961ff.）的论文集，意在为其出版和后来的研究铺路。还有大量考据研究成果出版，有的改写了近几百年德国、英国钱币学研究的历史，此外，还出现了大部头的专题研究，即格特·哈茨（Gert Hatz）的《维京时代后期德意志帝国与瑞典的贸易来往》（*Handel und Verkehr zwischen dem Deutschen Reich und Schweden in der späten Wikingerzeit,* Lund, 1974），这本书是20世纪后半叶最了不起的著作，既涉足钱币学，又涉及经济史。类似领域的学者们热情也很高涨，甚至超过了实证态度。有人可能会就此想到莫里斯·伦巴第（Maurice Lombard）的论文（1947），他研究拉丁基督教世界中穆斯林钱币的使用情况，但没有任何证据支撑他的研究，虽然穆斯林钱币有时流入西部地区（Duplessy 1956），但在经济体系中始终是边缘货币。研究封建时期日耳曼各地区钱币更有价值。1930年代以前，出版了许多重要的地区研究作品，如朱立尔斯·卡恩（Julius Cahn）研究过拉彭明兹（Rappenmünzbund）地区（1901）和博登湖（Lake Constance）周边地区（1911）的铸币，威廉·杰西研究了北部文德钱币联盟（Wendische Münzverein），不过堪称划时代作品的是沃尔特·哈维尼克（Walter Hävernick）对12、13世纪科隆便士的研究成果（1931），他首次充分利用藏品、单一出土钱币和书面资料，并结合地理和经济背景进行研究。战争打断了这些新方法的推广和采纳，战后彼得·伯格豪斯（Peter Berghaus）、格特·哈茨、维拉·哈茨（Vera Hatz）、沃尔夫冈·赫斯（Wolfgang Hess）出版了一系列长篇和短篇著述，他们多是哈维尼克的学生，建立起研究范式，希望将来得以在其他地区推广。

钱币学与史学家

钱币学本身足以成为一门学科，但它也是历史学的辅助学科，前面提到它可以为经济史学者提供帮助。但它对其他历史学者的潜在益处绝非不大。由于铸币活动是政府行为，其组织方式、类型和钱币铭文都可能引起那些对政治机构感兴趣的同学的关注。8世纪丕平和查理曼重新控制法兰克铸币的行为，就是西欧政府有效重组的一个体现；盎格鲁－撒克逊时代后期有效地组织铸币，了解这一点，可以极大地帮助我们去评估威廉征服前的英格兰政府管理质量。钱币学的帮助不限于此。肯特（J. P. C. Kent）

观察以朱利乌斯·尼波斯（Julius Nepos）之名所铸的苏勒德斯，看到币上王冠旁边飘动的尾巴，提出奥多亚克（Odovacar）遵照芝诺（Zeno）的指示，废黜罗慕路斯·奥古斯都（Ramulus Augustulus）后，推举尼波斯为皇帝，这样就帮助我们从混乱的史料中理清尼波斯被谋杀后，奥多亚克报复凶手的过程（Kent 1966）。利用藏币信息，重新推敲利奥八世（963—965年在位）到利奥三世（795—816年在位）时期早期教皇钱币的年代，可知795—800年间教皇使用哪种便士，由此帮助我们理解查理曼加冕对罗马城宪法的影响（Grierson 1952）。钱币学也可以协助艺术史家和文学史家，一方面因为钱币往往能够确定年代，但雕像、绘画甚至有的文学作品往往无法确定时间背景，还因为许多钱币本身就是艺术品。粗略看一下米海尔三世（Michael III）以来拜占庭通行钱币款式的变化，就足以发现所谓马其顿文艺复兴（Macedonian Renaissance）不只是一个神话，艺术史家近来也有类似主张。卡克斯顿（Caxton）的英法日常用语集于1483年出版，英语一栏对钱币的说明使人确信这本书写于近二十年前，即1465/66年冬天，当时这位未来的出版商还在布鲁日当英国商会（"English Nation"）会长（Grierson l957a）。简而言之，谁也说不准钱币学会对史学家起到什么样的作用。

这不是说史学家必须接受钱币学者的一切主张。专家自然掌握着外行不知道的知识，也身怀外行没有的技能，但专家也会出错，也有头脑不清的时候。他们可能无知而犯错，例如一位收藏家将一枚常见的诺曼西西里钱币认作拜占庭阿历克塞一世（Alexius I）之妻艾琳娜（Irene）时期的四克币（tetarteron），并以此为依据，牵强地论证阿历克塞一世死后，这位女士的政治角色。专家可能因为缺乏洞见而犯错，比如我曾经认为11世纪拜占庭通行货币开始贬值并非米海尔四世（Michael IV）之过。专家可能因为缺乏批评意识，要么全盘接受科学家的钱币分析结论而犯错，要么完全信赖风格标准来区分钱币，要么盲目运用统计学方法来解决一切问题，这些都可能导致犯错。过去几年中，统计学方法确实有些滥用，因为钱币可数，且可用多种方式来测量，当下计量史学方兴未艾，钱币因此是绝佳的研究资料。史学家必须实事求是，运用批评眼光来检验钱币学者的论证过程，时刻准备着驳斥不足以令人信服的主张。但同理，史学家应该意识到在钱币学领域，风格类型可以成为标准，统计学方法可用，也要意识到即便钱币学者提出某些看似不稳妥的观点时，他们的证据可能非常充分，例如亨利三世时期的长十字便士上刻着"*Henricus rex III*"，且半身像上没有权杖（劳伦斯的第三类钱币），这种钱币成币于1248至1250年，又如刻有埃塞尔雷德名号的钱币看似出自林肯铸币厂埃斯曼（Aescman）之手，其实产于都柏林（Doley 1962）。

参考文献

1. 文中所引著作的缩写名称

（所引期刊的缩写名称，见参考文献第三部分）

Alien. 1951. See Section 7h. *Catalogue of English Coins in the British Museum.*

Balaguer, Anna M. 1986. "The use of documentary sources in monetary history." In *Problems of Medieval Coinage in the Iberian Area.* Aviles: N. p. 2:325-35.

Bastian, F. 1935-44. *Das Runtingerbuch 1383-1407 und verwandtes Material zum Regensburger-Südostdeutschen Handel und Münzwesen.* 3 vols. Regensburg:

Bosse.

Bauer, Horst-Ulbo. 1951. "Der Triens des Rauchomaros." *Schweizer Münzblätter* 2:96-102.

Bellinger, Alfred R. 1928. *The Anonymous Byzantine Bronze Coinage.* Numismatic Notes and Monographs, No. 35. New York: American Numismatic Society.

Bernocchi, Mario. 1974-85. *Le monete della repubblica fiorentina.* 5 vols. Florence: Olschki.

Bisson. 1979. See Section 6a.

Blackburn and Metcalf. 1981. See Section 6c.

Blancard, Louis, ed. 1884-85. *Documents inédits sur le commerce de Marseille au moyen-âge*, 2 vols. Marseilles. N.p.

Blanchet, Adrien. 1891. "Le Livre du changeur Duhamel," *Revue numismatique*[3] 9:60-86, 165-202.

Brunetti, L. 1963. "Sulla quantità di monete d'argento emesse sotto Anna di Savoia, imperatrice di Bisanzio (1341-1347)." *RIN* 65:143-68.

Chalon, Renier. 1852. *Recherches sur les monnaies des comtes de Hainaut. Suppléments.* Brussels: N.p., 1852.

Ciano, C., ed. 1964. *La "Practica della Mercatura" Datiniana.* Milan: Giuffré.

Cipolla. 1956. See Section 4.

Conti, P. Ginori, ed. 1939. *Constitutum artis monetariorum civitatis Florentie.* Florence: Olschki.

Courtenay, W. J. 1972-73. "Token Coinage in the Administration of Poor Relief During the Later Middle Ages." *Journal of Interdisciplinary History* 3:275-95.

Day, J. 1968. "Le circulation monétaire en Toscane en 1296." *Annates: Économies, Sociétés, Civilisations* 23:1054-66.

Depeyrot, Georges, ed. 1987. *Trésors monétaires du Languedoc et de Gascogne (XIIe et XIIIe siècles).* Toulouse: Association pour la promotion de l'archéologie.

Dickson, T., ed. 1877-1916. *Accounts of the Lord High Treasurer of Scotland* (A.D.

474-1498). 11 vols. Edinburgh: N.p.

Dolley, R. H. M. 1962. "Significant New Die-Links in the Hiberno-Norse Coinage of Dublin." *NCirc* 70:6.

Dolley, R. H. M., and Seaby, W. A. 1968. "A Parcel of Edwardian Shillings in the Ulster Museum." *SCMB*: 161-66.

Dolley, M., and Sea by, W. A. 1971. "A Find of Thirteenth-Century Pewter Tokens from the National Museum Excavations at Winetavern Street, Dublin." *NCirc* 79:446-48.

Dorini, U., and Bertelè, T., eds. 1956. *Il Libro dei Conti di Giacomo Badoer*. Rome: Libreria dello Stato.

Duby, Georges. 1974. *The Early Growth of the European Economy*. lthaca: Cornell Univ. Press.

Dumas and Berrandon. 1982. See Section 7c.

Duplessy. 1956. See Section 6d.

——. 1985. See Section 7c.

Esty, Warren W. 1986. "Estimation of the Size of a Coinage: a Survey and Comparison of Methods." *NC* 146:185-215.

Evans, Allan, ed. 1936. Francesco Balducci Pegolotti, *La Practica della Mercatura*. Mediaeval Academy of America, Publication No. 24. Cambridge, Mass.

Fabre, P., and Duchesne, L. 1889-1905. *Le Liber Censuum de l'Église romaine*. 2 vols. Paris: N.p.

Fagerlie, Joan M. 1967. *Late Roman and Byzantine Solidi Found in Sweden and Denmark*. Num. Notes and Monographs, No. 157. New York: American Numismatic Society.

Fox, H. B. Earle, and Shirley-Fox, J. 1909-13. "Numismatic History of the Reigns of Edward I, II and III." *BNJ* 6 (1909): 197-212; 7 (1910): 91-142; 8 (1911): 137-48; 9 (1912): 181-206; 10 (1913): 95-123.

Ghetti, B. M. Apollonj, and others. 1951. *Esplorazioni sotto al Confessione di San*

Pietro in Vaticano seguite negli anni 1940-1949. 2 vols. Città del Vaticano: N.p.

Göller, E. 1910. *Die Einnahmen der Apostolischen Kammer unter Johann XXII*. Paderborn: Schöningh.

Grierson, Philip. 1951. "'*Oboli de Musc.*'" *English Historical Review* 66:75-81.

——. 1952. "The Coronation of Charlemagne and the Coinage of Pope Leo III." *Revue belge de philologie et d'histoire* 30:825-32.

——. 1956. "The Salernitan Coinage of Gisulf II (1052-77) and Robert Guiscard (1077-85)," *Papers of the British School at Rome* 24:37-59.

——. 1957a. "The Date of the *Livre des Mestiers* and its Derivatives." *Revue beige de philologie et d'histoire* 35:778-83.

——. l957b. "The Coin List of Pegolotti." In *Studi in onore di Armando Sapori* 1:483-92. Milan: Istituto editoriale cisalpino.

——. 1959. See Section 5b.

——. 1961a. "Notes on the Fineness of the Byzantine Solidus." *Byzantinische Zeitschrift* 54:91-7.

——. 1961b. "La fonction sociale de la monnaie en Angleterre aux VIIe et VIIIe siècles." In *Moneta e scambi nell'alto medioevo*, 341-62. Spoleto: Centro italiano di studi sull'altomedioevo.

——. 1963. "Coin Wear and the Frequency Table." *NC*^{7} 13:v-xv.

——. 1967. "Coinage in the Cely Papers." In *Miscellanea mediaevalia in Memoriam Jan Frederik Niermeyer*, 379-404. Groningen: Wolters.

——. 1972. "La cronologia della monetazione salernitana nel secolo XI." *RIN* 74 (1972): 153-65.

——. 1974. "Muslim coins in thirteenth-century England." In *Near Eastern Numismatics, Iconography, Epigraphy and History. Studies in Honor of George C Miles,* edited by D. K. Kouymjian, 387-91. Syracuse: Syracuse Univ. Press.

Guilhiermoz, P. 1922-26. "Avis sur la question monétaire donnés aux rois Philippe le Hardi, Philippe le Bel, Louis X et Charles IV le Bel." *RN*^{4} 25 (1922): 73-80, 173-

210; 27 (1924): 109-28; 28 (1925): 90-101, 217-37; 29 (1926): 91-101.

Hall, E. T., and Metcalf, D. M., eds. 1972. *Methods of Chemical and Metallurgical Investigation of Ancient Coinage*. London: Royal Numismatic Society.

Hävernick, Waiter. 1931. *Der Kölner Pfennig in 12. and 13. Jahrhundert.* Stuttgart: Kahlhammer.

Head, Barclay V. 1874. "On the Chronological Sequence of the Coins of Syracuse." *NC²* 14:1-80.

Hill, David, and Metcalf, D. M. 1984. *Sceattas in England and on the Continent*. The Seventh Oxford Symposium on Coinage and Monetary History. Oxford: BAR British Series 128.

Jensen, J. Steen. 1977. "Kirkegulvsmønter." *Hikuin* 3:295-302.

Johnson, Charles. 1956. *The De Moneta of Nicholas Oresme and English Mint Documents*. Edinburgh: Nelson, 1956.

Kent, J. P.C. 1966. "Julius Nepos and the Fall of the Western Empire." In *Corolla Memoriae Erich Swoboda dedicata*, 146-50. Graz: Böhlaus.

Kyhlberg, Ola. 1986. "Late Roman and Byzantine solidi. An Archaeological Analysis of Coins and Hoards." In *Excavations at Helgö X. Coins, Iron and Gold*, 13-126. Stockholm: N.p.

Lawrence, L. A. 1915. "The Short Cross Coinage 1180-1247." *BNJ* 11:59-100.

———. 1926-33. "The Coinage of Edward III from 1351." *NC⁵* 6(1926): 417-69; 9(1929): 106-68; 12(1932): 66-174; 13(1933): 15-79.

Lombard. 1947. See Section 6d.

Lyon, C. S. S. 1965. "The Estimation of the Number of Dies Employed in a Coinage." *NCirc* 73:180-1.

Macdonald, George. 1919. "The Mint of Crossraguel Abbey." *NC⁴* 19:269-311.

Mate, Mavis. 1969. "Coin Dies under Edward I and II." *NC⁷* 9:208-18.

Metcalf, D. M. 1963. "Offa's Pence Reconsidered." *Cunobelin. The Yearbook of the British Association of Numismatic Societies*, 44-46, 50.

——. 1967. "How Extensive was the Issue of Folies during the Years 775-820[?]." *Byzantion* 37:302-30.

Orsini, Ignazio. 1760. *Storia delle monete della repubblica fiorentina*. Florence: N.p.

Papadopoli, Nicolò. 1893-1919. *Le Monete di Venezia*. 4 vols. Venice: N.p.

Patterson, C. C. 1972. "Silver Stocks and Losses in Ancient and Mediaeval Times." *Econ. Hist. Rev.*[2] 25:203-35.

Ravel, O. 1945. "The Classification of Greek Coins by Style." *NC*[6] 5:117-24.

Saulcy, Félicien de. 1879-92. *Recueil de documents relatifs à l'histoire des monnaies frappées par les rois de France depuis Philippe II jusqu'à François I*[er]. 4 vols. Paris: N.p.

Sawyer. 1971. See Section 6c.

Schäfer, K. H. 1911. *Die Ausgaben der Apostolischen Kammer unter Johann XXII. nebst den Jahresbilanzen von 1316-1375*. Paderborn: Schöningh.

Sellwood, D. G. 1963. "Some Experiments in Greek Minting Techniques." *NC*[7] 3:217-31.

Serning, Inga. 1956. *Lappska offerplatsfynd från järnålder och medeltid i de Svenska Lappmarkerna*. Uppsala: Almqvist and Wiksell.

Shirley-Fox, J. 1928. "The Pennies and Halfpennies of 1344-51." *NC*[5] 8:16-46.

Stewart, I. H. 1963. "Medieval Die Output: Two Calculations for English Mints in the Fourteenth Century." *NC*[7] 3:98-106.

——. 1964. "Second Thoughts on Medieval Die Output." *NC*[7] 4:293-303.

Stewart, Ian H. 1969. "Style in Medieval Coinage." *NC*[7] 9:269-89.

Suchodolski. 1961. See Section 6a.

Thompson. 1956. See Section 7h.

Tomasini, Wallace J. 1964. *The Barbaric Tremissis in Spain and Southern. France. Anastasius to Leovigild*. Numismatic Notes and Monographs, no. 152. New York: American Numismatic Society.

Van Gelder, H. Enno. 1958. "Les plus anciens tarifs monétaires illustrés des

PaysBas." In *Centennial Publication of the American Numismatic Society*, edited by H. Ingholt, 239-72. New York.

2. 一般参考文献

Grierson, P. *Bibliographie numismatique*. 2d ed. Brussels: Cercle d'Études numismatiques, 1979.

Clain-Stefanelli, E. E. *Numismatic Bibliography*. Munich: Battenberg-Verlag, 1984.

Dictionary Catalogue of the Library of the American Numismatic Society. 7 vols. Boston: G. K. Hall, 1962. First and Second Supplements, 1962-67, 1968-72. Boston: G. K. Hall, 1968, 1973.

上述第一本最为有用，因为其中囊括了关键信息，且契合史学家的思路。第二本出自同一作者，即 *Select Numismatic Bibliography*（New York: Stack's, 1965）。A.N.S. 编目是最为全面的一部，但没有注释，且只有大型图书馆才有。

这里罗列了最近出版的作品（书籍和期刊），且附有简要概述，见 *Numismatic Literature*（New York: American Numismatic Society, 1947-），目前每年出版两次，不过，关于各地区、各主题近 10 年的出版作品，可以通过下面所列文献综述快速找到，它们是为近三届 International Numismatic Congresses 而作，如下：

A Survey of Numismatic Research, 1966-1971. Vol. 2. *Mediaeval and Oriental Numismatics*. Edited by J. Yvon and Helen W. Mitchell Brown. New York: International Numismatic Commission, produced for the New York-Washington congress of September 1973.

A Survey of Numismatic Research 1972-1977. Edited by Robert Carson, Peter Berghaus and Nicholas Lowick. Berne: International Numismatic Commission, produced for the Berne Congress of September 1979.

A Survey of Numismatic Research 1978-1984. Edited by Martin Price, Edward Besly, David MacDowall, Mark Jones and Andrew Oddy. Vol. 1. *Ancient, Mediaeval and*

Modern Numismatics. London: International Numismatic Commission, produced for the London congress of September 1986.

A Survey of Numismatic Research 1985-1990. Edited by Tony Hackens, Paul Naster, Maurice Colaert, Raf van Laere, Ghislaine Moucharte, François de Callataÿ, and Véronique van Driessche. 2 vols. Brussels: International Numismatic Commission, produced for the Brussels Congress of September 1991.

3. 现有期刊

收录大量文章的重要期刊前标有星号。有些次要期刊载有概述类文章，是面向大众的，有时为钱币商人服务，不过其中一些短篇文章、论文有时很关键。停刊的期刊以及鲜有涉及中世纪的期刊没有列在这里。有关它们的信息可从上面的参考文献中寻找。常用钱币学期刊及其标准缩写名称列在下面：

Acta Numismatica. Barcelona, 1971-.

Annali (Istituto italiano di Numismatica). Rome, 1954-.

Berliner Numismatische Zeitschrift. Berlin, 1949-.

Bollettino del Circolo Numismatico Napoletano. Naples, 1916-.

Bollettino di Numismatica. Rome, 1983-.

BNJ   *British Numismatic Journal*. London, 1905-.

BCEN   Bulletin [du] Cercle d'Études numismatiques. Brussels, 1964-.

BSFN   Bulletin de la Société française de numismatique. Paris, 1946-.

Gazette numismatique suisse: alternative title to the *Schweizer Münzblätter* (q.v.).

HBN   *Hamburger Beiträge zur Numismatik*. Hamburg, 1947-.

JMP   Jaarboek [van het Koninklijk Nederlandsch Genootschap] voor Munten Penningkunde. Amsterdam, 1914-. Continues the *Tijdschrift* of the same society.

JNG   *Jahrbuch für Numismatik und Geldgeschichte*. Munich, 1949-.

MN   *Museum Notes* (of the American Numismatic Society). New York, 1945-.

NNA	*Nordisk Numismatisk Arsskrift. Copenhagen, 1936-.
	*Numisma. Madrid, 1951-.
NC	*Numismatic Chronicle. London, 1838-.
NCirc	Numismatic Circular. London, 1892/93-. Originally entitled *Spink's Numismatic Circular*
NNM	*Numismatic Notes and Monographs. New York, 1920-. Separate monographs published by the American Numismatic Society.
	*Numismatický Sborník. Prague, 1953-. Continuation of *Numismaticky Časopis Československý Prague, 1925-52.
NZ	*Numismatische Zeitschrift. Vienna, 1870-.
	Numismatist, The. Wichita, 1888-.
	*Numizmaticheskii Sbornik. Moscow, 1960-.
	*Numizmatikai Közlöny. Budapest, 1902-.
	*Numizmatika i sfragistika. Kiev, 1963-.
	*Nummus. Oporto, 1952-.
RBN	*Revue belge de numismatique. Brussels (originally Tirlemont), 1842-.
RN	*Revue numismatique. Paris, 1836-.
	Revue suisse de numismatique: alternative title to the *Schweizerische Numismatische Rundschau* (q.v.).
RIN	*Rivista italiana di numismatica. Milan, 1888-.
	*Schweizer Münzblätter. Basel, 1949-.
RSN	*Schweizerische Numismatische Rundschau. Berne (originally Geneva), 1891-.
SCMB	Seaby's Coin and Medal Bulletin. London, 1945-.
	Spink's Numismatic Circular. See *Numismatic Circular*.
SCN	*Studi şi cercetari de numismatica. Bucharest, 1951-.
	*Travaux [du] Cercle d'Études numismatiques. Brussels, 1964-. Separate monographs.

Trudy Gosudarstvennogo Ermitazha. Leningrad, 1945-. Only some volumes in this series are devoted to numismatics.

WN   *Wiadomosci Numizmatyczne*. Warsaw, 1957-.

4. 一般作品

Bloch, M. *Esquisse d'une histoire monétaire de l'Europe*. Paris: Armand Colin, 1954. 作者死后，收录了其笔记。

Carson, R. A. G. *Coins, Ancient, Mediaeval and Modern*. 2d ed. London: Hutchinson, 1970. 大部头描述性作品，没有参考文献。1971年出版的三卷本纸质版对欧洲钱币作出区分（中世纪和现代钱币）。

Cipolla, C. M. *Money, Prices and Civilization in the Mediterranean World from the 5th to the 17th Century*. Princeton: Princeton Univ. Press, 1956. Brief, penetrating sketch.

Engel, A., and Serrure, R. *Traité de numismatique du moyen âge*. 3 vols. Paris, 1891-1905. Standard work of reference.

Friedensburg, F. *Münzkunde und Geldgeschichte der Einzelstaaten*. Munich: Oldenbourg, 1928. Brief histories of national coinages.

Grierson, P. *The Coins of Medieval Europe*. London: Seaby, 1991. Outline sketch, very fully illustrated (enlargements).

——. *Numismatics*. London: Oxford University Press, 1975. General introduction to the subject.

Grierson, P., and M. Blackburn. *Medieval European Coinage, with a Catalogue of the Coins in the Fitzwilliam Museum Cambridge*. Vol. 1-. Cambridge: Cambridge Univ. Press, 1986-. A projected survey in 13 vols., of which only vol. 1 (see below, Section 7b) has so far appeared.

Jesse, W. *Quellenbuch zur Münz- und Geldgeschichte des Mittelalters*. Brunswick: Klinkhardt and Biermann [1968]. Reprint of 1924 ed., with valuable updating.

Porteous, J. *Coins in History: A Survey of Coinage from the Reform of Diocletian to the Latin Monetary Union*. London: Weidenfeld and Nicolson, 1969. Good general history, without references.

Spufford, P. "Coinage and Currency." In *Cambridge Economic History of Europe.* Vol. 3: *Economic Organization and Policies in the Middle Ages,* 576-602. Cambridge; Cambridge Univ. Press, 1963.

——. *Money and its Use in Medieval Europe.* Cambridge: Cambridge Univ. Press, 1988.

5. 参照作品

Luschin von Ebengreuth, A. *Allgemeine Münzkunde und Geldgeschichte.* 2d ed. Munich: Oldenbourg, 1924. Immensely valuable reference book, where one can find, for example, the weights of the various marks and pounds used in the Middle Ages set out in tabular form.

Martinori, E. *La Moneta.* Rome: Istituto italiano di numismatica, 1915. General encyclopaedia, often useful.

Mateu y Llopis, F. *Glosario hispánico di numismatica.* Barcelona: Consejo superior de investigaciones cientificas, 1946. Particularly useful for its references to coin names in medieval documents, especially those of the Iberian Peninsula and other Mediterranean countries.

Rentzmann, W. *Numismatisches Legenden-Lexicon des Mittelalters und der Neuzeit.* Berlin: N.p., 1865/66. Reprinted, Osnabrück: Biblio, 1969. More useful for the early Modern period than for the Middle Ages, but the only work where one can look up a personal name or a place name and find, for example, all rulers named Johannes listed together.

——. *Numismatisches Wappen-Lexicon des Mittelalters und der Neuzeit.* Berlin: N.p., 1876. Reprinted, Düsseldorf: Auktion Schenk, 1965. Useful for the last centuries of the Middle Ages.

Schrötter, F. von, ed. *Wörterbuch der Münzkunde.* Berlin: Waiter de Gruyter, 1930. The best encyclopedia of the subject.

6. 有关主题

中世纪钱币学各个重要主题无法按地区归类，其中最为关键的主题如下：

a. 铸币活动

Balog, P. "Études numismatiques de l'Egypte musulmane. Périodes fatimite et ayoubite. Nouvelles observations sur la technique du monnayage." *Bull. de l'Institut d'Égypte* 33 (1951): 1-40. Also an earlier article by the same author in ibid. 31 (1949): 95-105.

Bisson, Thomas N. *Conservation of Coinage. Monetary Exploitation and its Restraint in France, Catalonia and Aragon (c.A.D.1000-c.1225)*. Oxford: Clarendon Press, 1979.

Cipolla, C. M. "Currency depreciation in Medieval Europe." *Econ. Hist. Rev.²* 15 (1963): 413-22.

Lopez, R. S. "An Aristocracy of Money in the Early Middle Ages." *Speculum* 28 (1953): 1-43.

———. "Continuità e adattamento nel medio evo: un millenio di storia delle associazioni di monetieri nell'Europa meridionale." In *Studi in onore di Gino Luzzatto*, 74-117. Milan: Giuffrè, 1949. Good bibliographical notes.

Sellwood, D. G: "Medieval Monetary Techniques." *BNJ* 31 (1962): 57-65.

Suchodolski, S. "*Renovatio monetae* in Poland in the 12th Century." *Polish Numismatic News* (Supplement to *WM* 5 [1961]: 55-75). Covers more ground than the title suggests.

———."Some Problems of the Techniques of Coining in Early Medieval Poland." *WN* 3 (1959): 23-40. In Polish, with English summary.

b. 交易方式

Bloch, M. "Economie-nature et économie-argent: un pseudo-dilemme." *Ann. d'hist. écon. et sociale* 5 (1933): 7-16. Repr. in his *Mélanges historiques* (Paris:

SEVPEN, 1963), 11:868-77.

Dopsch, A. *Naturalwirtschaft und Geldwirtschaft in der Weltgeschichte.* Vienna: Schroll, 1930.

Grierson, P. "Commerce in the Dark Ages: A Critique of the Evidence." *Trans. Roy. Hist. Soc.*^{5} 9 (1959): 123-40. Reprinted in *Studies in Economic Anthropology*, edited by G. Dalton, 74-83. New York: Doubleday, 1971.

Sayous, E. *L'Origine de la lettre de change, les procédés de crédit et de paiement dans les pays chrétiens de la Méditerranée occidentale entre le milieu du XIIe et le XIIIe siècle.* Paris: Librairie du Recueil Sirey, 1933.

Spufford, Peter. *Handbook of Medieval Exchange.* London: Royal Historical Society, Guides and Handbooks, no. 13, 1986.

Van Werveke, H. "Monnaies, lingots ou marchandises? Les instruments d'échange au XIe et au XIIe siècle." *Ann. d'hist. écon. et sociale* 4 (1932): 452-68.

——. "Monnaie de compte et monnaie réelle." *Rev. beige de philol. et d'hist.* 13 (1934): 123-52.

c. 维京时期的藏币

Blackburn, M. A. S., and Metcalf, D. M., eds. *Viking-Age Coinage in the Northern Lands.* The Sixth Oxford Symposium on Coinage and Monetary History. Oxford: BAR International Series 122, 1981.

Commentationes de nummis saeculorum IX-XI in Suecia repertis. Pars I-. Edited by N. L. Rasmusson and L. O. Lagerqvist. Stockholm: Almqvist and Wiksell, 1961-. Studies preparatory to the eventual publication of a *Corpus* (see next entry); two volumes have appeared to date; vol. 1 includes a brief introductory survey by Rasmusson.

Corpus nummorum saeculorum IX-XI qui in Suecia reperti sunt. Vol. 1-. Edited by B. Malmer and N. L. Rasmusson. Stockholm: Almqvist & Wiksell, 1975-. Planned for about 30 vols.

Hatz, G. *Handel und Verkehr zwischen dem Deutschen Reich und Schweden in der späten Wikingerzeit. Die deutschen Münzen des 10. und 11. Jahrhunderts in*

Schweden. Lund: Kungl. Vitterhets Historie och Antikvitets-akademien, 1974. Contains the fullest bibliography of the further surveys by E. Person (Swedish hoards), M. Stenberger (Gotland hoards), R. Skovmand (Danish hoards), C. A. Nordman (Finnish hoards), H. Hoist (Norwegian hoards), and others.

Polskie skarby wczesnosredniowieczne. 4 vols. and index. Warsaw and Wroclaw: Polskie Badania Archeologiczne, vols. 1 (1959), 4 (1959), 10 (1965), 12 (1966): *Atlas*: Polskie Towarzystwo Archeologiczne i Numizmatyczne, 1982.

Sawyer, P. H. *The Age of the Vikings*. 2d ed. London: Arnold, 1971. Contains (pp. 86-119) the best introduction in English.

d. 穆斯林钱币在欧洲的角色

Cahen, C. "Quelques problèmes concernant l'expansion économique musulmane au haut moyen âge." *L'Occidente e l'Islam nell'alto medioevo* (Spoleto: Centro di studi sull'alto medioevo, 1965), 391-432, and discussion on pp. 487ff. Includes bibliographical references to earlier literature by Lombard, Bolin, Grierson, Perroy, Himly, and others.

Duplessy, J. "La circulation des monnaies arabes en Europe occidentale du VIIIe au XIIIe siècle." *RN^5* 18 (1956): 101-64. List of finds, showing how few there are prior to the twelfth century.

Lombard, M. "Les bases monétaires d'une suprématie économique: l'or musulman du VIIe au XIIe siècle." *Annales: Écon., Soc., Civil.* 2 (1947): 143-60. Reprinted in his *Espaces et réseaux du haut moyen âge*, 7-29. Paris: Mouton, 1972.

e. 13 世纪的金币和银币

Bloch, M. "Le problème de l'or au moyen-âge." *Ann. d'hist. econ. et sociale* 5 (1933): 1-34. Reprinted in his *Mélanges historiques* 2:839-67. Paris: SEVPEN, 1963.

Grierson, P. "The Origins of the Grosso and of Gold Coinage in Italy." *Numismaticky Sbornik* 12 (1971-72): 33-48. This whole volume, the report of a symposium held in Czechoslovakia in 1970, is relevant.

Lopez, R. S. *Settecento anni fà: il ritorno all'oro nel occidente ducentesco*. Naples:

Edizioni scientifiche italiane, 1955. Summarized in "Back to Gold, 1252." *Econ. Hist. Rev.*² 9 (1956): 219-40.

Watson, A. M. "Back to Gold-and Silver." *Econ. Hist. Rev.*² 20 (1967): 1-34.

f. 国际钱币

Berghaus, P. "Die Perioden des Sterlings in Westfalen, dem Rheinland und in den Niederlanden." *HBN* 1 (1947): 34-53.

———. "Umlauf und Nachprägung des Florentiner Guldens nördilich der Alpen." In *Congresso internazionale di Numismatica, Roma, 1961* 2 *(Atti)*: 595-607. Rome, 1965.

Chautard, J. *Imitations des monnaies au type esterlin frappées en Europe pendant le XIIIe et le XIVe siècles.* 2 pts. Nancy: N.p., 1872.

Dannenberg, H. "Die Goldgulden vom Florentiner Gepräge." *NZ* 12 (1880): 146-85.

Mayhew, N. J. *Sterling Imitations of Edwardian Type.* London: Royal Numismatic Society, 1983.

Nagl, A. "Die Goldwährung und die handelsmässige Geldrechnung im Mittelalter." *NZ* 26 (1894): 41-258.

Rigold, S. E. "The Trail of the Easterlings." *BNJ* 26 (1949): 31-55.

g. 通货问题

Braudel, F. "Monnaies et civilisations. De l'or du Soudan à l'argent d'Amérique." *Annales: Econ., Soc., Civil.* 1 (1946): 9-22. Largely reproduced in his book, *The Mediterranean and the Ancient World in the Age of Philip II*, 1:462-542. English translation, London: Collins, 1972. Mainly sixteenth century, but important for the end of medieval conditions.

Cipolla, C. M. "Currency Depreciation in Medieval Europe." *Econ. Hist. Rev.*² 15 (1963): 413-22.

Nef, J. U. "Silver production in Central Europe, 1450-1518." *Journal of Political Economy* 49 (1941): 575-91.

Perroy, E. "A l'origine d'une économie contractée: les crises du XIVe siècle."

Annales: Econ., Soc., Civil. 4 (1949): 167-82.

h. 货币理论

Babelon, J. "La théorie féodale de la monnaie." *Mém. de l'Acad. des Inscriptions* 28(i) (1908): 279-347.

Bridrey, M. *La théorie de la monnaie au XIVe siècle. Nicole Oresme.* Paris: Giard et Brière, 1906. With the long, critical review by A. Landry in *Le Moyen Age* 22 (1909): 145-78.

Johnson, C. *The De Moneta of Nicholas Oresme and English Mint Documents.* Edinburgh: Nelson, 1956. Text and translation.

Langholm, Odd. *Wealth and Money in the Aristotelian Tradition: A Study in Scholastic Economic Sources.* Bergen: Universitetsforlaget, 1983.

7. 国家和地区

  这部分罗列标准著作以供参考，不过需要承认这份清单已经开始赶不上新作品出版的速度了。这里尤其关注收藏家的藏书，因为其中的信息往往更准确，比旧版书更可靠，但常常缺乏史学家青睐的解释性信息。拜占庭和中世纪两种类别的钱币最易于区分。我的 *Bibliographie numismatique* 一书中收录了这两类钱币的参考文献，比这里更为全面，但不涉及 1978 年之后的作品。需要注意，即便是权威著作，各国出版的著作质量也是参差不齐的。有些著作研究十分深入，且附有大量参考文献，使读者有渠道去了解凹模和钱币流通信息，但有些 19 世纪以后的作品无太多可取之处。

a. 拜占庭

Bellinger, A. R., and Grierson, P. *Catalogue of Byzantine Coins in the Dumbarton Oaks Collection and in the Whittemore Collection.* Washington: Dumbarton Oaks Center for Byzantine Studies, 1966-. Vol. 1 (1966) covers 491-602; vol. 2 (1968), 602-717; and vol. 3 (1973), 717-1081. The latter two each contain lengthy introductions. Two further volumes are expected.

Grierson, P. *Byzantine Coins.* London, Berkeley, and Los Angeles: Methuen and

Univ. of California Press, 1982. General survey, very fully illustrated.

Hahn, W. *Moneta Imperii ByzantinL Rekonstruktion des Prägeaufbaues auf Synoptisch-tabellarischer Grundlage*. 3 vols. Vienna: Österreichische Akademie der Wissenschaften, 1973-81. Essential work of reference, but covers only 491-720.

Hendy, M. F. *Coinage and Money in the Byzantine Empire 1081-1261*. Washington: Dumbarton Oaks Center for Byzantine Studies, 1969. Supersedes earlier publications for the period it covers.

——. *Studies in the Byzantine Monetary Economy c.300-1450*. Cambridge: Cambridge Univ. Press, 1985.

Morrisson, C. *Catalogue des monnaies byzantines de la Bibliothèque Nationale*. 2 vols. Paris: Bibliothèque nationale, 1970. Ends at 1204; excellent introduction sections.

Morrisson, Cécile, and others. *L'or monnayé. I. Purifications et altérations de Rome à Byzance*. Cahiers Ernest Babelon 2. Paris: Éditions du C.N.R.S., 1985.

Sabatier, J. *Description générale des monnaies byzantines*. 2 vols. Paris: N.p., 1862 (and later reprints).

Wroth, W. *Catalogue of the Imperial Byzantine Coins in the British Museum*. 2 vols. London: British Museum, 1908.

b. 中世纪

Belfort, A. de *Description générale des monnaies mérovingiennes*. 5 vols. Paris, 1892-95.

Bernareggi, E. *Il sistema economico e la monetazione dei Longobardi nell'Italia superiore*. Milan: Ratto, 1960.

——. "Le monete dei Longobardi nell'Italia Padana e nella Tuscia." *RIN* 65 (1963): 35-142.

Gariel, E. *Les monnaies royales de France sous la race carolingienne*. 2 vols. Strasbourg: N.p., 1883-84.

Grierson, P., and Blackburn, M. *Medieval European Coinage, with a Catalogue of the Coins in the Fitzwilliam Museum, Cambridge.* Vol. 1: *The Early Middle Ages (5th-10th Centuries).* Cambridge: Cambridge Univ. Press, 1986.

Hill, David, and Metcalf, D. M. *Sceattas in England and on the Continent.* The Seventh Oxford Symposium on Coinage and Monetary History. Oxford: BAR British Series 128, 1984.

Lafaurie, J. "Monnaie en argent trouvée à Fleury-sur-Orne: Essai sur le monnayage d'argent franc des Ve et VIe siècles." *Annales de Normandie* 14 (1964): 173- 222. Essential for the silver coinage, which apart from the Cimiez hoard was virtually unknown in the nineteenth century.

Miles, G. C. *The coinage of the Visigoths of Spain: Leovigild to Achila II.* New York: American Numismatic Society, 1952.

Moneta e scambi nell'alto medioevo. Settimane di studi del centro italiano di studi sull'alto medioevo, VIII. Spoleto: Centro di sull'alto medioevo, 1961. Essential collection of studies.

Morrison, K. F., and Grunthal, H. *Carolingian Coinage.* NNM No. 158. New York: American Numismatic Society, 1967.

Prou, M. *Les monnaies carolingiennes.* Cat. des monnaies françaises de la Bibliothèque Nationale. Paris, 1896.

———. *Les monnaies mérovingiennes.* Cat. des monnaies françaises de la Bibliothèque Nationale. Paris, 1892.

Sutherland, C. H. V. *Anglo-Saxon gold coinage in the light of the Crondall Hoard.* London: Oxford Univ. Press, 1948.

Tomasini, W. H. *The Barbaric Tremissis in Spain and Southern France. Anastasius to Leovigild. NNM* No. 152. New York: American Numismatic Society, 1964.

Wroth, W. *Catalogue of the Coins of the Vandals, Ostrogoths and Lombards ... in the British Museum.* London: British Museum, 1911.

c. 法国

Blanchet, A., and Dieudonné, A. *Manuel de numismatique française*. 4 vols. Paris: Picard, 1912-36. Standard work. Vol. 1 covers the Gaulish, Roman, Merovingian, and Carolingian periods; vol. 2, the royal coinage; vol. 3, jettons, tokens, and medals; and vol. 4, feudal coins.

Caron, E. *Monnaies féodales françaises*. Paris: N.p., 1882. Supplement to Poey d'Avant.

Dieudonné. A. *Catalogue des monnaies françaises de la Bibliothèque Nationale. Les monnaies capétiennes*. 2 vols. Paris: Leroux, 1923-32. To 1515.

Dumas, F. "Le debut de I'époque féodale en France d'après les monnaies." *BCEN* 10 (1973): 65-77. Most recent survey of its origins.

Dumas, Françoise, and Barrandon, Jean-Noël. *Le titre et le poids de fin des monnaies sous le règne de Philippe-Auguste (1180-1223)*. Cahiers Ernest Babelon 1. Paris: Éditions du C.N.R.S., 1982.

Duplessy, Jean. *Les monnaies françaises royales de Hugues Capet à Louis XVI (987-1793)*. Vol. 1 (Hugues Capet-Louis XII). Paris: Platt; Maastricht: Van der Dussen, 1988.

——. *Les trésors monétaires médiévaux et modernes decouverts en France*. Vol. 1:751-1223. Paris: Bibliothèque nationale, 1985.

Lafaurie, J. *Les monnaies des rois de France*. Vol. I, *Hugues Capet à Louis XII*. Paris: Bourgey and Monnaies et Médailles, S.A., 1951.

Poey d'Avant, F. *Les monnaies féodales de la France*. 3 vols. Paris, 1858-62.

d. 低地国家

将低地国家作为一个整体来考察的著作还没有出现，Grierson and Blackburn 下一部著作将以之为研究对象，即 *Medieval European Coinage*（见前面第 4 部分）。An Oxford Symposium volume, *Coinage in the Low Countries* (*880-1500*), edited by N. J. Mayhew (BAR International Series 54. Oxford, 1979), is uneven and necessarily selective. 主要问题的研究作品如下：

钱币学 205

Bernays, E., and Vannérus, J. *Histoire monétaire du comté puis duché de Luxembourg et de sesfiefs*. Brussels: Académie royale de Belgique, 1910; supplement 1934.

Chalon, R. *Recherches sur les monnaies des comtes de Hainaut*. Brussels: N.p., 1848; supplements 1852, 1854, 1857, and by A. de Witte in 1891.

Chestret de Haneffe, J. de. *Numismatique de la principauté de Liège*. Brussels: N.p., 1890; supplement Liège, 1900.

Gaillard, V. *Recherches sur les monnaies des comtes de Flandre*. 2d ed. Ghent, 1857. Ends with 1384; it is continued in a series of articles by L. Deschamps de Pas in *RN* (1861, 1862, 1866, 1869, 1874) and *RBN* (1876).

Ghyssens, J. *Les petits deniers de Flandre du XIIe et XIIIe siècles*. Brussels: Cercle d'Études numismatiques, 1971.

Van der Chijs, P. O. *De munten der Nederlanden ven de vroegste tijden tot aan de Pacijicatie van Gend'1576)*. 9 vols. Haarlem: N.p., 1851-66. The most important vols. are 2 (Guelders), 6 (Holland), and 7 (Utrecht).

Van Gelder, H. F. *De Nederlandse munten*. 7th ed. Utrecht: Aula Boeken, 1980. Brief but authoritative survey.

Van Gelder, H. E., and Hoc, M. *Les monnaies des Pays-Bas bourguignons et espagnols, 1434-1713*. Amsterdam: J. Schulman, 1960.

Weiller, R. *Les monnaies luxembourgeoises*. Numismatica Lovaniensia 2. Louvain-la-Neuve: N.p., 1977.

Witte, A. de. *Histoire monétaire des comtes de Louvain, dues de Brabant*. 3 vols. Antwerp: N.p., 1894-99.

e. 德国和奥地利

最早的著作以外，没有一般性参考著作（Dannenberg）。这里难以涵盖个别采邑的铸币和货币历史，见我的 *Bibliographie*, pp. 138-59。

Berghaus, P. "Die Münzpolitik der deutschen Städte im Mittelalter." In *Finances et comptabilités urbaines du XIIIe au XIVe siècle*, 75-85. Brussels: Pro

Civitate, 1964.

Dannenberg, H. *Die deutschen Münzen der sächsischen und fränkischen Kaiserzeit*. 4 vols. and plates. Berlin: N.p., 1876-1905.

Förschner, Gisela. *Deutsche Münzen*. Münzkabinett, Historisches Museum, Frankfurt am Main. Vol. l. Melsungen: Verlag Gutenberg, 1984-. Only the first volume (Aachen-Augsburg) of the catalogue of this important collection has appeared at the time of writing.

Gaettens, R. *Die Wirtschaftsgebiete und der Wirtschaftsgebietspfennig der Hohenstaufenzeit*. Lübeck: Riechmann, 1963.

Joseph, P. *Goldmünzen des 14. und 15. Jahrhunderts (Disibodenberger Fund)*. Frankfurt: N.p., 1882.

Metcalf, D. M. *The Coinage of South Germany in the 13th Century*. London: Spink, 1961.

Suhle, A. *Hohenstaufenzeit im Münzbild*. Munich: Hiersemann, 1963.

——. *Deutsche Münz- und Geldgeschichte von den Anfängen bis zum 15. Jahrhundert*. 2d ed. Munich: Battenberg, 1964. Brief general history, with notes and references.

f. 意大利

和德国一样，这里也无法涵盖意大利各个城邦，见我的 *Bibliographie*, pp. 159-69。

Cipolla, C. M. *Le avventure delta lira*. Milan: Edizioni di Communità, 1958. Outline history.

Corpus Nummorum Italicorum. Vol. I-XX. Rome: N.p., 1910. Huge reference work, arranged regionally, without explanatory text.

Sambon, G. *Repertorio generate della monete coniate in Italia*. Part 1 (all published). Paris: The Author, 1912. Tabular analysis, requiring revision in detail, but gives a good picture of Italian coinage to the thirteenth century.

g. 西班牙和葡萄牙

Batalha Reis, P. *Preçario das moedas portuguesas da 1140 a 1640*. Lisbon: The

Author, 1956. Fully illustrated list for collectors, but useful as a guide.

Botet y Sisó, J. *Les monedes catalanes.* 3 vols. Barcelona: Istitut d'Estudis catalans, 1908-11.

Crusafont i Sabater, M. *Numismatica de la Corona Catalano-Aragonesa medieval (795-1516).* Madrid: Editorial Vico, 1982.

Gil Farres, O. *Historia de la moneda española.* 2d ed. Madrid: The Author, 1975.

Heiss, A. *Descripcion general de las monedas hispano-cristianas desde la invasion de los Arabes.* 3 vols. Madrid: N.p., 1865-69. Huge reference work, parts of which are superseded by Botet y Sisó and Mateu y Llopis.

Mateu y Llopis, F. *La ceca di Valencia y las acuñaciones valencianas de los siglos XIII al XVIII.* Valencia: The Author, 1929.

Teixeira de Aragão, A. C. *Descripsao geral e historica das moedas cunhadas em nome dos reis, regentes e governadores de Portugal.* 3 vols. Lisbon: N.p., 1874-80.

Vaz, J. Ferraro. *Numaria medieval portuguesa, 1128-1383.* 2 vols. Lisbon: The Author, 1960. Extravagantly produced but essential commentary.

h. 英格兰诸岛

Blackburn, M. A. S., ed. *Anglo-Saxon Monetary History. Essays in Memory of Michael Dolley.* Leicester: Leicester Univ. Press, 1986.

Brooke, G. C. *English Coins.* 3d ed., revised by C. A. Whitton. London: Methuen, 1950. Standard reference work.

Catalogue of English Coins in the British Museum:

Keary, C. F., and Grueber, H. A. A*nglo-Saxon Series.* 2 vols. 1887-93.

Brooke, G. C. *The Norman Kings.* 2 vols. 1916.

Alien, D. F. *The Cross-and-Crosslets ("Tealby") Type of Henry II.* 1951.

Cochran-Patrick, R. W. *Records of the Coinage of Scotland.* 2 vols. Edinburgh: N.p., 1876. Archival material.

Dolley, R. H. M. *The Hiberno-Norse Coins in the British Museum.* London: British

Museum, 1966. Basic work on the earliest coinage.

———. *Mediaeval Anglo-Irish Coins*. London: Seaby, 1969.

Dowle, A., and Finn, P. *The Guide-Book to the Coinage of Ireland from 995 A.D. to the Present Day*. London: Spink, 1969. For collectors, but with explanatory text and bibliography.

Feavearyear, A. E. *The Pound Sterling. A History of English Money*. 2d ed. London: Oxford Univ. Press, 1963.

Mayhew, N. J., ed. *Edwardian Monetary Affairs (1279-1344)*. BAR British Series 36. Oxford, 1977.

North, J. J. *English Hammered Coinage*. 2 vols. 2d ed. London: Spink, 1980, 1975 Excellent work of reference, fully illustrated, but concerned essentially with classification and dating.

Oman, C. *The Coinage of England*. Oxford: Oxford Univ. Press, 1931. Unreliable in detail, but the best general history.

Ruding, R. *Annals of the Coinage*. 3d ed. 3 vols. London: N.p., 1840. Essential references to archive material.

Stewart, I. H. *The Scottish Coinage*. 2d ed. London: Spink, 1967. *Sylloge of Coins of the British Isles*. London: British Academy, 1958-. Summary catalogs, technical in character, of material, mainly Anglo-Saxon, in various museums. 40 vols. have been published up to time of writing, and the series continues.

Thompson, J. D. A. *Inventory of British Coin Hoards, A.D. 600-1500*, London: N.p., 1956.

i. 斯堪的纳维亚

Bendixen, K. *Denmark's Money*. Copenhagen: National Museum of Denmark 1967; short history in English.

Lagerqvist, L. O. *Svenska mynt under Vikingtid och Medeltid (ca.995-1521) samt Gotländska mynt (ca.1140-1565)*. Stockholm: Numismatiska Bokförlaget, 1969. Best descriptive work on Swedish coins.

Mønt. Edited by S. Aakjaer. Nordisk Kultur, 29. Stockholm: Bonniers Förlag, 1936. Standard work by B. Thordeman, H. Hoist, and G. Galster, covering the coinages of Sweden, Norway, and Denmark, respectively.

Schive, C. J. *Norges mynter i middelalderen.* Christiania: N.p., 1865. Standard reference book.

Skaare, K. *Moneta Norwei. Norsk mynt i tusen ar.* Oslo: N.p., 1966. Short history of Norwegian coinage.

j. 东欧和中欧

Cach, F. *Nejstaršičeske mincé.* 3 vols. Prague: Ceská Numismatická Spolecnost, 1970-74. Intended to supersede the old standard work of Fiala (1895-98).

Castelin, K. *Grossus Pragensis. Der Prager Groschen und seine Teilstücke, 1300-1547.* 2d ed. Brunswick: Klinghardt and Biermann, 1973. Covers the last two centuries of the Middle Ages, after Turnwald ends.

Gumowski, M. *Handbuch der polnischen Numismatik.* Graz: Akademische Druckund Verlagsanstalt, 1960. Adaptation of a work published in Polish in 1914, with updated bibliographies and partially revised text.

Kiersnowski, R. *Wstęp do numizmatyki polskiej wieków średnich* (Introduction to medieval Polish numismatics). Warsaw: Panstwowe Wydawnictwo Naukowe, 1964. Standard work in Polish.

Spasskij, I. G. *The Russian Monetary System.* Amsterdam: Schulman, 1967. General history, translated from Russian.

Turnwald, K. *Ceské a moravske denáry a brakteaty.* Československá Spolecnost Prátel Drobné Plastiky, 1949. Reproduces the plates that originally accompanied the standard work of E. Fiala, with corrected attributions and new text, in Czech.

k. 匈牙利和巴尔干国家

Ljubić, S. *Opis jugoslavenskih novaca.* Zagreb: N.p., 1875. Many sections are now superseded.

Metcalf, D. M. *Coinage in South-Eastern Europe 820-1396.* London: Royal

Numismatic Society, 1979.

Mouchmov, N. A. *Numismatique et sigillographie bulgares*. Sofia: National Museum, 1924.

Réthy, L. *Corpus nummorum Hungariae*. German translation from Hungarian edition of 1899-1907, by G. Probszt. Graz: Akademische Druck- und Verlagsanstalt, 1958.

l. 十字军国家

Bates, M. L., and Metcalf, D. M. "Crusader Coinage with Arabic Inscriptions." In *A History of the Crusades,* edited by Kenneth M. Setton, 6:421-82 (Madison: Univ. of Wisconsin Press, 1989.

Metcalf, D. M. *Coinage of the Crusades and the Latin East in the Ashmolean Museum, Oxford*. Royal Numismatic Society, Special Publications, No. 15. London, 1983.

Porteous, J. "Crusader Coinage with Greek or Latin Inscriptions." In *A History of the Crusades,* edited by Kenneth M. Setton, 6:354-420 (Madison: Univ. of Wisconsin Press, 1989.

Schlumberger, G. *Numismatique de l'Orient latin*. Paris: N.p., 1878; supplement, 1882.

m. 东方其他穆斯林国家

Bedoukian, P. Z. *Coinage of Cilician Armenia*. NNM No. 147. New York: American Numismatic Society, 1962.

Lang, D. M. *Studies in the Numismatic History of Georgia in Transcaucasia*. NNM No. 130. New York: American Numismatic Society, 1955.

n. 穆斯林钱币

没有一般性著作，但西方中世纪研究者最为关注的作品如下：

Balog, P. *The Coinage of the Mamlouk Sultans of Egypt and Syria*. New York: American Numismatic Society, 1964.

Hazard, H. W. *The Numismatic History of Late Medieval North Africa*. New York: American Numismatic Society, 1952.

Hinz, W. *Islamische Masse und Gewichte umgerechnet ins metrische System.* Leyden: Brill, 1955.

Lane-Poole, S. *Catalogue of Oriental Coins in the British Museum.* 10 vols. London, 1875-90. This and Lavoix are the standard works of reference.

Lavoix, H. *Catalogue des monnaies musulmanes de la Bibliothèque nationale.* 3 vols., unfinished. Paris: N.p., 1887-96. Covers the Caliphate (1), Spain and Africa (2), and Egypt and Syria (3).

Sauvaire, H. *Matériaux pour servir à l'histoire de la numismatique et de la métrologie musulmanes.* Paris: N.p., 1882. Very full guide to the written material.

Walker, J. *A Catalogue of the Arab-Byzantine and Post-Reform Umaiyad Coins.* London: British Museum, 1956.

考古学

大卫·怀特豪斯

韦氏字典将考古学定义为"古物（尤其是史前遗物）科学，通过研究早期人类遗物来探究其历史"。今天，多数考古学家对自己所在领域的界定更为具体。考古学确实是对遗物的发掘和研究，但此遗物有语境背景。这里"语境背景"指文化、空间、年代、自然环境背景，实际挖掘时，考古学者不是独立作战，不论什么任务，都需要挖掘者、记录人员（如测量员、建筑师、摄影师）、地貌学家、实验科学各方面的专家（如测量放射性物质的、鉴定花粉的、鉴别微生物的）来协同挖掘。同理，完成挖掘后，考古学者研究出土文物，文物保管人员和分析人员鉴别文物质地，区分皮质、陶土、金属等各类文物，大家分工协作。

中世纪考古学是运用考古技术，来研究罗马帝国解体以来的地中海西部地区和欧洲。英国中世纪考古学会（British Society for Medieval Archaeology）章程因此将其目标定为"研究罗马时代以来英格兰历史上的非书面历史资料"。中世纪考古学者中几乎没人将自己研究的时间下限定在今天，甚至没到工业时代；因为多数考古学者和历史学者一样，都认为15世纪或稍晚是中世纪的终点。

本文探讨 500—1500 年之间欧洲和地中海西部的考古学。尤其侧重这一学科在英国的发展，所引用的参考文献多为英文作品。不过，这里的考古学也包括欧洲其他地区的中世纪考古学，比如意大利的，近二十年来，意大利的中世纪考古学快速发展。

中世纪考古学的发展

欧洲各地的考古学都源自文艺复兴时期人文主义者们对古物的研究。16 世纪，教皇和一些意大利贵族家族开始收集古代艺术品，开始出资赞助古物挖掘，以丰富自己的藏品。18 世纪，庞贝古城和赫库兰尼姆古城被发现，重见天日，这激起新一轮系统搜寻古物的热潮。接着到 19 世纪，因为海因里希·施里曼（Heinrich Schliemann, 1822-1890，他在 1870 年代发掘了特洛伊和迈锡尼）、比洛蒂（Bilotti）、库提乌斯（Curtius）、孔兹（Conze）、阿瑟·埃文斯爵士（Sir Arthur Evans, 1851-1941, 1900 年他开始挖掘克诺索斯）等人，古典（和《圣经》）考古学多少蒙上了科学色彩。

大致同一时期，古物研究者们将目光转向早期基督教遗物。潘维尼乌斯（Panvinius）率先开始研究罗马地下墓穴，1512 年出版了《早期基督教葬礼仪式和墓穴》（*De ritu sepeliendi mortuos apud veteres christianos et de eorumdem coemeteriis*）。后来，博西奥（Bosio 1576—1629）也用毕生来研究地下墓穴，其不朽著作《地下罗马》（*Roma sotterranea*）在其离世后于 1632 年出版。同一时期法国的德·佩雷斯克（de Peiresc）收集了大批古玩，其中包括从阿尔勒发现的早期基督徒石棺。1766 年在梵蒂冈神圣博物馆（Museo Sacro）第一次公开展出基督教文物。不过早期基督教考古学的真正奠基者是 E. B. 德·罗西（G. B. de Rossi, 1822-94），他创办了期刊《基督教考古公告》（*Bullettino di Archeologia Cristiana*），出版了两部长篇专著——《罗马地下基督教》（*La Roma sotterranea cristiana*, 1864-77）和《罗马基督教铭文》（*Inscriptiones christianae urbis Romae*, 1857-85）。

北欧地区从未被纳入罗马帝国，因此没有留下重要的古典遗迹，也没有意大利人文主义者们钟爱的大理石雕塑艺术品，但这一时期，这里的文物研究者们也开始探究自身史前遗迹和上古历史文物（主要有巨石墓穴和中世纪符文石 [rune stones]）。沃雷·沃尔姆（Ole Worm, 1588-1654）是斯堪的纳维亚地区最早的古玩研究者，他的研究得到丹麦国王克里斯蒂安四世（Christian IV）的资助。1666 年瑞典和芬兰颁布了第一批文物保护法律。约在 1682 年，丹麦王室收藏的文物在哥本哈根斯洛斯科姆（Slotsholm）一家博物馆展出。19 世纪是古典考古学的世纪，也是北欧考古学的世纪。1836 年，C. J. 汤姆森（C. J. Thomsen, 1788-1865）提出"三期论"，将斯堪的纳维亚史前史分为石器、青铜、铁器三个时期，J. J. A. 沃尔塞（J. J. A. Worsaae）则开始了自己细致的挖掘工作，且将出土物件一一记录下来。英国考古学者皮特·里弗斯将军（General Pitt-Rivers, 1827-1900）和瑞典人奥斯卡·蒙德留斯（Oscar Montelius, 1843-1921）二人提出文物类型学上的变化呈进化模式，有如达尔文主义，他们推动了类型分析的发展。就此同时，皮特·里弗斯将考古挖掘技术和记录技术提升到了一个新高度。

上述就是中世纪考古学开始发展的背景。英国最早发掘的中世纪遗址是未皈依基督教的盎格鲁-撒克逊人的墓葬。1757—1773

年，布莱恩·福赛特（Bryan Fausset）在肯特郡组织进行"挖掘"，这是最早的"挖掘"，当时几乎不在乎遗址的状况，也没有地层学方面的考虑。福赛特认为所挖的墓葬是罗马时期的，真正识别出这座墓葬身份的是詹姆斯·道格拉斯（James Douglas），他于1779年出版了《不列颠挽歌：上古至基督教化之前不列颠墓葬史》（*Nenia Britannica, or, A sepulchural history of Great Britain from the earliest period to its general conversion to Christianity*）。19世纪早期，由于公路、铁轨、隧道的建设，大量盎格鲁－撒克逊墓葬重见天日。到1850年代，已有极多文物出土，1855年约翰·扬·阿克曼（John Yonge Akerman）出版了第一部真正综合分析中世纪早期文物的著作《撒克逊异教世界遗迹》（*The Remains of Pagan Saxondom*）。

萨林（E. Salin）和利兹（E. T. Leeds）在各自书中率先使用类型学方法分析中世纪考古，前者的《古日耳曼动物装饰》（*Der altgermanisch Thierornamentik*）于1904年出版，后者的《盎格鲁撒克逊人聚居地考古发现》（*The Archaeology of the Anglo-Saxon Settlements*）于1913年出版。民族大迁徙时期（the Migration Period）的墓葬出土大量胸针等个人装饰品，两位作者根据它们的形态，严密论证后，绘制出一份年代次序表。再通过研究某一类型饰品的分布，他们将出土文物与文献资料提到的各民族部落对应起来。

《盎格鲁－撒克逊人聚居地考古发现》是英国中世纪考古学发展史上的里程碑。10年后，西里尔·福克斯（Cyril Fox, 1882-1967）在其《剑桥地区考古发现》（*The Archaeology of the Cambridge Region*）中，通过研究文物（包括盎格鲁撒克逊胸针）在不同地理环境中的分布，更进一步论述了聚居区与环境的关系。之后，其他开创性研究成果陆续出版，典型的有 T. D. 肯德里克（T. D. Kendrick），他侧重研究盎格鲁-撒克逊和维京时代的文物。这一时期考古挖掘的高潮是 1939 年埃塞克斯萨顿胡（Sutton Hoo）的发掘，这是一座 17 世纪的船墓（或衣冠冢），其中藏品极为丰富，堪称英国墓葬之最。

二战后，中世纪考古学快速发展，现在欧洲各国都在进行这方面研究。新田野研究技术层出不穷。1954 年，阿克塞尔·斯坦伯格（Axel Steensberg）在瑞典威斯特伐利亚的瓦伦多夫挖掘了一处 17—19 世纪的聚居地遗址，并出版了研究成果，当时农村聚居地遗址的挖掘与研究工作一直未得到重视，斯坦伯格的研究唤起了人们对这一领域的关注。1953—1957 年，布莱恩·霍普-泰勒（Brian Hope-Taylor）在老耶威林（Old Yeavering）发掘了盎格鲁国王们的居所，告诉世人曾短暂存在但早已腐烂的木质建筑如何被发现、被挖掘以及被阐释，这在英国尚属首次，这也是考古学领域的一次重大发现。同时，在坎特伯里（由 S. S. Frere 组织）、伦敦（由 W. F. Grimes 组织）等经历炮弹摧残的城市也在进行考古挖掘，使人意识到城市考古学的巨大潜力。1957 年，在英国，考古学者和其他热衷于中世纪文物的人士意识到是时候创建一个专业合作组织了，于是中世纪考古学会就此成立。

前文回顾了 1900—1960 年之间中世纪考古学在某一国，即在英国的发展历程，这不是说英国在这一领域占据主导地位；西北欧、斯堪的纳维亚、法国等国同样有着自己的考古学发展史，如在法国，米歇尔·德·伯德（Michel de Boüard）1955 年在卡昂大学（Caen University）建立中世纪考古研究中心（Centre de recherches archéologiques médiévale），1971 年创办期刊《中世纪考古学》(*Archéologie médiévale*)。

地中海地区在 1960 年代发展出系统的中世纪考古学。在此之前，以意大利为例，中世纪研究的主要方向是历史和艺术史方面的。"主要"建筑（如教堂、宫殿、城堡）自然是建筑史学界的重点关注对象，"次要"的内部建筑则遭到忽视。以"考古"方式对待的中世纪遗迹仅包括早期基督教教堂、地下墓穴及其出土文物、"日耳曼"传统墓葬。在意大利，所有扩大中世纪考古学的尝试都在法西斯时代夭折，当时举全国考古学之力来清理罗马时代留下的公共纪念建筑。

意大利最早的一批中世纪田野项目是由外国学者组织的，不过意大利本土学者吉安·皮耶罗·博格内蒂（Gian Piero Bognetti）等人对其中世纪考古学的发展起着非常重要的作用。1960 年代中期，人们普遍意识到对后古典时代考古学不够重视，于是开始补救。1966—1967 年，米兰的一所大学首先开设了中世纪考古学这门课程。1967 年，罗马的早期中世纪博物馆（Museo dell'Alto Medioevo）对外开放。1968 年，意大利第一批多时段城市遗址挖掘开始。同一时期，政府委派弗朗切斯基尼委员会（Franceschini commission）制定了一份影响深远的报告，即《为意大利文化遗产拯救之故》(*Per la salvatezza dei beni culturali in ltalia*, 1967)，其中杰出的伊特鲁里亚文化研究者马西莫·帕罗提诺（Massimo Pallottino）注意到考古学和艺术史之间的二元对立，由古典文物（Soprintendenze alle Antichità）与文物遗迹（Soprintendenze ai Monumenti）分而监管这一现象体现出来，这种二元对立已无法适应时代。古典文物管理的对象是罗马及其之前时代的遗迹和遗址，后者指的是中世纪及之后遗迹的监管。帕罗提诺提出考古技术既然能用于罗马后世的遗址，就也能用于罗马以前的早期遗址。他断言古典文物监管机构应负责管理所有考古发现。这催生了新的文化遗产管理部（Ministero dei Beni Culturali）和考古监管部（Soprintendenze Archeologiche）。

20世纪最后15年里，意大利的中世纪考古学快速发展。1972年召开了第一届中世纪考古学者会议，1974年期刊《中世纪考古学》（*Archeologia Medievale*）的第一卷出版。意大利中世纪考古领域的领军人物里卡多·弗朗索瓦维奇（Riccardo Francovich）在《中世纪考古学》第二卷中发文，提出这一领域还没有机构组织，是一个无家的孤儿。于是，在考古监管部以外，出现了一些前景良好的组织雏形。其中包括佛罗伦萨大学的跨学科组织，即日耳曼蛮族文明研究中心（Centro per lo Studio delle Civiltà Barbariche，指的是民族大迁徙时期的日耳曼文明）和佩鲁贾大学的中世纪与人文主义联合研究中心（Centro per il Collegamento degli Studi Medievali e Umanistici）。三年后，蒂齐亚诺·曼诺尼（Tiziano Mannoni）在意大利开展首次中世纪考古学调研。他观察到四位中世纪考古学教授均是古典艺术和古典考古专家，两位擅长中世纪史和现代建筑与艺术史，两位善于中世纪史，还有一位长于欧洲史前和中世纪考古。显然，意大利仍然稀缺中世纪考古学家，因此，与波兰、法国、英国专家的合作项目仍在持续展开。不过，1979年，古典文物监管机构首次为"中世纪"开辟一席，中世纪考古学这位孤儿有了栖身之所。

文物研究

传统上，热衷于中世纪物质文化的人主要对艺术和建筑研究感兴趣，如绘画、雕塑、纺织品、轻便的贵重物品等，后者一般指精美的装饰类艺术品（这类物品很少出现在考古出土文物中），或者一些小众艺术品。不过，中世纪早期的金属制品和钱币也是研究者的一大兴趣点，欧洲许多国家都有源远流长的钱币学研究。

这种局面之所以出现转变，中世纪考古学的作用功不可没。出土文物是考古学家的主要信息来源，今天考古专家们基本上已经将所有人为制造的中世纪文物纳入研究视野。

举例来说，中世纪考古信息的最大来源是陶瓷。多数地区的陶瓷出土量很大（尤其是中世纪后期的陶瓷），即便没有其他文物辅助，仅凭这大量的陶瓷，也可以去研究各族群、各地区的历史过往、社会、经济联系。过去研究中世纪陶瓷，第一是为了通过它们的形态变化、装饰图案、生产年代（尤其是民族大迁徙时期的），来区分各个族群；第二是可以评估社会和经济地位。对于年代相近的遗址中出土的大量陶瓷，通过比较其整体规模和数量，考古学家可以判断其持有者的相对地位。比如，富商聚集的港口地区（伦敦、南安普敦、热那亚、那不勒斯等地）出土的餐具比农民聚居的郊区的规模更大、数量更多。类似地，不同地区出现同一类陶瓷能揭示陶瓷的生产和贸易模式。因此，英国、荷兰、斯堪的纳维亚地区均发掘出 7—11 世纪的双耳陶罐碎片，这种陶器产于德国巴多夫（Badorf），反映了莱茵河流域的贸易，13 世纪法国圣东日（Saintonge）生产的彩色陶瓷（"polychrome ware"）水罐散布在各地，或许也说明了加斯科尼地区的贸易。

因此，可以通过陶瓷来窥探几类社会活动。若加上实验科学家的辅助，陶瓷就更能说明问题了。其实，对黏土和彩釉的分析已经开辟了几个新研究领域。研究陶片可以发现其陶土中含有的矿物质，常常可以借此确定其产地。虽然无法精确到具体的窑炉，但考古学者有时能找出某一类陶瓷的出产地区。再加上流通模式等信息，就很可能弄清楚陶瓷的生产和买卖问题。同时，通过对陶土的化学分析，能够发现其制作工艺的演变。

通过这一系列研究，我们比过去更明白中世纪陶瓷的生产、流通、使用了。当然有的国家了解得多，有的国家了解得少，但总体上都取得巨大进步。我们现在知道罗马帝国后期，欧洲多数地区和地中海西部地区停止大规模生产和买卖陶瓷；知道中世纪早期的陶瓷出自小作坊或家庭；知道9世纪乃至更晚才再度出现陶瓷的专门或半专门生产机构；知道12世纪城市聚居区中陶瓷的流通数量快速提高；直到13世纪，由专门的生产作坊生产餐具、厨具，以及用于手工业、交通、储存的陶瓷。

文物断代

前文中说到考古学是一门结合历史背景研究物质遗迹的学科。一般来说，考古学首要关注的历史背景是遗迹的年代。

对于中世纪考古学者来说，年代最明确的文物是钱币。虽然多数钱币上没有时间信息，但有统治者的名号，有时候还有铸币时间。通过研究某些套币，尤其是都有某一种钱币的套币，也可以推断出钱币年代信息。总的来说钱币是最容易断代的出土文物，因此成为确定其他文物年代的最有价值的参照物。不过，钱币的铸造时间和入土时间的相隔年代，考古学者所知甚少，所以钱币带来的时间信息需要谨慎使用。藏有钱币的遗址往往不会早于钱币的铸造时间。

在许多地区，除了钱币，其他日常用品遭到忽视（最近才有所改变），这使得中世纪考古学者缺乏能说明古人活动、地位、时间的标准样本，考古学界多年来一直认为这是正常现象。陶瓷（基本不可循环，也难以真正销毁）是各个中世纪遗址出土量最大的文物，各个国家都投入很大精力来将文物分类排序。无论是陶土的、玻璃的、金属的，还是其他常见类型，各类文物都被用来确定其所在遗址的结构和成型时间。

除了参考各类型文物外，中世纪考古学者也利用热释光、地磁、放射性碳、树轮年代来测定年代。最为人熟知的一种或许当属放射性碳测年法。这种方法根据三种主要的碳同位素（^{12}C、^{13}C、^{14}C），其中两种（^{12}C、^{13}C）很稳定，^{14}C以一种已知速率衰减。^{14}C持续衰减，生成其他物质进入大气。^{12}C转换成^{14}C的速度大致不变。碳在大气和生物之间的循环过程被称为碳循环，大气中^{12}C转换成^{14}C，这一现象同样发生在植物和动物界。不过涉及活物时，如果活物死亡，这一过程就终止了，植物或动物残存部分中稳定的^{12}C不变，不稳定的^{14}C继续衰减。由于衰减的速率是已知的，所以可以推算出某种植物或动物死亡的时间。

碳放射测年法也存在一些问题。虽然^{14}C的生成物持续进入大气，但这一速率不是恒定的。需要对照树轮测年法（见下文），来计算过去7000年^{14}C转换率的变化，并且"碳放射纪年"转变为

"公历纪年"时,已经有一些刻度表可以参照。另外,^{14}C衰减率稍稍有所变化,所有时间数据都可能出错。在中世纪后期考古发掘中,碳放射测年法的这种潜在缺陷限制了其应用程度,更为常用的仍是文物(如陶瓷)。不过,对于那些没有特殊文物,或一些单品(如船只遗骸),碳放射测年法的价值不可低估。

树轮测年法,或树木年代法是一种根据树木年轮宽度值及变化来测定时间的方法。这种方法在20世纪初由A. W. 道格拉斯(A. W. Douglass)提出,最初用来测量气候中的长时段变化。1960年代以来,考古学者和艺术史家、建筑史学家运用这一办法来测定带有木料的木质文物和建筑。

树轮测年法的依据是树木年轮的宽度,树木生产季节中吸收水分的不同,导致年轮宽度不同。积年累月,年轮变化模式清晰显示出来,揭示出树木生长年代、所在地区的特点。树轮测年法的专家们测量某个地区的年轮,然后从当下往后倒推,编纂出一份连续的、时间明确的年表。参照此年表,推算某些时间不明确的年份。橡树和针叶树类是树轮测年法最适用的树类。理论上来说,因为精确到年,所以树轮测年法得到的数据准确度极高。但由于测量计算中出现的误差和不确定,实际数据很难达到理论上的准确度。不过对于中世纪考古来说,树轮测年法比其他方法都准确可靠。

乡村考古

"乡村考古"这里指景观考古(Landscape Archaeology)、土地利用、乡村聚居区考古。英国是欧洲最早进行乡村考古的国家。

1865年出版了格拉摩根（Glamorgan）莱斯沃尼（Llysworney）的民宅考古发现，这一民宅有护城河，1908年哈德里安·奥克罗夫特（Hadrian Allcroft）编撰了首部介绍中世纪后期乡村遗址的著作（即《英格兰土木》[*Earthwork of England*]），即"中世纪废弃乡村（deserted medieval village，简称DMV）"，这类遗址极具特色。1940年代，W. A. 霍斯金斯（W. A. Hoskins）详细调查了莱斯特郊野地区的"中世纪废弃乡村"，使用教区登记簿、《末日审判书》等文献来识别各遗址，研究这些乡村何时、为何被遗弃。二战之后，这类研究势头更盛。1952年成立了中世纪废弃乡村研究小组（Deserted Medieval Village Research Group）；1953年，沃若姆·帕西（Wharram Percy）遗址开始发掘，其目标是整个聚居点（这个项目现在还在进行）；1954年莫里斯·贝雷斯福德（Maurice Beresford）出版了首部综合研究成果《英格兰失落的村庄》（*The Lost Villages of England*）。1972年护城河遗址研究小组（Moated Sites Research Group）成立。

乡村考古学者采用一系列技术来研究景观和曾经居住群体的变迁，既有地名分析，又有田野调查，还有"铲挖测试（shovel testing）"，后者通过土壤取样和追踪某些物件，来评估某聚点的范围。现场勘探时，十分依赖航空摄影，其优势在于它能够记录不同地形下的遗址形态，而现场勘探的基础是"田野踏察（field walking）"，即系统探查遗址的边界、墓葬结构、文物储点等内容，并记录下来。

考古学者常借助科学技术来恢复古代景观，其中一种方法是花粉分析，即研究考古遗址中保存下来的花粉颗粒。花朵产生大量花粉粒。花粉粒的外皮长期不腐烂，在适宜环境中可以保存数千年，且具有辨识性：有时能判断出花粉具体来自哪一种花，不过多数情况下只能判断出来自哪一类花。辨识出花粉类别后，植物学家对相应的花类进行量化分析。这样就可以了解当时当地的植被情况。解释数据时也有问题，因为花粉极轻，可以随风飘荡数公里才落地，不过结合大致同一时期同一地区诸多这方面的证据，也能窥探当时当地自然环境和耕作环境。

英国低地地区最常见的中世纪景观遗址有三种，即"中世纪废弃乡村"、护城河遗址、"垄沟（ridge and furrow）"遗址。"中世纪废弃乡村"指乡镇村落遗址，常常有矮土方防御墙，其中埋有庄园、教堂、民居等遗迹。甚至挖掘之前，也可以详细绘制出这类聚居点的地形图，再辅以航空摄影更是如此。护城河遗址中的民居有壕沟环绕，充当保护屏障，（在潮湿泥泞地区）有时还可以充当排水渠。垄沟遗址指耕地遗址，由平行的长垄组成，各垄之间是狭窄的低沟。多数垄沟遗址是中世纪留下来的，但也有一些时间更早或者更晚的垄沟。

常见的中世纪乡村聚点形态中，村庄紧凑，位于天然屏障后，常常位于两河交汇的三角区域。例如，意大利最常见的核态村落（nucleated settlement）类型呈城堡状（castello）。最早在地中海地区进行考古研究时，其中一些是在罗马北部近郊乡村地区展开的，这些研究表明罗马村落形态直到9世纪还存在，之后村民开始建造城堡（castelli）聚居。这种观点有文献证据支持，10、11世纪向城堡迁移的过程（incastellamento）被详细记录下来。不过，最近研究发现乡村聚落的演变历史极其复杂，繁杂多样，超乎想象。10、

11世纪，许多地区确实建造了许多城堡，此前很久，其他地区确实也有类似过程。在法国鲁日耶（Rougiers）全面挖掘了一个聚落遗址，这是法国中世纪考古学最了不起的成就之一。这一挖掘过程持续15年，1976年结束，加布里埃尔·德米安·达钦奇（Gabrielle Demians D'Archimbaud）以之为研究对象，写成了一部堪称典范的著作。

城市考古

1929年开始挖掘诺夫哥罗德遗址，此遗址位于苏联沃尔霍夫河地区，这一考古挖掘是城市考古的先锋。诺夫哥罗德建成于9世纪，城市的底土是紧实的黏土，排水较差，所以非常潮湿。这就决定了其城市建设和考古遗址保存的独特之处。城市没有深地基，也没地窖（挖掘这类设施会破坏考古遗址），有快速建成的文化残垣。有些地方可向下挖30英尺。其中有大量木结构房屋、一百四十多间作坊、木块铺成的道路，有些路段铺了30层。木料无处不在，用树轮断代时，就有了大量原料（见170页），这颇为罕见。这一遗址经过半个世纪的挖掘，大量文物出土并被修复，其中有700卷写在桦树皮上的档案，见证着当地与斯堪的纳维亚、西亚之间曾经的贸易往来。

西欧的城市考古在二战后经历革命性变革。传统上考古学者的目标是已消亡、现在不复存在的城市（如奥斯提亚、大莱普提斯、以弗所），这些城市遗址已被现代建筑覆盖；挖掘雅典这类现在还存在的古城是比较少见的。然而从1950年代开始，许多欧洲国家的考古学者借清理战争创伤之机，对今天各城市的起源和发展进行研究。城市升级步伐加快，城市建筑地基加深，地下室、地下停车场等设施会破坏考古遗址，城市考古挖掘需要在遗址被破坏之前开展，这项工作十分迫切。1973 年出版的里程碑式著作《伦敦过去的未来》(*The Future of London's Past*) 就是以这一有限考古资源的破坏为研究对象。

1970—1980 年代，城市考古成为一种现象。它要求具备专业技能：能够在艰苦的环境中快速工作，能够记录、解释一系列地层碎片，能够统筹调度各方人员，指挥挖土掘地机器，能够高效处理出土物件，其中有些数量巨大。

城市考古研究要关注城市的综合发展，而不只是关注城市某一时期的特征。因此城市考古一大核心特点就是研究考古发现所代表的年代。城市考古因此可以说是多时段的，并不优先关注某一类文物、历史活动或历史时期。这一目标如果有时无法实现的话，那是因为城市考古常常需要和时间赛跑，挖掘工作不得不根据调查结果来决定，或者不得不抹杀个别遗址的特征。

几乎所有欧洲国家都在开展城市考古。英国的伦敦、温彻斯特、约克、埃克塞特、林肯、金林恩、南安普顿、塔姆沃斯、赫里福德等地，大型挖掘项目要么已经完成，要么正在进行。爱尔兰都柏林的挖掘中发现大量维京人聚居遗迹。在斯堪的纳维亚，卑尔根和特隆海姆两地开展长期城市考古项目。苏联除了诺夫哥罗德的挖掘，莫斯科和基辅也在进行考古挖掘。在德国，汉堡和吕贝克两地的城市考古（1947-1959）值得关注。法国城市巴黎（尤其是卢浮宫的拿破仑中庭 [Cour Napoléon]）、图尔和马塞也在进行考古挖掘。意大利有五大城市考古项目值得留意：帕维亚城市考古，根据伦敦的档案资料来挖掘，1981年出版了考古成果，其考古勘察和策略非常成功；维罗纳城市考古；米兰城市考古，这里的挖掘赶在地铁建设之前，1982—1983年得到考古监管机构和米兰地铁（Metropolitana Milanese，地铁建造商）的联合资助；罗马心脏地区的地下巴尔比（Crypta Balbi）考古挖掘，500—1000年罗马城的发展情况，从这一考古项目中有望得到更多信息，比罗马广场半个世纪的挖掘提供得更多。那不勒斯城市考古，由考古监管机构和东方大学联合展开，同样有望提供大量历史信息。

衣食

动物考古学（对考古遗址中动物遗迹的研究）是否有助于了解中世纪社会的经济基础，这个问题是当下历史学者与考古学者争论的又一话题。挖掘技术的改进，使各类、各时代的遗址中出土了大量动物遗迹，从中可得到许多信息：家畜的饲养与宰杀，不同家畜与野生动物的消耗情况，这些都可直接揭示土地利用体系，进而为领土研究提供信息。这类信息有时印证档案资料，有时与后者矛盾，其印证或矛盾方式令人惊叹。植物考古学（对植物遗迹的研究）的作用类似，不过一般来说，植物不像动物骨头那么容易保存，常常很难发现大量植物样本。

防御工事

对城堡等各种防御工事的研究几乎是一门独立自足的学科，其中涉及档案文献研究以及对现有遗迹和考古挖掘的记录。有一些杂志专门探讨防御工事的历史，典型的有法语版的《奥伊拉德城堡》(*Château Oaillard*)，读者可参阅这系列期刊，文后参考文献中也列出几部可参阅的此类文献。

教会遗址

研究这一问题时也需要结合现有的遗迹和书面资料。在现有建筑的地面以下进行考古挖掘（如约克大教堂、佛罗伦萨大教堂、科隆大教堂），因为建筑地基和墓穴的破坏，考古遗址可能面目全非，阐述其特征变得非常困难。暂不提这一难题，建筑中的考古挖掘能够揭示建筑在不同时期的结构变化（教堂内部和相邻墓园的墓穴的研究成果是重要信息来源，有助于我们了解中世纪人口、营养、健康状况）。"教会"考古的另一重要主题是对中世纪早期占有大量土地的修道院的研究，这一研究方兴未艾，其中包括对意大利法尔法（Farfa）和圣文森佐·阿勒·沃尔图尔诺（San Vincenzo al Volturno）修道院的研究。

考古学与历史学者

像其他学科一样，考古学与历史学有许多东西可以互相借鉴，彼此学习。事实上，出色的中世纪考古项目中都无法割离史学家的参与；我大脑中出现的是英国温彻斯特正在进行的大型城市考古、西西里布里克托（Brucato）的乡村考古（这一项目最近出版了两部大部头考古成果），以及正在开展的圣文森佐·阿勒·沃尔图尔诺修道院考古挖掘。

虽然越来越多史学家接受了这一学科，但中世纪考古学仍然未能使所有史学家信服，相信它是认识某些历史时段的正当方式。在英国，即便中世纪考古学历史相对悠久，但 J. L. 博尔顿（J. L. Bolton）1980 年出版的《中世纪英国经济，1150—1500 年》(*The Medieval English Economy, 1150-1500*) 中，没有引用任何考古数据。P. H. 索耶（P. H. Sawyer）在《中世纪考古 25 年》(*25 Years of Medieval Archaeology*) 中写道："考古学者应专心作考古学者，不要过度依赖其他历史学或语言学证据。"考古学信心满满引用的文本往往充满争议。吉尔达斯（Gildas）写成其著作的时间无法确定，可能比一般认为的要早得多，《部落藏书》(*Tribal Hidage*) 的重要性并不像某些评论所说的那么简单直接，《末日审判书》基本没有回答它自己提出的问题。《盎格鲁－撒克逊编年史》(*Anglo-Saxon Chronicle*) 被大量引用，但需十分留意时间正确与否。英国地形测量局的《诺曼征服之前的英国地图》(*Map of the United Kingdom before the Norman Conquest*) 将长者爱德华（Edward the Elder）的防御工事推后了三年。这类错误对考古学者的影响可能不大，但对想要了解当时史实的史学家来说，影响重大。

有些史学家（和一些考古学者）认为档案资料与考古数据根本上无法兼容，但幸运的是，这种人正在逐年减少。跨学科研究方法带来的益处巨大，无法忽视。因此，研究乡村聚居点时，尤其是所谓的中世纪废弃乡村，史学家和考古学者联合提供了大量有益信息（更别说地理学者和地名学的学者们了）。城市史，尤其是对中世纪早期城市生活的延续或复兴的研究，在档案学者、考古学者、考古历史学者以及那些关注地区建筑的人士的共同努力下（例如在温彻斯特、近来在费拉拉等意大利城市中）发生转向。对阿尔卑斯地区陶瓷和其他商品，如皂石的研究，使商品生产和流通，尤其是中世纪早期的商品制造与流通研究重新焕发生机。可以说，探讨"中世纪考古学"掩盖了其两个基本特征：第一，从史前到今天，在时间长河中，事物随时间而变化，对这一变化的历时研究中，中世纪考古常常是其中一部分，城市和景观研究尤其如此；第二，它是跨学科研究不可割裂的组成部分，一方面要结合档案资料，另一方面与自然科学携手并进，这样才能达到其最高效率。

参考文献

1. 期刊与连续出版物

Anglo-Saxon England (United Kingdom).

Archeologia Medievale (Italy).

Archéologie du Midi Médiéval (France).

Archéologie Médiévale (France).

British Archaeological Abstracts (United Kingdom).

Château Gaillard. Études de castelologie médiévale (France).

Frühmittelalterliche Studien (Germany).

Lübecker Schriften zur Archäologie und Kulturgeschichte (Germany).

Medieval Archaeology (United Kingdom).

Medieval Ceramics (United Kingdom).

Nordic Archaeological Abstracts (Denmark).

Notiziario di Archeologia Medievale (Italy).

Rotterdam Papers (The Netherlands).

Zeitschrift für Archäologie des Mittelalters (Germany).

2. 一般著作

Barker, P. 1977. *Techniques of Archaeological Excavation*. London: Batsford.

Berger, R., ed. 1970. *Scientific Methods in Medieval Archaeology*. Los Angeles: California Univ. Press.

Biddick, K., ed. 1984. *Archaeological Approaches to Medieval Europe*. Kalamazoo: Western Michigan Univ. Medieval Institute Publications.

Biek, L. 1963. *Archaeology and the Microscope*. London: Lutterworth Press.

Bouard, M. De. 1975. *Manuel d'archéologie médiévale de la fouille à l'histoire*. Paris: Société d'Édition d'Enseignment Supérieur.

Bruce-Mitford, R., ed. 1975. *Recent Archaeological Excavations in Europe*. London: Routledge.

Francovich, R., ed. 1987. *Archeologia e storia del Medioevo italiano*, Florence: La Nuova Italia Scientifica.

Grierson, P. 1975. *Numismatics*. London: Academic Press.

Redman, C. L., ed. 1989. *Medieval Archaeology*. Binghamton: State Univ. of New York.

Riley, D. 1980. *Early Landscapes from Air*. Sheffield: Univ. of Sheffield, Department of Prehistory and Archaeology.

Sherratt, A., ed. 1980. *The Cambridge Encyclopaedia of Archaeology*. Cambridge; Cambridge Univ. Press.

Tite, M. S. 1972. *Methods of Physical Examination in Archaeology*. London: Seminar Press.

Wainwright, F. T. 1962. *Archaeology and Place-names in History: An Essay on Problems of Co-ordination*. London: Routledge.

Wilson, D. R., ed. 1975. *Aerial Reconnaissance for Archaeology*. London: Council for British Archaeology.

3. 地区研究和各个历史阶段研究著作

Beresford, M. W., and J. K. St. Joseph. *Medieval England: An Aerial Survey*. 2d ed. Cambridge: Cambridge Univ. Press.

Bruce-Mitford, R. 1975-1983. *The Sutton Hoo Ship Burial*. 3 vols. London: British

Museum Publications.

Campbell, J., E. John, and P. Wormald. *The Anglo-Saxons*. Oxford: Phaidon.

Clarke, H. 1984. *The Archaeology of Medieval England*. London: British Museum Publications.

Colvin, H. M., ed 1963. *The History of the King's Works. The Middle Ages*. London: Her Majesty's Stationery Office.

Dannheimer, H. 1962. *Die germanischen Funde der späten Kaiserzeit und des frühen Mittelalters in Mittelfranken*. Berlin: Waiter de Gruyter.

Evison, V. I., ed. 1981. *Angles, Saxons and Jutes. Essays presented to J. N. L. Myres*. Oxford, Oxford Univ. Press.

Farrell, R. T., ed. 1982. *The Vikings*. London: Phillimore.

Harden, D. B., ed. 1956. *Dark Age the United Kingdom: Studies Presented to E. T. Leeds*. London: Methuen.

Hill, D. 1981. *An Atlas of Anglo-Saxon England 700-1066*. Toronto: Univ. of Toronto Press.

Hinton, D. A., ed. *25 Years of Medieval Archaeology*. Sheffield: Univ. of Sheffield. Department of Prehistory and Archaeology.

Hodges, R. 1982. *Dark Age Economics. The Origins of Towns and Trade A.D. 600-1000*. London: Duckworth.

Hodges, R., and D. Whitehouse. 1983. *Mohammed, Charlemagne and the Origins of Europe*. London: Duckworth; Ithaca, N.Y.: Cornell Univ. Press.

Kramer, W., ed. 1958. *Neue Ausgrabungen in Deutschland*. Berlin: Verlag Gebr. Mann.

Lamm, J. P., and H.-A. Nordström, ed. 1983. *Vendel Period Studies: Transactions of the Boat-grave Symposium, Stockholm, 1981*. Stockholm: Statens Historiska Museum.

Milne, G., and B. Hobley. 1981. *Waterfront Archaeology in the United Kingdom and Northern Europe*. London: Council for British Archaeology.

Myres, J. N. L. 1969. *Anglo-Saxon Pottery and the Settlement of England*. Oxford: Clarendon Press.

Platt, C. 1989. *Medieval England: A Social History and Archaeology from the Conquest to 1600 A.D*. London: Routledge.

Randsborg, K. 1980. *The Viking Age in Denmark: The Formation of a State*. London: Duckworth.

———. 1990. *The First Millennium in Europe and the Mediterranean: An Archaeological Essay*. Cambridge: Cambridge Univ. Press.

Roesdahl, E. 1982. *Viking Age Denmark*. London: Colonnade Books for British Museum Publications.

Sawyer, P. H. 1962. *The Age of the Vikings*. London: Edward Arnold.

Thomas C. 1986. *Celtic the United Kingdom*. London: Thames and Hudson.

Von Uslar, R. 1964. *Studien zu frühgeschichtlichen Befestigungen zwischen Nordsee und Alpen* (Beihefte der Bonner Jahrbücher 11). Cologne: Rheinland-Verlag.

White, L., Jr. 1962. *Medieval Technology and Social Change*. Oxford: Clarendon Press.

Wilson, D. M., ed. 1976. *The Archaeology of Anglo-Saxon England*. London: Methuen.

———. 1980. *The Northern World*. London: Thames and Hudson.

Withold, H. 1965. *Die Slawen im frühen Mittelalter*. Berlin: Akademie Verlag.

4. 文物研究

Allan, J. P. 1984. *Medieval and Post-Medieval Finds from Exeter, 1971-1980*. Exeter: Exeter City Council and Univ. of Exeter.

Anon. [Ward Perkins, J. B.]. 1967. *London Museum Medieval Catalogue Reprint*. London: Her Majesty's Stationery Office.

Anon. 1977. *Die Zeit der Staufer* (exhibition catalogue). 3 vols. Stuttgart: Württembergisches Landesmuseum.

Anon. 1987. *Age of Chivalry: Art in Plantagenet England 1200-1400* (exhibition catalogue). London: Royal Academy of Arts.

Ardwison, G., ed. 1984. *Birka II.I. Systematische Analysen der Gräberfunde.* Stockholm: Kungl. Vitterhets Historie och Atikvitets Akademien.

Backhouse, J., D. H. Turner, and L. Webster, eds. *The Golden Age of Anglo-Saxon Art, 966-1066* (exhibition catalogue). London: British Museum Publications.

Baumgartner, I., and I. Krueger. 1988. *Phönix aus Sand und Asche: Glas des Mittelalters.* Munich: Klinkhardt and Biermann.

Clain-Steffanelli, E. E. 1984. *Numismatic Bibliography.* New York: Stack's.

Cowgill, J., M. De Neergaard, and N. Griffiths. 1987. *Knives and Scabbards* (Medieval Finds from Excavations in London 1). London: Her Majesty's Stationery Office.

Deroche, V., and J. M. Spieser, eds. 1989. *Recherches sur la céramique byzantine (Bulletin de Correspondence Hellénique, Supplément* 18). Paris: Brocard.

Foy, D. 1988. *Le verre médiéval et son artisanat en France méditerranéenne.* Paris: Centre National de la Recherche Scientifique.

Foy, D., and G. Sennequier, G. 1989. *A travers le verre du moyen âge à la renaissance.* Rouen: Musées et Monuments départmentaux de la Seine-Maritime.

Graham-Campbell, J. 1980. *Viking Artefacts. A Select Catalogue.* London: British Museum Publications.

Grew, F., and M. De Neergaard. 1988. *Shoes and Pattens* (Medieval Finds from Excavations in London 2). London: Her Majesty's Stationery Office.

Grierson, P. 1979. *Bibliographie Numismatique,* 101-211. Brussels: Cercle d'études numismatiques.

Grierson, P., and M. Blackburn. *Medieval European Coins, with a Catalogue of the Coins in the Fitzwilliam Museum, Cambridge.* Vol. 1: *The Early Middle Ages.* Cambridge: Cambridge Univ. Press.

Hinton, D. 1974. *A Catalogue of the Anglo-Saxon Ornamental Metalwork, 700-1100, in the Department of Antiquities, Ashmolean Museum.* Oxford: Clarendon

Press.

Hurst, J. G., D. S. Neat, and H. E. J. Van Beuningen. 1986. *Pottery Produced and Traded in North-West Europe 1350-1650* (Rotterdam Papers 6). Rotterdam: Stichting "Het Nederlandse Gebruiksvoorwerp."

Llubia, L. M. 1967. *Cerámica medieval española*. Barcelona: Editorial Labor.

Lobedey, U. 1968. *Untersuchungen Mittelalterlicher Keramik*. Berlin: W. De Gruyter.

McCarthy, M. R., and C. M. Brooks. 1988. *Medieval pottery in Britain A.D. 900-1600*. Leicester: Leicester Univ. Press.

Naumann, J., and others. 1988. *Keramik vom Niederrhein: Die Irdenwareder Düppen- und PottbäckerzwischenKöln und Kleve*. Cologne: Kölnisches Stadtmuseum.

Peacock, D. P. S., ed. 1977. *Pottery and Early Commerce: Characterization and Trade in Roman and Later Ceramics*. London: Academic Press.

Platt, C., and R. Coleman-Smith. 1975. *Excavations in Medieval Southampton, 1953-1969*. Leicester: Leicester Univ. Press.

Renaud, J. G. N. 1975. *Rotterdam Papers 2: A Contribution to Medieval Archaeology*. Rotterdam: Stichting "Het Nederlandse Gebruiksvoorwerp."

Ryan, M., ed. 1987. *Ireland and Insular Art, A.D. 500-1200*. Dublin: Royal Irish Academy.

Stenberger, M. 1947-58. *Die Schatzfunde Gotlands der Wikingerzeit*. Stockholm: H. Ohlssons boktryckeri.

Tylecote, R. F. 1986. *The Prehistory of Metallurgy in the United Kingdom*. London: The Institute of Metals.

White, L., Jr. 1962. *Medieval Technology and Social Change*. Oxford: Oxford Univ. Press.

Wilson, D.M. 1964. *Anglo-Saxon Ornamental Metalwork, 700-1100, in the British Museum*. London: Trustees of The British Museum.

Zarnecki, G., J. Holt, and T. Holland, eds. 1984. *English Romanesque Art 1066-1200* (exhibition catalogue). London: Arts Council of Great the United Kingdom.

5. 通史

Baillie, M. G. L. 1982. *Tree-Ring Dating and Archaeology.* Chicago: Univ. of Chicago Press.

Eckstein, D. 1984. *Dendrochronological Dating* (Handbooks for Archaeologists 2). Strasbourg: European Science Foundation.

Striker, C. L. 1988. *What is Dendrochronology?* Philadelphia: Author, Univ. of Pennsylvania, Department of History of Art.

6. 乡村考古

Anon., ed. 1970. *Archéologie du Village Déserté.* Paris: Librairie Armand Colin (École Pratique des Hautes Etudes, VIe Section, et Institut d'Histoire de la Culture Materielle de l'Academie Polonaise des Sciences).

Astill, G., and A. Grant, eds. 1988. *The Countryside of Medieval England.* Oxford: Basil Blackwell.

Barker, G. 1986. "L'archeologia del paessaggio italiano." *Archeologia Medievale* 13: 7-30.

Barker, G., and R. Hodges. 1981. "Archaeology in Italy, 1980: New Directions and Mis-directions." In G. Barker and R. Hodges, eds. *Archaeology and Italian Society*, 1-16. Oxford: British Archaeological Reports.

Bazzana, A., P. Guichard, and J. M. Poisson, eds. 1983. *Habitats fortifiés et organization de l'espace en Méditerranée médiévale.* Lyon: Maison de l'Orient.

Beresford, M. 1963. *The Lost Villages of England.* London: Lutterworth Press.

Beresford, M. W., and J. G. Hurst, eds. 1971. *Deserted Medieval Village Studies.* London: St. Martin's Press.

Bradford, J. S. P. 1957. *Ancient Landscapes.* London: Bell.

Chapelot, J., and R. Fossier, 1980. *Le village et la maison au moyen âge.* Paris: Gallimard.

Cherry, J. 1983. "Frogs Around the Pond: Perspectives on Current Archaeological Survey Projects in the Mediterranean Region." In D. R. Keller and D. W. Rupp, eds. *Archaeological Survey in the Mediterranean Area, 375-416.* Oxford: British Archaeological Reports.

Demians D'Archimbaud, G. 1981. *Les fouilles de Rougiers: Contribution à l'archéologie de l'habitat rural médiéval en pays méditerranéen.* Paris: Centre National de la Recherche Scientifique.

Demolon, P. 1972. *Le village merovingien de Brebières (VIe-VIIe siècles), avec une étude de sa faune.* Arras: lmprimerie Centrale de l'Artois (Mèmoires de la Commission Dèpartmentale des Monuments Historiques du Pas-de-Calais).

Duby, G. 1968. *Rural Economy and Country Life in the Medieval West.* London: Edward Arnold.

Fowler, P. J., ed. 1972. *Archaeology and the Landscape.* London: John Baker.

Fox, C. F. 1932. *The Personality of the United Kingdom.* Cardiff: National Museum of Wales.

Hamilton, J. R. C. 1956. *Excavations at Jarlshof, Shetland.* Edinburgh: Her Majesty's Stationery Office.

Heidinga, H. A..1987. *Medieval Settlement and Economy North of the Lower Rhine,* Assen/Maastricht: Van Gorwin.

Holmqvist, W., ed. 1961. *Excavations at Helgö.* Vol. 1: *Report for 1954-1956.* Stockholm: Kungl. Vitterhets Historie och Antikvitets Akademien.

Hope-Taylor, B. 1977. *Yeavering: An Anglo-British Centre of Early Northumbria.* London: Her Majesty's Stationery Office.

Hoskins, W. G. 1955. *The Making of the English Landscape.* London: Hodder and Stoughton.

Hurst, J. G., ed. 1979. *Wharram: A Study of Settlement on the Yorkshire Wolds.* London: Society for Medieval Archaeology.

Jahnkuhn, H. 1976. *Haithabu: Ein Handelsplatz der Wikingerzeit.* 6th ed.

Neumünster: Karl Wachholtz.

Janssen, W. 1975. *Studien zur Wüstungsfrage imfränkischen Altsiedelland zwischen Rhein, Mosel und Eifelnordrand* (Beihefte der Bonner Jahrbücher 35). Cologne: Rheinland-Verlag.

Maxwell, G. S. 1983. *The Impact of Aerial Reconnaissance on Archaeology.* London: Council for British Archaeology.

Orwin; C. S. and C. S. 1967. *The Open Fields.* 3d ed. Oxford: Clarendon Press.

Pesez, J. M., ed. 1987. *Brucato: Histoire et archéologie d'un habitat médiévale en Sicile.* Rome: École Française de Rome.

Plog, S., F. Plog, W. Wait. 1978. "Decision making in modern surveys." In M. B. Schiffer, ed., *Advances in Archaeological Method and Theory* 1:383-421. New York: Academic Press.

Rowley, T., ed. 1974. *Anglo-Saxon Settlement and Landscape.* Oxford: British Archaeological Reports.

Taylor, C. 1974. *Fieldwork in Medieval Archaeology.* London: Batsford.

Taylor, C. 1983. *Village and farmstead: A History of Rural Settlement in England.* London: George Philip.

7. 城市考古

Barley, M. W., ed. 1977. *European Towns: Their Archaeology and Early History.* London: Academic Press for *British Archaeology.*

Biddle, M. and C. Heighway. 1973. *The Future of London's Past: A Survey of the Archaeological Implications of Planning and Development in the Nation's Capital.* Worcester: Rescue Publications.

Carver, M. O. 1987. *Underneath English Towns: Interpreting Urban Archaeology.* London: Batsford.

Clarke, H., and A. Carter. 1977. *Excavations in King's Lynn, 1963-1970.* London: Society for Medieval Archaeology.

Fevrier, P. A. 1980. *Histoire de la France urbaine.* Vol. 1: *La ville antique.* Paris:

Seuil.

Galinie, H., and B. Randoin. 1979. *Les archives du sol à Tours et l'avenir de l'archéologie de la ville*. Tours: L.A.U.

Gerevich, L. 1971. *The Art of Buda and Pest in the Middle Ages*. Budapest: Académiai Kiadó.

Hall, A. R., and H. K. Kenward, eds. 1982. *Environmental Archaeology in the Urban Context*. London: Council for British Archaeology.

Hodges, R., and B. Hobley, eds. 1988. *The Rebirth of Towns in the West*. London: Council for British Archaeology.

Hudson, P. 1981. *Archeologia urbana e programmazione della ricerca: L'esempio di Pavia*. Florence: All'Insegna del Giglio.

Horsinan, V., C. Milne, and G. Milne. 1989. *Aspects of Saxox-Norman London*. Vol. 1: *Building and Street Development*. London: Middlesex Archaeological Society.

Kargar, M. K. 1958-61. *Drevnii Kiev: Ocherki po Istorii Materialnoi Kultury Drevnerusskogo Goroda* (Ancient Kiev: An Outline History of the Material Culture of the Medieval Russian Town). 2 vols. Leningrad: Institut Arkheologii Akademii Nauk SSSR.

Kolchin, B. A., ed. 1985. *Drevnyaya Rus: Gorod, Zamok, Selo* (Ancient Rus: Town, Castle, Village). Moscow: Nauka.

Kolchin, B. A., and V. L. Yanin, 1982. *Novogorodski I Sbornik: 50 let raskopok Novgoroda*, Moscow: Izd-vo "Nauka."

Odelberg, M. 1974. *Birka*. Stockholm: Riksantikvarie ambetet.

Platt, C. 1975. *The English Medieval Town*. London: Seeker and Warburg.

Schofield, J., and R. Leech, eds. 1988. *Urban Archaeology in the United Kingdom*. London: Council for British Archaeology.

Vince, A., ed. 1991. *Aspects of Saxon-Norman London*. vol. 2: *Finds and Environmental Evidence*. London: London and Middlesex Archaeological Society.

8. 衣食住行

Aston, M., ed. 1988. *Medieval Fish, Fisheries and Fishponds in England*. Oxford: British Archaeological Reports.

Clark, G. 1989. "Animals and Animal Products in Mediaeval Italy: A Discussion of Archaeological and Historical Methodology." *Papers of The British School at Rome* 51: 152-71.

Clark, G., and others. 1989. "The Food Refuse of an Affluent Urban Household in the Late Fourteenth Century: Faunal and Botanical Remains from the Palazzo Vitelleschi, Tarquinia (Viterbo)." *Papers of The British School at Rome* 57:200-321.

Chaplin, R. 1971. *The Study of Animal Bones from Archaeological Sites*. London: Seminar Press.

Maltby, M. 1979. *Faunal Studies on Urban Sites: The Animal Bones from Exeter 1971-1975*. Sheffield: Sheffield Univ., Department of Prehistory and Archaeology.

Renfrew, J. 1973. *Palaeoethnobotany*. London: Methuen.

9. 防御工事

Herrnbrodt, A. 1958. *Der Husterknupp: Eine niederrheinische Burganlage des frühen Mittelalters*. Cologne: Böhlau.

Kenyon, J. R. 1978-1984. *Castles, Town Defences and Artillery Fortification in the United Kingdom and Ireland*. 2 vols. London: Council for British Archaeology.

King, D. J. C., 1983. *Castellarium Anglicanum: An Index and Bibliography of the Castles in England, Wales and the Islands,* Millwood, NY, Kraus International Publications.

O'Neil, B. H. St. J. 1960. *Castles and Cannon: A Study of Early Artillery Fortifications in England*. Westport, Conn.: Greenwood Press.

Thompson, M. W. 1987. *The Decline of the Castle*. Cambridge: Cambridge Univ. Press.

10. 教会遗址

Addyman, P., and R. Morris, eds. 1976. *The Archaeological Study of Churches*. London: Council for British Archaeology.

Butler, L A. S., and R. K. Morris. 1986. *The Anglo-Saxon Church: Papers on History, Architecture and Archaeology in Honour of Dr H. M. Taylor*. London: Council for British Archaeology.

Doppelfeld, O., and W. Weyres. 1980. *Die ausgrabungen im Dom zu Köln*. Mainz: Philipp von Zabern.

Horn, W., and E. Born. 1979. *The Plan of St. Gall*. Berkeley: California Univ. Press.

Rodwell, W. J., and K. Rodwell, 1977. *Historic Churches-A Wasting Asset*. London: Council for British Archaeology.

11. 考古学和历史

Dymond, D. P. 1974. *Archaeology and History: A Plea for Reconciliation*. London: Thames and Hudson.

群体传记学

乔治·比奇

群体传记学（Prosopography）是一种史学研究方式，20世纪早些时候吸引了一些古典史学家和当代史学研究者，现今在中世纪研究领域已经站稳了脚跟。其探讨对象是某一时期有影响力的、在社会上拥有权力的人士。具体来说，这门学科研究这群人的生平信息，包括他们生活地区、家族起源、社会地位、亲朋好友、人际交往、职业生涯，进而评估其家族和人际关系对其地位的获得、对其社会职能、对其事业发展的影响力。群体传记学希望借此来更好地了解中世纪社会的权力机构。①

因此，群体传记学在实证研究中总是试图印证或反驳两大预设前提。第一，在不削弱机遇、个人品行等因素的前提下，说明家族纽带通常对个人发展极为关键。深入研究多个家族后，这一点被反复证实，这一规律不受撼动。第二，与第一条紧密相关，即在任一中世纪体制架构中，尤其在中世纪早期，世俗和教会政府机构还未发展成熟，人际关系在各体制内部起着关键，甚至决

---

① 群体传记学一词早在16世纪就已出现，由一位不知名学者提出，其词根为古典希腊词汇 *prosopon*（person），指对人外观的描述和研究。可能早在18世纪，至少在19世纪晚期，史学家开始广泛使用此词及其当前含义，还不清楚其含义是如何、何时改变的。见 Nicolet 1970, 210—11, 和 Werner 1979, 67—69。

定性作用。① 在一群人中，与掌权者（国王、伯爵、主教等人）密切联系，比占有某个职位，更易于获得权力、财富、名利。掌权者，如国王等控制全局者，往往更为倚重与自身有关联的家族、臣属或与自己彼此依赖的人员，而非没有关联的人，但当后者遇到机会，也会任用与自己有关联的人。换言之，权力机构中人员之间的关系不完全是章程或法律问题，而是在职人员之间的人际关系问题。若要了解某个机构，必须要了解其人际关系。近来，对加洛林诸王及其臣属的研究证实了这一点，研究发现当时身居高位的官员也大多与王室有密切的个人联系，或者婚姻关系。猜想这类联系纽带似乎也连接着其他机构中的人员或权贵精英，群体传记学者试图揭示、表述这些纽带，进而评估其重要性。

当代德国中世纪研究者往往将群体传记学当作一种历史人物研究（Historische Personenforschung）或个人历史学（Personengeschichte），因而强调个人生平，目标是尽量发掘某个人的家族和人际关系。将之称为集体或多人传记时，是在强调以一群人为研究对象，而不是某一控制、左右、影响社会的个人。暂不谈这一区别，群体传记学者的首要着眼点均是某个群体。第一步是整合群体中各个人的生平资料；第二步是比较，以找出他们的共同点和独特之处。

群体传记学通常关注社会中最高掌权者或影响力最大的人，但其研究方法也适用于社会中不那么重要的人。这样，其实任一社会群体都可以囊括在内，只要这群人有同样的职位和职能、从

---

① G. Tellenbach, "Zur Bedeutung der Personenforschung für die Erkenntnis des früheren Mittelalters." *Freiburger Universitätsreden* (Freiburg: Hans Ferdinand Schulz Verlag, 19S7), 10.

事同一种工作、社会地位相同。14世纪法国王室顾问可以作为研究对象，11世纪德意志教区教士同样也可作为研究对象。整个德意志的教士属于同一社会群体，其构成方式显然与王室顾问们不一样，后者彼此相识，常常聚在一起商议政策，但对这两群人可以提出相同的问题，即他们是谁？来自什么样的家族？属于哪个阶层？来自哪里？如何得到其职位？其群体有多稳固？有多少人升迁？多少人降职？……目前群体的社会阶层越低，例如农民阶层，其个人信息就越少，因为档案中他们甚少出现，上述各问题的答案也就越发失去深度和准确度。这在意料之中，但并不改变一个事实，即群体传记学是一个工具，社会史学家可以使用，政治史学家也可以使用。

这里或许需要指出如果资料全备，存留下来的资料使我们能够得知某个时期重要人物的生平，那么在中世纪史领域，群体传记学就没必要存在了。中世纪档案记录人员通常不会记录某个人物的家族背景、亲朋好友、职业信息，多数情况下，这些信息显然对当时要记录的事或商业交易无关紧要，当然也有一些例外。因此，中世纪权力领域的一些重要人物，无论是世俗世界的，还是教会中的，他们在现存档案资料中首次露面时，就已然手握权力、名利了。由于看不到他们的家族纽带和人际关系，我们很自然地认为这些不重要，认为他们从名不见经传甚至穷苦中突然崛起，获得高位。但是以往经验反复说明在中世纪欧洲这种等级分明的社会中，这几乎不可能，不当存此妄想。

要想清楚说明群体传记学到底是什么，可以先说明它不是什么。它不同于历史传记，也通常导向一类碎片化、极为残缺不全的"传记"。中世纪早期这一时段更是如此，由于缺乏资料，史学家有时只能了解到某个大人物的名字、大致生活年代、生活地区，不得不止步于此。传统传记作者根本不会理会这种情况，但这种信息，再加上其他类似人物信息，对于群体传记学者来说非常有用。

群体传记学也不同于制度史（institutional history），但另一方面又颇为相似，因为制度史学者关注的是体制及其运作，群体传记学者关注的是控制体制的人。例如，研究11世纪主教的史学家试图通过诸多个案来总结主教职位的普遍特征，诸如选举模式、在任主教理论上的权力和实际权力、收入、此职位的社会地位等。群体传记学者将这些都记在心里，关注着任主教的这群人，同时留心探究他们的出身家族、任主教之前的职业生涯、职业升迁方式、交际圈子、得权策略。最近对11—15世纪列日教区高级神职人员（主教、副主教、教堂主管、教长）的研究就是一个例子。[1] 作者意在弄清楚某个神职人员的家族地位、故乡位置、从前的工作、借助哪些人或在什么情况下得到其职位，再将每个人的生平信息整合在一起，比较之下，发现虽然他们都是贵族出身，但主教的出身家族比教堂主管的社会等级高，教堂主管的家族比教长的显赫，依此类推。

最早提出群体传记学研究的是德国古典学者西克（O.

---

[1] L. Génicot, "Haut clergé et noblesse dans le diocèse de Liège du XIe au XVe siécl^e," in *Adel und Kirche. Gerd Tellenbach zum 65. Geburtstag dargebracht von Freunden und Schülern* (Freiburg: Herder, 1968), 237-58.

Seeck），他在 19 世纪末亲自进行群体传记学研究。① 有的时期有许多名人的信息零星记录在铭文和纸莎草上，此种方法极为适合这种时期，群体传记学在罗马研究领域蓬勃发展，直到今日都不曾中断。已经出版了几部罗马共和国和帝国重要人物词典，最近的出版于 1971 年和 1980 年，这些人物词典涵盖了公元 266—527 年，之后的人物研究也正在进行。② 西克第一部著作出版后的几年间，现代史学家（既有美洲史学者，也有欧洲史学者）借鉴群体传记学方法在各自领域进行研究，研究成果自此不断涌现。在劳伦斯·斯通（Lawrence Stone）看来，20 世纪的史学家们之所以如此迅速接受群体传记学研究方法，是多种因素促成的。③ 一方面，史学家对传统制度史心生不满，同时对政治领袖的动机愈发存疑，使得史学家将眼光投向体制结构或意识形态之外，寻找各类政策、章程的缘由，大人物的亲属、好友、爱好因此成为研究对象。另一方面，社会科学的发展为社会和政治分析提供了新的问题和方法。例如，人类学关注人类行为中的家族和亲属纽带，社会学一般侧重各类社会群体，经济学挖掘人行动背后的经济动机。最后，斯通看到量化研究这一新方法，加上计算机，使分析某一社会大群体的大量数据成为可能，这在过去实在难以想象。

中世纪与古典时期时间上相续，同样都缺乏历史资料，考虑到

---

① 有关 20 世纪群体传记学的历史发展概述，见 Nicolet 1970; A. Chastagnol. "La prosopographie; méthode de recherche sur l'histoire du Bas-Empire," *Annales, Économies, Sociétés, Civilisations* 25 (1970): 1229-35; and Lawrence Stone, "Prosopography," in *Historical Studies Today*, edited by F. Gilbert and S. Graubard (New York: Norton, 1972), 107-40。

② A. H. M. Jones, J. R. Martindale, and J. Morris, *The Prosopography of the Later Roman Empire* (Cambridge: Cambridge Univ. Press) 1(1971): 266-395, 2(1980): 395-527.

③ Stone, "Prosopography," 113-8.

这一点，中世纪学研究者迅速采纳罗马史研究者的研究方法就不奇怪了。但在二战以前，群体传记学很少关注这两个领域。[①] 1940—1950 年代，中世纪学研究者开始对群体传记学产生兴趣，但到 1960 年代、1970 年代，不少学者才开始应用群体传记学方法。一系列用此方法的研究成果出版，证实了这种方法的实用性，许多犹疑的学者因此才相信这种方法可以在各领域广泛使用。新著作不断涌现，某种文献归纳的需求也开始出现，以使学者快速找到感兴趣的书。因此，到 1970 年代后期，《法兰克：西欧历史研究》(*Francia: Forschungen zur Westeuropäischen Geschichte*) 的编者们开始不定时出版名为《群雄传》(*Prosopographia*) 的论文、评论集。1980 年，第一部期刊《中世纪群体传记学》创刊。其中两位主要编辑于 1982 年 12 月在比勒费尔德组织过一场中世纪群体传记学的国际会议。[②]1984 年 10 月在巴黎又有两场类似国际会议，一为群体传记学与现代国家的产生（Prosopographie et la Genèse De l'État Moderne），另一为计算机与群体传记学（Informatique et Prosopographie）。[③]

回顾过去 15 到 20 年出版的作品，会发现大量作品的焦点是中世纪社会各类精英群体。政治领域、社会中有影响力的人，包括贵族、政府各级官员、民众代表等，得到的关注多于其他社会

[①] G. Beech, "Prosopography," *Medieval Studies: An Introduction,* edited by J. M. Powell (Syracuse: Syracuse Univ. Press, 1976), 155.

[②] N. Bulst and J.-Ph. Genet, eds., *Medieval Lives and the Historian: Studies in Medieval Prosopography, Proceedings of the 1st International Interdisciplinary Conference on Medieval Prosopography* (Kalamazoo: Medieval Institute Publications of Western Michigan University, 1986).

[③] *Informatique et Prosopographie, Table Ronde CNRS,* edited by H. Millet (Paris: 1985). *Prosopographie et la Genèse de l' État Moderne,* edited by Fr. Autrand (Paris: Éditions du Centre National de la Recherche Scientifique, 1986).

群体，这似乎在意料之中。但也有很多著作研究教会高级神职人员，尤其是主教、大教堂管理教士、修士群体。大学师生也未被忽视。但同时，乡村精英得到的关注相对较少，农民更是鲜有人关注。多数研究由学者独自完成，不过，目前一些学者在尝试合作开展大型研究，且已产生不错的成果。

德国学者在过去三十年中率先使用群体传记学来研究中世纪历史，他们发展出新方法，即从过去被忽视的资料中搜寻信息。他们出版了大量这方面的著作，且种类繁多，率先作出示范。格德·泰伦巴赫（Gerd Tellenbach）1939 年出版了他的《德意志帝国的王室和部落》（*Königtum und Stämme in der Werdezeit des Deutschen Reiches*），那时他就因为这本书引起关注，他给第一代德国群体传记学者留下了不可磨灭的印记，许多人加入弗莱堡工作组（Freiburger Arbeitskreis）跟他学习。他在弗莱堡的 20 年里，从 1944 年到 1964 年，指导了近六十位博士生的论文，很多论文是群体传记学领域的。① 很多博士生进入德国各大学继续自己的研究，占据中世纪史教席，一边进行学术著述，一边培养自己的学生。

1960 年代后期，泰伦巴赫的两个学生卡尔·施密德（Karl Schmid）和明斯特的约阿希姆·沃尔拉斯（Joachim Wollasch）取代他在弗莱堡的位置，一起创建了过去 20 年里中世纪学领域最大的群体传记研究项目。项目研究对象是 9—12 世纪神圣罗马帝国、

---

① K. Schmid, "Der 'Freiburger Arbeitskreis.' Gerd Tellenbach zum 70. Geburtstag," *Zeitschrift für die Geschichte des Oberrheins* 131(1974): 344-47. 不难相信，泰伦巴赫通过其学生对下一代中世纪研究产生了巨大影响，远超近期任何中世纪学者。

法国、意大利各地世俗的、教会的、修道院的重要人物，其目标为"社会与兄弟会：资料文献整编与中世纪人物研究"（Societas et Fraternitas: Begründung eines kommentierten Quellenwerkes zur Erforschung der Personen und Personengruppen des Mittelalters）。[1] 他们的资料包括修道院死者名册、讣告、兄弟会章程、各类纪念公告等。在缺乏档案文献的年代里，如9、10世纪，这类资料相对比较丰富，其中包含极多人名，许多人是社会显要人物，但过去的史学家几乎无法利用它们。原因如下：首先，有的没有出版；其次，有的未经注释编辑；最后，也是决定性因素，学者们无法仅凭一个某时代的常用人名识别出其人为谁，因为许多人的名字相似。识别人物的关键，首先不是关注某个人，而是资料中出现的一群人，然后从不同资料中，通过反复对比，确认这群人的身份。在某一群人中，通过亲属、朋友、臣属关系纽带来辨识出某个显要个体。施密德和沃尔拉斯在项目一开始就坚持出版这些纪念性的资料，且强调以最高品质来编辑它们，尽量保留它们的原状。事实上，他们青睐图像影印的编辑方式，不仅质量极佳，且与资料原稿只有颜色上的差异。[2]

1967年德国政府（德国科学基金会[Deutsche Forschungsgemeinschaft]）继续拨款支持，"人与其群体"（Personen und Gemeinschaften）项目得以在明斯特成立，此项目是另一大型跨学科研究中世纪早期社会项目（被称为"综合研究中心

---

[1] K. Schmid and J. Wollasch, "Societas et Fraternitas," *FMH*, 9(1975): 1-48.
[2] 其劣势在于出版成本太高，这可能阻碍了它们在学术界的流通，这么说绝不是学术上的批评。

7"[Sonderforschungsbereich 7]）的组成部分。随之产生了《早期中世纪研究》（*Frühmittelalterstudien, FMS*），这本杂志在整个中世纪早期研究领域表现出色，同时出版项目参与人员的著作，这点同样表现不俗。整个政府资助期间（1967—1985 年），《早期中世纪研究》持续发布年度报告，详细介绍"社会与兄弟会"的活动和作品出版情况，这对了解项目及其规模非常有价值。除了《早期中世纪研究》，综合研究中心 7 也推出作品集《明斯特中世纪文集》（*Münstersche Mittelalterschriften*），自 1970 年以来，出版了近十部作品，其中许多出自"社会与兄弟会"项目参与者之手。

项目开展的 20 年里，8—12 世纪各个修道院的死者名册、兄弟会手册、纪念公告等资料纷纷出版面世（详情见参考文献：Althoff 1978; Klostergemeinschaft von Fulda 1978; Liber Memorialis von Remiremont 1970; Liber Vitae von Corvey 1983; Materialien 1986; Neiske, 1979; Synopse 1982; Totenbücher 1983; Verbrüderungsbuch 1972）。就篇幅和重要性而言，福尔达（Fulda）和克吕尼（Cluny）两地出版的均更胜一筹。1978 年 5 卷本的死者名册资料集在福尔达出版，其中既有原始资料，又有研究福尔达修道院的研究文章，还有针对几百人的群体传记学研究成果，涉及几千人。十位学者合力完成了这部不朽的作品。1982 年在克吕尼出版的死者名册集有两卷，这部书根据现存七个克吕尼附属修道院（利摩日、摩萨克等）的死者名册，重新构建克吕尼修道院的死者名册，名册中将各个修道院的死者名单同步罗列出来。学者们将来打算出版这七个附属修道院死者名册的影印摹本，以及对其中显要人物的研究文章。

除了出版这些史料,"社会与兄弟会"项目负责人认为其项目吸引了其他学者加入,共同就某些特别主题,如手稿传统、抄本学、古文字学、人名,以及最为关键的群体传记学(研究文献资料中出现的个人和群体),进行一系列协同研究。1981 年总结项目成果和立场时,已有近一百五十部不同主题的专著出版,二十多位学者参与其中。①

另一队德国学者在弗莱堡一直与卡尔·施密德领导的明斯特学派密切合作,他们并不是综合研究中心 7 的正式成员。弗莱堡的这些学者开展了一项名为"群体构成与群体意识"(Gruppenbildung und Gruppenbewusstsein)的研究项目,创建了一个计算机控制的人名库(到 1983 年,收入 400000 个名字),这些名字来自各种纪念文稿,可供群体传记学研究使用。②

明斯特项目开始以前,英国的学者已经发起了一个重要集体研究项目,即"罗马帝国后期群体传记学研究"。剑桥古典学者们承担了这一项目,得到英国科学院拨款资助,项目领头人是 A. H. M. 琼斯(A. H. M. Jones),他过逝后由 J. R. 马丁代尔(J. R. Martindale)带领。项目关注罗马帝国后期所有显要的世俗人物,参考原始资料,出版重要人物的生平传略,已有两卷近 2500 页的成果出版,每一卷都引起中世纪研究者的兴趣。第一卷涵盖 260—395 年,第二卷涉及 395—527 年(见 *Prosopography* I, 1971;

---

① *Erträge und Perspektiven der Sonderforschungsbereich 7: "Mittelalterforschung" an der Westfälischen Wilhelms-Universität in Münster* (Münster: Wilhelms-Univ. Verlag, 1981).

② G. Althoff, "Unerforschte Quellen aus Quellenarmer Zeit, IV. Zur Verflechtung der Führungschichten in den Gedenkquellen des frühen 10. Jahrhunderts," in *MLH*, 37, 39; and D. Geuenich, "Datenbank mittelalterlicher Personen," *MLH*, 405, 413.

II, 1980），第三卷和最后一卷涉及 527—640 年（关于这一项目见 Mathisen 1986; Heinzelmann 1982）。

与此同时，在法国，H.-I. 马鲁（H.-I. Marrou）和 J.-R. 帕兰克（J.-R. Palanque）带领一众学者在巴黎索邦大学着手进行同时期基督教群体传记学（Prosopographie chrétienne）研究，此项目关注那些被英国学者忽视的宗教人物，项目得到铭文与美文学术院（Académie des Inscriptions et Belles Lettres）的支持。1983 年他们出版了第一卷传略，涵盖 303—533 年的非洲基督教人物，其中安德烈·曼杜兹（André Mandouze）是主要执笔人，此项目至其完成还需要很久。（见参考文献，*Prosopographie chrétienne*, 1983）。尽管上述项目都未完成，但学者们研究罗马和早期中世纪社会时，手边已经有了非常了不起的传记库，对于想要创建后世资料库的中世纪学研究者来说，已有的传记库是可模仿的典范。

借这些项目，德国历史所（German Historical Institute）得以在巴黎成立，由 K. F. 维尔纳（K. F. Werner）带领，他将此组织命名为"拉丁世界群体传记研究中心"（Prosopographia regimrum orbis latini, PROL）。从 1960 年代后期开始，其目标是创建罗马后期至 12 世纪西方拉丁世界显要人物传略库（不是计算机化的）。到 1979 年，该组织成员已创建超过三十万个人物词条，当时他们宣称收纳了一百年里各档案资料里涉及的所有人物（Werner 1977）。

上述几个项目的目标都是群体传记学，相比之下，近来展开的几个项目的目标却不是如此，但仍引起群体传记学者的兴趣。后者之中，有德国的"主教们"项目，1976 年开始，目标是重新推敲、扩充 P. B. 加姆斯（P. B. Gams, 1873—86）的同名著作。此项目的带领人艾希施泰特的 S. 魏福特（S. Weinfurter of Eichstätt）、科隆的 O. 恩格斯（O. Engels of Cologne），与近百位学者一同整理、搜集 1198 年以来拉丁教会所有主教的生平和职业生涯等各种重要信息，而不仅仅是罗列主教们的名字（Weinfurter 1986）。已经出版了两卷成果，待到项目完结时，对于想要了解某个主教的中世纪研究者而言，其一系列作品将会成为得力工具（*Series episcoporum* 1982, 1984）。

另一大型综合项目——英国议会史（The British History of Parliament）也会为群体传记学者提供有关中世纪后期英国政府和社会的重要信息。此项目的中世纪段进行得较慢，不及现代段。1983 年，中世纪段计划其第一阶段覆盖 1386—1422 年的议会会议，仅此一段就引出 3200 个人物传略（Rawcliffe and Clark 1983）。最近一项小型研究也在进行，主要研究 1295—1340 年议会中的底层教士代表（Denton and Dooley 1987）。

虽然这类集体学术项目因其规模和覆盖的长时段而引人注目，但近来多数群体传记学研究是由学者们独立进行的。最近，一本研究中世纪后期社会、政治精英的作品出版，就是一个好例子，这本书多少借鉴了《罗马帝国后期的群体传记》（*The Prosopography of the Later Roman Empire*, PLRE）的模式。德国学者业已出版了一系列早期日耳曼诸王国显要人物传略。其中有各王国的官员，如墨洛温王国的（Ebling 1974; Selle-Hosbach 1974）、伦巴第和意大利的（Jarnut 1972; Hlawitschka 1960）、西哥特和苏维（Suevi）时期的西班牙的（Garcia Moreno 1974; Claude 1978）。[①] 有的书中分

[①] 有关近来伦巴第群体传记学，见 Fanning, "A Review of Lombard Prosopography," 1981。

析、解释各个名字之间的相互关系（Althoff 1984），有的书中只有分析，没有生平信息（Werner 1965）。前文提到的明斯特－弗莱堡学派是研究 9—11 世纪罗马帝国、法兰克、意大利各地世俗的、教会的、修道院显要群体传记的高潮。

十字军史学家最近开始运用群体传记方法来进行研究，如 J. 朗农（J. Longnon）对第四次十字军东征的研究（1978 年）、J. M. 鲍威尔（J. M. Powell）对第五次十字军东征的研究（1986 年）。相关领域还有 D. 沃耶特基（D. Wojtecki）对 13 世纪条顿骑士的研究（1971 年）。

越来越多的英国和美国学者近来将注意力投向盎格鲁－撒克逊晚期和盎格鲁－诺曼时期。多数研究成果呈现为短篇论文，但也有长篇专著，如基利（Kealey 1981）和特纳（Turner 1985, 1988）的书。① 另有一部重要作品研究诺曼世界的另一部分，罗列出 11、12 世纪定居于意大利南部和西西里的各个诺曼、法国家族（Ménagier 1981）。到 1984 年，盎格鲁－诺曼研究取得极大进展，一群学者因此提出要编纂一部盎格鲁－诺曼人物词典（Chandler, Newman, and Spear 1984）。另一群加州大学圣塔芭芭拉分校的学者将《末日审判书》数字化，因而可以在数千个名字中快速搜到某个名字，这极大地便利了群体传记学者的研究（Fleming 1986）。②

有关 13—15 世纪的政治精英研究，过去出版了众多新作品。其中有 T. 埃弗盖茨（T. Evergates）对特鲁瓦（Troyes）地区贵族政

---

① 有关这一主题，见 Hollister "Elite Prosopography in Saxon and Norman England," 1981, 1987。

② 有关首批结果案例，见 Fleming 1987。

治的研究（1975 年）、W. M. 纽曼（W. M. Newman）对皮卡第地区内勒领主的详细考察（1971 年）、A. 德穆格（A. Demurger）对法国 15 世纪早期王室侍卫和管家的研究（1978 年）、J. 罗格津斯基（J. Rogozinski）对 14 世纪蒙彼利埃的研究（1982 年），奥特兰神父（Fr. Autrand）对 14 世纪中期至 15 世纪中期巴黎议会主要成员（共 678 位）的研究（1981 年）研究尤其重要。① 英国方面，K. B. 麦克法兰（K. B. McFarlane）对 15 世纪后期英国贵族的研究，以及 N. 索尔（N. Saul）对 14 世纪格洛斯特郡乡绅的研究（1981 年），都是较为重要的探索。

关于中世纪欧洲的教会和修道院，过去 20 年里出版了极多新著作。这里只谈谈其中关键作品，从主教开始。前面已经说过重新审视加姆斯著作的大型项目"主教们"（见第 193 页）。伦敦历史研究学院（Institute of Historical Research）也开展了类似项目，即重新编订 18 世纪约翰·勒·尼夫（John Le Neve）的《英格兰教会历》(Fasti Ecclesiae Anglie)，这部多卷本著作参考多种文献，罗列出英格兰和威尔士教会的主教、教会管理人员和教规（参见 Greenway 1980）。N. 坎普（N. Kamp）的三卷本著作，研究 1194—1266 年西西里王国主教们的群体传记，他的书影响极为深远（1973-1975）。齐林斯基（H. Zielinski）的第一卷著作研究 11 世纪德意志德国的主教（1984），紧接着第二卷作品中附有人物传略。不少学者研究中世纪教会教规，试图弄清楚一个人如何变成教士以及什么人能成为教士等，H. 米列特（H. Millet）考察

---

① 近期有关法国议员代表群体研究，见 Bulst 1984, 1986。

了 1272—1412 年拉翁地区近八百名教士，他的书就其研究范围而言堪称首屈一指（1982 年）。针对修道士群体，也有类似的身份研究，明斯特学派的许多专著最为典型，比如其早期对福尔达和克吕尼修道院的详尽研究。O. 德克勒（O. Dexle）对 8、9 世纪法国修道士、教士的群体传记研究（1978）是一例，1957 年汤普森（W. R. Thomson）对 1226—1261 年间五十多名任主教的方济会修士的研究又是一例。一个美国学者团队宣称要对中世纪女修士进行大规模生平信息搜集（McLaughlin 1987）。另一教会领域的研究主题是 13 世纪的教皇法庭（Paravicini-Bagliani 1986）。

中世纪后期的大学、学院及其师生也得到相当多学者的关注。1955 年和 1960 年，S. 斯特林 – 米肖（S. Stelling-Michaud）辨析、梳理了 13、14 世纪博洛尼亚大学中瑞士法学生的身份和职业。1982 年 Ch. 雷纳迪（Ch. Renardy）整编了一份 1140—1350 年列日教区近八百名教士的传记册。1971—1985 年，C. M. 里德里霍夫（C. M. Ridderikhoff）和德·里德 – 西蒙斯（H. de Ridder-Symoens）合作出版了四卷本的著作，整理了 1444—1556 年奥尔良大学里德国学生的注册名单，且附上近一千三百名学生的传略。A. B. 埃姆登（A. B. Emden）呕心沥血研究了中世纪牛津和剑桥大学的学生，并整编成传记词典（1957—1959, 1963），他的研究在这两所大学燃起群体传记学学生的新兴趣点。1970 年代，几位剑桥学者将埃姆登的成果数字化，成为一系列新兴研究的数据基础，其中新牛津历史的第一卷就是以之为基础的。[①] 此类研究针对学生的社会出身、出生地区、

[①] 近期出版作品综述，见 Burson 1982; Evans 1986。

世俗学生与修道士的比例、毕业后的职业发展等问题展开。关于中世纪末期，J. 法奇（J. Farge）整编了 16 世纪上半叶巴黎大学神学博士生的传略（1980），且研究了这些学生对宗教改革的看法（1985）。

有些群体传记学者试图弄清楚中世纪城市人口的职业的、社会的、政治的种种事实，因此城市人口自然而然成为他们的研究目标。前文谈过的学生、老师、政府官员、主教、教士都是城市人口的一部分。医药史的兴起催生了两部中世纪医生传记词典（Talbot 1965; Wickersheimer 1936），以此为基础的研究最近开始出现（Jacquart 1979; Gottfried 1983, 1984）。J. 哈维（J. Harvey）编纂了一部中世纪英格兰建筑师传记词典（第二版，1979），S. 瑟普（S. Thrupp）研究中世纪后期伦敦商人，他的这一专著十分重要（1948）。还有若干短篇作品探讨中世纪后期城市官员、市政议会成员等人群（Wried 1986; Esch 1986; Hammer 1978），其中有些作品剖析 14 世纪德国城市暴动（Rotz 1974, 1976）。S. 雷诺兹（S. Reynolds）探讨了 12 世纪伦敦管理者的身份（1972）。弗莱堡（瑞士）的一份 1341—1416 年公民书（*Bürgerbuch*）于 1979 年开始数字化（Bachler 1984）。

中世纪农民群体给群体传记学者带来挑战，因为农民的地位毫无显赫可言，留下来的资料也非常缺乏，农民整个群体数量巨大，但其中一个个农民难以辨识，基本没有自己的身份，难以引起关注。然而，不少中世纪英格兰乡村史学家近来尝试辨识某段时期某些乡村中农民的身份（家族身份），并编纂传略。他们根据许多农民群体来归纳，而不是随便哪一个群体，例如 J. A. 拉法蒂斯（J. A. Raftis, 1974, 1982）、E. 布里顿（E. Britton, 1977）、德温特兄弟（A. R. 和 E. B. DeWindt, 1981）等人的研究。德温特兄弟在其 1981 年出版的著作中，根据亨廷顿郡 1280 年的不同法庭记录，整编出一份数百位亨廷顿郡农民的传略册。还有一部重要的农民群体传记学作品在孕育中（Poos 1986）。

历史学者无论讨论什么主题、研究哪一个群体，其群体传记研究方法运用得是否成功，都取决于其涉猎的原始资料范围，以及提取信息的程度。原始资料越多，信息提取得越充分，群体传记研究就越成功。接下来本文将探讨群体传记学最用得上的原始资料，然后谈一谈利用原始资料的方法。为了搜寻重要人物的生平信息，不能忽视任何形式的资料，但不同资料的价值不尽相同。迄今为止，考古遗迹几乎没什么用，之后一段时间内很可能也不会派上多大用场，当然若出现重大新发现，情况可能会不一样。刻有铭文的墓碑可以用来确定死者的死亡时间、家庭关系、社会地位，但不幸的是 13、14 世纪之前的墓碑几乎没有保存下来。欧洲许多教堂和博物馆中保存着大量葬礼碑文，但已出版的葬礼碑文散布在地方史学团体的期刊中，无法汇集。为了弥补这一点，法国普瓦捷中世纪研究中心（Center of Medieval Studies）的几位学者自 1974 年开始从逐个地区收集中世纪碑文，目前已出版了 12 卷《中世纪法国铭文集》（*Corpus des inscriptions de la France médiévale*）。① 钱币学偶尔能用得上，铸币时间这种信息能从钱币中得到，但这类证据太过碎片化，且不稳定，时而有用，时而没用。印章和纹章图案似乎能提供一些家族出身、社会地位等信

---

① 最新一期是 vol. 12. *Aude-Herault* (Paris: Centre National de la Recherche Scientifique, 1988)。

息，但 13 世纪之前不适用。

有的时期，钱币学、印章学、纹章学能提供的信息量不够大，内容不够明确，范围极为有限，此时书面资料仍旧是最珍贵的群体传记学资料来源，其中叙述性文稿资料的价值参差不齐。年鉴和编年记事常常记录下当地显要人物的名字，但有些记录者对所记人名不感兴趣，不在乎他是谁，不过也有人像沙班的阿德马尔（Adhémar of Chabannes）那样对人物家族有着明确敏锐的意识。阿德马尔的编年史记录了其生活年代中阿基坦北部贵族的情况，其中有大量独一无二的人物生平和地理信息。① 圣徒传记文学一般仅仅包含圣徒的背景，不过作者有时会提到圣徒的交际圈。个人信件是含有人物好友和家族信息最多的文献资料，但保存下来且历史学家能用得上的信件实在太少了。教会讣告或教历是另一资料类型，教会工作人员认为哪个人值得纪念，就将其死亡时间记入教历，这些人要么在社会上有名望，要么与教会有一些联系。类似的还有亡者名录（rotuli mortuorum），修道士们带着它在某几个修道院之间游走，将某个名人或本团体中某个人的死亡消息昭告于众。② 还有一种资料，即 8—11 世纪意大利、神圣罗马帝国、英格兰等地修道院的纪念名册，其中含有极多世俗人士和教会人士的名字，这些人和修道院有联系，后者为他们祷告。确认讣告中人物的身份往往非常困难。前文提到明斯特 - 弗莱堡的学者们利用上述各类资料来进行中世纪群体传记学研究，成为

---

① L. Levillain, "Adémar de Chabannes généalogiste," *Bulletin de la Société des Antiquaires de l'Ouest* (1934-35), 237-63.

② L. Delisle, *Rouleaux des marts du IXe au XVe siècle* (Paris: Mme. Ve. J. Renouard, 1866).

这方面的权威。

上述各类资料无论价值如何，都比不上某种协定性汇报类文件，如契约、证书、告示、令状、法庭案卷。蛮族王国时期，这类文件很少见，但9、10世纪之后，西欧各国到处都有，成千上万份存留下来，成为群体传记学者的资料来源。12世纪之前，这类文件主要由国王、修道院、大教堂签发，后来世俗贵族为了显示主权、建立权威，也颁发这类文件。无论是面向一个人，还是面向一百人，任何一份这类文件不仅以协定的主体命名，也以见证人命名。见证人有时是某个显要人物的下属，因此通过见证人名单可以确定某人与某人的关系，进而区分某时期某地区的各个社会群体，见证人名单的作用无与伦比。进一步讲，个人行为往往需要家族成员的建议和首肯，这样就使契约成为了解族谱的最佳渠道。若没有这类文件，多数中世纪群体传记研究根本无法进行。

虽说如此，但有些问题使史学家无法最大限度从中世纪契约中提取信息。问题之一是难以获得它们，大量中世纪契约没有出版，不为人知。中世纪晚期的契约更是如此，因为这些契约极为分散，档案中收录得不多，且质量不佳。举例来说，法国似乎没有一部国家或地方档案罗列出所收藏的中世纪契约。许多已出版的地契或契约集有所残损，严重影响使用。编者不愿投入精力去确定契约的年代，不区分真假契约，"坑害"了不了解情况又轻信的史学家。许多资料集没有将契约中出现的所有人名列入索引，读者容易误以为这些名字不存在，只有一页一页草草翻过契约的研究者自己知道。有些契约的原件遗失，只留下后期誊抄的复件，但出版的并不是最好的一版复件。德国学者维尔纳 K. F.（K.

F. Werner）浏览巴黎法国国家图书馆收藏的 17、18 世纪复制的中世纪契约手稿时，发现 19 世纪出版的 9—11 世纪的契约中，遗漏了许多见证人名单，因为编辑人员不愿耗费精力去筛选、找到最好的复制版本。就是这部分被遗漏的见证人名单使维尔纳行动起来，仔细探究，查漏补缺，出色地完成一部著作，大大扭转了人们对加洛林时代安茹、缅因、都兰各省贵族政治史的看法。①

一般来说，一个人职业生涯的选择，后期若没有经历重大转变，则受到家庭成员的极大影响，因此群体传记学研究的起点就是理清家族和亲属关系。这里的"家族"是广义的，而非狭义的，一方面指代所有活着的亲属，直系亲人如父母、祖父母、儿女，旁系亲属如叔叔、婶婶、侄子、表兄弟姐妹等，另一方面又包括家中男女双方的祖先。家中直系亲属对个人生活和职业的影响一般更大，但远房亲戚或祖上也能解释一个人后来的晋升、发展、社会地位的变化，后者权势突出时，更是如此。

与近代早期与现代欧洲的谱系研究比较时，可以看出中世纪谱系研究严重缺乏资料，难以构建准确、庞大的族谱关系图，少数家族例外。10 世纪之前，只能确定王室族谱，偶尔有一两个贵族家族谱系也能确定，但只能确认其中几代人。相当一部分贵族家族延续到 11、12 世纪，也有许多家族后来的发展晦暗不清，尤其是等级不高的贵族。

有时候只能确定族谱的一部分，族谱研究者不得不止步于此，比如只能确定某个人父母中的一方，又如只能断言 X 与 Y 有

---

① K. F. Werner, "Untersuchungen zur Frühgeschichte des Französischen Fürstentums," *Die Welt als Geschichte* (1958), 18:256~89; (1959), 19:146-93; (1960), 20:87-119.

关系，但目前不清楚是什么关系，甚至可能 X 来自 Y 家族。遇到这类困境，通常无法继续深入，但得出的结论不一定没有价值，明白一点儿暧昧不明的关系，总比一无所知好。

中世纪谱系学的根基是由无数专业和非专业研究者奠定的，数百年来，个人的、社会的、学术的种种因素将他们推向这个领域。16、17 世纪法国数位学者将谱系学提升了一个层次，从各种记载中剔除神话，保留事实，使谱系学成为较为可信的、科学的学科。他们付出大量精力，在不计其数的档案资料中筛选、搜集中世纪王室、贵族家族的族谱信息。其中拉伯博士（Ph. Labbe）、E. 巴鲁兹（E. Baluze）、安塞尔姆神父（Père Anselme）、路易和塞沃勒（Louis and Scévole）兄弟的研究非常透彻，他们的著作成为法国现代谱系学的基石。另一部早期著作，即《高卢基督教》（*Gallia Christiana*）对现代谱系学者也有着持久不衰的影响，这本书意在探讨中世纪法国主教区、修道院的历史，而不是家族史，但它记录了许多有价值的人物生平信息，有助于了解中世纪法国主教、修道院院长等教会高层人物，因此可供谱系学者参考。英国、西班牙、意大利也有类似发展。

现代中世纪研究者虽然承认前人居功至伟，但对于他们的研究结论仍要慎思明辨。这自然是由于现代学者有时能接触到前人错过的资料文献。此外，缺乏学术规范常常降低了前人著作的可信度，尤其是未经训练的非专业史学家的家族史作品。①

---

① 然而，需要认识到今天谱系学者与上个世纪乃至更早的前辈们相比，有一个巨大优势，即今天有大量词典、百科全书、文献可参阅，学者们可以快速知道某个人物、某个家族的哪些方面已经被研究过了。本文的参考文献中列出了很多这类资料，数量太多，这里无法一一介绍。

不难想象姓名是确定家族成员的基本要素，血缘关系不明确的情况下，更得依靠名字。不过，也不能说某人有某个家族的名字，就一定来自那个家族。这和中世纪命名传统有关。11 世纪之后，以名字确认身份的过程比过去简单了许多，但仍不是易事。从那时开始，为了区分人物，契约誊写员愈加频繁地在教名或名字后面加一个中名或姓氏。姓氏来源非常广泛，不过通常是父亲或母亲的名字。誊写员以不同方式记录名字，如杰拉尔德·菲茨·休（Geraldus filius Hugonis），或杰拉尔德·休（Geraldus Hugonis），或杰拉尔德·德·休（Geraldus de Hugonis），这些名字都指同一个人，即休的儿子杰拉尔德。取父名无疑能解答谱系学者的疑问，但有些贵族拒绝采纳父名时，情况就不一样了，他们更愿意以定居地或城堡为名。吕西尼昂的领主们来自普瓦图的一个卡斯泰兰城堡家族，分别自称雨果·德·利兹尼亚科（Hugo de Liziniaco）、雨果·利兹尼亚森（Hugo Liziniacensis）、雨果·多明纳斯·德·利兹尼亚科（Hugo dominus de Lizianiaco）。若碰到一个身份不明的吕西尼昂的雨果，不用多想，立马能想到此人来自上述家族，但若遇到一个姓吕西尼昂的人，就不能如此推断了。有的家族以村庄、城堡、市镇名为姓氏，研究过程中，目标范围越大，这种现象的概率就越高。种种情况下，名字是确定身份的关键。

　　姓氏大多数时候有助于确定持有者的身份，但不总是如此，姓氏不同，不代表不属于同一家族，因为姓氏最初并不是代代相传的家族名。人们有时更改姓氏，甚至不止一次。贵族阶层中，若某个贵族子弟想占领一个村庄、一座城堡，村庄或城堡名又不同于家族姓氏时，那么他会以前者为姓氏。再次强调一下，名字才是确定身份的决定性要素，不是姓氏。

一旦涉及 11 世纪之前的历史，研究难度大为提高，结论可信度也减损了，日耳曼人习惯上只取一个名字。因此，区分若干同名人物变得十分困难，甚至不可能。比如某一地区同时期的多份契约上都出现威廉这个名字，他们是否为同一人，还是同名的不同几个人，这难以确定。只有通过其他特征，确定他们各自为谁时，才能解决这类难题。同一名字在不同地区的拼写方式极为多样，甚至同一地区内部的写法都不太一样，名字的拼写丝毫不能提供帮助。例如 11 世纪以前，"Conrad" 这个名字可写成 Chonradus, Choanradus, Chuanradus, Chuonradus, Cuonradus，巴伐利亚和斯瓦比亚地区写作 Honratus，意大利写作 Guneradus，纽斯特利亚地区写作 Conradus，勃艮第地区写作 Cohunradus, Cunrhadus, Gundradus 和 Gohuntdradus。① 昵称也不能提供帮助，有些人的昵称和自己的教名没有一丝雷同。比如克吕尼的一份契约中，一位女子在文件的开头自称为里乔奥拉（Richoara），结尾时却被称为德卡（Deca）。②

综合考虑上述种种情况，以名字确定身份依旧是推敲家族关系的重要因素，对 1000 年前后首次出现在资料中的家族而言，尤其如此。研究中世纪早期法兰克贵族的史学家也受类似难题所困，即 11、12 世纪的显赫家族通过姓氏可追溯到 10 世纪末，进

---

① Maurice Chaume, *Recherches d'histoire chrétienne et médiévale: Mélanges publiés à la mémoire de l'historien avec une biographie* (Dijon: Academie des Sciences, Arts et Belleslettres, 1947), 218.

② 同上。

入单名时期，就无法向前追溯了。马克·布洛赫（Marc Bloch）提出家族第一位留名于世的成员即为其家族的创建者，或者至少是此人提升了其家族地位，然后以其所占据的城堡称呼自己。① 许多年来，这种观点广为接受，但到 1960 年代，法国和比利时的贵族得到细致的研究后，这种观点受到质疑，因为研究发现 11 世纪的许多名门望族其实源远流长，多数能追溯到加洛林时代。② 首位家族首领以城堡命名，但他不是其家族的创建者，只是在他有生之年，其家族财富和权势集中在一个固定且有防御工事的据点。11、12 世纪名门望族普遍青睐的名字被德国人称为显名（Leitnamen），这类名字是确定这些家族无姓先人之身份的关键。找出这些名字后，学者们再从当地和周边地区的先辈中搜寻它们的踪影。常常在一些始料未及的地方看到它们后，名字自身不能证明家族纽带存在与否，但能提供一种可能性，以便其他证据来印证。约阿希姆·沃尔拉斯（Joachim Wollasch）考证代奥勒（Déols）的领主们来自贝里的一个卡斯泰兰城堡家族，他的研究正说明了这一过程。埃伯（Ebbo）是第一位已知的代奥勒领主，生活在 900 年前后，但无法断定其祖先是谁，沃尔拉斯查阅阿基坦北部修道院的契约，发现埃伯这个名字和其他两个该家族的常用名常常出现在 9 世纪后期普瓦捷周边地区的资料中，后者距阿基坦约 100 里。沃尔拉斯虽然无法确定此埃伯出自哪个家族，但他确定其家族很可能就在普瓦捷附近。此假设与事实相符，事实是埃伯承认阿基坦公

---

① M. Bloch, *Feudal Society*, vol. 2, *Social Classes and Political Organization*, L. A. Manyon, trans. (Chicago: Univ. of Chicago Press, 1961), 283-92.

② L. Génicot, "La noblesse au Moyen Age dans l'ancienne 'Francie,'" *Annales, Économies, Sociétés, Civilisations* 17(1962): 1-22.

爵是自己的领主，而后者又是普瓦图（Poitou）伯爵，其主要居所在普瓦捷。①

通过人名，谱系学者确定人物身份，进而推敲非同辈之人的家族关系，谱系学者们也经常利用其他类型证据进行研究，但未经验证。若某些人都在同一地区出生、居住，那无疑他们之间可能有亲属关系，这点无需多说。若两人、两个家族的产业都在邻近地区，或在同一村庄，也可以推论他们有关联，因为他们可能在父母离世后，分割了家产。这同样可以解释社会地位的传承。法国10世纪时，采邑连同头衔能够世代沿袭，自然而然可以认为任一头衔的持有者与前代持有者之间有关系，不过仅此一点不能得出确切结论。11世纪教士单身现象出现，贵族家庭为了保住教会中的职位，教职成为一种头衔，在叔侄间代代传递。这种特殊的关系纽带将许多显赫家族与其创建的、资助的修道院联系起来，它也是确定家族身份的一大要素。若某个人特别青睐某个家族，那么可以推测此家族前代人曾向他施恩，双方有所关联。若某个人要求死后葬在某个修道院，或者年老时披上某个修道院的修士服，那么可以推测先前葬在这里的死者与此人有关系。

名字、财产、官职、钟爱的修道院等线索被有条有理利用起来，以确定家族关系。近来几位德国学者在这方面功不可没，他们完善了谱系学研究方法，将谱系学提升到新高度，推动其发

---

① J. Wollasch, "Königtum, Adel und Kloster im Berry während des 10. Jahrhunderts," in *Neue Forschungen über Cluny und die Cluniacenser*, edited by G. Tellenbach (Freiburg: Herder, 1959), 17-165; app. 1: "Zur Verbreitung des Namens Abbo in Aquitanien bis zum Ende des 10. Jahrhunderts."

展，至今无人超越。例如维纳尔探究安茹各个伯爵的家族出身。^①他不认同路易·哈尔芬（Louis Halphen）的结论，后者认为安茹伯爵家族已知的首位伯爵，即红猎鹰富尔克（Fulk the Red, 886-942）的身份完全无法确定。维尔纳再次面对这个问题，通过大量查阅法国国家图书馆的契约，拓宽考察范围，在其家族之外搜寻其祖先，解决了这个问题。维尔纳发现一系列名字，他们的田产彼此毗邻，这些名字揭示出富尔克的父亲是9世纪中期奥尔良（Orléans）地区的法兰克家族成员，富尔克的母亲是阿拉伯德（Adalard）的亲属，而阿拉伯德是虔诚者路易的总管，又是秃头查理（Charles the Bald）的高级顾问，手握大权。维尔纳考证出这一显赫的封建伯爵家族不是自力更生崛起的，其祖上乃是加洛林王朝的高级贵族，他的研究对整个晚期加洛林史作出重要贡献，显示出谱系学的影响力能够远远超出家族史领域。

另一个更为基础的问题也在困扰着群体传记研究者，即中世纪贵族家族中的等级结构难以明确，这与取名的混乱有关。中世纪的文献资料不断以家庭为单位，且使用拉丁词汇，我们一般译为族群、家族、宗族、家庭，但这些词汇的准确含义今天仍然晦暗不清。"宗族（parentela）"这个词就引起许多问题，如其中包含什么关系、多少成员，亲戚之间的关系意味着什么，对其成员有何责任和义务要求，能为其成员带来什么好处，涉及哪些旁系亲属，有哪些姻亲亲属？^②还有一个问题，即人们如何追溯自己的

---

① Werner, "Untersuchungen," *Die Welt als Geschichte* (1958), pt. 2, "Zu den Anfängen des Hauses Anjou," 264-79.

② A. Murray, *Germanic Kinship Structure: Studies in Law and Society in Antiquity and the Early Middle Ages* (Toronto: Pontifical Institute of Mediaeval Studies, 1983).

先祖。10世纪以后，显然是通过男性一系，但近来有研究显示中世纪早期人们既通过父系，也通过母系来追溯先祖。德国史学家卡尔·施密德深入研究了这个问题，深度超过其他学者，他提出10、11世纪较为动荡，这一时期贵族家族结构经历根本变化，贵族家族"区域化"导致中世纪后期出现以男性追溯血统的现象。[①]贵族家族世代居住在自己的产业上，住在城堡中，自身的地位不再依赖国王或地方王侯，越来越依赖男性家长来护卫和管理家族财产，然后再将财产传承给男性后代。男性在家族事务中的重要性日增，涉及战争事宜更是如此，其子孙愈发通过男性来追溯出身。到11世纪以后，在贵族社会中，最终通过男性追踪血缘成为主流。不管施密德的观点是否站得住脚，许多人已经信服，显然群体传记学者只有明白中世纪贵族家族是何形态、对每个家庭成员有何影响，才能从中获益。[②]

一开始，群体传记学者被谱系学中的家族出身问题吸引，紧接着，学者们的焦点转向各个人物的生活和职业。大多数人物的童年和青春期一般无从探究，不过有些资料偶尔提到某些男孩按照惯例，作为侍从在哪里、与哪些人在一起，度过几年，接受骑士训练。[③]这段时期会结识许多人，其中一些人很可能成为日后好友、同盟、知己。同理，受过教育的人士，他们的导师、就读学校都是研究其交际圈的线索。成为骑士后，许多贵族子弟会花几

[①] K. Schmid, "Zur Problematik von Familie, Sippe und Geschlecht, Haus und Dynastie beim mittelalterlichen Adel," Zeitschrift für die Geschichte des Oberrheins 107(1957): 1-62.

[②] 关于这一点，见 C. Bouchard 1986。

[③] Sidney Painter, *Wlliam Marshal: Knight-errant, Baron and Regent of England* (Baltimore: Johns Hopkins Univ. Press, 1967), 16.

年时间周游各地，冒险，参与竞技，有时娶妻，进一步扩大关系网，有些人成为多年好友。①

怎样结婚、配偶是何等人，这些是揭示社会地位的宝贵信息。我们一直认为婚姻中讲究门当户对，因为贵族婚姻往往是一桩交易，为双方带来利益。然而，最近研究发现一些案例中，男性与地位高于自己的家族联姻。② 研究婚姻时，史学研究者的目标是确定妻子的身份、其家族身份及地位，研究问题如其父有何头衔、官职，财富有多少，居于何地，其家族与何人往来等各类能说明其家族等级的要素。

贵族子女的情况也能揭示些其父母的生平信息。父母为子女筹划将来的工作，要么希望他们进入教会，要么在俗世任职，从这计划中有时候也能了解父母的期待和社会地位。当然，父母为子女选择或认可的配偶也能说明情况。

婚姻也是许多青年人继承遗产、分获父家产业的时机。孩子一出生就得到了家族的头衔，但家族财产才是支撑他过上适宜生活的保障。父辈财产的多与寡能非常好地说明其社会地位，尤其当父母和先祖信息缺失或不完整时。因此，所有贵族传记中都有一个关键部分，即德国学者所说的产权历史（Besitzgeschichte），探讨其所继承产业的多寡、位置、构成成分。学者常常不得不处理极为琐碎的信息，因为12、13世纪以前鲜有个人遗嘱保存下来，有时候只有当某个人要将部分财产捐给教会时，才能对其财

---

① G. Duby, "Au XIIe siècle: Les jeunes dans la société aristocratique dans la France du Nord-Ouest," *Annates, Économies, Sociétés, Civilisations* 19(1964): 835-47.

② 相关论文见 Settimane di studio del centro italiano di studi sull'alto medioevo, no. 24, *Il matrimonio nella societa altomedievale* (Spoleto: Presso de la sede del Centro, 1977)。

产有一点儿了解。记录在案的捐赠往往含有宝贵线索，从中可以窥探捐赠者的财产全貌。例如，贵重的捐赠之物说明捐赠者财力雄厚，因为一般贵族家族不会掏空家财，危及自身地位。捐赠的土地面积越大，说明捐赠者社会等级越高，反之亦然。不过这种推测可能出错，因为显赫家族有时候吝于捐赠，不愿过度分割产业。若某个人的产业散布区域较大，甚至遍及区县各地，他的权势很可能高于一般地区显贵；相反，若产业局限在一个小区域，则说明其所有者地位不高。同理，若某个家族的男性家长占有一座乃至多座城堡，说明他身居高阶贵族之列。控制教区教堂和十一税是一大收入来源，但各等级贵族都有这方面收入，无法以之判断贵族等级，对农民的权利也无法衡量贵族地位，但土地收入可以，其中包括劳役、地租、结婚税、死亡税、兵役，以及最重要的司法权。庄园的规模也引起学者的兴趣，因为庄园规模的变化说明社会等级的变动。若一个人的产业短期内激增，那么就要问怎样、什么情况下得到的财产，买来的还是受人赠送的，若是后者，那么要问谁赠的、为何赠送。相反的情况下，即财产急速萎缩，也可以问同样的问题。

我们可以观察一个成年人的种种行动，评估他的社会地位和影响力，他的行为是观测的良机。观测焦点是他的官职，无论是世俗官职，还是神职，或他的职责。他担任的官职及其特性，如官职的权力、等级、收入等，能一定程度上揭示他的社会地位。有的资料记录下某个人行使权利、做决策、颁布指令等行为；有的时候只能从某个职位本身来推测这些细节。

多数情况下可以通过档案文献来确定一个人的官职和头衔。

细致研究头衔、惯常使用方式，特别是使用方式的变化，似乎非常能说明头衔所有者的地位。毫无疑问，这类证明也需区别对待，因为不同类型档案，如教皇的、王室的、主教的、伯爵的、领主的、修道院的等，同一称谓的涵义有时候有所区别。比如"主（dominus）"这个主要头衔，无论其持有者是谁，它的涵义众多。根据文献的前后文，以及这个头衔的位置，要么在人名之前，要么在名字之后，这个头衔的持有者可能是封建领主，或是庄园主，可能是城堡领主，或是城堡侍卫首领，可能是农民，或是教士，或修道士，或某个贵族家族成员，如伯爵、主教、城主、修道院长等。一旦明晰这些区别，头衔能揭示很多信息。举个例子，9—11世纪中期在法国普瓦图，只有伯爵、主教、修道院院长头衔前带有称谓"主"，如主威廉（dominus Guilelmus）。1050年以后，一批新晋城堡主开始使用此称谓，到1100年前后，骑士（军人）也采纳了此称谓。当这一称谓泛化，变得常见时，说明上述两类人的社会地位有所提高。事实上，其他证据也清楚地证实了这一结论。①

除了头衔、职位，中世纪书记员也用其他各种词汇来突显人物的工作、行业、居住地、法律地位、从属关系等个人特征。贵族史学研究者常常通过其中几种来确定贵族成员，尤其如 vir illuster, clarus, nobilis, venerabilis。但使用时仍要谨慎，有人统计研究上千个普瓦图地区的头衔、职位名称、敬称后，发现 9—12 世纪很少出现 vir nobilis 这个词，后来这个词只用来指代身份不明确的

---

① G. Beech, "Personal Titles and Social Classes in Medieval France from the 9th to the 12th Century," 文章递交 American Historical Association Convention, December 30, 1971, New York City。关于 11、12 世纪在法国，头衔如何衡量社会地位的问题，见 J. Flori, *L'essor de la chevalerie XIe-XIIe siècles* (Genève: Droz, 1986), 120。

人,从未和伯爵、子爵、主教、修道院院长、城主等头衔一起使用。① 由此可以推断 vir nobilis 与预期不同,不是用来区分贵族身份的,而是用来指代身份不清的人,因为无法确切点出他们的头衔,当时的人只好用这个词来代指。总而言之,头衔等类词汇是群体传记学研究的重要部分,需要非常细致地对待。要尽量扩大视野范围,如前文提到的例子。若脱离语境,很可能看不到一些词的真正含义。

一个人如何获得其职位事关根本利益。可能继承而得,可能通过联姻获得,也可能是自己的服役换来的赏赐。无论什么情况,家族中有人首次获得某个职位,肯定属于后两种,其家族地位、等级很可能借此有所提升。偶尔发现有资料直接说当时某人因为某种个人关系得到某个职位,但多数情况下,这类记述非常隐晦。面对这种记述,可行的方法是研究此人与授予他职位之人的关系,尤其是他与当地显要人物的关系。涉及高级贵族头衔时,如公爵、伯爵,意味着与国王有关系;若是低级头衔,意味着与当地显要人物有关。

人物交际圈不仅是弄清某个人职位来源的最好途径,还是明晰某个人整体社会地位的最佳方法。某个人来往对象的社会等级或高,或中,或低,能够说明他自己的社会等级,因为一般认为他通常与和自己地位不相上下的人来往,目前还没有反例。除了社会地位,其他许多因素也能解释人物的交际圈,澄清人际关系,不过各种关系最终落脚于共同利益或共同纽带。其中最常见

---

① G. Beech, "Personal Titles and Social Classes in Medieval France from the 9th to the 12th Century," 文章递交 American Historical Association Convention, December 30, 1971, New York City.

的有家族纽带、主从关系、同僚关系。如前文所说，契约中的见证人名单对于研究漫长的中世纪，是最好的资料。

还有几类信息能帮助学者更确切地揭示个人地位和影响力。首先，仅凭职位自身就能反映出其持有者的地位，职位高低自然说明地位的高低，例如加洛林时期的子爵地位高于教区教堂主持。其次，见证人名单中的人名次序，这一点还未被广泛研究，但有足够理由相信，多数情况下，见证人名列次序与其社会等级一致，若见证人均来自同一区域，这点更明显。因此 J. C. 拉塞尔（J. C. Russell）发现英格兰约翰王令状的见证人名单中，有着清晰且一致的优先次序，包括贵族成员、世俗人士和教会人员。[①] 同一时期或不同时期，法庭中下层人士是否始终遵循这一规则仍有待研究。某一见证人的地位若经常变化，那么就很难遵循这一规则，但某个见证人的地位若一次改变，没有再次变化，那么他在名单上位置的变化或许能说明其地位的提升或下降。

一个人在契约中的角色或职能也能说明其个人情况。简而言之，一个人出现在契约中，要么被动地成为旁观者或见证者，要么主动地作为契约的主体，例如捐赠者、卖方、买方、原告、被告中的任一角色。乍看之下，契约的发起人比其见证者更引人注意；但这一结论成立与否由其中两个因素决定：第一，契约的目标和重要性；第二，契约中其他人物的地位或等级。若某个人见证了一个显要人士在众村民面前的捐赠行动，那么前者比后者的

---

① J. C. Russell, "Social Status at the Court of King John," *Speculum* ll(1937): 319-28. 早期中世纪见证人名单排列问题，见 H. Fichtenau, "Die Reihung der Zeugen in Urkunden des frühen Mittelalters," *Mitteilungen des lnstituts für Österreichische Geschichtsforschung* 87(1979): 301-15.

地位还高。若捐赠之物价值不那么高，如一小块土地，或几便士的年租，则很可能说明捐赠者财富不多，或许地位不高。另一方面，若某人捐出一大块庄园，或建立一座修道院，等等，不管什么人见证了他的行动，都能说明他必然出身高贵。

一个人的行为、交际圈、产业所在的地理范围也有助于了解其社会地位。若某人的产业局限在一小片区域，并且他很少外出，离开此区域，而另一个人的产业遍及当地郡县，且常常出远门旅行，比较二人，前者的地位、财产比不上后者。一个人在契约中出现的频率也能衡量其地位，但也会出错。权势较大的人一般频繁出现在各种契约中，相反，露面频率较低通常说明社会地位不高。

将上述各种方法结合起来分析契约，能够得到很多信息，来了解某个家族长时期的发展情况，这方面的典型代表是 J. F. 莱马里尼耶（J. F. Lemarignier）对 11 世纪卡佩各王的研究。[①] 在他的研究中，可以看出把头衔、证人名单、契约主体等资料结合起来，能够更为透彻、确切地说明早期卡佩王朝权势和声望如何一代不如一代。987—1077 年，卡佩王朝的统治每况愈下，这点在其编年史中表现得远不如前者。在这 90 年中，其契约涉及事项愈发无关紧要，他们活动的疆域越来越局限，到 11 世纪中期，其中一位国王甚至没有到过卢瓦尔河南部。同一时期，王室文书逐渐没有了传统的王室签章，开始以其他人的签名为证人，这一现象清楚说明原有签章不足以使王室文书生效，说明他们的声望衰微。站在国王面前

---

① J. F. Lemarignier, *Le gouvernement royal aux premiers temps capétiens* (987-1107) (Paris: Picard, 1965), 128-30.

的人的地位也渐渐下降，后来连普通骑士，甚至市民都能站在国王面前，而从前只有最杰出的人才能面见国王，相较之下，差异巨大。当然，可以借鉴莱马里尼耶的研究，来研究其他贵族，但若契约资料有限，多少会限制研究的效果。

本文结束之际，应该谈谈群体传记学当下在中世纪史中的重要性。毋庸置疑，群体传记学在过去15年中取得非凡成就，不同领域的学者越来越看到其闪光点。将本文第一版（1976）所附参考文献和与本版文献比较，可以清楚地看到这一点。第一版不得不彻底修改，替换标题，以反映过去15年的趋势和成就。第一版本来打算尽可能全面概述群体传记学，这一版则完全放弃这一打算，而是尽量梳理现有著作、文献，后者涉及群体传记学方方面面。中世纪研究的各个领域几乎都涌现出大量新作品，它们激起且印证了群体传记研究方法的吸引力。许多新项目正在进行，其中一些规模较大，协作进行，但多数是小型的，且由个人主导。有些项目成果颇丰，最典型的如明斯特学派；有些进展较慢，涉及某一群人生平资料的收集，这一过程非常耗时。史学家开始分工合作，结果是1980年代早期国际研讨会的成立和1980年一份新期刊的创办。新研究成果散布在大量期刊、书籍中，非常分散，在所难免，群体传记学者若要把握最新研究成果就变得愈加困难，也愈发有必要理清现有各类文献。但这只是一个小的技术问题。这些研究也充分展现出，群体传记学使人更好地了解中世纪各个社会和各个行业的从业者，这一功能将会一直持续下去。

参考文献

1970年代以来，中世纪群体传记学新著作极多，不可能全部罗列下来。因此，在第一部分，我着重收罗一些中世纪各研究领域近期群体传记学的出版物或文献综述。第二部分的有些著作中含有官员、显要人物的传记和名单。第三部分列出近期有关方法论研究的专著。第四部分涉及计算机和中世纪群体传记学，第五部分筛选出一部分最近出版的中世纪群体传记学作品。总的来看，这份参考文献反映出作者熟稔法国史、英国史，也反过来说明作者对欧洲其他地区、拜占庭、伊斯兰著作的熟悉度不够，这难以避免。

缩写名称

Francia　*Francia: Forschungen zur Westeuropäischen Geschichte.* 1972-. Paris.

FMH　*Frühmittelalterliche Studien.* 1967-. Münster.

HMO　*L'histoire médiévale et les ordinateurs.* 1981. Rapports d'une Table Ronde internationale. Documentations et recherches publiées par l'Institut Historique Allemand de Paris. Edited by K. F. Werner. Munich: K. G. Saur.

IP　*Informatique et Prosopographie.* 1985. Table Ronde CNRS. Edited by H. Millet. Paris: Centre National de la Recherche Scientifique.

MLH　*Medieval Lives and the Historian: Studies in Medieval Prosopography.* 1986. Proceedings of the 1st International Interdisciplinary Conference on Medieval Prosopography, University of Bielefeld, 3-5 December, 1982. Kalamazoo: Medieval Institute Publications.

MP　*Medieval Prosopography.* 1980-. Kalamazoo.

PGEM　*Prosopographie et la Genèse de l'État moderne.* 1986. Edited by Fr.

	Autrand. Paris: École Normale Superieure de jeune filles.
PLRE	A. H. M. Jones, J. R. Martindale, and J. Morris. *The Prosopography of the Later Roman Empire*. 1971-80. Cambridge: Cambridge Univ. Press. Vol. I, 1971. Vol. 2, 1980.
PS	*Prosopographie als Sozialgeschichte?* 1978. Methoden personengeschichtlicher Erforschung des Mittelalters. Sektionsbeiträge zum 32. Deutschen Historikertag, Hamburg, 1978. Munich: W. Fink Verlag.

现代著作

无论是专题的，还是全面介绍类的现代著作，都有许多文献导读可参阅，其中涉及的群体或个体是群体传记研究者感兴趣的。有关完整信息，见 E. V. Crosby, C. J. Bishko, and R. L. Kellog, *Medieval Studies: A Bibliographical Guide*（New York: Garland, 1983）。

连续出版文献

定期出版文献，因此列出其面世时的名称。

Annual Bibliography of British and Irish History. 1975-. London.

Bibliografia Storica Nazionale. 1939-. Rome.

Bibliographie annuelle de l'histoire de France. 1955-. Paris. See under heading *Généalogie et biographie collective*.

Bibliographie de l'histoire de Belgique. 1953-. Annually, in the *Revue Beige de Philologie et d'Histoire*.

Cahiers de Civilisation Médiévale. 1958-. Poitiers. The annual bibliographies of this periodical list current works on medieval people (for the ninth to the twelfth centuries) under their names, not in a special biographical section.

Indice Histórico Español: Bibliografia historica de España e hispanoamerica. 1953-. Barcelona.

International Medieval Bibliography. 1967. Minneapolis: Leeds. See under heading

Genealogy and (since 1986) Prosopography, as well as under names of notable people in index.

Jahrbuch der Historischen Forschung in der Bundersrepublik Deutschlands. 1974-. Stuttgart.

Oesterreichische Historische Bibliographie. 1965-. Vienna.

Rouse, R. M. 1969. *Serial Bibliographies for Medieval Studies.* Berkeley: Univ. of California Press. A valuable list of indexes, bibliographies, and journals which have serial bibliographies of medieval studies.

已完成著作

这部分著作就某些特定群体传记学主题进行专门探讨。

Bachrach, B., G. Beech, and J. Rosenthal. 1981. "Bibliography of U.S. Publications in Medieval Prosopography, 1970-79." Pt. 1, *MP* 2(1): 87-102. Pt. 2, MP 2(2): 55-69.

Bulst, Neithard. 1982. "Neuerscheinungen der Jahre 1979-80 zur Prosopographie des hohen und späten Mittelalters (11.-15. Jahrhundert)." *MP* 3(2): 73-100.

Bulst, Neithard. 1984. "Neuerscheinungen der Jahre 1981-82. zur Prosopographie des hohen und späten Mittelalters, 11.-15. Jahrhundert. *MP* 5(2): 53-100.

Genet, Jean-Philippe. 1982. "Recent Publications in Medieval Prosopography 11th-15th centuries. Articles in French language periodicals, 1979-80." *MP* 3(2): 53-71.

Griffiths, Ralph. 1983. "Bibliography of Studies in Medieval Prosopography: Wales, 1970-80." *MP* 4(1): 83-89.

Heinzelmann, M. 1982a. "Neuerscheinungen der Jahre 1979-80 zur Prosopographie des Frühmittelalters (5.-10. Jahrhundert). Eine kommentierte Bibliographie zu Publikationen der Länder Benelux, Deutschland, Frankreich, Oesterreich, Schweiz." *MP* 3(1): 113-42.

——. 1982b. "Gallische Prosopographie, 260-527." *Prosopographica* IV. *Francia.* 10:531-718.

Nelson, Janet. 1982. "Anglo-Saxon England, 1970-81." *MP* 3(1): 109-12.

Rosenthal, J. 1983. "Bibliography of English Scholarship, 1970-81," Pt. 1:1066-1307. *MP* 4(1): 69-81. Pt. 2:1307-1509. *MP* 4(2): 47-61.

Van Caenegem, R. C. 1978. *Guide to the Sources of Medieval History*, 301-5; Amsterdam: North Holland.

针对过去中世纪特定领域的群体传记学研究进行评估的综述性文章。

Baldwin, R. 1981. "Missing Persons: A Look at the Prosopography of the Later Roman Empire." *MP* 2(2): 1-8.

Burson, M. C. 1982. "Emden's Registers and the Prosopography of Medieval English Universities." *MP* 3(2): 35-51.

Day, G. 1983. "Genoese Prosopography, 12th to 13th Centuries: The State of the Question and Suggestions for Research." *MP* 4(1): 31-44.

de Ridder-Symoens, H. 1986. "Possibilités de carrière et de mobilité sociale des intellectuels-universitaires au moyen âge." In *MLH*, 343-57.

Dobson, R. B. 1986. "Recent Prosopographical Research in Late Medieval English History: University Graduates, Durham Monks, and York Canons." *MLH*, 181-99.

Evans, R. 1986. "The Analysis by Computer of A. B. Emden's Biographical Registers of the Universities of Oxford and Cambridge." In *MLH*, 343-57.

Fanning, S. 1981." A Review of Lombard Prosopography." *MP* 2(1): 13-33.

Genet, J.-Ph. 1980. "Medieval Prosopographical Research at the University of Paris 1." *MP* 1(2): 1-14.

Gillespie, J. 1980. "The Forest and the Trees: Prosopographical Studies and Richard II." *MP* 1(1): 9-14.

Hollister, C. W. 1981. "Elite Prosopography in Saxon and Norman England." *MP* 2(2): 11-20.

Jaritz, G., and A. Muller. 1986. "Medieval Prosopography in Austrian Historical Research: Religious and Urban Communities." *MP* 7(1): 57-86.

Mathisen, R. W. 1981. "Late Roman Prosopography in the West, A.D. 260-640: A

Survey of Recent Work." *MP* 2(1): 1-12.

Reeves, A. C. 1980. "Histories of English Families in the 1970's." *MP* 1(2): 59-71.

官员、显贵、重要人物的传记和名单

这里列出最重要的词典，或者说中世纪群体传记学研究所用到的重要词典。完整清单参见下面的 Slocum 条目。应该指出的是，这些词典的作者们意在呈现多样信息，并不只针对群体传记研究，史学家参考时常会发现找不到某些想要的信息，最典型的是找不到某个人物信息的出处。下面多数词典能提供有效帮助，但是中世纪研究者仍然需要罗马史学家们编纂的那种群体传记学词典，如 *PLRE*（1971, 1980）。

Allgemeine Deutsche Biographie. 1967. 2d ed. 56 vols. Unchanged. Berlin: Duncker and Humblot.

Althoff, G. 1978. *Das Necrolog von Borghorst* (Veröffentlichungen der Historischen Kommission für Westfalen 40 = Westfälische Gedenkbücher und Nekrologien 1). Edition und Untersuchung. Munster: Aschendorfsche Verlagsbuchhandlung.

Anselme de Saint-Marie. 1967. *Histoire généalogique et chronologique de la maison royale de France et des grands officiers de la couronne*. New York: Johnson Reprint.

L'art de vérifier les dates. 1818-44. Edited by Saint-Allais. 42 vols. Paris: Moreau.

Borgolte, M. 1986. *Die Grafen Alemanniens in merowingischer und karolingischer Zeit. Eine Prosopographie*. Sigmaringen: J. Thorbecke.

Burke's Genealogical and Heraldic History of the Peerage, Baronetage, and Knightage. 1967. Edited by P. Townsend. 104th ed. London: Burke's Peerage.

Burke's Genealogical and Heraldic History of the Landed Gentry. Edited by P. Townsend. 1969. 18th ed. London: Burke's Peerage.

Cosenza, M., ed. *Biographical and Bibliographical Dictionary of the Italian*

Humanists and of the World of Classical Scholarship in Italy, 1300-1800. 1967. 2d rev. ed. 5 vols. Boston: G. K. Hall.

Dictionary of the Middle Ages. 1982-88. Edited by J. R. Strayer. 12 vols. New York: Scribner's.

Dictionary of National Biography. 1921-22. 22 vols. London: Oxford Univ. Press.

Dictionnaire d'archéologie chrétienne et de liturgie. 1924-53. 15 vols. Paris: Letouzey.

Dictionnaire de biographie française. 1933-. 12 vols. to date. Paris: Letouzey.

Dictionnaire de Spiritualité. 1937-. 14 vols. to date. Paris: Beauchesne.

Dictionnaire de théologie catholique. 1902-50. 15 vols. Paris: Letouzey.

Dictionnaire d'histoire et de géographie écclésiastique. 1912-. 17 vols. Paris: Letouzey.

Duchesne, L. M. O. *Fastes épiscopaux de l'ancienne Gaule.* 3 vols. Paris: Fontemoing. 1900. 1915.

Dugdale, W. *Monasticon Anglicanum.* 1817-30. 6 vols. London: Longman, Hurst, Rees, Orme and Brown.

Dupont-Ferrier, G. *Gallia Regia ou État des officiers royaux des baillages et des sénéchausées de 1328-1515.* 1942-66. 6 vols. Paris: Imprimerie Nationale.

Emden, A. B. 1957-59. *A Biographical Dictionary of Members of the University of Oxford from A.D. 1176-1500.* 3 vols. Oxford: Clarendon Press.

———. 1963. *A Biographical Register of the University of Cambridge to 1500.* Cambridge: At the Univ. Press.

Enciclopedia Italiana. 1949-. Rome: Istitute della Enciclopedia Italiana.

Farge, J. K. 1980. *Biographical Register of Paris Doctors of Theology 1500-36.* Toronto: Pontifical Institute of Mediaeval Studies.

Fasti Ecclesiae Anglicanae. London: Institute of Historical Research, 1962-. A reedition of which many volumes have appeared. See D. E. Greenway, "Cathedral Clergy in England and Wales: Fasti Ecclesiae Anglicanae." *MP* 1(1): 15-22 (1980).

Gallia Christiana in provincias ecclesiasticas distributa. 1715-1865. 16 vols. Paris: V. Palme.

Gams, P. B. 1957. *Series Episcoporum Ecclesiae Catholicae*. Graz: Akademischer Druck.

Germania Sacra. 1962-. Historisch-statistische Beschreibung der Kirche des alten Reiches. Neue Folge. Berlin: de Gruyter. Many volumes have appeared.

Glorieux, P. 1934. *Répertoire des maitres en théologie de Paris au XIIIe siècle*. Paris: J. Vrin.

———. 1971. *La faculté des arts et ses maitres au XIIIe siècle*. Paris: J. Vrin.

Harvey, J. 1987. *English Medieval Architects: A Biographical Dictionary to 1500*. 2d ed. Gloucester: Sutton.

Houben, H. 1980. "Das Fragment des Necrologs von St. Blasien." *FMS* 14:274-98.

Index Biobiobliographicus Notorum Hominum. 1973-. Edited by J.-P. Lobbes. Osnabrück: Biblio Verlag. This index the first fascicles of which are already in print, is the beginning of an enormous project aiming at publishing an alphabetical list of famous people of all times and countries with references to biographical works on them. Its value to the medievalist remains to be seen.

Index to Biographies of Englishmen, 1000-1485, Found in Dissertations and Theses. 1974. Edited by Jerome V. Reel, Jr. Westport, Conn.: Greenwood Press.

Die Klostergemeinschaft von Fulda im früheren Mittelalter. 1978. Unter Mitwirkung von Gerd Althoff, Eckhard Freise, Dieter Geuenich, Franz-Josef Jakobi. Hermann Kamp, Otto Gerhard Oexle, Mechthild Sandmann, Joachim Wollasch, Siegfried Zorkendorfer. Edited by Karl Schmid. Münstersche Mittelalter-Schriften 8/1, 2.1-3.3. Munich: W. Fink Verlag.

Knowles, D., C. N. Brooke and J. London. 1972. *The Heads of Religious Houses, England and Wales, 940-1216*. Cambridge: Cambridge Univ. Press.

Lexikon des Mittelalters. 1980-. 3 vols. to date. Munich: Artem's Verlag. Conceived at least in part from a prosopographical perspective, this is a work of great value containing many biographical notices of high quality.

Lexikon für Theologie und Kirche. 1930-38. 10 vols. Freiburg: Herder.

Liber memorialis von Remiremont (Monumenta Germaniae Historica, Libri memoriales 1). 1970. Edited by Eduard Hlawitschka, Karl Schmid and Gerd Tellenbach. Dublin: Weidmann.

Der Liber Vitae von Corvey (Veröffentlichungen der Historischen Kommission Westfalens). 1983. Edited by Karl Schmid and Joachim Wollasch. Wiesbaden: Dr. Ludwig Reichert Verlag.

Materialien und Untersuchungen zum Verbrüderungsbuch und zu den älteren Urkunden des Stiftsarchivs St. Gallen. Subsidia Sangallensia 1. 1986. St. Galler. Kultur und Geschichte 10. Edited by Michael Borgolte, Dieter Geuenich, and Karl Schmid. Sarganserländische Buchdruckerei.

Neiske, Franz. *1979. Das ältere Necrolog des Klosters S. Savino in Piacenza.* Münstersche Mittelalter-Schriften 36. Edition und Untersuchung der Anlage. Munich: W. Fink Verlag.

The New Catholic Encyclopedia. 1967. New York: McGraw-Hill.

Poeck, D. 1983. *Longpont.* Vol. 1: *Ein cluniacensisches Priorat in der Ile-de-France.* Vol. 2: *Untersuchungen. Editions des Kartulars.* Münster: W. Fink Verlag.

Prosopographia Cartusiana Belgica, 1314-1796. Jan de Grauwe. 1976. Gand: De Backer.

Prosopographie chrétienne du Bas Empire. I. A. Mandouze. 1983. *Prosopographie de l'Afrique chrétienne 303-533.* Paris: Centre Nationale de la Recherche Scientifique.

The Prosopography of the Later Roman Empire. A. H. N. Jones, J. R. Martindale, and J. Morris. 1971-80. Vol. 1:260-395 (1971). Vol. 2:395-527 (1980). Cambridge: Cambridge Univ. Press.

Realencyclopädie für protestantische Theologie und Kirche. 1896-1913. 3d ed. 26 vols. Leipzig: Hinrichs.

Renardy, Chr. 1981. *Le monde universitaire du diocèse de Liège. Répertoire biographique, 1140-1350*. Paris: Les Belles Lettres.

Russell, J. C. 1936. *Dictionary of Writers of 13th Century England*. London: Longmans, Green.

Sanders, I. J. 1960. *English Baronies: A Study of their Origin and Descent*. Oxford: Clarendon Press.

Sandmann, M. 1984. *Studein zu langobardisch-italischen Herrscherverzeichnissen unter besonderer Berücksichtigung der Herrscherverzeichnisse im Codex 27 Scqff. I der Biblioteca Antoniana zu Padua und im Codex Ottobon. lat. 6 der Biblioteca Apostolica Vaticana zu Rom*. Münstersche Mittelalter-Schriften 41. Munich: W. Fink Verlag.

Series episcoporum ecclesiae catholicae occidentalis ab initio usque ad annum MCXCVIII. Series 5 Germania. The "new" Gams (see above under Gams). Edited by S. Weinfurter and Odilo Engels.

    I. *Archiepiscopatus Coloniensis*. 1982. With collaboration of H. Kluger and E. Pack. Stuttgart: A. Hiersemann.

    II. *Archiepiscopatus Hammaburgensis sive Bremensis*. 1984. With collaboration of H. Kluger, E. Pack, and R. Grosse. Stuttgart: A. Hiersemann.

Slocum, R. 1967. *Biographical Dictionaries and Related Works: An International Bibliography of Collective Biographies, Biobibliographies, Collections of Epitaphs, Selected Genealogical Works, Dictionaries of Anonyms and Pseudonyms, Historical and Specialized Dictionaries, Biographical Materials in Government Manuals, Bibliographies of Biography, Biographical Indexes, and Selected Portrait Catalogues*. Detroit: Gale Research. This work has value for the prosopographer in that it gives the only comprehensive view of all the various biographical dictionaries and other related works now available. The author separates these into three main categories of dictionaries- (1) universal biographies; (2) biographies by individual countries; and (3) biographies by vocation (e.g., arts, education, religion, including clergy, saints, theologians). Although he may have missed one or two, his list of dictionaries concerning the Middle Ages seems complete.

Die Synopse der cluniacensischen Necrologien. 1982. Münstersche Mittelalter-Schriften 39. Unter Mitarbeit von Wolf-D. Heim, J. Mehne, F. Neiske, D. Poeck. Edited by J. Wollasch. 2 vols. Munich: W. Fink Verlag.

Talbot, C. H., and E. A. Hammond. 1965. *The Medical Practitioners in Medieval England.* London: Wellcome Historical Medical Library.

Die Totenbücher von Merseburg und Magdeburg. 1983. Monumenta Germaniae Historica, Libri memoriales et necrologia. Nova Series 2. Anhang: Register zum Totenbuch von Lüneburg. Edited by G. Althoff and J. Wollasch. Hannover: Hahnsche Buchhandlung.

Das Verbrüderungsbuch der Abtei Reichenau. 1979. Monumenta Germaniae Historica, Libri memoriales et necrologia. Nova Series 1. Edited by Johanne Autenrieth, Dieter Geuenich, and Karl Schmid.

Vies des saints et des bienheureux selon l'ordre du calendrier avec l'historique des fêtes par les Bénédictins de Paris. 1935-39. 13 vols. Paris: Letouzey.

Wedgwood, J., ed. 1936. *History of Parliament.* Vol. 1: *Biographies of the Members of the Commons house, 1439-1509.* London: H. M. Stationery Office, 1936. Vol. 2: *Register of the Ministers and Members of both Houses 1439-1509.* London: H. M. Stationery Office, 1938.

Wickersheimer, E. 1936. *Dictionnaire biographique des médecins en France au Moyen Age.* 2 vols. Paris: Droz.

方法论

最近讨论方法论问题的著述如下，其中有些涉及名字和家族结构。

Althoff, G. 1978. "Personenstatistik aus mittelalterlichen Quellen?" *PS*, 20-25.

Billot, Claudine. "Le migrant en France à la fin du Moyen Age: Problèmes et méthodes." 1986. *MLH*, 235-42.

Bouchard, C. 1986. "Family Structure and Family Consciousness among the Aristocracy in the 9th-11th Centuries." *Francia*, 14:639-58.

Bouchard, C. 1988. "Patterns of Women's Names in Royal Lineages, 9th-llth Centuries." *MP* 9(1): 1-32.

Bouchard, C. 1988. "Migration of Women's Names in the Upper Nobility, 9th-12th Centuries." *MP* 9(2): 1-20.

Bulst, N. 1986. "Zum Gegenstand und zur Methode von Prosopographie." In *MLH*, 1-16.

Carney, T. F. 1973. "Prosopography: Payoffs and Pitfalls." *Phoenix* 27:156-79.

Chastagnol, A. 1970. "La prosopographie, méthode de recherche sur l'histoire du Bas Empire." *Annales, Économies, Sociétés, Civilisations* 25:1229-1235.

Clark, C. 1987. "English Personal Names ca. 650-1300: Some Prosopographical Bearings." *MP,* 8(1): 31-60.

Ebling, H., J. Harnut, and G. Kampers. 1980. "Nomen et Gens. Untersuchungen zu den Führungsschichten des Franken-, Langobarden- und Westgotenreiches im 6. und 7. Jahrhundert." *Prosopographica* III. *Francia* 8:687-745.

Freed, J. "The Prosopography of Ecclesiastical Elites: Some Methodological Considerations from Salzburg." *MP* 9(1): 33-60.

Freise, E. 1978. "Wie repräsentativ ist die mittelalterliche 'Personenüber-lieferung'?" *PS*, 26-32.

Geuenich, D. 1986. "Eine Datenbank zur Erforschung mittelalterlicher Personen und Personengruppen." In *MLH*, 405-17.

Gillespie, J. L. 1978. "Medieval Multiple Biography: Richard II's Cheshire Archers." *The Historian* 40:675-85.

Klapisch-Zuber, Chr. 1986. "Quelques réflexions sur les rapports entre prosoprographie et démographie historique." In *MLH*, 29-35.

Mason, E. "Through a Glass Darkly: Sources and Problems in English Baronial Prosopography." *MP* 2(2): 21-31.

Mehne, J. "Personen als Funktionsträger in den mittelalterlichen Quellen." *PS*, 14-19.

Nicolet, C. 1970. "Prosopographie et histoire sociale: Rome et l'Italie a l'époque républicaine." *Annales, Économies, Sociétés, Civilisations* 25:1209-28.

Schmid, K. 1957. "Zur Problematik von Familie, Sippe und Geschlecht, Haus und Dynastie beim mittelalterlichen Adel." *Zeitschrift für die Geschichte des Oberrheins* 107:1-62.

——. 1959. "Uber die Struktur des Adels im Mittelalter." *Jahrbuch für Fränkische Landesforschung*, 1-24.

——. 1965. "Religiöses und Sippengebundenes Gemeinschaftsbewusstsein in Frühmittelalterlichen Gedenkbüchereintragen." *Deutsches Archiv für Erforschung des Mittelalters* 20:18-81.

——. 1967a. "Uber das Verhältnis von Person und Gemeinschaft im Früheren Mittelalter." *Frühmittelalterliche Studien* 1:225-49.

——. 1967b. "Probleme der Erforschung: Frühmittelalterliche Gedenksbücher." *Frühmittelalterliche Studien* 1:366-89.

——. 1970. "Die Mönchgemeinschaft von Fulda als sozialgeschichtliches Problem." *Frühmittelalterliche Studien* 4:172-300.

——. 1974. "Programmatisches zur Erforschung der mittelalterlichen Personen und Personengruppen." *Frühmittelalterliche Studien* 9(1974): 116-30.

——. 1978. "Überlieferung und Eigenart mittelalterlicher Personenbezeichnung." *PS*, 6-13.

——. 1981. "Prosopographische Forschungen zur Geschichte des Mittelalters." In *Aspekte der historischen Forschung in Deutschland und Frankreich*, 54-78. Vorträge auf dem deutschfranzösischen Historiker-Kolloquium Göttingen, 1979. Edited by G. A. Ritter and R. Vierhaus. Gottingen: Vendenhoeck and Ruprecht.

Schmid, K. and J. Wollasch. 1975. "Societas et Fraternitas. Begründung eines kommentierten Quellenwerkes zur Erforschung der Personen und Personengruppen des Mittelalters." *FMS* 9:1-48.

Stone, L. 1972. "Prosopography." In *Historical Studies Today*. Edited by F. Gilbert and S. Graubard. New York: Norton.

Tellenbach, G. 1957. "Zur Bedeutung der Personenforschung für die Erkenntnis des früheren Mittelalters." In *Freiburger Universitätsreden*. Freiburg: Hans Ferdinand Schulz Verlag.

Turner, R. 1982. "12th and 13th Century English Law and Government: Suggestions for Prosopographical Approaches." *MP* 3(2): 22-34.

Werner, K. F. 1977. "Problematik und erste Ergebnisse des Forschungsvorhabens PROL (Prosopographia Regnorum Orbis Latini). Zur Geschichte der west- und mitteleuropäischen Oberschichten bis zum 12. Jahrhundert." In *Quellen und Forschungen aus italienischen Archiven und Bibliotheken* 57:69-87.

Wollasch, J. 1978. "Klösterliche Gemeinschaften als Träger sozialen Lebens vor der Zeit der Städte." *PS*, 39-43.

计算机与中世纪群体传记学

期刊

Computers and the Humanities. 1966-. Flushing, N.Y.

Computers and Medieval Data Processing (CAMDAP). 1970-. Montreal.

Le médiéviste et l'ordinateur, 1979-. Paris.

论文集

Informatique et Histoire Médiévale. 1977. Communications et débats de la Table Ronde du CNRS organisée par l'Ecole Française de Rome et l'Institut d'Histoire médiévale de Pise. Rome: École Française de Rome.

L'histoire médiévale et les ordinateurs. 1981. Rapports d'une Table Ronde internationale. Edited by K. F. Werner. Munich: K. G. Saur.

Computer Applications to Medieval Studies. 1984. Edited by A. Gilmour-Bryson. Kalamazoo: Medieval Institute Publications.

Informatique et Prosopographie. 1985. Table Ronde du CNRS Paris, 1984. Edited by H. Millet. Paris: Centre National de la Recherche Scientifique.

评论性文章

Mathisen, R. 1988. "Medieval Prosopography and Computers: Theoretical and Methodological Considerations." *MP*, 9(2): 73-128. This may well contain the fullest (over 150 titles) and most recent bibliography published.

近期著述

Althoff, G. 1984. *Adels und Königsfamilien im Spiegel ihrer Memorialüberlieferung. Studien zum Totengedenken der Billunger und Ottonen.* Munich: W. Fink Verlag.

Autrand, Fr. 1981. *Naissance d'un grand corps de l'État: Les gens du Parlement de Paris, 1345-54.* Paris: Université de Paris 1, Panthéon Sorbonne.

Bachler, H. 1984. "The Use of a Relational Data Base Model for the Implementation of an Information System on the Medieval City of Freiburg." In *Computer Applications to Medieval Studies,* 89-106. Edited by A. Gilmour-Bryson. Kalamazoo: Medieval Institute Publications.

Bouchard, C. 1981. "The Origins of the French Nobility: A Reassessment." *The American Historical Review* 86:501-32.

Britton, E. 1977. *The Community of the Vill.: A Study in the History of the Family and Village Life in 14th Century England.* Toronto: Macmillan of Canada.

Bullock-Davies, C. 1978. *Menestrellorum Multitudo: Minstrels at a Royal Feast.* Cardiff; Univ. of Wales Press.

Bulst, N. 1984. "Deputies at the French Estates General of 1468 and 1484. A Prosopographical Approach." *MP* 5(1): 65-80.

Chandler, V., C. Newman, and D. Spear. 1984. "A Proposal for a Dictionary of Anglo-Norman Biography." *MP* 5(2): 33-40.

Chantraine, H. 1983. "Ein neues Hilfsmittel zur Erforschung der Spätantike: Die Prosopographie chrétienne du Bas Empire." *Prosopographia Francia* 11:697-712.

Clark, L., and C. Rawcliffe. 1983. "A History of Parliament, 1386-1422: A Progress Report." *MP* 4(2): 9-42.

Claude, D. 1978. "Prosopographie des Spanischen Suebenreiches." *Prosopographia* I1. *Francia* 6:647-76.

Contreni, J. 1978. *The Cathedral School of Laon from 850-930: Its Manuscripts and Master.* Munich: Arbeo-Gesellschaft.

Demurger, A. 1978. "Guerre civile et changements du personnel administratif dans le royaume de France de 1400-18: L'exemple des baillis et sénéchaux." *Francia* 6:151-298.

——. 1986. "L'apport de la prosopographie à l'étude des mécanismes des pouvoirs XIII-XVe siècles." In *PGEM*, 289-301.

Denton, J. H., and J. P. Dooley. 1987. *Representatives of the Lawer Clergy in Parliament, 1295-1340.* Woodbridge: Boydell Press.

DeWindt, A. R., and E. B. DeWindt. 1974. *Royal Justice and the Medieval English Countryside.* 2 vols. Toronto: Pontifical Institute of Medieval Studies.

Dobson, R. B. 1973. *Durham Priory, 1400-1450.* Cambridge: Cambridge Univ. Press.

Dunbabin, J. 1984. "Careers and Vocations." In *The Històry of the University of Oxford.* Vol. I, *The Early Oxford Schools, 565-606.* Edited by J. I. Catto and T. A. R. Evans. Oxford: Oxford Univ. Press.

Esch, A. 1986. "Zur Prosopographie von Führungsgruppen im spätmittelalterlichen Rom." *MLH*, 291-301.

Evergates, T. 1975. *Feudal Society in the Baillage of Troyes under the Counts of Champagne, 1152-1284*. Baltimore: Johns Hopkins Univ. Press.

Farge, J. 1985. *Orthodoxy and Reform in Early Reformation France: The Faculty of Theology, 1500-43*. Leiden: E. J. Brill.

Fleming, R. 1987. "Domesday Book and the Tenurial Revolution." In *Anglo-Norman Studies IX. Proceedings of the Battle Conference, 1986*, 87-102. Woodbridge: Boydell.

———. 1986. "A Report on the Domesday Book Database Project." *MP* 7(2): 55-62.

Freed, J. 1977. *The Friars and German Society in the 13th Century*. Cambridge, Mass.: Medieval Academy of America.

Friedlander, A. 1983. "Heresy, Inquisition, and the Crusader Nobility of Languedoc." *MP* 4(1): 45-67.

Garcia Moreno, L. A. 1974. *Prosopografía del reino visigodo de Toledo*. Salamanca: Universidad de Salamanca.

Genet, J.-Ph. 1986. "Entre statistique et documentation: Un système de programmes pour le traitement des données prosopographiques." In *MLH*, 359-79.

Gottfried, R. S. 1984. "English Medical Practitioners, 1340-1530." *Bulletin of the History of Medicine* 58:164-82.

Greenway, D. E. 1980. "Cathedral Clergy in England and Wales: Fasti Ecclesiae Anglicanae." *MP* 1(1): 15-22.

Griffiths, Q. 1970. "New Men Among the Lay Counselors of Saint Louis' Parlement." *Medieval Studies* 32:234-72.

Hammar, C. I., Jr. 1978. "Anatomy of an Oligarchy: The Oxford Town Council in the 15th and 16th Centuries." *Journal of British Studies*. 18:1-27.

Henneman, J. B. 1984. "Who were the Marmousets?" *MP* 5(1): 19-64.

Jacquart, D. 1981. *Le milieu médical en France du XIIe au XVe siècle*. Geneva: Droz.

Jarnut, J. 1979. *Bergamo, 568-1098. Verfassungs- Sozial- und Wirtschaftsgeschichte einer Lombardischen Stadt im Mittelalter*. Wiesbaden: Steiner.

Kamp, N. *Kirche und Monarchie im Staufischen Konigreich Sizilien.* Vol. 1, *Prosoprographische Grundlegung: Bistümer und Bischöfe des Königreichs, 1194-1266.* 1973-75. 3 vols. Munich: W. Fink Verlag.

Kealey, E. 1981. *Medieval Medicus. A Social History of Anglo-Norman Medicine.* Baltimore: Johns Hopkins Univ. Press.

Kedar, B. 1972. "The Passenger List of a Crusader Ship 1250: Toward the History of the Popular Element on the 7th Crusade." *Studi Medievali* 13:267-79.

Keller, H. 1979. *Adelsherrschaft und städtische Gesellschaft in Oberitalien 9. bis 12. Jahrhundert.* Tübingen: M. Niemeyer Verlag.

Kerherve, J. 1986. "Prosopographie des officiers de finances: L'exemple des trésoriers de l'Épargne bretons du XVe siècle." In *MLH,* 367-89.

Keynes, S. 1980. *The Diplomas of King Aethelred the Unready, 978-1016: A Study in their Use as Historical Evidence.* Cambridge: Cambridge Univ. Press.

Leistad, G., F. L. Naeshagen, and P.-A. Wiktorson. 1984. "Online Prosopography: The Plan for Nordic Medieval Data Bases." *Francia* 12:699-722.

Lewis, P. 1986. "The Problems of Prosopography in Later Medieval France." *PGEM.* 281-88.

Longnon, J. 1978. *Les compagnons de Villehardouin. Recherches sur les croisés de la 4e croisade.* Geneva: Oroz.

Mason, E. 1987. "The Donors of Westminster Abbey Charters, 1060-1240." *MP* 8(2): 23-39.

Mathisen, R. 1979. "Resistance and Reconciliation: Majorian and the Gallic Aristocracy after the Fall of Avitus." *Prosopographia* II. *Francia* 7:597-628.

McConica, J. K. 1972-73. "The Prosopography of the Tudor University." *Journal of Interdisciplinary History* 3:543-54.

McFarlane, K. 1973. *The Nobility of Later Medieval England.* Oxford: Clarendon Press.

McLaughlin, M. M. 1987. "Looking for Medieval Women: An Interim Report on the

Project 'Women's Religious Life and Communities A.D. 500-1500." *MP* 8(1): 61-91.

Meisel, J. 1980. *Barons of the Welsh Frontier: The Corbel, Pantulf and Fitz Warin Families, 1066-1272.* Lincoln: Univ. of Nebraska Press.

Menagier, L.-R. 1981. "Inventaires des familles normandes et franques emigrées en Italie méridionale et en Sicile XIe-XIIe siècles." In *Hommes et Institutions de l'Italie normande.* London: Variorum Reprint.

Millet, H. 1982. *Les chanoines du chapitre cathédrale de Laon, 1272-1412.* Rome: École Française de Rome.

———. 1986. "Quels furent les bénéficiaires de la soustraction d'obédience de 1398 dans les chapitres cathédraux français?" In *MLH*, 123-37.

Mooers, S. 1986. "Networks of Power in Anglo-Norman England." *MP* 7(2): 25-54.

Mornet, E. 1978. "*Pauperes scholares*: Essai sur la condition matérielle des etudiants scandinaves dans les universités aux XIVe et XVe siècles." *Le Moyen Age.* 84:53-102.

———. 1986. "Préliminaires a une prosopographie du haut clergé scandinave: le chapitre cathédral de Roskilde, 1367-1493." In *MLH*, 139-62.

Newman, W. M. *Les seigneurs de Nesle en Picardie XIIe-XIIIe siècle: leurs chartes et leur histoire: Étude sur la noblesse régionale écclesiastique et laïque.* 1971. 2 vols. Philadelphia: American Philosophical Society.

———. 1972. *Le personnel de la cathédrale d'Amiens, 1066-1306, avec une note sur la famille des siegneurs de Heilly.* Paris: Picard.

Oexle, O. G. 1978. *Forschungen zu monastischen und geistlichen Gemeinschaften im Westfränkischen Bereich.* Munich: W. Fink Verlag.

Orme, N. 1986. "English Schoolmasters, 1000-1500." *MLH*, 303-12.

Paravicini Bagliani, A. 1986. "Pour une approche prosopographique de la cour pontificale du XIIIe siècle. Problèmes de méthode." In *MLH*, 113-20.

Poos, L. R. 1986. "Peasant 'Biographies' from Medieval England." In *MLH*, 201-14.

Powell, J. M. 1986. *Anatomy of a Crusade, 1213-21.* Philadelphia: Univ. of Pennsylvania Press.

Radding, Ch. 1988. *Origins of Medieval Jurisprudence. Pavia and Bologna, 850-1150*. New Haven: Yale Univ. Press.

Raftis, J. A. 1974. *Warboys: 200 Years in the Life of an English Medieval Village*. Toronto: Pontifical Institute of Mediaeval Studies.

——. 1982. *A Small Town in Late Medieval England: Godmanchester, 1278-1400*. Toronto: Pontifical Institute of Mediaeval Studies.

Rosenthal, J. 1970. *The Training of an Elite Group: English Bishops in the 15th Century*. Philadelphia: American Philosophical Society.

Rogozinski, J. 1976. "Ennoblement by the Crown and Social Stratification in France, 1285-1322. A Prosopographical Survey." In *Order and Innovation in the Middle Ages: Essays in Honor of Joseph R. Strayer*, 273-92. Princeton: Princeton Univ. Press.

——. 1982. *Power, Caste, and Law: Social Conflict in 14th Century Montpellier*. Cambridge: Mediaeval Academy of America.

Rotz, R. 1975. "Urban Uprisings in Germany: Revolutionary or Reformist? The Case of Brunswick 1374." *Viator* 4:207-23.

——. 1976. "Investigating Urban Uprising with Examples from Hanseatic Towns, 1374-1416." In *Order and Innovation in the Middle Ages: Essays in Honor of Joseph R. Strayer*, 215-33. Princeton: Princeton Univ. Press.

Saul, N. 1981. *Knights and Esquires: The Gloucestershire Gentry in the 14th Century*. Oxford: Clarendon Press.

Schwinger, R. Ch. 1986. "Zur Prosopographie studentischer Reisegruppen im 15. Jahrhundert." In *MLH*, 333-41.

Selle-Hosbach, K. 1974. *Prosopographie merowingischer Amtsträger in der Zeit von 511 bis 613*. Bonn: Selle-Hosbach.

Stelling Michaud, S. 1960. *L'université de Bologne et la pénétration des droits romain et canonique en Suisse aux XIIIe et XIVe siècles*. Geneva: Droz.

Thomson, W. R. 1975. *Friars in the Cathedral: The First Franciscan Bishops, 1226-1261*. Toronto: Pontifical Institute of Mediaeval Studies.

Thrupp, S. 1948. *The Merchant Class of Medieval London, 1300-1500.* Chicago: Univ. of Chicago Press.

Turner, R. V. 1985. *The English Judiciary in the Age of Glanville and Bracton, ca. 1176-1239.* Cambridge: Cambridge Univ. Press.

——. 1988. *Men Raised up from the Dust: Administrative Service and Upward Mobility in Angevin England.* Philadelphia: Univ. of Pennsylvania Press.

Vale, M. 1986. "Mobility, Bureaucracy, and the State in English Gascony, 1250-1340." In *MLH*, 303-12.

Verger, J. 1986. "Prosopographie et cursus universitaires." In *MLH*, 313-32.

Wedemeyer, E. 1970. "Social Groupings at the Fair of St. Ives 1275-1302." *Medieval Studies* 76:27-59.

Weinfurter, S. 1986. "'Series episcoporum' -Probleme und Möglichkeiten einer Prosopographie des früh- und hochmittelalterlichen Episkopats." In *MLH*, 97-111.

Werner, K. F. 1979. "The Important Noble Families in the Kingdom of Charlemagne: A Prosopographical Study of the Relationship between King and Nobility in the Early Middle Ages." In *The Medieval Nobility: Studies on the Ruling Classes of France and Germany from the 6th to the 12th Century,* 137-202. Edited by T. Reuter. Amsterdam: North-Holland.

Wriedt, K. 1986. "Amtsträger in norddeutschen Städten des Spätmittelalters." In *MLH*, 227-34.

Zielinski, H. 1984. *Der Reichsepiskopat in spätottonischer und salischer Zeit 1000-1125.* Wiesbaden: F. Steiner Verlag.

应用计算机统计分析中世纪社会资料

大卫·赫利希

1970年代早期，本文第一版写成，当时想要使用计算机的史学家面临许多困难。那时"计算机"是一台大机器，一台"大型机"，放在室内，即机房内，机房设置令人望而生畏。机房里的机器体量重，又嘈杂，有许多键盘一样的部件，这类机器即为打孔机（keypunch machines）。打孔机不停地在卡片上打出孔，带孔的卡片向隐藏的精灵（jinni）传递信息。本文最初详细介绍了当时普遍使用的八十列卡片。今天这种八十列卡片已经成为历史，变成一种古玩。

过去，史学研究者通常不得不拿着一盒卡片，挤过人群，把卡片提给机器操作员，卡片里有各种指令和数据。操作员将一批批卡片，或说"工件（job）"放在卡片阅读器上，阅读器会将读到的信息、数据、程序传递给计算机。计算机一个一个处理，史学研究者则在一旁焦急地等待结果。如果30分钟内等到"结果"，他或她会觉得很走运。多数时候，结果不如人意，要么指令有误，要么数据出错。各种含义模糊的信息告诉人们信息获取失败，有时候也用一连串不知何意的数字表示。沮丧的史学研究者不得不查阅图书馆里厚重的指导手册，上面写满了不知所云的专业术语。然后，再耐心地纠正错误，重新提交卡片，等待结果，这一过程又耗费大量时间。与这种遥不可及、寡言少语的机器交互，会让人充满挫败感，几个小时，甚至几天都耗费其中。

自1970年代早期以来，计算机技术经历革命性发展，本文第一版中的许多内容现在已经不合时宜。我需要再次介绍一下计算机技术的革新，说明计算机如何越来越"便于使用"，越来越能满足史学家们的特殊需求。虽然有许多革新，但还有许多没变。使用计算机分析中世纪数据仍然需要投入精力和金钱。工作量自然比从前少了许多，成本也大幅下降，但计算机的使用现在并没有，将来也绝不会完全零成本。

今天和过去一样，史学研究者若打算使用计算机分析中世纪资料，必须一开始就评估它带来的益处能否抵消因此而来的额外功夫和成本。做出正确决定以前，史学家至少需要了解一些计算机的基本知识；它处理什么样的信息；如何处理信息；擅长处理什么；不擅长处理什么。还有，史学家也必须非常了解要处理的中世纪资料，然后才能考虑成本和效率，确认是否应用计算机分析。

本文中，我会简要介绍目前计算机技术的基本特点。关于这一点，史学家现在已能找到大量资料，甚至还有几本专业期刊。①

---

① 针对历史学，介绍计算机原理的诸多指南中，我发现特别有启发的是 Joseph Weizenbaum, *Computer Power and Human Reason: From Judgment to Calculations* (1976), 专门为史学家而写，但现在有些过时的 Edward Shorter, *The Historian and the Computer: A Practical Guide* (Englewood Cliffs, New Jersey: Prentice-Hall, 1971)。期刊方面，见 *Computers and the Humanities* 和 *L'Ordinateur et le Médiéviste*，后者发布公告，通告中世纪项目信息，至1987年秋，已发行18版。Peter Denley and Deian Hopkin, eds., *History and Computing* (1987)，这本书收录了1986年3月一次会议的论文，综合介绍了历史学领域计算机应用研究项目，很有价值。

不过，强烈推荐使用者去校园机房参观一下，和那里的管理人员聊一聊，空闲之余参加"短期课程"培训；这些培训课程指导学员如何使用计算机、处理文字、使用统计软件包、制作电子表格、使用数据库管理系统、使用计算机语言。

本文只讨论一些基本的计算机概念，很可能陷入一种两难境地：稍懂计算机的人觉得本文肤浅，不懂的人觉得介绍得不够。我希望史学研究者自己至少罗列出有关计算机的问题清单，对于要用机器处理的史料，也应列出相关问题。本文也会提供一些建议，指导读者如何高效地将文献数字化，同时对各类处理数据的软件、应用程序提出一些评论。最后，不打算使用计算机的史学研究者们或许通过本文也可以更好地理解计算机如何统计、分析中世纪文献资料。上一代人已经开始使用计算机研究中世纪史了，未来当然还会有更多人使用。

计算机能做什么

日常所说的"计算机"指一种逻辑机，通过一系列有效的程序，转换、操纵符号。换言之，计算机不只是数字运算器，虽然如其名，它也是一种强大的数字计算机器。① 但计算机也能轻易处理字母等各类符号。现在学术领域中，文字处理无处不在，这就是计算机处理符号的最典型例子。数字只是计算机可以处理的符号中的一种，数字运算只是计算机的一部分功能。

如其定义，计算机通过"有效的程序"来组织、转换符号。

---

① 有关数据分析和形式分析的区分，见我所写的"Numerical and Formal Analysis in European History"（1981）。

一种有效程序有时是一系列逻辑指令的结果，其中排除了各种含混不清的指令。这么说可能更容易明白，即一种"有效程序"是一种"应用程序"，在一定范围内，以既定方式指示计算机组织、转换、阐释一种或多种或所有符号。举个常见的例子，文档处理程序中，若想将文本中单词的美式拼写变为英式拼写，需给出指令："将'labour'变为'labor'。"计算机会先找到文本中所有的"labour"，然后换成"labor"。这就是一条有效（清晰的）程序，且不涉及数字。

计算机基本的功能是什么？我认为计算机提供了两种无限性。作为一种机器，在许可范围内，计算机可以对同一任务，以同一方式无限次重复操作，且记录此过程。换言之，第一种无限性是指计算机能识读、转换、阐释无限次记录。计算机不像人类，不会疲惫、厌倦，机器不出故障的话，也基本不会犯错。就像施了魔法的扫把能自己打水一样，只要有水可打，它就会一直打下去。

第二种无限性指计算机可以模拟和运行的有效程序是无限的。计算机运作的理论基础基本上在第二次世界大战之前就已奠定，主要奠基者是英国逻辑学家阿兰·图灵。1936年，他提出可以建造一种逻辑机，它能运行任何有效指令，转换任意一类符号。另外，可以造出一种通用机器（现在被称为通用图灵机），它能模仿其他所有逻辑机。说得通俗点儿，计算机就是能模仿其他所有计算机的机器；所有计算机都是图灵机。计算机是完美的模仿者。也就是说，计算机能够模拟任何人类逻辑行为，前提是不含模糊符号和指令。多数现代计算机理论都在论证计算机不能做什么，讨论计算机的逻辑边界是什么。

这些高深讨论无需史学家加入。就运用层面来说，无论史学家要如何处理数据，计算机都能准确模仿。总之，计算机能以无数种方式产生出无限个记录，非常强大。但计算机不能自发产生记录，无法自行推测或假设，不能取代史学家的大脑，不过计算机对人脑的模仿和挑战是事实。

是否要用计算机

了解计算机的作用和能力后，史学研究者接下来必须权衡利弊，决定是否要用计算机。

数据和应用程序

史学家应该意识到目前存在很多中世纪资料库和应用程序图书馆。① 中世纪与早期近代史数据库（Medieval and Early Modern Data Bank, MEMDB）尤其值得关注，它由罗格斯大学、新泽西州

---

① 现在已经有很多中世纪数据库，完善和开放程度各异。大多数数据库是群体传记学领域的，收录了大量人物信息。有些数据库收录了重要的中世纪档案的编码版，如 Domesday Book 的计算机可读版。我所知的中世纪数据库有：REAL (Institut für mittelalterliche Realienkunde Oesterreichs, Krems/Donau, Austria, 关于中世纪奥地利的日常生活，信息来自图像资料); Datenbank mittelalterlicher Personen und Personengruppen（德国弗莱堡大学，收录40万个人名，涵盖加洛林、奥托王朝、萨利安的王公贵族和教士，资料来自讣告和契约); Migration in Austria, 1350-1600, 得到 Ludwig Boltzmann Institut für Historische Sozialwissenschaft 的支持，迄今收录约2000个条目，资料来自 Bürgerbucb of Salzburg, 1441-1451; Prosopographische Datenbank zur Geschichteder südöstlichen Reiehsgebiete bis 1250, 得到 Forschungsinstitut für historische Grundwissenschaften, Karl-Franzenz Universität, Graz, Austria 的支持；the Hull Domesday Project (Hull Univ., England, 另一项目将 Domesday Book 转化为计算机可读文本，后者由 Professor C. Warren Hollister of the Univ. of California, Santa Barbara 带领); Parisian Tax Rolls from the Reign of Philip the Fair (Paris, 由 Centre National de la Recherche Scientifique 发起); the Women's Writers Project (Brown Univ., 收录了1330—1830年英国女性作者的个人信息和她们作品的机器可读版，由 Suzanne Woods 主持)。

立大学、美国研究图书馆组织（the Research Libraries Group, Inc.）合作在美国建立。①1989—1990 年，它成为在线系统，用户可通过美国研究图书馆咨询网（Research Libraries Information Network）登录使用。换言之，中世纪研究者无需自己制作可供机器阅读的文件，也不用自己开发应用程序。

然而，若想有效利用已有数据库，史学家应该知道这些数据库是怎么形成和运作的。因此，我在此假设某位史学家正在研究手稿或纸质文献，且在思考计算机是否能提供帮助，然后将资料转换为计算机能够识读的形式。

需要考虑什么？

决定使用计算机来统计、分析中世纪资料前，需要考虑以下三个问题，且给出肯定答案：

1. 我所面对的是连续一系列资料吗？我的资料中有没有固定的问题，有没有固定且反复出现的答案？通俗地说，每一类答案都是一个"逻辑单元"或"记录"，可能很简短，如名单中的一个名字，可能很复杂、很长，如税收调查表中的家庭财产清单。无论长短，这些记录都是重复的。这一系列记录或按时间（如某个市场的货币兑换汇率按年变化），或按空间（如调查表中的灶台或家庭），或按其他标准分布。但关于同一问题的答案，每条记录的结构相似，生成的信息也类似。

计算机之所以强大主要是因为它能够不知疲倦地无限重复

---

① 有关 MEMDB 及其资源、访问方式，可以联系 Medieval and Early Modern Data Bank, Dept. of History, CN 5059, Rutgers, the State Univ. of New Jersey, New Brunswick, NJ 08903 USA。有关其简介，见 Carlin 1988。

同一过程。因此，计算机非常适合用来反复输送同一类型数据。另一方面，如果文献资料无法分割成一个个逻辑单元或一条条记录，或者每一个单元在回答不同问题，拥有不同结构，并产生不同信息，那么计算机处理信息的效率会大打折扣。一条条记录的内容和形式不同，会增加数据输入、处理过程的难度，削弱结果的准确性。计算机只是一台机器，难以得心应手地处理怪异或无规则的信息，对于素未见过的信息，更是无法应付。

2. 资料繁多、数量庞大吗？使用计算机时，史学家首先要面对所需的精力和金钱成本，需要了解计算机，需要设计记录格式，需要开发或选择分析应用程序。一旦这些确定下来，可以增加大量分析对象，轻松处理它们。处理100份资料的难度与处理100000份的并无二致。根据"规模效益"，文件量大时，处理每个单元的成本要比文件量小时低得多。

3. 资料中是否有数字信息，是否能够清晰地转换为数字格式？前面说到计算机能轻易处理它能识别的所有符号，能够按使用者的要求筛选名单，按名，按姓，按头衔，按出生地，按职业等。同时，数字资料涉及运算，计算机也能轻松完成。人工拿笔计算几百个谷物价格的平均值不难，但很麻烦，计算机能够迅速算出来。人工计算的准确度远远比不上计算机。

许多古典后期和中世纪资料满足这些条件。例如，大量古典后期的铭文保存至今，其中许多是刻在石头上的，以纪念逝去的亲人或爱人。铭文很简单，格式单一，数量巨大，且常常带有数字（如死亡年龄），其中许多信息都可转化为清晰的数字符号（石碑地点、死者性别、立碑者性别、与死者的关系、头衔、职业、宗教等）。

中世纪契约簿和羊皮档案中的私人法案从 8 世纪开始增多，这些资料也可以用机器处理，不过，其整个文本通常比较复杂，还没有出现能将其数字化的技术。但其中部分信息能数字化，比如人物名字、头衔、支付方式、收缴的租金等。群体传记学领域几个数据库中的人名就是来自中世纪早期契约书。户口调查表也是从 8 世纪后期开始出现，到 13 世纪，数量庞大，其中三分之一都可用计算机来分析。

几年前，我和拉里·普斯博士（Dr. Larry Poos）合作，重新编辑了巴黎附近圣日耳曼德佩（St.-Germain-des-Pres）修道院的大部头土地册，使之能被机器识读。这份资料成型于 9 世纪初期，记录了巴黎周边地区修道院的地产情况。其中的逻辑单元描述附属耕地的条目；每一个条目中有耕地上所住人口的名字、法律地位，以及耕地面积、规定的地租。这些条目将近两千个，编辑后的版本可供读者反复查阅，不断提出新问题，寻找新答案。从前不得不人为一页一页翻阅，极为耗费精力，相比之下，有些问题显得不值得问。①

1427—1430 年的佛罗伦萨地契簿（Florentine Catasto）也适合用计算机分析。这部长篇资料登记了佛罗伦萨地区（几乎包括整个托斯卡纳省）的土地使用情况，涉及六千多个家庭、26 万人。逻辑单元是灶台或家庭，可以向每家之主提出相同的问题，这份登记簿的记录者也提出相同的问题。重新编辑这份资料的人未能

---

① 见 Herlihy 1985, 62-72。

统计出其人口总数和财产总值，令人不解。所记录的内容超过了记录者的计算能力。1966年开始，几位美国、法国学者首次将其中的数字录在卡片上，后来录入胶带。1978年，计算机合并各个数字，算出总数，而在1427年，当时佛罗伦萨的记录者们殚精竭虑也未能算出。①

数据类型

若要充分利用机器识读的数据，史学家也需要稍稍了解计算机内部不同类型数据是如何呈现的。

计算机处理符号，符号在其内部由数字表现出来。符号与数字如何对等起来，不同制造商有不同标准，不过现在美国信息交换标准码（American Standard Code for Information Interchange, ASCII）基本已经成为计算机行业的通用语言。扩充版的ASCII有256个代码，包括"控制"代码。"控制"代码无法印出来，不能显示，除非转换成别的代码（原先穿孔卡片中只有64个代码）。不过，史学家设计自己的逻辑单元时，最好不要用太多种代码。编辑、转化时，最好只使用一组数字（需要的话，再加上小数点、减号、加号）、一组大写字母（小写字母往往很多余）、区分逻辑单元的回车代码。尽量不要用标点符号。诸如逗号、括号等符号在不同计算机上、不同程序中代表不同含义。只有数字、字母、回车码的ASCII码是最简单的一种，也最容易在各个程序、各个电脑系统中转换。史学家制作的机器识读文本应当如同出版物。除了作者，其他学者也应该能看懂，能使用。

---

① 见 Herlihy and Klapisch-Zuber 1978, 1985。

计算机数据有三种基本类型：（1）字母数字字符，（2）实数（也称为浮点数字），（3）整数。

顾名思义，字母数字字符包括字母、数字、标点符号、算术符号，总之，指计算机识读的一整套字符。一个字符即为信息的一个"字节（byte）"。字节由"位（bit，又称比特）"组成（8位为一个字节），字节与位是计算机世界通用计量单位，用以衡量存储容量、数据处理速率、数据传输规模。内部存储器、软盘、磁盘、磁带的储存量以"千字节（kilobytes，即1024个字节，通常称为K）""兆字节（megabytes，即MB，超过一百万字节）"，甚至"千兆字节（gigabytes，超过十亿字节）"为单位。调制解调器和有线通信系统是通过"波特率"评估的，即每秒在终端和计算机之间传输的位数。

在计算机中，字母数字符号可以相互比较、阐释、更改、重新排列（按字母顺序），但通常无法运算，不能进行算术转换。无论什么情况下，在现实世界，添加"约瑟夫"和"约翰"没有多大意义。字母数字符号的主要用途是处理名字和提供易识别的标签，二者都是面向逻辑单元和内容输出服务的，但史学家若想要分析文本内容，情况就不一样了。

实数或浮点数字仅指数字1—9，还有0、加号、减号，数字总是带一个小数点（当某个数字能被机器识读时，很可能说明它是个正数，且有小数点）。计算机内存中的实数总是含有一组有效数字，小数点在寄存器内根据所示数值的大小，向左向右移动。几乎所有计算机算术都是在实数中进行的。然而实数系统有一大缺陷。浮点数，尤其是运算后，常常带有无穷小数，虽不会明显影响计算，但会影响相等性测试。比如"6"在计算机寄存器中，某种情况下比实际数字6大，或者小。若问计算机3乘以1/3是否等于1，计算机可能会做否定回答，因为无法精确表达出1/3。现代技术能够纠正这些小问题，但仍需时间。这一局，比拼的是速度。

上述问题是计算机也使用第二种数字的主要原因，即整数，不带一个小数点，绝不涉及分数。"整数"中有正数和负数，一般可通过数字运算相互转换。然而，运算结果往往忽略分数。整数运算时，若用10除以6、7、8、9、10，会得到同一个答案，即1。整数的相等性测试结果十分可靠，这对其广泛应用颇为有益。还有，当史学家以数字代表某种特征时，比如编码中"1"代表男性，"2"代表女性，若要准确识别出来，这些数字必须被定为整数。数字在编码中代表不同类别，因此应用范围极广。就指代类别而言，分数往往失去意义，比如"1"代表男性，"2"代表女性，那么1.5怎么解释？

整数还有一个更大优势，在许多系统中，与字母数字字符相比，整数存储更节省空间，也更易于搜索。这就是为什么代码本用它而不用字母等其他符号的原因。目前各种应用程序使用起来都很方便，看不出编码方面的差异，尤其是实数和整数的差异，但计算机内在运行系统中，这些差异一直存在。数据库管理系统往往要求使用者说明输入数据的类型，澄清所输为上述哪类数据。

明白计算机的逻辑单元及其呈现方式后，史学家现在可以琢磨一下计算机本身了。

计算机系统

将平时所说的"计算机"称为数据处理系统可能更恰当。这个系统由几个机械和电子设备构成,即技术用语所说的"在线"连接而成。说得专业一些,计算机系统的物理部件被称为"硬件",系统中的应用程序和数据被称为"软件"。之所以如此称呼程序和数据,是因为它们及其功能常常改变更新,且必须改变。

所有计算机系统至少由三类组件构成:电子计算器或累加器(现在被广泛称为"中央处理器",或 CPU),实际上进行计算和比较;存储器,直接将命令和数据传递到 CPU,保存数据和应用程序,有时甚至保存任务之间的结果;输入输出设备(I/O),它们将应用程序和数据传送到 CPU,并检索和显示结果。

大型机与个人电脑

在史学家看来,计算机技术最突出的革新是过去十年里,小型的个人计算机,即 PC 的出现。微处理器出现,CPU 变成芯片大小,却有着非同寻常的速度和能量,加上大容量存储器(后文会做介绍),使个人电脑在过去 20 年得到了大型机的资源。现在史学家不再依赖庞大的机房了,能够拥有或至少接触到个人电脑这些机器,这不断提升着史学家的满足感。

个人电脑目前是最便宜、最便捷的计算机,但大型机仍有它自己的优势。目前连接大型机的主要方式是"视频显示终端(VDT)"。多数个人电脑通过电话线或者"调制解调器"以及相应的软件,兼作终端,能与大型机对话。许多大学校园现在已有网络,个人电脑作为终端,可以通过固定线路与大型机相连。因此,个人电脑与大型机的连接几乎是瞬间完成的,速度每秒高达6万位。史学家不用再端着一盒盒卡片奔赴机房,焦急地等待差强人意的结果。现在,不用等待,结果可以立即让他或她失望。

与大型机连接后,史学家可以使用一些非计算机部件的设备。例如,用户可以通过大型机带动磁带驱动器,在磁带上备份重要或大型文件。用户也可以选择在高速打印机上打印大量文件,而不是选择小型低速打印机,后者往往为个人电脑服务。最后,与大型机相连后,史学家也就进入网络中,能够知道艺术领域正在发生什么;能够阅读各种公告;能够向其他用户发送信件、文件,甚至发送到校园外,发送到海外;能够接触到大量图书馆资源和机器可识读的数据资料。在不久的将来,为中世纪研究者专门设计的数据库,像前文提到的中世纪与早期近代史数据库,会在线向用户开放。

虽然大型机用处很多,但个人电脑也有些不可取代的功能。个人电脑便于携带,在家或在办公室,可以随时使用。有些笔记本电脑小巧、轻便,自带电池,能直接带到图书馆和档案馆,直接输入数据。我们接下来讨论时,假设中世纪研究者主要使用个人电脑。

操作系统

无论大小,计算机都需要操作系统,即监督、协调各个附属设备的必要软件,使用户通过简单指令操纵计算机,完成各种任务:显示,复制,或删除文件;搜寻记录;排列条目;等。个人电脑上最常见的操作系统有:微软磁盘操作系统(MS-DOS),这个系统年代已久,美国国际商用机器公司(IBM)生产的微型计算机及其类似计算机使用此系统；苹果操作系统（Macintosh），这个系统非常成功，适合使用尖头（鼠标）和符号（图标）来导向；UNIX 操作系统（最初为大型计算机设计）及其衍生系统，这个系统像迷宫一样，少数人能掌握它做很多事。

　　直接向操作系统发出的指令是最简洁的一种，未经训练的用户也能执行，但很难用这些指令来完成复杂任务，至少没有受过专门训练的用户是不能的。处理数据的中世纪研究者应该计划使用高级程序语言、统计软件、数据管理软件，之后会有所探讨。

存储器

　　史学家选购 PC 时，需要知道 PC 系统的容量、速度及其重要衡量尺度——存储器。存储器有若干功能，表现为多种形态。计算机需要一个内部存储器，即"随机存取存储器（RAM）"。计算机在其中存储应用程序和正在处理的数据，有时是全部数据，有时是部分数据，其储存工作不稳定，存储内容随任务变化而变化，计算机一旦关闭，所有存储数据都会丢失。存储容量由字节衡量，容量决定着哪种程序可装入计算机，也影响 CPU 访问和处理数据的速度。现在史学家的 PC 至少要有一个兆字节的 RAM。

　　有些 PC 也有永久内部存储器，即"只读存储器（ROM）"，其中可存操作系统、特殊程序，需要时，存储内容可以下载到 RAM 中。

　　RAM 和 ROM 都不是用来在任务之间传输数据或程序的。有些笔记本计算机中有一块依赖电池供电的存储板，它能够实现这些功能，且重量较轻，可以取代外部磁盘驱动器。不过存储板需要持续不断的电源，一旦电池没电，它所存储的东西就消失了。

虽然便捷，但它不安全，不适合存放重要程序和数据。

要永久存储数据和程序，PC 主要依靠磁盘，磁盘的表层十分特殊，通过磁化其表层来记录信息。有一种新型外部存储器，即"高密度光盘（CD）"，它以激光光学技术为基础。比如光盘可用来记录音频文件，能够写入大量数据，但不能重写；换言之，它们构成了外部 ROM。虽然容量大，但它们不如磁盘那么便于携带。

磁盘及其驱动器主要有两种类型：软盘和硬盘。现在软盘的标准尺寸为直径 5.25 英寸和 3.25 英寸；高密度的 5.25 英寸磁盘可以容纳 1.2 兆字节。但是，它们似乎注定要被更小、更方便、包装更精良的 3.25 英寸软盘取代。新一代 IBM 个人电脑的操作系统采用了后者，它能容下 0.72 兆字节，高密度版的可容纳 1.44 兆字节。每一台 PC 至少需要一块软盘驱动器。由于软盘便于携带，所以它不仅充当外部储存器，还是输入新程序和数据的主要方式，也主要借助它搜索机器可读数据结果。除非 PC 与大型机相连，否则软盘驱动器很可能是机器可读信息输入和读取的唯一途径。

固态硬盘通常不能拆下、移动，但也能存储几百万字节的文本、程序。从硬盘上读写数据的速度比软盘快得多。硬盘还可以存储许多大型程序，如电子表格和数据库管理系统。多数新计算机都装有一块标准硬盘驱动器，可容纳 20 兆字节。若史学家要用大量数据和大型程序，这个容量就太小了。今天，甚至 80 兆字节都不嫌大。

备份

大容量的硬盘似乎很可靠，为用户创造出一种虚假的安全感。尽管极为便利，但计算机的破坏性也非常大，史学家必须有计划地备份重要文件和程序。不安全的因素有很多，比如系统崩溃、不小心删除、"病毒"入侵等等。文件越大，备份的难度就越大。软件可以应付小文件。用户也可购买外接磁带驱动器，定期转存硬盘上的东西。如果系统与大型机相连，重要文件可以上传，然后下载到磁带中。无论采取什么方式，规则只有一个：所有文件都要备份。否则，夜以继日、年复一年的劳动成果可能毁于一旦。

输入与输出

刚才提到软盘是输入数据、搜索机器可读信息的主要方式。但对于直接面对逻辑单元的史学家，视频显示终端以及键盘是输入数据的主要设备。键盘类似于打字机，但可输入的符号类型更多：现代键盘最多能输入256种字符。有些键和打字机上的"shift"键一样，如"control""alternate""escape"等键，按住它们，再按其他键，就能改变后者输入的内容。若要搜索分析结果，史学家可以将它们显示在屏幕上，也可以打印出来，成为永久副本。

我现在假设史学家要分析一组中世纪档案，且已经选好了计算机。分析过程分为两步：数据输入，即将档案资料翻译成机器可读的格式；使用程序，即使用或开发程序来分析数据。本文接下来分别探讨这两步。其中数据输入难度更大、更慢，且更为昂贵。一旦机器能够读懂资料，一个新世界就打开了，但打开之前，道阻且长。

数据输入

数据以及程序要么键入计算机，要么导入系统。导入时，必须

240

是计算机能识读的格式,磁盘或磁带上的数据通过驱动器或网络导入电脑。数据的键入曾经是由打孔机完成的,现在基本在终端上完成,终端将数据输到软盘或磁盘上。键入过程缓慢且昂贵,今天这类工作很多是在"海外"完成的,在美国大陆以外的地区由人工输入数据,从事此工作的人可能都不知道自己在输入些什么。

光学扫描仪

将来能派上大用场的仪器是光学扫描仪,它能将纸质资料转化为 ASCII 码,使机器能够读取。一直以来最有名的扫描仪是 Kurzweil Discoverer 和 Kurzweil 4000。它们能够有效转化现代字体的影印文本。不过,校对工作仍不可或缺,扫描仪常常混淆字形相似的符号,如"8"和"B"。而且使用扫描仪的成本高昂。1988年,加利福尼亚州洛斯加托斯市的凯尔公司(Caere Corporation)发布了一款新光学扫描仪"OmniPage",宣称它能够准确识读各种字体。它需要一定资源,如 4 兆字节的内存,但其价格比老一代扫描仪便宜得多。

OmniPage 的功能有待测评,光学扫描仪在识读表格数据和系列词条方面的表现差强人意,而这些数据正是本文所关注的资料。即便正确读出文本,但词条仍需大量修改,重新整理格式,有时甚至需要重新编码。举个例子,光学扫描仪难以识别某条记录从哪里开始,在哪里结束。中世纪资料有些独特之处,比如数字往往表现为罗马字母。虽然理论上计算机应该能识读罗马数字,但这需要更为复杂的程序。对于这类资料,光学扫描虽然省去键入工作,但工作负担转移到后续的编辑阶段,后续编辑仍不可或缺。

全文输入

史学家或许要全文输入计算机中，将纸质资料和手稿中的内容抄录下来，就像借助精确光学扫描仪一样。若这项工作的主要目标是搜索个别条目，那么这种策略十分恰当，甚至可取。最早用户可以访问、读取资料原本的形态，无需费工夫译码。

另一方面，若主要为了综合分析数据，那么编码就有着决定性优势。编码减轻数据输入负担，减小文件所占空间，提高最后的处理速度和效率。

编码

文件编码时，研究者必须要面对以下三个问题：

1. 资料中的逻辑单元是什么，即用什么界定资料中的记录？例如，人口普查的逻辑单元可以是个人、家庭、教区或村庄。这里给一个建议，最好使用资料编撰者所用的逻辑单元：调查员是否向个人、户主、教区教师或村里的长老提交他们的调查问卷？这与"经验"编码原则一致，与"分析"原则相悖。机器可读的数据应该反映原资料的逻辑单元和类别，而不是反映史学家研究目标的分析性类别。

2. 资料中有什么样的信息？史学家必须准确界定出信息的类别以及构成因素。理想情况下，所有类别都应机器可读，但当条目像1427年的佛罗伦萨地契簿那样特别长且很复杂时，这可能不可行。①

信息类别在机器可读记录上占有一定空间，这些空间共同构

---

① 我们编辑地契簿的机器可读版时，没有收入户主之外的家庭成员的名字，也没有描述家庭占地情况。

成了数据"字段"。资料中的数字不用编码，而是直接转录；不过，必须谨慎，确保其字段足够大，以容纳最大值。

编码的主要任务是用某个类别中的一个元素来代表某一符号值，通常代表一个数字。人口调查中的类别是性别、婚姻状况、住处、与家长的关系、职业等。为了明确资料中的类别以及类别中的因素，史学家在编码前需要仔细了解资料。各个元素必须分立且不兼容。如果一个类别中的两个元素，比如两种职业，都可以形容同一个人，那么就需要第二种数据字段。

机器可读记录中字段的布局被称为"格式"。为了加快编码速度，数据字段应与原始资料中信息顺序一致。也建议多添加一些冗余信息，以验证准确性。比如，为佛罗伦萨地契簿编码时，我们添加了每个家庭财富的总估值，扣除一定额度后，得到了净财富值。严格来说，后者很多余，但很容易通过前两个数值算出来，它可以用来验证输入的各个数值是否准确。

除了数据字段，记录中应该总是添加对原始资料的引用信息，表明信息的出处。处理数据时总能发现问题，研究者为了验证信息，必须能够找到原有资料。引用信息也能体现记录的独特性。或者对记录进行编号，提高搜索速度，以便验证和编辑。

众所周知，中世纪资料中的单词拼写常常出现前后不一致现象，此问题较为特殊。为佛罗伦萨地契簿编码时，我们统一了所有名字的写法，以便于搜索和整理。如果职业、头衔等名称数量不大，推荐使用以下方法。职业名称可以按原始写法输入，但记录上需要带上它们的编码或数字格式，后者不会变来变去。例如，法语中表示"碾磨工（miller）"这一职业的词有好几个，像

munier、musnier 等，但编码后，都用同一数字表示。计算机使用数字来综合分析，但原始拼写方式保存在其记录的字母数字字符字段中。后面将会提到巴黎税表的编码，到时候再做探讨。

前些年，研究者在大页编码纸上写字段，后来由打孔操作员在卡片上打数据。卡片通常需要在另一台机器上检验准确性，这就需要第二次键入编码。现在 VDT 已经取代了打孔机，但建议保留二次键入，以保证准确度。MS-DOS 等操作系统一般有"比较"功能，可以同时读取两份文件，找出其中的不同之处。这其实相当于早期机械校对过程。

数据库管理系统

现在一些预先打包好的程序极大地减轻了数据输入的负担。文字处理、数据库管理系统、电子表格、统计系统等所有程序都为数据输入做好了准备。"数据库管理系统（DBM）"的灵活度最高，它最初就是为数据输入、检索、整理而设计的，且能适应各种配置。

数据库管理系统常常以对话模式接收数据，即在屏幕上抛出一系列问题，然后由用户给出相应答案，也可以是"菜单驱动"，即计算机在屏幕上显示一系列选项，用户输入数字或字母来选择其中一个选项。这样，字段就不会混淆，数据有条有理地存储起来，非常便于快速搜索和整理。有些系统甚至可以存储图片和视频材料。

然而，数据库管理系统也有些缺陷。数据存储方式便于快速搜索，但却难以将文件以 ASCII 码形式转移到其他程序和计算机上。而且，记录不多时，对话模式运行十分流畅，但记录数量庞

244 大时，就非常滞缓。屏幕上显示问题或菜单需要耗费一定时间，且必须浏览它们，做出回应。直接模式，即用户直接输入数据，显然要快很多。

自制数据输入程序

输入数据时，数据库管理系统还可以用来自制输入程序，制作记录的本质正在于此。自制程序需要用"高级"编程语言来写。PC 上最常用的编程语言——初学者通用符号指令码（Beginner's All-Purpose Symbolic Instruction Code, BASIC）完全可以使用。

输入程序的目标是将数据输入的键盘敲击量降到最低，重新包装原始数据，使之最节省空间。为此，自制程序利用了原始资料的两个特征：同一份资料中的信息往往有所重复；常用名称，比如人名或职业名，可以缩写。我们可以指示计算机识别缩写，然后自动还原成原始写法，这一还原可以使用户轻易理解记录。

我以巴黎税表为例来说明这一方法。① 巴黎税表是 1292—1313 年的资料，是中世纪系列档案的典型代表。这一系列资料很长（最古老、最长的资料，从 1292 年开始记录，含有近 15000 个条目），各个条目按城市地区和街道列出居民的名字、职业（有的没有）、征税估值。条目重复度极高，征税估值中有大量数字信息。从 1313 年的税表中随意摘取一些条目，如下表：

---

① 1313 年的 *taille* 是现存七份税表之一，它们产生于公正者腓力四世的巴黎地区。最早的一份成型于 1292 年，其中四份已经出版。这里引用的摘自 Karl Michaëlson's (1951, 6) 对 1313 年 *taille* 的编辑版.

**LA SECONDE QUESTE SAINT-GERMAIN
SI COMMANCE DE LA PORTE SANT-HONORE DEDANZ LES MURS,
JUSQUES AU COING DEVANT LA CROIZ DU TIROUER**

Aalis la liniere	VI s.p.
Pierre le pastaier	VI s.p.
Nicolas d'Avion	XXXVI s.p.

将表中信息译为机器可识读的记录，必须为其中所有信息分配字段；为了便于编码，数据字段也需要赋予标签，名称字段则不需要，见下表：

Field Name	Columns	Tag
Series (arbitrarily identified as 1)	1–2	s
Year (1313)	3–6	y
Page (in Michaëlson's edition)	7–9	p
Queste (Parisian district, numbered in consecutive order)	10–11	q
Street (location in the queste, also in consecutive order under each queste)	12–13	r
Livres or pounds of assessment	14–17	l
Sous of assessment	18–19	s
Deniers of assessment	20–21	d
Comment on entry (the "p." in the entries means "paid," coded here as 1)	22–23	e
First occupation (when given)	24–26	o
Second occupation (when given)	27–29	j
Gender (1 = male, 2 = female)	30	g
Comments on names	31–32, 44–45, 57–58	-
Names	33–43, 46–56, 59–69	-
Comment on record	70	-
Record sequence numbers (e.g., 1 of 1)	71–72	-

名字的注释为数字，这从根本上区分了姓氏、职业名称和个人名字。也用数字代表原始资料中的冠词和介词，如06表示"de"，07表示"le"。

此程序也能识别出代表常见法语人名和多数职业名称的缩写，如"a"表示ANTHOINE，"p"表示PIERRE，"n"表示NICOLAS等。与表示人名的缩写不同，代表职业名称的字母前面带"05"，比如"05a"表示"05AVOCAT"，"05bg"表示"05BOULENGIER"等。程序遇到一个职业名称的缩写时，会阐释它，并在编码表中寻找相应的职业；然后在"o"字段（如果是第二职业，则在"j"字段）插入数字代码。职业名称的拼写差异可以通过使用"="来解决，若"05a = advocat"，名称字段则会输入"05ADVOCAT"，但"o"字段的数字代码不变。自动插入职业名称代码，使用户无需费工夫在冗长的代码表中查找相应代码，也降低出现错误的概率。职业名称缩写比数字代码更容易记住，也更容易找到。

数据字段前插入恰当名字，与记录中的顺序一致（其实，既然有标签，数据字段就可以按任意顺序输入，计算机会重新正确排列它们）。名字之间用"x"隔开，而分隔名词字段和数字字段则用"/"（否则标签会被识别为名称缩写）。若要输入三个以上的名字，多余名字会自动放入第二或第三个补充记录中。各个记录在最后两列中按数字顺序显示。

用户通过键盘输入以下条目，计算机在屏幕上将显示下面结果，并询问是否正确。是的话，条目将会存入永久文件：

```
aalisx05li/s631g2
01131300601010000060001406000 2    AALIS      05LINIERE      011
px05pt/g1
01131300601010000060001202000 1    PIERRE     05PASTAIER     011
nx06avion/s36
0113130060101000036000100000 1     NICOLAS    06AVION        011
```

名字和标签字段直接誊抄纸质资料上的内容，不需要编码表。此输入程序也会检查重构出来的记录，确保其中字母和数字在恰当的位置，所有数值都在妥当的范围内。信息在各个记录之间转移，再加上缩写的使用，这一数据编码过程大大加快。我用此程序的不同版本处理其他冗长的数据，发现它运行顺畅。此办法的缺点是需要"自制"输入程序。不过，它降低了键盘的敲击量，提高了文件处理速度，开发程序所费时间在这里赚了回来。

应用程序

制作出机器可识读文件后，史学家可以开始分析资料了。这里，可以自己开发分析程序，也可以使用市场上已有的程序、电子表格、统计软件包。双方各有利弊。

语言

自己开发分析程序，如数据输入程序，需要事先掌握一门编程语言，如 BASIC。自制程序可以给史学家想要的答案。但是，编程、调试需要时间和精力，一不小心程序中的错误会使结果的准确性打折扣。史学家无需另起炉灶，白费功夫。综合各种因素，推荐史学家使用市面上已有的程序。

话虽如此，即便史学家不打算自己开发分析程序，但了解一些简单的编程仍是非常有裨益的。假设资料文件已经转化为 ASCII 码，还需加以调整，以适应其他程序。多数需要一些符号来分隔字段，如插入"tab stop"，这些分隔符需要插入文件。这不难，但仍需编写一个简单的程序来完成。同理，文件复制、更改、重整格式、搜索、部分预览、全局预览等文件管理任务最好用简单程序完成。

程序包

史学家一旦知道如何导入文件，就有大量分析程序包可供选择。数据库管理系统能够进行一些综合分析，这有时被称为"报告"。但综合分析不是其主要目的。简单且直接的数字分析最好用"电子表格"。电子表格运算速度快，且用户想要什么格式，它就能将结果存为什么格式。多数电子表格现在还能绘制各种形式的图表。

若要进行复杂、烦琐的统计分析，社会科学统计软件（Statistical Package for the Social Sciences, SPSS）可能比较适合。而且，史学家必须要读懂这类软件厚重的指导手册，也要掌握如何将数据导入程序，怎样将数据转化为某个程序能读的形式。

许多统计方法都适用于历史或中世纪史资料，这里无法一一详细介绍。史学家应该利用多数大学都设有的统计咨询服务，也应读一本统计学入门书籍。这里，我只探讨一些宽泛的话题。

统计学功能多样，其中最根本的功能是描述所收集的数据，即"统计总体"（不一定都是人）。统计方法不尽相同，因情况而异，如有的统计总体中各个类别不同，且相互没有数量上的关系（如巴黎税表中的性别、居住地、职业），有的数值有数量上的关系且在一定区间尺度成比例关系（如价格、人物年纪、税收调查中的财富估值等）。对于第一种数据，史学家可以计算频率分布，既可算绝对值，也可算百分比，这样可以展现数据的构成成分，便于和其他人口统计比较。史学家可以根据区间尺度中分布的数值推算"集中趋势量数"，即区间尺度中各个中间值。常见的中间值有"平均值"（所有数值算术上的平均数）、"中位数"（按升序或降序排列的一组数据中居于中间位置的数）、"众数"（出现次数最多的数值）。研究者可能也想知道数值如何分布、如何集中，计算"离散程度"就可以知道了。常见的数值有"极差"（最大值和最小值的离差）和"标准差"，所有统计学入门书籍都会解释它们的本质。

然而，史学家不会止步于数字描述，常常想探究统计关系。这里建议根据资料特征和数据本质采取不同策略。如果史学家正在研究各个类别的关系，比如某种职业的情况可以由男性数量揭示，而不是女性数量，那么这就是"非参数"统计，因为它能显示某种关系，却不能揭示具体如何分布。

如果数据在区间尺度中分布，那么就可采用参数统计，这样既可以说明关系，又能阐释分布形态。目前已有好几种操作方法。最常见的方法是"回归分析"，研究因变量如何随自变量变化而变化。举例来说，史学家或许会探讨某个调查表中，家族财富与家族规模的关系如何。这就需要计算"积差相关系数"。此数值范围从"1.0"到"−1.0"，"1.0"表示两个变量完全线性相关，"0.0"表示没有关系，"−1.0"表示负相关。进行这类计算时，有许多数据相关的假设，这里无法一一探讨，史学家会发现值得花些时间读一读统计学书籍中有关回归分析和相关性的章节。

还有些更复杂的方法，如"多变量分析"（研究一组变量的关系）、"方差分析""因子分析"。这些方法要求数据准确、清晰，但中世纪资料中很难得到这样的数据。须时刻谨记，任何一种统计学方法都不能弥补数据上的粗糙和误差。不过史学家至少要知道这些先进方法的存在和功能，或许什么时候它们就能派上用场。

史学家总是试图掌握史料，然后充分理解它们。但有些资料，甚至是近代资料，极为庞杂、无聊，无法完全掌握，不能全部理解。计算机不会研究这些无聊的资料。事先稍作准备，计算机就可以轻而易举地处理它们。事实已经证明计算机对中世纪研究者大有裨益，将来其功能和能力还将不断拓展。

参考文献

Carlin, Martha. *The MEMBD Handbook.* Stanford: Research Libraries Group, 1988.

Computers for the Humanities: A Conference Sponsored by Yale University on a Grant from IBM, January 23-25, 1965. New Haven: The Conference, 1965.

Denley, Peter, and Deian Hopkin eds. *History and Computing.* Manchester: Manchester Univ. Press. 1987.

Floud, Roderick. *An Introduction to Quantitative Methods for Historians.* 2d ed. London: Methuen, 1979.

Heffer, Jean. *Outils statistiques pour les historiens.* Paris: Publications de la Sorbonne 1971.

Herlihy, David. "Numerical and Formal Analysis in European History," *The Journal of Interdisciplinary History* 12 (1981): 115-36.

——. *Medieval Households.* Cambridge, Mass.: Harvard Univ. Press, 1985.

Herlihy, David, and Christiane Klapisch-Zuber. *Les Toscans et leurs familles.* Paris: N.p., 1978. English trans.: *Tuscans and Their Families.* New Haven, Conn.: Yale Univ. Press, 1985.

Histoire et Mesure. Paris, 1986-.

Le livre de la taille de Paris, l'an de grâce 1313. Edited by Karl Michaëlson. Acta Universitatis Gotoburgensis. Göteborgs Hogskolas Arsskrift 57. Göteborg: N.p., 1951.

Le Médiéviste et l'ordinateur. A bulletin published at the École des Hautes Études, 54 bd Raspail, 75006 Paris.

Ohlen, Norbert. *Quantitative Methoden für Historiker.* Munich: N.p., 1980.

Spufford, Peter. *Handbook of Medieval Exchange.* London: Royal Historical Society, 1986.

Weizenbaum, Joseph. *Computer Power and Human Reason: From Judgment to Calculations.* San Francisco: W. H. Freeman, 1976.

中世纪年代学

理论与实践

R. 迪恩·韦尔

无论怎样定义历史，时间维度都是不可忽略的，历史工匠的特点之一就是给历史事件排序并建立其在时间中的地位置。不过很明显，这项安排、统筹事件的工作只能在特定的时间体系中才能完成。要在某一时段中确定位置，或在历史中确定某事件的时间，就需要在计量手段（当然还有计量单位）中找到参照点。例如直到今天西方世界仍在使用的体系就有许多计量单位：秒、分、小时、天、周、月、年。其中，天、月、年是自然界就有的天文周期，其余的则是人工制造出来的。矛盾在于，虽然分是由秒组成的——如同小时是由分组成，天是由小时组成，周是由天组成，但周、月、年之间并不成比例。我们的时间体系还借助时间的测量方式提供了恰当的参照体系：天是由子夜到中午的数小时衡量的，月是由月初开始的数天衡量的，年是由约定俗成的1月1日开始的数月加上数天衡量的。所有历史时间都依据基督诞生前后被强制分开。

中世纪欧洲，时间体系多种多样且令人困惑，要深入研究中世纪的时间计算方法与计算时间时有哪些说法，先决条件是对历史记录有深度认识。这些知识就是专业的年代学，它本质

纪年工具的各种形式

公元（闰年）	小纪纪年	默冬周期	太阳周期	十四日周期	年初月龄	十四日日期	黄金数字	主日字	一月一日的星期数	礼拜换算数	关键日	复活节
528	VI	13	5	529	15	3月21日	XVI	BA	周六	6	11	3月26日
529	VII	14	6	530	26	4月9日	XVII	G	周一	7	30	4月15日
530	VIII	15	7	531	7	3月29日	XVIII	F	周二	1	19	3月31日
531	IX	16	8	532	18	4月17日	XIX	E	周三	2	38	4月20日
532	X	17	9	1	0	4月5日	I	DC	周四	4	26	4月11日
533	XI	18	10	2	11	3月25日	II	B	周六	5	15	3月27日
534	XII	19	11	3	22	4月13日	III	A	周日	6	34	4月16日
535	XIII	1	12	4	3	4月2日	IV	G	周一	7	23	4月8日
536	XIV	2	13	5	14	3月22日	V	FE	周二	2	12	3月23日
537	XV	3	14	6	25	4月10日	VI	D	周四	3	31	4月12日
538	I	4	15	7	6	3月30日	VII	C	周五	4	20	4月4日
539	II	5	16	8	17	4月18日	VIII	B	周六	5	39	4月24日
540	III	6	17	9	28	4月7日	IX	AG	周日	7	28	4月8日
541	IV	7	18	10	9	3月27日	X	F	周二	1	17	3月31日

253

续表

公元（闰年）	小纪纪年	默冬周期	太阳周期	十四日周期	年初月龄	十四日日期	黄金数字	主日字	一月一日的星期数	礼拜换算数	关键日	复活节
542	V	8	19	11	20	4月153日	XI	E	周三	2	36	4月20日
543	VI	9	20	12	1	4月4日	XII	D	周四	3	25	4月5日
544	VII	10	21	13	12	3月24日	XIII	CB	周五	5	14	3月27日
545	VIII	11	22	14	23	4月12日	XIV	A	周日	6	33	4月16日
546	IX	12	23	15	4	4月1日	XV	G	周一	7	22	4月8日
547	X	13	24	16	15	3月21日	XVI	F	周二	1	11	3月24日
548	XI	14	25	17	26	4月9日	XVII	ED	周三	3	30	4月12日
549	XII	15	26	18	7	3月29日	XVIII	C	周五	4	19	4月4日
550	XIII	16	27	19	18	4月17日	XIX	B	周六	5	38	4月24日
551	XIV	17	28	20	0	4月5日	I	A	周日	6	26	4月9日
552	XV	18	1	21	11	3月25日	II	GF	周一	1	15	3月31日
553	I	19	2	22	22	4月13日	III	E	周三	2	34	4月20日
554	II	1	3	23	3	4月2日	IV	D	周四	3	23	4月5日
555	III	2	4	24	14	3月22日	V	C	周五	4	12	3月28日

上与日期无关，而是关注影响日期确定的理论建构。这门学问从古代到现在都引起人们的兴趣，并且在中世纪对文学作出了重大贡献，其中最著名的人物是比德（Bede），此外还有伯特弗特（Byrhtferth）、格兰德斯（Gerlandus）、阿里·索吉尔松（Ari Thorgilsson）、赫里福德的罗伯特（Robert of Hereford）、萨库洛博斯克的约翰（John of Sacrobosco）和罗伯特·格罗斯泰特（Robert Grosseteste），更别说还有许多不太出名的人物，以及许多不知作者的历法。近代以来对专业年代学的评论研究有约瑟夫·斯卡利杰尔（Joseph Scaliger）的《论时间修正》（*De emendatione temporum*, 1583），和德尼·佩托（Denis Petau）的《关于时间学的著作》（*Opus de doctrina temporum*, 1627），从那时候开始，就出现了很多小篇幅的分析文章、意义重大的考察文章和手册。不过，关于中世纪年代学及其实践并没有可靠的、详细的描述，尽管有不少个别课题已经得到了大量的讨论，该学科的某些方面也已有了定论。讨论专业的年代学的论文有吉里（Giry）的《技艺手册》（"Manuel de diplomatique"）[①]，此文写于19世纪末，并仍是最好的单篇论文；不过此文除了在细节上不太可靠，其主旨也没有涉及年代学理论中的思想层面。后人在做学术史梳理时，除了偶尔提及一下，此文往往遭忽略——尽管它对于推动这门学问的进步有高度指导意义。

应该强调的是，本文无意写成一部关于中世纪年代学的最新的、完整的、准确的、易懂的文章，目前中世纪研究的其他领域

[①] A. Giry, *Manuel de diplomatique* (Paris: Hachette, 1894), bk. 2.

明显有此要求。本文目的仅仅是简要解释中世纪的各种年代学要素及其实践，并将其数据转换为现代术语加以说明。① 显而易见，有必要对该主题做一正式介绍，这一点通过爱尔兰编年史中一个日期条款的例子就可以看出。选择这一段话并不是完全随机的，这段话以一种繁复的方式展现了衡量时间的风格与机制，它们既令中世纪天文学家骄傲，也令其感到沮丧。

> 1月的第一天、星期日，满月之后的第二十六天。主诞1318年；主日字 A，查表字母 O.（post punctata）；闰年之后的第二年，19年（Decemnovennial）周期的第八年；月周期的第五年；格兰德斯推算太阳周期的第二十五年，狄奥尼修斯推算的第十一年；小纪纪年（indiction）的第一年；礼拜换算数（Concurrent）为六，闰月（Embolismal）之年，闰余17，关键日（Claves）为39。②

民用历

中世纪欧洲的民用历即罗马民用历，由尤利西斯·恺撒制定，奥古斯都在 1 世纪末修改。儒略历所取代的历法曾在共和国早期经历过几次修改，最初是由十个月组成的阴历历法：March, April, May, June, Quinctilis, Sextilis, September, October, November,

---

① 记录了约定俗成用法的文献在溯源与列举中多关注其古文献学信息，而较少关注其年代学信息，参见 Professor L. Boyle 在本章中对该学科的讨论及注释。

② S. MacAirt ed., The Annals of Innisfallen (Dublin: Institute for Advanced Studies, 1951), sub anno 1318.

December。① 不知具体何时（应早于约公元前 450 年），January 和 February 被加进 December（第"十"月）和 March 之间的时间。于是，约公元前 450 年 January 取代了 March 成为一年开始，而用数字表示的月份就此无意义了。也许就是这个时候对月份的划分不再像之前那样基于对月亮的直接观察，即朔日（Kalendae）、诺奈日（Nonae）、望日（Idus），而受到算式的调整，与具体月相无关了。② 之后的历法变成阴阳历结合，也就是说，月份基本相当于月球运动（有四个 31 天的月份，即 March、May、Quinctilis 和 October；有七个 29 天的月份；而 February 有 28 天），并定期嵌入日期以粗略地与太阳年同步。嵌入的方式是儒略历之前历法最复杂的特征，目前还没有令人信服的解释。由于 12 个阴历月份加起来有 355 天，因此每两年，2 月就会被减去 23 日或 24 日，再加入一个 27 天的月份（mensis intercalaris）。这种每隔一年加入 22 天或 23 天的做法使历法与太阳年一致，但是每两年会产生一天左右的误差，一段时间之后，这个误差会大到影响月份与季节之间的关系。③ 因此，有时候历法中就不会嵌入日期，为的是恢复月份与季节之间的关系，不过这种粗糙（如果不算是随意）的做法总是无法使人满意。公元前 46 年，在天文学家索西琴尼（Sosigenes）的建议下，尤利西斯·恺撒命令该年有 445 天，以使季节与月份重

---

① 对于某些罗马历法的细节，我采用了以下书目中的重构：A. K. Michels, *The Calendar of the Roman Republic* (Princeton: Princeton Univ. Press, 1967).

② 朔日（Kalendae），第一天即新月出现之日（calo，"call"）；诺奈日（Nonae），意为"九"（以数字表示之前的名字已不可考），即月相前四分之一；望日（Idus）（可能是伊特鲁斯坎语"分开"之义 iduo），满月。

③ $2 \times 355 + 22 = 732$，而 $2 \times 365.25 = 730.5$，加入日期说明公元前 191 年存在 4 个月误差，而公元前 168 年有 2.5 个月误差。

归和谐，就此终结了上述的混乱，他在公元前 45 年 1 月 1 日引进了新的历法。这是一种一年 365.25 天的太阳历，其中月份或 31 天或 30 天，除了 2 月的 29 天。多出来的四分之一天积累成整数，每四年加进一个 2 月，也就是传统上嵌入日期的那个月份。可以看到，通过加入一天的方式，2 月总天数就会变成 30 天，于是在加入日期的那一年中月份就呈现 31 天、30 天的有序排列。不幸的是，嵌入日期的规则被误解了，并常常用在了下一年，于是奥古斯都在很多年禁止嵌入日期以修正错误。出于未知的原因，奥古斯都也改变了恺撒定下的月份的长度模式。2 月、9 月和 11 月减去一天，Sextilis（现在被命名为 August，而真正的"8 月"则被命名为 July），October 和 December 加上一天。一年的长度因此没有变化，但是月份长短顺序被打乱了。新的月份长短变成：1 月 31 天，2 月 28 天，3 月 31 天，4 月 30 天，5 月 31 天，6 月 30 天，7 月 31 天，8 月 31 天，9 月 30 天，10 月 31 天，11 月 30 天，12 月 31 天，也就是今天历法的样子。的确，奥古斯都更改后的儒略历除了在 16 世纪有一些技术性调整之外，近两千年没有变化，并在现代世界中仍得到广泛使用。

但是，古代和中世纪使用的儒略历有一个功能与现在不同，即确定一个月有几天的方式。为此，朔日、诺奈日、望日这三天被用来描述一个月中的其他日子。从望日（有八个月是第 13 天，有四个月是第 15 天）① 直到月底的日子都以下个月的朔日为计数

---

① 早期太阴历中的望日即满月之时，因此确实分开了一个月。在儒略历出现之前的阴阳历中并非如此，但应记住，望日较晚（15 日）的月份都是长月份（31 日），即 March、May、Quinctilis、October，这几个月因奥古斯都的调整，在儒略历中也有较晚望日。

基准。也就是说，1月31日就是2月第一天的前一天（写作 Pridie Kalendas Februarias），1月30日就是2月第一天之前的第三天（含当天，写作 ante diem III Kalendas Februarias，简写作 III Kal. Feb）等。类似的，1月12日就是1月望日（Pridie Idus Januarias），1月11日是1月望日前第三天（III Id. Jan.）等，然后推到诺奈日，也就是望日之前的第九天（还是含当天）。1月4日就是1月诺奈日（Pridie Nonas Januarias）等，然后推到朔日。在此系统中，有三个潜在陷阱是中世纪（或现代）的作家并不总能避免的：（1）在1月下半月的计算中，"2月"一词的出现有误导性；（2）计数方式是反过来的；（3）算法含当天。每四年在2月加入一天使其更加复杂。今天，我们是在2月底增加一天。但古代和中世纪的做法是在第二十三天和第二十四天之间插进去一天①，并将其描述为24日的重复。由于2月24日是3月朔日前六天（VI. Kal. Mart.），这种做法就创造了第二个（bis）3月朔日前六天，或说是闰日，此处的闰就是闰年的"闰"。

中世纪文献有时会不按照纯粹罗马体系的历法。例如"首日"（Pridie）可能被数字代替，比如"1月望日前两天"。有时候，望日之后的日子会正序而非倒序，也就是说，1月14日可以写成"2月朔日第一天"。当然，后者也就预示了现代表示1月中的日子将按正序，这种方式在教宗格里高利一世的档案中曾风靡一时，但此后数百年间只有少数例外。一份公元732年的肯特王国的埃特尔伯特二世（King Ethelbert II）签署的特许状的日期是2月20

---

① 应记住，前儒略历时代正在此时减少了2月的日期并加入了闰月。

日（*die vicesima februarii mensis*），这就是一个按正序计数的例子；704 年埃塞克斯王国的斯威弗雷德王（King Swaefred）的一份特许状的日期是 1 月 13 日即望日（*tertia decima die mensis iunii quod est idus iunii*），既有正序也有倒序。[①] 中世纪晚期，正序的算法越来越普遍，并从 12 世纪末成为英国档案的普遍做法。

教会历

根据教会历的节期确定时间的方法对罗马体系造成挑战，这在中世纪晚期尤其如此。虽然一年中的每天都与宗教有所关联，但只有重大庆典才用于广泛的计时目的，虽然在地方即使是不太出名的圣徒的瞻礼日也有重要意义。《盎格鲁－撒克逊编年史》（*Anglo-Saxon Chronicle*）[②] 的彼得伯勒（Peterborough）初次抄本中最后 15 年的编年史（涵盖 1117 年至 1131 年）提供了如何依据圣人瞻礼日记录日期的例子。除了反复出现的圣诞节和复活节（我们现在每年都会过的节日），还有纪念诸圣人，如约翰、多默、路加、安德鲁、劳伦斯、尼古拉、彼得的节期，以及圣母玛利亚诞生、领报、升天瞻礼的节期。这些编年史中还有一种与教会有关的计时工具"开场词"（Introitus），即某日弥撒上赞美诗开头的单词或短句。例如，1127 年编年史将某个主日写成"唱起《醒来，你为何沉睡，我主！》（*Exsurge quare obdormis Domine*）之歌的那天"，这首赞美诗传统上用于四旬节的主日，即当年的 2 月 6 日。

---

① W. de Gray Birch ed., *Cartularium Saxonicum* (London: Whiting, 1885-99), vol. 1, nos. 148, 111.

② D. Whitelock, D. Douglas, and S. Tucker eds., *The Anglo-Saxon Chronicle* (London: Eyre and Spottiswoode, 1961).

最为人熟悉的开场赞美诗是复活节前后的那些主日赞美诗：《引导》（*Circumdederunt*，七旬节，复活节前第九个主日），①《醒来》（*Exsurge*）（六旬节），《愿为我》（*Esto mihi*，五旬节，或称忏悔主日），《呼唤我》（*Invocavit me*，四旬节，或大斋期首个主日），《思想起》（*Reminiscere*，大斋期第二个主日），《我的双眼》（*Oculi mei*，大斋期第三个主日），《喜乐耶稣撒冷》（*Letare Hierusalem*，大斋期第四个主日），《审判我》（*Iudica mei*，大斋期第五个主日，或称受难日主日），以及《主请勿离开》（*Domine ne longe*，大斋期第六个主日，或称棕枝主日）。复活节之后的五个主日的开场赞美诗是《如同新生》（*Quasimodo geniti*），《求主怜悯》（*Misericordia domini*），《欢喜吧》（*Jubilate*），《歌颂我主》（*Cantate domino*）与《倾听声音》（*Vocem jocunditatis*）②。当然，这些主日本身具备显著意义，不是靠赞美诗定义的。

除了用赞美诗表示主日，还有一些重要节期环绕着复活节并与其出现在日历上，比如忏悔主日、圣灰礼拜三、耶稣升天日、圣灵降临日等。我们将在稍后对确定复活节日期的讨论中看到，这些不固定的节期持续 35 天，例如七旬节主日可能早在 1 月 18 日，也可能晚在 2 月 22 日（闰年 672 年和 1204 年）。因此，通过既定的节期确定复活节日期更为普遍，这些节期包括圣诞节（12 月 25 日），耶稣受割礼日（1 月 1 日），主显节（1 月 6 日），施洗

---

① Septuagesima 意为"第七十"，但显然它并非复活节前第七十天。对此日的设定与其后的三个礼拜天目前尚无令人满意的解释。

② 开场曲的完整列表可见 H. Grotefend, *Zeitrechnung des deutschen Mittelalters und der Neuzeit*, 2 vol. in 3 pts. (Hannover: Hahn, 1891-98) vol. 1, 98-99; 同时，Giry, *Manuel de diplomatique*, 275-314, 则提供了一份关于圣人的列表。

者圣约翰诞辰（仲夏日，6月24日），圣米迦勒日或称"米迦勒节"（9月29日），十字架荣升日（9月14日），诸圣瞻礼日（11月1日），以及一系列崇敬真福玛利亚的节日：献主节或"圣烛节"（2月2日），圣母领报或"女主之日"，圣母升天日（8月15日）以及圣母诞辰（9月8日）。与这些瞻礼有关的还可能包括节期前夜，节期后一日和八日（称octave或utas），即节期后第八天。著名的香槟（Champagne）六集市周期有趣地展示了国际性的经济活动是如何受到教会历规定的——其中一半的日期是固定的，另一半则是不固定的。拉尼（Lagny）集市从1月2日开始，奥布河畔巴尔（Bar-sur-Aube）集市从大斋期中间的礼拜二开始，普罗万（Provins）首次集市是在耶稣升天日前的礼拜二，特鲁瓦（Troyes）的"热"集市在圣约翰日之后14日的礼拜二，普罗万的第二次集市是十字架荣升日，特鲁瓦的"冷"集市则是诸圣人瞻礼日次日。[①]

中世纪的记录很少指定一周内具体某一天，但是也存在教会的用法与罗马名称相对立的情况。一周内的某一天，法语里有五个是异教名（lundi, mardi, mercredi, jeudi, vendredi），英语里则都是异教名（不过有德语修饰）：Solis，Lunae，Martis，Meeurii，Jovis，Veneris和Saturni。教会对于一周内的某天采用古典拉丁语单词feria，即"节日"，并将其依序编为第一、第二、第三、第四、第五、第六、第七（prima，secunda，tertia，quarta，quinta，sexta，septima）。然而，第一日（feria prima）通常被写成主日（dies

---

① R. D. Face, "Techniques of Business in the Trade between the Fairs of Champagne and the South of Europe in the Twelfth and Thirteenth Centuries," *Economic History Review*, 2d series, 10 (1957-58): 427.

dominicus or dominica，参见法语 dimanche），而对于第七日（sepia septima），则使用了希伯来语的安息日（die sabbati，参见法语 samedi）。一个礼拜本身是七日（Septimana 或 Hebdomada），而短语"in the octaves"（请参见上面的 octaves）表示某日之后"一周内"的含义。根据已不可考的习俗，一天进而被分为光明（日）和黑暗（夜），每个阶段又分为从黎明和黄昏算起的十二个小时。小时的长度随季节而变，冬天晚上的一小时变成白天小时长度的两倍。即使在中世纪后期开始使用时钟之后，它们也通常配有调整装置，可以将其设置为适应可变的小时长度。然而，表示中世纪时间的一般方法不是按白天或黑夜的小时数，而是按礼拜表（Divine Office），也就是修道院时（horarium）。从夏季到冬季的变化，或宗教仪式造成的变化绝不会比世俗所用的小时变化小，但总体而言，它们清晰地划分了一天的各个阶段，在一天中具有明显的阶段：黎明（Lauds）、破晓（Prime）、上午（Terce）、午间（Sext）、下午（Nones）、黄昏（Vespers）、夜晚（Compline）、午夜（Matins）。主餐通常在下午之后，可能是下午两点左右；饥饿最终使下午提早了一小时，即我们的中午。这些教会规定的小时在不同时代发生了不同变化，不过直至 15 世纪末仍存在。然而，圣本笃（约公元 550 年去世）规矩使礼拜规范化、大众化，使按时礼拜成为可能，并且从 8 世纪到第二次梵蒂冈会议之前，对小时的规范基本没有变化。

一年之始

中世纪年代学实践中有很多混乱和错误，其中最糟糕的就是对一年之始没有统一标准。① 坎特伯雷的杰维斯（Gervase of Canterbury）等人对编年史学家的计算不满，"有的人从圣母领报日开始算，其他人从圣诞节、割礼日，或是受难日开始算。到底信谁的？"② 即使今日，年代学大师比德所使用的日期这样一个基本的事实仍没有定论。③ 一年之中有五个开始，其中两个来自古典时代，三个来自教会的引入，在中世纪开始有人使用。我本人不认为以3月1日（古罗马以此为一年之始，有时候该日作为春分日显得非常贴切）作为一年之始的方法是非官方的（除了在威尼斯）。

中世纪有两个罗马时代留下来的一年之始：1月1日和9月1日。前者是儒略历一年的第一天，且在最近几个世纪恢复了其作为一年之始的地位。不过在中世纪，除了伊比利亚半岛（参见西班牙的时代），很少有人认为1月1日是一年之始；矛盾的是，到处都有文献称其为"新年"。显然，教会反对这个异教的日期可以解释为什么中世纪1月1日很少出现——尽管教会曾试图称其为耶稣割礼节期，以使其神圣化。从公元前153年开始，罗马执政官在这一天就职，而公元567年罗马皇帝承担执政官职后，其职称也在这一天生效。人们承认，1月1日作为一年之始在历法、天文方面有其便利性，不过，后面将要谈到的黄金数字（Golden Numbers）和主日字（Dominical Letters），在1月1日发生了变化。另一个日

---

① R. L. Poole, "The Beginning of the Year in the Middle Ages," reprinted in *Studies in Chronology and History*, edited by A. L. Poole (Oxford: Oxford Univ. Press, 1934), 1-27.

② W. Stubbs ed., *The Historical Works of Gervase of Canterbury*; "Rolls Series" 73 (London: Longman, 1879-80) 1:88.

③ 最近对比德贡献的讨论可参见 K. Harrison, "The Beginning of the Year in England, c. 500-900," *Anglo-Saxon England* 2 (1973): 51-70。

期是9月1日，它代表了财政年的开始，并以小纪纪年的形式在西方延续下来了（参见小纪纪年一节），该日期在拜占庭世界一直沿用，最终成为民用历年的一年之始。

中世纪还有三个来自教会的日期可作为一年之始：3月25日，圣母领报日；12月25日，基督诞生；复活节，基督复活之日。最后这个日期使用者较少，集中在13—14世纪的法国（因此被称为高卢式[mos Gallicanus]），由于其日期不定，造成巨大不便，无法与其他两个日期竞争。从圣诞节即12月25日（5世纪已逐渐被当做基督的生日）开始计算一年之始的做法在比德（735年去世）之前无据可考，但到10世纪成为整个西欧的通用做法，并逐渐取代了圣母领报日（3月25日）作为一年之始的惯例。后者也就是名副其实的"自道成肉身以来（ab incarnatione）"，在中世纪晚期占主导地位，并一直是英国司法年度的一年之始，在那里被称为"女主之日（Lady Day）"，直到1752年为止。从3月25日开始计算一年意味着从1月1日到3月24日都算作上一年。一个著名的案例是英王亨利八世墓刻铭文称他死于1546年1月28日，尽管我们认为1547年始于1月1日。圣母领报日的一个变化形式即从圣诞节前的3月25日开始算，这样造成的结果是比上一年晚一天，这样算或许更有逻辑性，但不受欢迎。如果我们说这种变化形式（术语叫作"比萨算法"[alculus Pisanus]，因为它与比萨密切相关）是从公元前1年的3月25日开始算的，而一般的计算方式则叫"佛罗伦萨算法"（calculus Florentinus），是从公元1年的3月25日开始算的，那这就容易理解了。

基督纪年与其他纪年方式

现代以基督诞辰纪年的体系是由狄奥尼修斯·伊希格斯（Dionysius Exiguus）在 6 世纪上叶确立的，他用"我主道成肉身以来（ab incarnatione domini nostri）"计算复活节期，而非用戴克里先的名字纪年，以免使这位迫害基督徒的皇帝名垂青史。戴克里先的时代又称殉教时代，自其登基的 284 年 8 月 29 日开始计算（但当天不算）。这种纪年方式以埃及计算复活节期的一种辅助方法进入西方——基督纪年最早在埃及使用，但狄奥尼修斯未予采纳，因此仅限于东方使用，至今仍在科普特教会中使用。狄奥尼修斯纪年或基督纪年一直没有引起太大注意，直到比德在其《教会史》（Historia Ecclesiastica）中将其作为纪年框架。（731 年）比德将公元（annus domini）纪年作为处理书中各种文献年代的实用方法，不过由于其著作的主题，这种算法显得很合适。比德将尤利西斯·恺撒的执政时期称为"主真正道成肉身前六年（ante vero incarnationis Dominicae tempus anno sexagesimo）"①，因此成为首个计量道成肉身之前年代的人。无论如何，比德的这一用法因其著作的广泛流传使狄奥尼修斯的纪年体系声名远扬，在约百年之内传遍各地。虽然关于狄奥尼修斯计算公元 1 年方法的准确性及基督诞辰尚存在争论——这种争论从比德在世之日就开始了——但基督纪年的功能上的价值（不建立在其历史准确性上）仍然存在。然而，学习者需要注意一个易犯的错误：这种方法没有零年，而

---

① B. Colgrave and R. A. B. Mynors, eds., *Bede's Ecclesiastical History of the English People* (Oxford: Clarendon Press, 1969), bk. 1, chap. 2.

在考虑公元前和公元后的日期时需要零年。因此，天文学家们习惯上将基督诞生前一年称为零年，基督诞生前两年就是负一年，前三年就是负二年，以此类推。因此公元前390高卢人攻占罗马城（-389年）与410年西哥特人攻占罗马城间隔799年，而非800年。

除了基督纪年，以及与之对应的戴克里先纪年以外，中世纪学家有时候会遇到其他纪年方式表达的日期。例如，古代计算奥林匹亚大会的方法虽然在293年之后于公元395年被狄奥多修斯皇帝废除，但在拜占庭的年代学家手中仍作为古代传统使用。甚至在一些西方文献中也出现了这个词，不过显然是外来的；这种算法从公元前776年就已经与古典时代的奥林匹亚大会无关了，似乎只是"四年祭"的同义词。① 罗马纪年（ab urbe condita, A.U.C.）一般从公元前753年开始计算，也是中世纪经常使用的古代纪年法。保卢·奥罗修斯（Paulus Orosius）在其标准文本《反异教徒之历史》（*Historia adversos Paganos*, 418）中曾使用，这也就解释了它为何后来会在比德的著作中出现。6世纪还出现过一个短暂使用的纪年方式，它从公元541年，即年度执政官任期最后一年开始纪年。当然，用执政官任期纪年在罗马世界很平常，但从弗拉维·巴西利乌斯二世（Flavius Basilius, Jr.）之后该职位就空缺长达25年，期间的年份被称为"巴西利乌斯执政后"（post consulatum Basili）。有趣的是，567年该职位恢复后不再年度轮替而成为皇帝终生荣誉，但"执政后"这个术语仍是计算日期的正式用法——尽管已经名不副实了。在一封教宗写给圣波尼法的信件中，日期写成"四月朔

---

① Giry, *Manuel de diplomatique*, 96.

日，我主奥古斯都·君士坦丁由上帝加冕为伟大皇帝的第二十四年，他执政的第二年"（Kalendis Aprilis, imperante Domno Augusto Constantino a Deo coronato magno Imperatore vicesimo quarto, post consulatum eius anno secundo）：也就是公元743年4月1日，君士坦丁五世与利奥三世从公元719年开始成为共主，因此这一年就是其统治的第二十四年；他于741年6月19日成为唯一的皇帝，并于742年1月1日成为执政官；因此，这就是他执政的第二年，而非执政后的第二年。①

之前提到的纪年法，每个中世纪学家或早或晚都会遇到，但并不规律。有三种纪年法成了标准，尤其在其通用区域内，因此，学习者将会因其研究兴趣的不同，或经常遇到这些纪年法，或永远不会遇到。例如，拜占庭纪年经常注"世界纪元（annus mundi）"，这在7世纪之后的东方很常见，但在西方则从未出现过。其基准点是创世，即公元前5509年9月1日，可与之比拟的有尤西比乌斯－哲罗姆（Eusebius-Jerome）纪年（公元前5198年）、亚历山大纪年（公元前5502年）、希波吕忒纪年（公元前5500年）、犹太纪年（公元前3761年）以及比德定下的通用纪年（公元前3952年）。拜占庭纪年在君士坦丁堡陷落之后仍在使用，并且直到17世纪末还在俄罗斯使用。

中世纪还有一种通用但局限在一地的纪年方式，就是西班牙纪年。这种纪年法的起源不明，但是它所定义的元年——公元前38年1月1日，正好是奥古斯都征服西班牙的那一年。如果这种

---

① G. La Piana, "A Note on Chronology in the Letters of St. Boniface," *Speculum* 17 (1942): 270-72.

纪年法是为了纪念此事，那它与其他几个省份通用的纪年法就有可比性，例如马其顿纪年（公元前 148 年）、亚该亚纪年（公元前 146 年）、亚洲纪年（公元前 85 年）、毛里塔尼亚纪年（公元 40 年）等，唯一不同的是西班牙纪年流传了下来。还有一种说法称这个日期并非来自历史，而是来自历法，纯粹是标志了自公元前 298 年 1 月 1 日开始的第四轮 84 年循环，为的是将道成肉身的年份包括进去。不过，这种猜测将不存在的零年也包括进去了，而且，在一个年代稍早的铭文中出现了这种纪年法，因此这种说法并不可靠。无论如何，西哥特人采用了这种纪年法并用于伊比利亚半岛以及法国部分地区和汪达尔非洲——尽管并不普遍，也不唯一。这种纪年法的特点在于，"年份（annus）"一词并不出现，只有"年代（era）"一词；而一年之始的 1 月 1 日更不常见。西班牙纪年直到 14 世纪才在半岛的大部分地区被基督纪年所取代，而在葡萄牙则持续到 15 世纪。同时，圣诞节也取代了 1 月 1 日成为一年之始，当时在欧洲其他地方，圣诞节正在恢复其古代的流行性。

最后一种中世纪学家在接触伊斯兰历史时必须应对的纪年法是徙志（Hegira）纪年。该纪年法由哈里发·欧麦尔在穆罕默德死后数年制定，取代了一种我们知之甚少的阴阳历。这种纪年法从（旧历）元年——也就是穆罕默德从麦加"迁徙"（hegira）到麦地那的那一年开始计算，徙志元年（A.H.1）元月（穆哈兰月）1 日相当于公元 622 年 7 月 16 日。伊斯兰历遵循《古兰经》的规定（第 9 章第 36 节），是纯粹的太阴历，有 12 个月，每月或 30 天或 29 天。由于标准的太阴历中一个月的时间要比历法上一个月 29.5

天大致多出43分钟，每三年就会加入一次闰日，则每三十年就会在最后一个月加入11次闰日，以便月相与历法一致。由于伊斯兰历一年为354（或355）天，大约要比一个太阳年少11天，因此每32个太阳年月份就会经历一次四季。基督纪年的32年就与伊斯兰历的33年大致相同，基督纪年的97年则要比伊斯兰历的100年多出一礼拜。也就是说，徙志100年终于公元719年7月23日，伊斯兰历过去了一个世纪，但基督纪年只过去了97年又8天。还有，徙志538年开始于1143年7月16日，用基督纪年的话，正好是从徙志元年开始算的第521年。

徙志纪年与基督纪年并不能简单换算。两种历法中年、月、日不能完全对应（如伊斯兰历的一天始于日落）。还有，两者关系一直在变化。一般来说，一种历法的一年往往在另一种历法中被分成了两年。公元1500年之前，伊斯兰历的年与基督纪年的年完全重合只有24次；而其中只有三次（公元868年、公元933年和公元1454年，那时伊斯兰历年始于1月1日），基督纪年的年与伊斯兰历的年首尾相连。例如，公元672年，亦即徙志51年终于徙志52年1月7日，徙志52年始于1月8日终于12月26日，而徙志53年始于12月27日。两种历法不存在换算公式，因为太过复杂。幸运的是，几乎所有年代学小册子都会提供一章年代转换表作参考。如果忽略误差，徙志日期减去3%（因为公元97年相当于徙志100年）再加上621.5（因为徙志元年始于公元622年中）即基督纪年。例如，徙志472年何日开始？（472−14 + 621.5 = 1079.5），日期实际是公元1079年7月4日，虽然不是所有答案都如此接近正确答案，但误差不会超过一年。

小纪纪年

中世纪所有的纪年方式中，最具特色的就是小纪纪年。这种方法通行全欧洲，可在各种文献（有年代记也有外交文书，有平信徒的也有教会的，有公开的也有私人的）中看到。它流行的时期相当于整个中世纪，也就是从 4 世纪一直到 14 世纪。

小纪纪年源于财政周期，也就是两次税款重估之间的年份。虽然其起源时间与地点存在争议（很可能出自公元 3 世纪末的埃及），但可以确定的是，小纪周期于 312 年定为 15 年，中世纪的年代学家则将此年份定为他们计量的基准。早在 4 世纪，小纪纪年就用于确定日期，到 4 世纪末则广为流传——至少在教会作者手中如此。最早的例子应是君士坦丁二世皇家档案中公元 356 年的一份敕令①，从查士丁尼时代开始，小纪纪年得到了法律规定（Corpus Iuris Civilis, Novellae, 47.i），教宗档案从 5 世纪晚期开始使用小纪纪年，到 6 世纪末则频繁使用。

小纪（Indictio）原指 15 年的财政周期，在用于表示年代时，小纪则是周期中的一年，用 1 到 15 编号，之后就是下一个周期的"第一小纪"。其特点是，确定的是年份在周期中的位置，而只有在特别的情况下才给出周期的编号。不过，这种方式很少造成问题，因为小纪通常与其他纪年结合使用。肯特王国的威特雷德国王（King Wihtred, 690–725）的一份特许状则是一个例外，上面的日期只写了小纪 13 年 7 月（in mense Iulio Indictione XIIIma），

---

① H. Leclercq, "Indiction," *Dictionnaire dArchdologie Chretienne et de Liturgie*, ed. by F. Cabrol (Paris, 1907-53), vol. 7, pt. 1 (1926), col. 531.

可能是公元700年也可能是715年。① 小纪纪年中的一年与日历中的一年不完全重合可能会造成困扰。8世纪西欧（以及11世纪的教宗档案里），小纪纪年总是始于9月1日，因此包括了日历上一年的四个月与下一年的八个月。如此，小纪元年相当于公元312年9月1日至313年8月31日（又相当于327年9月1日至328年8月31日，以及此后每15年的这些日期）。不过在大多数转换表上采用的规则将小纪与其相应的主要年份大致对应，因此小纪元年一般被定为公元313年、328年，以此类推，尽管每年的最后四个月都属于下一个小纪。

将任意日期换算成小纪纪年，要先减去312，结果除以15，余数就是小纪年份，如果没有余数，则是小纪15年。换言之，要找到1066年的小纪纪年，减去312，除以15，余数是4，因此，1066年就是小纪4年；不过这种算法只能对应那一年的大多数日期。黑斯廷斯战役发生于1066年10月14日，也就是小纪5年。更简单的算法是年份加3再除以15（将小纪周期对应基督纪年，注意公元1年是小纪4年，这就是3的由来）。这种算法对计算4、7、10、13世纪特别方便，因为100可以忽略。因此，教宗格里高利一世逝世于公元604年3月，即小纪7年（600忽略不计，4+3=7）；奥托一世死于公元972年5月，即小纪15年（900忽略不计，72+3除以15余0）；腓特烈二世死于1250年12月，即小纪9年（1200忽略不计，50+3除以15余8，但12月算下一个小纪）。

---

① Birch, Cartularium Saxonicum, vol. 1, no. 98.

9月1日开始的小纪纪年直到8世纪早期才为人所知（除了大众从1月1日也就是罗马民用历的一年之始开始算，这在意大利早已出现）。讽刺的是，中世纪最伟大的年代学家比德由于从秋分日（应是9月24日）开始算小纪年，导致后人困惑不已，并因此产生了新的纪年法。他的著作很有影响力，因此"比德式"的算法在其生前便流行英国，在查理曼时代传到欧洲，法国、德国的国王档案中都予应用。教宗档案仍使用更老的算法，不过在混用了一个世纪之后，到1087年亚历山大三世在任时（1159—1181）也采用了"比德式"的算法。在拜占庭则一直沿用9月1日的算法。

除了这两种分别被称为"希腊式""拜占庭式""君士坦丁堡式"（9月1日）和"比德式""帝国式""西方式""恺撒式"（9月24日）的小纪纪年法，11世纪还有第三种被称为"教宗式""宗座式""罗马式"的小纪纪年。这种小纪纪年以12月25日为始，与基督诞生纪年一致。尽管名叫"教宗式"，但教宗档案中仅在废除"希腊式"和启用"比德式"之间一度使用过——虽然其他地方也有使用记录。由于这种纪年与从1月1日算起的"大众式"纪年的一年之始仅差一个礼拜，因此两者常常搞混。

还有一些小纪纪年仅限于其发源地，例如仅用于热那亚的纪年法（secundum cursum Janue），对当地史料的研究因这种纪年法变得特别复杂。不过，从9月1日、9月24日、12月25日、1月1日开始算的纪年法则有重要地位，如果不注意区别将会算错一年。无论哪种小纪纪年，它作为一种纪年方式都是在比德之后才在西欧流行起来的，并于14世纪迅速消失。不过，16世纪的公证人还在用小纪纪年，甚至此后仍有一些使用该纪年法的个例。

在所有纪年法中，小纪纪年的重要性体现在它可用于检验其他纪年法的正误，有时候会比其他纪年法更准确。例如，假设我们有一份英王亨利一世的文件，上标 1115 年，国王在位第十六年，小纪第八年。由于亨利在位第十六年始于 1115 年 8 月 5 日，这个时间就是文件成文的上限了；而小纪第八年表示文件下限为 9 月 23 日，因为 1115 年其他时间都属于小纪第九年。如果只有一种情况为真，也就是说，如果这份文件标明亨利执政第十五年（终于 1115 年 8 月 4 日），又标明小纪第九年（始于 1115 年 9 月 24 日），则小纪纪年有误。假如不计抄写过程中出错的话（这同样会造成影响），默认的规则是越多细节的算法越容易错。计算小纪纪年不像其他纪年手段那样深奥，但仍非常烦琐，以至于一些诚实的年代学家在表述上会加上"大约"这个词，以表示他们对小纪纪年的数字有所疑虑。不过，算出"小纪年第十六、十七年"的年代学家的疏忽大意仍然令人吃惊。①

帝王纪年

中世纪还有一种非常普遍的纪年手段就是帝王纪年，这种纪年法从古代就已流行。这种纪年法的缺点是，算法因地而异、因时而异。为了避免对具体用法的讨论——那是文献学的领域而不是年代学的领域，在此只考察从具体登基时间开始、从统治者首次大型活动开始、从正式加冕开始的帝王纪年，而不涉及历法上的年份。另外，登基年份可能没有计入，因此帝王纪年的元年

---

① A. M. Freeman ed., *The Annals of Connacht* (Dublin: Institute for Advanced Studies, 1944), sub annis 1423-24.

应是历法上的次年；又或者登基之年（无论日期）都算作帝王纪年的元年，那么帝王纪年的二年就是历法上的再次年。以英国为例，至 13 世纪晚期，才以先王逝世开始计算某任国王的在位期间，且仅当继承人不在国内才成立。① 之前的算法（至少从 10 世纪晚期开始）是以加冕日作为国王在位的起始——加冕日可能在选举之后，或是某段空窗期之后。埃德加国王（King Edgar）的加冕礼推后了 14 年（直到 973 年 5 月 11 日才举行），这当然是例外，不过一般都要推迟数周或数月。虽然现有一些史料，但更早期的盎格鲁-撒克逊的国王如何计算在位时间尚没有定论。② 学界逐渐认为，征服者威廉的在位时间是从他 1066 年 12 月 25 日加冕开始，这也与传统认识相符；不过，尽管许多文献都提到了上述时间，1 月 5 日（忏悔者爱德华之死）和 10 月 14 日（黑斯廷斯之战）也都有可能。还有一个典型的例子是：威廉向卡恩（Caen）的圣三一修道院（Abbey of Holy Trinity）献礼的日期也说不清。文献上记录的时间是我主道成肉身 1082 年小纪 5 年，格里高利 7 世在教宗位时，腓力统治法国第 16 年、亨利合法统治罗马之时（Anno ab Incarnatione Domini MLXXXII, indictione V, apostolicae sedis cathedram possidente papa Gregorio VII, regni mei XVI anno, in Francia regnante Philippo, Romanis in partibus imperiali iure dominante

---

① 亨利三世死于 1272 年 11 月 16 日，当时王储爱德华正在参加十字军。虽然爱德华直到 1274 年 8 月初才回到英格兰，直到 8 月 19 日才加冕，但他的统治时期是从 1272 年 11 月 20 日开始算的，亦即父王葬礼暨宣布登基之日。此后老王逝世即新王统治开始："国王已死，新王万岁！"

② 8、9、10 世纪都有毋庸置疑的真实例子 are nos. 23, 168, 190, 416, 618, 参见 *Anglo-Saxon Charters: An Annotated List and Bibliography*, edited by P. H. Sawyer (London: Royal Historical Society Guides and Handbooks, no. 8, 1968)。

Henrico)。① 参考同时代其他统治者的年代或许会有帮助。比如，如果知道格里高利七世的教宗在位年份——比如在位第十年（始于 1082 年 6 月 30 日），不仅可以知道文献的具体日期，还可知道威廉国王统治年代不含 1 月 5 日。约翰王纪年有其特殊困难，他的加冕日就是登基日——1199 年 5 月 27 日，但他的在位年份是从日期不定的节期（是复活节后第四十天，礼拜四）开始算的。因此，他的在位年份少则 349 天，多则 384 天，结果就是历法上连续两年的同一天都会出现在其在位的某一年内，例如 1201 年和 1202 年的 5 月 3 日至 22 日都属于约翰王统治第三年。

复活节日期

基督是在犹太教节期逾越节的第一天被钉十字架的，年份虽不清楚，但那天是一个礼拜五，祂两天之后升天。这种表述得到了普遍认同；对信者而言我们还可加上，逾越节是尼散（Nisan）月（春分之月）的第十四天，而那天满月。关于庆祝复活节（即纪念基督复活）的日子尚存在争议——节期是否就是逾越节那一天（十四日派 [Quartodecimanism]），即可能是那个礼拜的任何一天，还是逾越节之后的礼拜天？这与我们的主题关系不大。专门的年代学关注的是：当尼西亚会议（公元 325 年）做出复活节是春分（定为 3 月 21 日）月圆后的第一个礼拜天的决议之后，人们发明、使用了什么历法工具？这种算法将三个独立的现象联系起来（一周中的一天、月相、太阳位置），非常复杂，因此人们为了计

---

① H. W. C. Davis ed., *Regesta Regum Anglo-Normannorum, 1066-1154* (Oxford: Clarendon Press, 1913), vol. 1, no. 150.

算准确的复活节日期制定了一套复杂的计算方式。尼西亚会议所确定的复活节日期前后波动有 35 天，几乎是一年的十分之一了。如果月圆之日是 3 月 21 日春分，且当天又是礼拜六的话，则复活节最早可能是 3 月 22 日。但如果月圆之日是 3 月 20 日，则刚好错过春分日，且下一次满月是礼拜天（4 月 18 日），则复活节最晚会是 4 月 25 日。以上巧合不太常有：复活节落在这两天的情况一个世纪只会出现一次。

为了说明复活节的确切算法，人们显然运用了周期这个工具，有几个周期已在中世纪的纪年法中有了一席之地。他们要在 7、29.5 和 365.25 几个数字之间取得和谐（即一礼拜的天数、一月的天数和一年的天数）。人们早就知道，235 个太阴月正好相当于 19 年。这种 19 年周期或默冬周期（以发现者雅典人默冬［meton］命名）需要在 235 个月内分配下七个半天，且要在周期最后略去一天（即月之"略"［saltus lunae］）以求得日、月协调一致；而每逢第十九年之初，月相都完全一样。一个完整的周期包括 12 个有 12 个月的太阳年和 7 个有 13 个月的太阳年，后者被称为"闰月年"（embolismal）。有时候周期内的头八年被称为"Ogdoas"，后十一年被称为"Hendecas"，不过这种命名没有年代学上的意义。

默冬周期从公元 532 年开始被狄奥尼修斯用来建构复活节日期表（因此有时会被称为狄奥尼修斯表），此人正是创造基督纪年的人。该周期可用于预测决定复活节的月圆之日，即所谓"十四日期"（Paschal Term）。例如，公元 532 年是狄奥尼修斯表上第一年，月圆之日是 3 月 22 日，因此十四日期便是此后第十四天的 4 月 5 日礼拜一。按照定义，复活节就是礼拜天，即当年的 4 月 11

日。例如，公元532年之后，每19年，即公元551、570年等，都会在3月22日碰上月圆，十四日期就是4月5日。当然，复活节可能会是4月6日到12日中的某一天，取决于4月5日是礼拜几。公元551年，十四日期是礼拜三，因此复活节就是4月9日，而公元570年十四日期是礼拜六，因此复活节就是接下来的4月6日。533年，3月22日的月相从朔日起过了七天，则十四日期（新月后的第14天）是3月25日；552年、571年同样如此。为表示方便，日期表以罗马数字1至19对应基督纪年。这些"黄金数"（golden number）便成了既表示3月22日月相（或其他日子的月相），又能表示十四日期的方便指示。再以532年为例，黄金数为1（551年、570年等年份相同）。因此，一切黄金数为1的年份的3月22日都是朔日，十四日期为4月5日，而一切黄金数为2的年份的3月22日的月相都从朔日起过了七天，十四日期为3月25日。当然，等式左右可互换：根据3月22日月相可算出黄金数，也可算出十四日期。月相用天数表示，专业上叫作"月龄"，意为"余"，由于12个月加起来要比太阳年少11天，因此3月22日的月相（或其他日子的月相）要比上一年同期快11天，每19年则回到初始月相。

日期表可表示3月22日的月龄，这在中世纪很平常。用3月22日这个日期是因为这是复活节可能的最早日期，十四日期总是在此日所在那个月。不过，月龄可以用来算任何确定的日期，且它与19年周期里的黄金数有关系，因此也是计算十四日期的简单办法。中世纪比较不常见的另一种算法是以1月1日为基准，由于格里高利历经常记录当天的月龄，因此有其重要性。在查阅这些日期表时需要确定，表格的编写者并非使用现代的月龄，而使用了中世纪的月龄。要知道任意一年 3 月 22 日的月龄，可用该年份除以 19（完整周期），余数乘以 11（每年加上的日子），再除以 30（一个月的长度），余数便是月龄了。要知道任意一年的黄金数，给该年份加 1（依此反推，即黄金数 1 就表示公元前 1 年），再除以 19，余数就是黄金数，没有余数则黄金数为 19。

如果知道了月龄或黄金数，则可以算出十四日期及月圆日在春分前或后。不过，要确定复活节（在下个礼拜天）的日期，还要用到主日字（Dominical Letter）。字母 A 至 G 表示 1 月 1 日至 7 日，再用 A 表示 1 月 8 日，依此类推，7 个字母循环表示一年内所有日子。这些字母可表示节日或平日，但重要的是第一个礼拜天的主日字。当然，同年所有礼拜天都会是这个主日字，因此十四日期之后的第一个主日字就是复活节。如果知道主日字且主日字被用于记录日期，则当年一礼拜中所有日子都可以确定，有些一眼就可以确定，有些则要计算。例如，539 年的主日字是 B，因此 1 月 1 日（A）就是礼拜六，同样，1 月 8、15、22、29 日也是礼拜六。然后 2 月 1、8、15、22 日和 3 月 1、8、15、22 日就是礼拜二，依此类推。要知道当年最后一个月的日子是礼拜几，只要记住，一般的年份 10 月 1 日和 1 月 1 日是一样的，11 月 1 日与 2 月 1 日是一样的。闰年由于在 2 月底加了一天，这就使当年剩下的日子都往后推了一天。因此，闰年的 10 月 1 日就与 1 月 2 日一样，11 月 1 日就与 2 月 2 日一样。闰年的主日字有一个用于 1、2 月，另有一个用于剩下的日子。540 年是闰年，主日字为 AG。这就是说，1 月 1 日是礼拜天，3 月 1 日是礼拜四，如同主日字为 G 的一般年份。几年中，主日字重复出现是有规律的。很明显，365天就是52个礼拜加上一天，1月1日和12月31日的礼拜数字是一样的；换句话说，每年都比上一年的礼拜数字多一天。534年1月1日是礼拜天，因此535年1月1日就是礼拜一了，536年的是礼拜二。这就是主日字不断往前倒的原因。我们看到，每四年主日字就会有两个，但倒回的顺序是不变的：534年为A，535年为G，536年为EF，537年为D，依此类推。不过，礼拜数字虽然往前走，但每四年会跳过一个数字：公元534年1月1日是礼拜天，535年1月1日是礼拜一，536年1月1日是礼拜二，但是537年1月1日确是礼拜四——因此才有了"闰年"（leap year）这个说法，尽管"跳过"实际是"加入年份"（annus bissextilis）的结果。

和主日字功能相似的是礼拜换算数（Concurrent），即用于表示12月最后一个礼拜天与1月1日之间间隔天数的数字。如果某年始于礼拜二，比如公元541年，则礼拜换算数为1，如礼拜三则为2，礼拜四为3，礼拜五为4，礼拜六为5，礼拜天为6，礼拜一为7。要注意，最后一例中礼拜换算数是7，而不是0，因为它必须是有限数。很明显，礼拜换算数与主日字之间有关系，1至7的数字和F至G（倒序）的字母有关系。闰年的礼拜换算数就是2月29日主日字对应的数字。要知道某个月头天的礼拜数字，还可用礼拜换算数与另外一系列相关数字即日常数（Solar Regular）。日常数是永久性附属于12个月的数字，从1月起如下排列：2，5，5，1，3，6，1，4，7，2，5，7。将某年的礼拜换算数加在某月的日常数上，将其综合就是该月首日的礼拜数字（如有必要可减去7）。例如，公元534年6月1日是礼拜几？534年主日字是A，礼拜换算数是6；

礼拜换算数与 6 月日常数相加（又是 6），减去 7，结果是 5，因此 6 月 1 日就是第五天，即礼拜四。

还有另一组数字，被称作术语表（claves terminorum），也得到了中世纪的年代学家的使用。11—39 之间的数字用黄金数的 19 为周期（尽管两者无关），就可以用既定的算法确定那些日期不定的节期。例如，四旬斋前第三主日（Septuagesima Sunday）确定是 1 月 7 日，则复活节是 3 月 11 日，五旬节是 4 月 29 日。例如，要知道 543 年四旬斋前第三主日，就在 1 月 7 日加上 25，答案就是 2 月 1 日，由于是礼拜天，则就是那一天。另一方面，544 年的数字是 14，则答案是 1 月 21 日；但那天是礼拜四，因此礼拜天即 1 月 24 日就是四旬斋前第三主日。

在计算复活节方面，除了默冬周期外还有几个周期可用。我们已经知道，默冬周期的主要特征就是每 19 年太阳年和太阴月协调一致，虽然礼拜数字并不协调。由于 365 天即 52 礼拜又 1 天，则每年都比上一年在礼拜数字上晚一天。7 年是一个周期，但闰年则是例外。天数的规律性排列由此被打断，需要 28（4×7）年才能完成一个主日字（即确定礼拜天的字母）一致的周期；简单来说，主日字序列反映的是 28 年周期。如要找到该周期（被称为太阳周期 [Solar Cycle]）内的任意一年，有必要知道第一个周期从公元前 9 年开始算。因此，规律就是在年份上加 9 再除以 28，余数就是"太阳周期年（annus circuli solis）"。

我们已经知道，每 19 年太阳和月亮之间的关系就会重复，每 28 年礼拜天数序列就会重复。显然，人们会想知道以多少年为周期会出现礼拜数字、月份天数和月相一致的年份。中世纪早期有人使用 84 年周期，即 3 个太阳周期；不过虽然太阳周期可使日数与年份一致，但月相却有些微差异，因此这个周期被废除。不过，由于历史的原因，这个周期流行时传到了凯尔特教会，而后者直到出现更先进的算法之后仍在使用它。正是由于两派对复活节算法的争论导致了著名的惠特比公会议（664 年）。最终可满足上述几个周期的算法——大周期（Annus Magnus）以 532 年为一周期。大周期包括四个各有缺陷的小周期：19 年的默冬周期的太阴月数为整数（235），但天数非整数（6939.75）；28 年的太阳周期天数为整数且有序重复，但太阴月非整数；76 年的周期（19×4）天数为整数（27759）且月份为整数（940），但周期内的礼拜天数前后不对应。因此，532 年的大周期（7×76）将太阳周期与默冬周期结合起来（28×19），成为协调一切要素的最短周期。虽然以上这些周期都可用于计算复活节，不过通常把大周期称为复活节周期，因为仅有大周期可算出复活节的礼拜数字（当然永远是礼拜天），以及复活节的月相相同的同一礼拜数字开始的一年中的月中的日期。简单来说，任意年份的主日字、年初月龄（epact）、十四日期、黄金数字、礼拜换算数都是 532 年一轮回的。

结论

除了以上所述，中世纪还有许多纪年方法。确实，想要尽数列出是不可能的。即使是爱尔兰计日法——对它而言本文不过是一个延展性阅读——也包括了目前尚未涉及的两个元素。例如，参考查表字母 O（postpunctata）的算法反映了一种计算复活节的有趣方法：使用 A 至 U 之间的字母（J 除外）（postpunctata）从 3 月

21 日开始确定复活节的日期；或使用这些字母（praepunctata）从 4 月 10 日开始确定复活节的日期。年代学者犯了一个错误：1318 年的复活节是 4 月 23 日，因此应是查表字母 O（praepunctata）。同样，格兰德斯（Gerlandus）确定的太阳周期引用了 25 年，引导 11 世纪的年代学者从公元 525 年开始计算 28 年周期，而非狄奥尼修斯所称的 532 年；不过，此处又会造成混淆。据格兰德斯的正确算法是 18 年，而萨库洛博斯克的约翰（John of Sacrobosco）误解了格兰德斯的算法，而爱尔兰的年代学家又误解了约翰，便得出了 22 年的结果。①

本文讨论中还忽略了一个普遍使用的计时方式，关于这种方法有很多例子，那就是参照彗星、日月食、瘟疫以及其他对当时人造成深刻印象的事件。例如，比德记录下坎特伯雷大主教和肯特国王死于同一天，即 7 月 14 日（在前述日食发生的那年亦即随后瘟疫发生的那年，*anno memorato praefatae eclypsis et mox sequentis pestilentiae*），不过严格来说这并非专业的纪年方式，因为它既非理论也不成体系。还要强调的是，本文关注的是中世纪的年代学，因此没有考虑所谓格里高利历法改革——它简直是现代史学者的噩梦。1582 年，教宗格里高利 13 世下令当年减去十天，因此 10 月 4 日礼拜四接下来就是 10 月 15 日礼拜五，以此修补儒略历的轻微错误累积造成的影响——它已导致本在尼西亚会议上确定的 3 月 21 日春分日在 3 月 12 日提前到来。为避免未来的错误，他还修正了加入闰日的方法，即凡遇百年，四次中有三次不

---

① MacAirt, *Annals of Innisfallen*, xlvi.

是闰年，使例外极少发生。这使历法发生了本质改变，影响波及每个使用儒略历的国家，造成诸如主日字、年初月龄等要素的不连续。因此，关于周期、规律、序列以及换算规则仅适用于中世纪及新历法施行之前、中世纪之后的一段时期。例如，英国直到1752年才实施新历法，俄国则晚至20世纪。

  在文章的结尾，我们可以使用开头来自爱尔兰史料中的例子，这是因为爱尔兰在推算历法、推算之精妙程度、年代学争议方面有重要地位。据说1096年爱尔兰人陷入了巨大恐慌，因为8月29日施洗者圣约翰斩首节期是个礼拜五。单是这样并不足为奇；但是，当年又是闰年且是闰月年！幸运的是，爱尔兰人借延长斋期及其他虔诚行为，避免了历法预示的严重后果。① 这件事有力地说明了中世纪专业的年代学有着怎样的重要意义，我相信本文将使中世纪史学者认识到这一重要性。

参考书目

Agusti y Casanovas, J., ed., *Manual de cronologia española y universal.* Estudios No. 25. Madrid; Escuela de Estudios Medievales, 1952.

Archer, P. *The Christian Calendar and the Gregorian Reform.* New York: Fordham Univ. Press, 1941.

Bond, J. J. *Handy-Book of Rules and Tables for Verifying Dates with the Christian Era.* London; N.p., 1866. 4th ed., 1889.

Britton, C. E. *A Meteorological Chronology to A.D. 1450.* Meteorological Office, Geophysical Memoirs no. 70. London: H. M. Stationery Office, 1937.

---

① J. F. Kenney, *The Sources for the Early History of Ireland: Ecclesiastical* (New York: Columbia Univ. Press, 1929; slightly revised reprint, New York: Octagon Books, 1968), 749-50.

Burnaby, S. B. *Elements of the Jewish and Mohammedan Calendars*. London: G. Bell and Sons, 1901.

Butcher, S. *The Ecclesiastical Calendar: Its Theory and Construction*. Dublin: N.p. 1877.

Cappelli, A. *Cronologia, Cronografia e Calendario Perpetuo*. Milan: "Manuali Hoepli," 1906. 3d ed., 1969.

Cheney, C. R. *Handbook of Dates for Students of English History*. London: Office of the Royal Historical Society, 1945. Reprinted with corrections, 1978.

Colson, F. H. *The Week: An Essay on the Origin and Development of the SevenDay Cycle*. Cambridge: Cambridge Univ. Press, 1926.

Coyne, G. V., M. A. Hoskins, and O. Pedersen, eds. *Gregorian Reform of the Calendar*. Vatican City: Specola Vaticana, 1983.

Del Piazzo, M. *Manuale di cronologia*. Fonti e studi di Corpus membranarum italicarum, vol. 4. Rome: Associazione Nazionale Archivistica Italiana, 1969.

Freeman-Grenville, G. S. P. *The Muslim and Christian Calendars*. London: Oxford Univ. Press, 1963. 2d ed., London: R. Collins, 1977.

Fotheringham, J. K. "The Calendar," in *The Nautical Almanac for the Year 1931*. London: H. M. Stationery Office, 1929.

Ginzel, F. K. *Handbuch der mathematischen und technischen Chronologie*. 3 vols. Leipzig: Heinrichs, 1906-14.

Giry, A. Manuel de diplomatique. Paris: Hachette, 1894.

Goldstine, H. H. *New and Full Moons 1001 B.C. to A.D. 1651*. American Philosophical Society Memoirs, vol. 94. Philadelphia: The Society, 1973.

Grotefend, H. *Zeitrechnung des deutschen Mittelalters und der Neuzeit*. 2 vols. in 3 pts. Hannover: Hahn, 1891-98.

Grotefend, H. *Taschenbuch der Zeitrechnung des deutschen Mittelalters und der Neuzeit*. Hannover, 1898. 10th ed., edited by Th. Ulrich, 1960.

Grumel, V. *Chronologie*.Traité d'études byzantines, no. 1. In *Bibliothèque byzantine*.

Paris: Presses Universitaires de France, 1958.

Jones, C. W. *Bedae Opera de Temporibus*. Mediaeval Academy of America Publication no. 41. Cambridge, Mass.: The Academy, 1943.

Kubitschek, W. *Grundriss der antiken Zeitrechnung*. Handbuch der Altertumswissenschaft, vol. 1, pt. 7. Munich: C. H. Beck'sche Verlagsbuchhandlung, 1928.

Lietzmann, H. *Zeitrechnung der römischen Kaiserzeit, des Mittelalters und der Neuzeit für die Jahre 1-2000 nach Christus*. Berlin: Walter de Gruyter, 1934. 3d ed., edited by K. Aland, 1956.

Mahler, E. *Handbuch der jüdischen Chronologie*. Leipzig, 1916.

Merzbach, U. C. "Calendar." In *Dictionary of the Middle Ages*, vol. 3, edited by J. Strayer. New York: Scribner, 1983.

Neugebauer, P. V. *Astronomische Chronologie*. 2 vols. Berlin: Walter de Gruyter, 1929.

Newton, R. R. *Medieval Chronicles and the Rotation of the Earth*. Baltimore: Johns Hopkins Univ. Press, 1972.

O'Neil, W. M. *Time and the Calendars*. Manchester: Manchester Univ. Press, 1975.

Oppolzer, T. von. *Kanon der Finsternisse*. Vienna: Kaiserlich-Königlichen Hofund Staatsdruckerei, 1887. Translated as *Canon of Eclipses* by O. Gingerich. New York: Dover, 1962.

Poole, R. L. *Medieval Reckonings of Time*. Helps for Students of History, no. 3. London: Society for Promoting Christian Knowledge, 1918.

——. *Studies in Chronology and History*. Edited by A. L. Poole. Oxford: Oxford Univ. Press, 1934.

Richmond, B. *Time Measurement and Calendar Construction*. Leiden: Brill, 1956.

Samuel, A. E. *Greek and Roman Chronology*. Munich: Beck, 1972.

Schroeter, J. F. *Spezieller Kanon der zentralen Sonnen-und Mondfinsternisse*. Kristiana: Dybwad, 1923.

Spier, A. *The Comprehensive Hebrew Calendar*. New York: Bohrman House, 1952.

Stamp, A. E. *Methods of Chronology*. Historical Association Leaflet no. 92. London: Office of the Royal Historical Society, 1933.

Van Wijk, W. E. *Le nombre d'or, étude de chronologique technique*. The Hague: Nijhof, 1936.

中世纪英语文学

保罗·泰纳

中世纪文学作为整体而言，是个非常宽泛的领域。即便有学者早已展开研究，过程中殚精竭虑，又或穷其一生致力于此，单凭其一己之力，要理解中世纪文学仍是徒然，遑论完全掌握了。但另一方面，如上所述的中世纪文学又根本不算一个研究领域；也就是说，它不是一个单独的领域。中世纪文学是内容宽泛、联系松散的多个研究领域的集合，其中一些领域间关系密切，另一些则互不相干——以至于这一领域的专家可能对那一领域不甚了然，只是依稀知道其存在而已。事实上，中世纪文学这一集合内各领域联系非常松散，可谓毫不相干。例如，某人专攻圣人传记，他潜心研究的领域大致可被归为一种文学体裁，但该领域包含很大的时间跨度与地理范围，且涉及多种语言。另一方面，研究乔叟的学者要处理的时空范围要小得多，且只需处理一种主要语言——但需记住，这种语言对现代人而言仍属陌生。尽管如此，对乔叟的研究仍是一门复杂的学问，因为乔叟原作涵盖多种体裁；也因为作者几乎对其所有作品中都采取了戏谑、讽刺、玩世不恭的态度；又因为研究者需要学习其他语言、其他文化中的史料，才能将乔叟著作与其中世纪前人、同代人联系起来；还因为乔叟留下了大量的（多是引人入胜的）生平信息。种种原因，不一而足。

除了像圣人传记这种以体裁和主题为取向，或像乔叟这样以单个作者为取向划分研究领域以外，一些学习中世纪文学的人还有以下划分方式：或以时间和空间划分——例如 14 世纪英格兰文学；或以语言和空间划分——例如盎格鲁－诺曼文学；或以类型划分（在此所谓的"类型"过于宽泛，够不上"体裁"这一术语）——例如中世纪抒情诗；有时甚至以单个著作成类——例如《尼伯龙根之歌》（*Nibelungenlied*）——自然，这类研究最终会远远超出诗歌文本本身。概括来说，我们只需记得，中世纪的时间跨度超过一千年——约公元 500 年至 1500 年——且在地理上包含了从俄罗斯到意大利再到冰岛的广袤区域，其中鲜有空白的地方。考虑到时空上的广阔程度，我们可以注意到，在时间方面，中世纪基本是后续的所有历史时期加起来的两倍之长，用来记录这一时期文学的语言种类多得令人眼花缭乱，而且，这些语言之间存在巨大差异，一种语言在不同时期也有天壤之别。其结果就是，学习中世纪文学的人一般要掌握大量的、各文化的史料——其中语言显然并非最次要的——才有可能研究中世纪文学，更不用说精于此道了。如果用一种更富文学色彩、更形象（也要承认是更朴素）的说法来形容，我们这些中世纪学者就像是传统故事里的盲人：我们靠触摸来感知中世纪文学这头大象，每个人仅能管窥整个庞然大物的小小部分，而每个人（正如一切人类所做的那样）都从这小小部分自信满满地推断出全局影像。然后，我们还要记住最后一件事：没有叙事者会带着全知视角告诉我们"真的"有一只"大象"在那里。

不过——在本章语气变得过于悲观之前——即使我们尚不明确作为整体的中世纪文学的定义，即使我们尚不清楚该领域应具备的最突出的特征，我们当然还是有可能对中世纪文学展开有意义的研究。我们卷入了一种文本解读的怪圈：要明确整体情况，就需要了解单本著作，但是，要彻底理解单本著作，又要了解整体情况。不过，这个怪圈虽然会打击精益求精之人，但对入门者则出了名的友好：研究者只需在其专攻的地方选择一个起点。我只建议，我们可借由纵览中古英语文学来进入中世纪文学领域。在讨论英语文学史学生特别关心的英语文学之前，我们仅需注意几点。自不必说，选择英语而非其他民族的文学，无论如何也不意味英语传统比法国、德国文学在整个中世纪研究体系里更具中心位置或更为重要。我选择英语文学，显然是以我自己民族为中心（选择其他传统也是出于同样理由），我也无意对中世纪文学的整体情况作一概述，而只想为英语读者们提供一个走进中世纪文学的简便途径。

即使在这个精心选定的领域内，我也无意完全覆盖；中世纪英语文学本身的范围太广，我也无法做到。本章将对该领域作一般性介绍，以特定时间界限描述文学和语言学主要特征，并为首次接触中世纪英语文学的人提供书目参考。本章结尾是对最近研究评论的影响趋势的一些观察。此外，文后附上书目清单，这是出于两个目的：第一是充实正文中提到的所有书目的信息，第二是使有志于此的学人可作进一步阅读。书目清单的简短不仅是为节省空间，更重要的是使读者不至相信这是重要书目的全部了：

强调一下，不是全部。仅在中古英语文学领域中——还不说相关的重要领域——目前每年出版的书目是此处列出的十倍左右。换言之，文中强调的对主题的精挑细选清楚地反映在书目上；书单不是对该领域的概述，只是介绍、辅助性的指南。为了讲清问题，学界创造了英语中世纪文学这个领域，这一点在某些方面令人赞扬。该领域分为古英语文学和中古英语文学，前者从7、8世纪开始一直持续到11世纪中叶，而后者则在12世纪发现最早的文本，直到13世纪后期才有相对重要的作品，至14世纪下半叶登峰造极，即乔叟（Chaucer）、朗兰（Langland）、高尔（Gower）以及"高文诗人"（the Gawain poet）的时代。11世纪的诺曼征服结束了古英语文学传统，这不仅是军事上的胜利——小孩也知道这一点——也代表了侵略者及其盟友、同胞在权力上取代了原住民的传统和语言。直到诺曼人对英国文学和语言的控制力逐渐松懈，新的英语语言占据主导地位，新兴的中古英语传统才得以出现。这种英语虽显然源于盎格鲁-撒克逊语，但同时也自然而然地借鉴了很多语言，除诺曼语、法语的语言文学外，还来自斯堪的纳维亚语。其结果是，古英语和中古英语之间存在相当清晰的断层（肯定比法语或德语各自的古代和中古阶段之间更清晰），两者之间的空窗期大约有一个世纪之久——当时实际上完全没有英语文本流传。因此，最重要的古英语文献《贝奥武夫》（Beowulf）和《坎特伯雷故事集》（The Canterbury Tales）之间的时间间隔，差不多相当于乔叟与我们时代的距离。因此，与乔叟同时代的人会发现，《贝奥武夫》的文字和今日读者眼中《坎特伯雷故事集》的文字一样难以理解，除非此人接受过特定语言训练（而在当时根本不可能）。

  当然，我们一直在追溯古英语到中古英语再到现代的一脉相承的英语文学传统：我们会立即想到钱伯斯（R. W. Chambers）的《论英语文学的连续性：从阿尔弗雷德到摩尔及其流派》(On the Continuity of English Prose from Alfred to More and His School) 以及查尔斯·莱斯利·雷恩（Charles Leslie Wrenn）的著作《论英语诗歌的连续性》(On the Continuity of English Poetry)①。不过，尽管钱伯斯很好地展示了古英语的诗歌节奏如何通过中古英语经典延续到文艺复兴时代（例如《女性隐修指南》[Ancrene Riwle]）和14世纪英语文章——例如神秘主义者理查·罗尔（Richard Rolle of Hampole），尽管雷恩令人信服地证明了古英语的艺术特质与完整性，但考虑到盎格鲁-撒克逊的文学成就，他们都没有将中世纪英语文学视为一个整体进行研究。② 现代大学课程中的古英语和中古英语泾渭分明，完全没有古英语知识的博士生却在讨论乔叟、《高文爵士与绿骑士》(Sir Gawain and the Green Knight) 的现象司空见惯。最近美国的英语研究甚至将课程与历史发展分割开，这会进一步孤立古英语语言文化的研究，不过也可能使古英语著作和其他时代的著作按种类或主题同时出现在课程中，由此有效地弥补了历史手段无法解决的代沟问题。而且无论如何，对古英语的研究本身仍有价值，不仅是因为所讨论的文学与任何其他时代

---

  ① 文中提到的文献及后续史料的引用见于本章末的参考书目。为了节省空间，文中引用部分仅用于标识其在参考书目中的位置。

  ② 关于"盎格鲁-撒克逊"和"古英语"：用作定语时两者同义，古英语诗歌即盎格鲁-撒克逊诗歌。不过，多数现代英语专家依惯例用"古英语"指代特定时代的语言文学，而"盎格鲁-撒克逊"指群体及其非语言的工艺品：古英语哀歌，盎格鲁-撒克逊政权。

的诗文一样动人，也因为古英语文学是一个繁荣了将近千年的文明所创造的东西。

当然，如果不持续、努力地学习语言，就无法对古英语文学展开认真的研究。幸运的是，古英语教科书已出版不少，其中质量上乘者——例如卡西迪（Cassidy）和林格勒（Ringler）为新版的《布赖特古英语语法阅读》（*Bright's Old English Grammar and Reader*）提供了充足的释义、用例和阅读材料以供自学。同样，关于古英语语法也有很多书可用。有志于此的学生如想更上一层楼，可使用阿利斯泰尔·坎贝尔（Alistair Campbell）的《古英语语法》（*Old English Grammar*）；内容详尽且具权威性，但是刚开始学习古英语的人可能须对语言学有充分了解才能阅读。柯克（Quirk）和雷恩（Wrenn）的《古英语语法》（*Old English Grammar*）篇幅较小，语法内容却能让人用上很长时间：这本书足够简短，可以作为手册使用，面向对日耳曼语系没有太多了解的读者，且比入门级语法书有更多有用信息。

和卡西迪、林格勒的书一样，好书后面都会附上词汇表，但初学者仍须频繁查阅字典，而这些词典不能满足查询古英语词汇的需要。第一本权威词典是博斯沃思（Bosworth）和托勒（Toller）的《盎格鲁-撒克逊词典》（*Anglo-Saxon Dictionary*），该词典最早出现于约百年之前，对初学者而言并不过时，但仅凭这一本词典无法满足人们需求。多伦多大学目前正在实施"古英语词典"计划，待其完成将对后代学人产生重大影响，但是这一计划才刚刚开始进行。无论如何，初学者需要一种便捷、综合的词典，以满足其初涉盎格鲁-撒克逊布道词或诗文的需要。杰西·贝辛格（Jess

Bessinger）的《盎格鲁－撒克逊诗歌小辞典》(*Short Dictionary of Anglo-Saxon Poetry*）是个不错的选择，该词典定义清晰、简洁、明白，并且有精装、简装两种版本。但该词典主要缺点有二：第一，该词典仅涵盖诗歌用词，结果散文中许多单词并不在诗歌中出现，而诗歌总共约有 30,000 行文字。第二，贝辛格所采用的拼写规范未必是读者所读文献中的拼写规范；如果读者所读文献中单词拼写与词典不一致，查询词典的过程将非常烦人。至少，读者需要通读关于拼写规范和所用字母的序言。

针对诗歌文献、同时也广泛涉及词组（其中不少来自诗歌本身）的更加全面的字典是格赖因（Grein）的《盎格鲁－撒克逊诗歌词典》(*Sprachschatz der angelsachsischen Dichter*）。初学者会有些惊奇地发现格赖因常用拉丁语释义（不是拉丁语就是德语），但是由于释义往往是简单的对应单词，因此不懂拉丁语或德语语法的人可用费迪南德·霍尔特豪森（Ferdinand Holthausen）的《古英语词源词典》(*Altenglisches etymologisches Wörterbuch*），它不仅为古英语单词提供了简短的对应单词（德语的），还为每个单词提供了来自其他日耳曼系语言的同源词列表。之所以说它有用而不是制造麻烦，是因为古英语单词少有验证，即一个词在诗歌中可能只出现一两次，常使人难以猜测其含义。列出同源词有助于学生重现语言学家确定单词含义的过程，从而理解这种文本探究工作中包含的技巧性和试验性。

六卷本克拉普·多比（Krapp Dobbie）出版的《盎格鲁－撒克逊诗录》(*The Anglo-Saxon Poetic Records*）收录了所有古英语诗歌的标准文本。该书是文本收集方面的杰作，也是目前二手著作最常引用的文本，但是初学者要用其他书加以配合，因为《诗录》没有术语列表、且很少注释，还不仅限于文本本身及其他语言素材。对于受众最广的古英语诗歌——《贝奥武夫》而言，除了《诗录》的版本外，还有其他版本，其中许多充满了有用且有趣的信息，有大量注释及有帮助的术语列表。我本人如果能找到二手的一定会买；它们总是非常有意思，不仅提供了关于诗歌的信息，而且是过去百年甚至数百年文学学者兴趣观点不断变化的一种元评论。特别值得一提的是弗里德里希·克莱伯（Friedrich Klaeber）的大作，尽管被批评语言沉闷，却是能提供大量信息，至今仍常被用作课本。由雷恩（C. L. Wrenn）完成并由惠特尼·博尔顿（Whitney Bolton）修订的版本也很有意思。

当然还有对古英语文学、历史、文化的一般性介绍研究。钱伯斯的《贝奥武夫：诗歌研究导论》（*Beowulf: An Introduction to the Study of the Poem*）是该领域的一部巨著，该书包含的背景信息正是为那些将本诗作为文化实体进行严肃思考的人所提供的。和钱伯斯——以及各版中的序言和评论——一样，加蒙斯威（Garmonsway）和辛普森（Simpson）对《贝奥武夫》类型故事的翻译，使现代读者尽可能地容易得到传说和叙事的知识——这些知识在原诗中向听众娓娓道来。最后，大卫·赖特（David Wright）的《贝奥武夫》企鹅出版社译本也有许多有用信息，且便宜易得，适于快速浏览。当然，将这首诗翻译成现代英语后没有保留这首诗的节奏韵味，但这本指南简单易懂，适于有知识的现代读者理解文本中的各种难点。

除了《贝奥武夫》，多数优秀古英语诗歌——例如《流浪者》

(*The Wanderer*)、《水手》(*The Seafarer*)、《十字架之梦》(*The Dream of the Rood*)、《马尔登之战》(*The Battle of Maldon*)、《朱迪思》(*Judith*)等——也都广受欢迎。我刚刚说的大多数诗歌可在随便一本入门语法书和读物中找到：卡西迪和林格勒的书完全收录了这些诗歌。约翰·C.波普(John C. Pope)的《七首古英语诗》(*Seven Old English Poems*)收录了除《朱迪思》(对于多数选集而言有点长)以外的全部诗歌，本书便宜而便捷，并且论述部分长达四十页，其内容涉及古英语文化传统的诗歌格律，不仅对其本人提出的诗歌韵律体系做了很好的介绍（在其重要研究《贝奥武夫的韵律》[*The Rhythm of Beowulf*]中），还介绍了爱德华·西维尔斯(Edouard Sievers)的旧理论，至今仍是多数学生的启蒙之作。如对两种体系都不满意，可以参考戴维·胡佛(David Hoover)的《古英语音韵新论》(*New Theory of Old English Meter*)。

许多单行本中也有标准古英语诗歌。其中《梅修恩古英语文库》(*Methuen's Old English Library*)这套旧丛书尤其丰富。当然，这些书在质量和主旨上或多或少有些不同，但水平确实都还可以，如能在二手书店等地方找到的话是值得买下的。古英语散文文本则较难找到，总体水平也较难令人满意，没有哪个标准选集可与《盎格鲁-撒克逊诗录》相媲美，不过在1960年代，最初由格赖因(C. W. M. Grein)和理查·乌尔科(Richard Wulcker)担任总编辑的德语丛书《盎格鲁萨克逊文学集》(*Bibliothek der angelsischsischen Prosa*)再版（及其更新版本），该书最早出版于1870年代初，已超过60年。早期英语文本协会(Early English Text Society)自1864年开始向公众呈现许多文献，其中包括不少古英语散文作品，其版本大多可信且吸引读者。其中一些——例如斯威特（Sweet）的关于阿尔弗雷德国王（King Alfred）的译本和斯基特（Skeat）写的关于阿尔弗里克（Aelfric）的丛书，仍然是这些作品的标准版本。顺便一提，两者都是1960年代重新发行的，当时波普以E. E. T. S.的名字出版了大作《阿尔弗里克布道词》(*Aelfric's Homilies*, 1967)。当然，两套丛书以外也出现了一些重要的古英语散文作品版本。例如初学者可以参考普卢默（Plummer）质量上乘的《盎格鲁－撒克逊编年史》(*Anglo-Saxon Chronicle*, 1899年完成)，也可参考多萝西·贝图伦（Dorothy Bethurum）的《沃弗斯坦布道词》(*Homilies of Wulfstan*, 1957)。最后，有些散文文本也可在上述梅修恩的古英语文库中找到；其中最引人注目的是多萝西·怀特洛克（Dorothy Whitelock）版沃弗斯坦（Wulfstan）的《致英国人的狼的布道词》(*Sermo Lupi ad Anglos*)；这可能是古英语散文中最著名的作品。

即将涉足古英语文学的学生要正确了解该领域的通史，也许——除非此人已对该领域游刃有余——还需要对盎格鲁－撒克逊人的历史文化有所掌握。这两个领域中肯定都有不少书籍，因此我的建议仅是抛砖引玉。关于文学史，首先可读斯坦利·格林菲尔德（Stanley Greenfield）和丹尼尔·卡尔德（Daniel Calder）的《新编古英语文学批评史》(*New Critical History of Old English Literature*)；其次可读芭芭拉·罗（Barbara Raw）的《古英语诗歌的艺术与背景》(*The Art and Background of Old English Poetry*)，以从其他方面加深了解。还应记住，有些书的主题较之整个古英语文学史显得狭窄，但也能对盎格鲁－撒克逊语言艺术提供有用的见解。例如约翰·奈尔斯（John Niles）的《贝奥武夫：诗歌及其传统》（*Beowulf: The Poem and Its Tradition*）。尼尔斯最近的评论类著作（1983年出版）可为其此前研究提供大量书目指南。关于这一时期的通史，首先可看斯滕顿（Stenton）的《盎格鲁－撒克逊英格兰》（*Anglo-Saxon England*），它是《牛津英格兰史》（*Oxford History of England*）其中一册，之后可看近期单个学者的论文选集，例如伍兹（Woods）和佩尔特雷特（Pelteret）的《盎格鲁－撒克逊人：共同体与成就》（*The Anglo-Saxons: Synthesis and Achievement*）或是保罗·萨玛（Paul Szarmach）的《盎格鲁－撒克逊文化史料》（*Sources of Anglo-Saxon Culture*），大卫·希尔（David Hill）的《盎格鲁撒克逊英格兰地图集》（*An Atlas of Anglo-Saxon England*）也可提供不少信息。

  对现今研究作出总结的一大难点在于需要与业界最活跃的思想家交锋，因此此处应提醒读者如何跟进二手文献。对于任何领域的文学学者而言，MLA 每年出版的国际书目索引都是主要信息来源。此书目几乎详尽无遗，中世纪文学一切领域的著作都可供全世界中世纪学者参考。不过，它的覆盖范围很大，因此更新速度不及其他的书目索引。因此，学生们应熟悉关于英语研究的《本年成果》（The Year's Work）和《国际中世纪书目索引》（*International Medieval Bibliography*）。也许更重要的是《盎格鲁－撒克逊英格兰》（*Anglo-Saxon England*）及《古英语新闻通讯》（*Old English Newsletter*）两种期刊中提供的年度书目摘要，后者春季号会列出前一年的成果，还可提供会议论文摘要——由于这些文章常常是初步想法，有待以后著作论文加以阐明，因此是便于观察该领域变化的好办法。《古英语新闻通讯》秋季号发表评论和摘要。也有以单行本出版的书目索引,其中一些在某章结尾的参考书目中体现;其缺点在于单行本决定了它们不像上述材料紧跟时代变化,但另一方面,它们更浓缩且易读。

以上这些或多或少导向了这样一个问题:古英语研究的潮流是什么?首先应该指出,一切答案都是相对的。对于甲学者来说方兴未艾的潮流,可能乙学者觉得是死胡同,对丙学者则荒唐透顶。无所谓,我还是要说。首先,我将使用"潮流"一词表示过去十年左右的成果;也就是自本书 1976 年初版以来的时期——我描述的是当时我在该领域认为的"潮流"。当时,我首先讨论了马古恩(Magoun)从古典学领域引入的口头程式理论(oral-formulaic theory),而米尔曼·帕里(Milman Parry)加以发展用以阐述荷马史诗的艺术,并将其纳入古英语诗歌领域。马古恩影响深远的论文《盎格鲁-撒克逊叙事诗歌的口头程式特征》("Oral Formulaic Character of Anglo-Saxon Narrative Poetry")发表于 1953 年,但它为研究盎格鲁-撒克逊诗歌艺术提供了一种新的范式——在库恩的意义上。其影响(与局限)引起了此后至少数十年的讨论。这种讨论至今仍未结束。确实,最近成果例如约翰·迈尔斯·弗利(John Miles Foley)1983 年的论文《古英语和塞尔维亚诗歌中的文学艺术和口头传统》("Literary Art and Oral Tradition in Old English and Serbian Poetry"),常会启发人思考已形成并讨论多年的理论。但总体而言,目前完成的工作更像是总结、而非开启论争,正如德怀特·康克古德(Dwight Conquergood)发表于 1983 年的《英格兰盎格鲁-撒克逊的文学和口头表演:传统的冲突与融合》

("Literary and Oral Performances in Anglo-Saxon England: Conflict and Confluence of Traditions")一文。支持口头传统派与反对口头传统派之间针锋相对、面红耳赤的时代已一去不复返了。到目前为止，口头程式理论的巨大贡献已被关注诗歌如何运作的主流观点吸收，而对此观点的反对意见往往影响了他们最初试图做出的修正。

话虽如此，我还必须补充一点，口头程式理论所产生的进展仍在有力推动目前的学术对话，其中一个方式便是为其他理论提供讨论的空间与信息。口头程式理论者有一点令人信服，即质疑了我们对诗歌运作方式沾沾自喜的揣测。按照新批评（New Critical）原则，学界倾向于讨论有机统一、诗意张力等，好像这些要素在某种程度上是诗歌的基本组成部分，而非我们习惯讨论的诗歌背景。口头程式理论使我们看到了明显不同的口头表达，且通过与其他领域学者（例如古典主义者埃里克·哈夫洛克［Eric Havelock］）联系起来，使我们切实地看到了口头文化与文本文化之间的基本差异。这种新视角产生了许多新鲜观点，但毫无疑问，"癫狂"或者说诗歌或者说一般文化艺术的前景是最持久存在且将一直存在的。诗并不是非此即彼的事物，而是建立在我们所有文化产品浑然一气的复杂内涵中，这种认识对目前文学批评仍有持久而强大的影响力。

注释运动（exegetical movement）对我们形成上述认识起了重要而具有讽刺性的作用，它是在普林斯顿大学的乔叟研究者 D. W. 罗伯逊二世（D. W. Robertson, Jr.）1950年的论文《历史批判》（"Historical Criticism"）中出现并扩展的。到1950年代末，该校论述以上观点的重要著作开始涉及古英语研究，例如伯纳德·赫普（Bernard Huppe）的《学说和诗歌》（*Doctrine and Poetry*），该书于 1959 年出版。整个 1960 年代，注释学派（通常被称为罗伯逊主义者，以向他们的知识领袖致敬）与其对手、声名狼藉的历史主义保守派之间一直存在激烈争论——后者不同于新历史主义那种典型（但未必总是）左倾（新历史主义似乎正在从其蓬勃发展的文艺复兴研究中蔓延到中世纪研究）。

同时，尽管口头程式理论和注释原则都在中世纪研究领域有所贡献，并预示了诗学和一般文化研究中理论问题的前景，但都受到来自外界的同样压力——在过去的二十年中，各种文学理论不断占据着越来越多学者的精力，最初发生在欧洲（主要是法国），但现在已遍及整个西方世界。较之其他领域，中世纪研究所受这种激增兴趣的影响要慢得多，在早期中世纪领域就更慢，比如古英语研究就要比乔叟研究慢。毫不奇怪的是，多年来中世纪文学研究者对新批评导向的反应要比对现代文学研究的学者更慢。似乎他们默认有种天然保守性，即中世纪学者必须艰苦、长期、广泛（且深入）学习各种历史学、语言学技巧和功底，才能阅读稍有复杂性的中世纪文本。由于投入了时间精力，我们对事物很难有新看法，但这却是获得新知不可或缺的，更糟糕的是，一般而言新批评的赞同者也极少，如同其他领域的文学研究一样。简单地说，罗伯逊主义者试图证明中世纪艺术家在表达自己的时候，其思想仅限于奥古斯丁提出的概念，因此所有中世纪诗歌都不过是这种教条的反映。而新批评论者——或许应说是"我们这些新批评论者""知道"诗歌并非如此：诗是具有讽刺性、复杂性，意义丰富的事物，绝对不会是一条信息那样简单冷漠。无论如何，新批评论的倡导者之一 I. A. 理查兹（I. A. Richards）说得明白：对反对者最有力的回击是他所谓"教条依赖"的存在。

我重申一次，如同口头程式理论一样，上述论争的原始术语和紧张气氛已经缓和，但却演变成持续不断的、关于注释原则在文学研究中逐渐稳定地位的讨论。简言之，更加狂热的罗伯逊主义者原本对批评论者的研究方式的指责——认为诗歌中除教条外的任何发现，说好听是毫无关系，说难听就是有罪——也一并消失了，而对批评论采取了开放的态度，中世纪学家愿意认真考虑诗歌的另一种运作方式、诗歌如何产生，又如何被受众接受。在这个意义上，有一条直线，这条线并不长，另一端是罗伯逊损失之痛，在那里我费尽心思学到的东西至少有一些似乎不再有意义。因此，中世纪学家接受新批评论最晚，当其他人都开始使用这一理论时，他们才刚刚摆脱古代语言学的影响。直到最近几年，我们才看到大量的得益于该理论的古英语著作。

这种保守行为有些讽刺，因为中世纪文学的学者们总有许多手段进行理论探索（特别是语言方法知识），并倾向于跨学科的学习和研究。例如，到 1970 年代初，中世纪学家就对文学与其他艺术（尤其是绘画）的交集产生了浓厚的兴趣，其中包括 1970 年弗雷德里克·皮克林（Frederick Pickering）的《中世纪文学与艺术》（*Literature and Art in the Middle Ages*）英译本，1972 年安妮玛丽·马勒（Annemarie Mahler）的重要论文《艺术与视觉意象：中世纪风格研究方法》（"Art and Visual Imagery: A Methodology for the Study of Medieval Styles"），这两部论作都对学习中世纪文化的学生有理论启发。最近，我们可以看到跨学科研究和理论关注如何影响我们的研究领域，例如卡罗尔·爱德华（Carol Edwards）1983年的论文《帕里·洛德理论与操作结构主义》（"The Parry-Lord Theory Meets Operational Structuralism"）。不过，除了一些类似女权理论的著作，如简·钱斯（Jane Chance）的《古代英语文学中的英雄女性》（*Woman as Hero in Old English Literature*）和波琳·斯塔福德（Pauline Stafford）的《皇后，情妇和后妃：中世纪早期国王的后宫》（*Queens, Concubines and Dowagers: The King's Wife in the Early Middle Ages*）之类，理论动向变化缓慢。但是，这种缓慢——如果历史对我们有所启发——并不代表此类研究与中世纪文学，特别是与古英语无关，而是表明还有未竟的工作，还存在学术机会和重要机遇。无论如何，我都强烈建议初学古英语的学生涉及一些理论。可以从一本概括性的著作开始，如特里·伊格尔顿（Terry Eagleton）1983年出版的《文学理论导读》（*Literary Theory: An Introduction*），或乔纳森·库勒（Jonathan Culler）1982年出版的《论解构：结构主义之后的理论与批评》（*On Deconstruction: Theory and Criticism after Structuralism*）。还可参考特伦斯·霍克斯（Terence Hawkes）编写的《新腔》（*New Accents*）系列丛书中的内容，它提供了便利且影响深远的理念与信息，目前已有约30卷，将向读者介绍多种评论著述。

关于古英语研究的另一个新领域，此处最好用其方法倾向而非具体领域名称加以描述，这就是计算机应用，或曰计算机技术与古英语文学研究的关联。维尔恩·布洛（Vern Bullough）、塞尔吉·卢西尼安（Serge Lusignan）和托马斯·奥尔格伦（Thomas

Ohlgren）1974 年向中世纪学院（Medieval Academy）提交了一份报告，列出了计算机技术已被证明适合的一些研究领域，例如文体学、语言分析和文本批评等领域。尽管如此，到目前为止，计算机对文学专业学生的主要帮助还是汇编索引、字典之类。前面已经提到的佳作《新编古英语词典》就是个很好的例子。有兴趣的学生可以看看罗伯塔·弗兰克（Roberta Frank）1973 年出版的《古英语词典文稿》（*Plan for the Dictionary of Old English*），了解这项工作要如何展开。还可以看看卡梅伦（Cameron）、金斯米尔（Kingsmill）和阿莫斯（Amos）于 1983 年出版的《古英语单词研究：对作者和单词的初级索引》（*Old English Word Studies: A Preliminary Author and Word Index*），以了解上述工作的最初成果。除了借助计算机编出大量的字典、索引和书目列表之外，目前局外人对这一领域就看不出什么了。不过，关于计算机技术带来的种种可能性，有兴趣的学生应该熟悉一本叫作《文学与语言计算协会通讯》（*Bulletin of the Association for Literary and Linguistic Computing*）的期刊。在计算机技术这种迅速发展的领域中，人们不能长期依赖"当今"的信息。

最后，古英语研究领域目前正在进行的工作还包括大量所谓直截了当的学术与批评：许多著作和论文按照彼此类似的路线建立新关系，定义新影响，描绘新方法。大量信息和评论令人印象深刻，甚至可说惊人。学生如没有反复参考书目指南，不断地寻找最能引起其兴趣的领域，再按为其制定的书目加以阅读，就无法领会个中一二。即使在看似很小的领域——例如古英语研究中，也还是有许多书目可供参考。

当我们将话题从古英语转向下一个时代，即中古英语时，我们会立即震惊于强烈的对比。古英语文本本身是由多种方言，在不同的时间写成的——我们知道，晚期古英语与早期古英语即便是在同一种方言里也有差别——出现于诺曼征服后沉寂的中古英语却是一种完全不同的语言。再说一遍，《贝奥武夫》和《坎特伯雷故事集》在结构上的差异要比《坎特伯雷故事集》与《芬尼根的守灵夜》(*Finnegan's Wake*)的差别还大。同样，整个诗歌用语的文本差异也很明显，因为大量中古英语文学是在12世纪传奇故事兴起时写的——后者永远改变了欧洲人的情感。而且，中古英语文学的历史范围和规模要比古英语更广，人称更多，种类更多，材料更多：仅乔叟的主要作品——更不用说他的其他著作——包含的诗句行数就相当于所有现存古英语诗歌的总和。由于这种密度，中古英语的文学地图在内容和精度上都要远远超过古英语，因为后者的特征少得多，并且更加分散。因此，与古英语文学史相比，我们可能会觉得中古英语文学史更具连贯性：和影响的概念一样，种类的概念和邻近影响的概念在中古英语中更加明显。虽然讽刺的是，该中古英语文学史与古英语文学史一样难写。

中世纪文学的学生——无论如何，我说的是美国学生——基本总是从乔叟开始，然后转向其他中古英语作家，直到后来才开始学习古英语甚至其他中世纪方言文学。从各方面来说，这个顺序都说得过去，尤其是因为乔叟经典中的语言和富有诗意的熟语，尽管与更接近时代的文学不同，但外国味道更少，因此今天的读者感到更加亲切。古英语的学生通常必须花一些时间努力学习语法和阅读，然后才能以非常缓慢的速度阅读主要文献，而中古英语初学者也可直接找本编得不错的乔叟经典，不必在导读材料上花费太多时间，然后通过真正阅读诗歌本身学会中古英语。显然，要精通不会太快，但确实可望从一开始就理解文本、快速阅读并且享受乐趣。

自 1957 年出版大约三十年以来，F. N. 罗宾逊（F. N. Robinson）的第二版《杰弗里·乔叟作品集》(*The Works of Geoffrey Chaucer*)一直是乔叟作品的标准文本，即使是今天的学生，也可将本书当成注释和参考书籍，其中可以找到除最新发现以外乔叟的一切作品。但就在去年，该文本被拉里·本森（Larry Benson）编辑的《新编河畔出版社乔叟作品集》(*New Riverside Chaucer*)所取代。事实上，新版（与罗宾逊文本出自同一出版社）是过去标准文本的直接后继，且已成为多年以来大家盼望的罗宾逊所编书的第三版。在谱系中，此书对初学者的吸引力可能不如其他更简单的版本。毕竟此书的权威性要求其编排结构足以吓退初学者。即使在当今预算不菲的书籍价格背景下，此书也非常昂贵。A. C. 鲍（A. C. Baugh）和 E. 塔尔博特·唐纳森（E. Talbot Donaldson）对一些重要诗歌的收录本或罗伯特·普拉特（Robert Pratt）的《坎特伯雷故事集》对初学者来说是很好的替代品，这些书便于使用，为随便看看的读者附上了易理解的注释和对难解篇章的解读，它们中的任何一种都可以用作中古英语和乔叟作品的入门读物。

虽然多数学生通过学习阅读乔叟作品来学习中古英语，但是对有需要的人而言当然有更多的语言上的指导：这些人或是比一般文学专业学生对语言本身更感兴趣，或是因为他们想继续学习其他乔叟作品中找不到的方言与作者。对他们而言，可供参考的是卡尔·布鲁纳（Karl Brunner）杰出的指南书，该书于1963年被翻译成英文版的《中古英语语法纲要》（*An Outline of Middle English Grammar*）。又或者，有些人从乔叟作品入门并逐渐摆脱了乔叟那种较简单的语言，他们可以先看戴维·伯恩利（David Burnley）于1983年出版的《乔叟作品语言指南》（*Guide to Chaucer's Language*），或者更早但仍然非常有用的黑尔格·柯克利兹（Helge Kokeritz）编著的《乔叟作品发音指南》（*Guide to Chaucer's Pronunciation*）。能够使用中古英语的学生也可翻阅乌多·弗里斯（Udo Fries）于1985年出版的《乔叟作品语言导论》（*Einfuhrung in die Sprache Chaucers*）。如果他走出了乔叟作品，就会深陷中古英语的方言之中，这一主题在摩尔和马克沃德（Moore and Marckwardt）的《英语发音语调历史概览》（*Historical Outlines of English Sounds and Inflections*）一书中得到了简明而全面的阐述（至少对文学学生而言），此书也可为初学者提供一些历时语言学的知识。同时，为对该主题进行介绍，许多中古英语文学选集在对该主题进行介绍时都至少会基础性地涉及方言及其特点。广泛使用的费尔南德·摩斯（Fernand Mosse）的《中古英语手册》（*Handbook of Middle English*）在这方面非常出色，将大量语言信息放进了一本小书。

然后还有字典辅助的问题。和古英语文学中一样，基本上所有供学生使用的编辑过的文本都附有词汇表，尽管词汇表的内容和质量差异很大，但基本总能最大限度地降低读者阅读时所遇到的困难和混乱。例如，所有乔叟的主要作品都附带非常有用的词汇表和概括性的语言导读，阅读其作品的学生还可以查阅牛津最近（1979 年）出版的《乔叟作品词汇表》(*Chaucer Glossary*)，它比其他多数词汇表范围更广。不过，学生还应知道一般性的辅助工具，其中最重要的是内容丰富而具权威性的《中古英语词典》(*Middle English Dictionary*)，该词典于 1930 年代中期出版，如今经历数十年，历经数位编辑，它的词条已编过了 simile（作为比较，1976 年第一版的《中世纪研究导论》[*Medieval Studies: An Introduction*]的条目停在 leten）。不用说，这本词典就其本身而言绝对是无价的，在面对严肃、复杂的问题时应查阅这本词典。同时，如果读者词汇量不佳，只能使用更简明的词典（没有哪本令人满意）的词汇表来应对某文献或某作者，不妨用影响深远的《牛津英语词典》(*Oxford English Dictionary*)。最后这本词典当然不是要成为一本中古英语词典，但其既有的范围和注释使其对好奇中世纪的研究者来说非常有用。

如果说跟学习古英语相比，熟悉中古英语无论如何还不算难，那在文学中找到自己的研究领域则是一个难题，既因为原始材料非常丰富，也因为历年二手研究已很丰富——尤其是近来，每年关于中古英语的论著超过 500 种，这还不包括支持文学研究的文化研究以及历史、人类学、文学理论等研究中涉及中古英语的部分，以上这些都对理解文献非常重要。以上提到的一些与古英语文学相关的书目指南，例如《MLA 国际书目》(*MLA Znternationa Bibliography*)、《英语研究本年成果》(*The Year's Work in English Studies*) 和《剑桥英语文学书目》(*Cambridge Bibliography of English Literature*)，也可用于中古英语的学习。此外，《乔叟评论》(*Chaucer Review*) 和《新哲学通讯》(*Neuphilogische*

Mitteilungen）也刊出了关于正在进行的研究的书目及报告，由于最完整的指南书（MLA）出版周期越来越长，其重要性也越来越高。毫无疑问，借助计算机的编辑技术，关于某专门主题的书目清单也越来越多地以书籍形式出现了。与所有书目书籍一样，在某种意义上，这些书一出版就已过时，但对记录历史中的某个时刻而言，这些书提供了极大的便利，除此之外，则必须用期刊之类加以补充。它们涉及的主题包括诸如赖斯的《中古英语传奇故事：书目与注解，1955—1985 年》（*Middle English Romance: An Annotated Bibliography, 1955-1985*）或马尔科姆·安德鲁（Malcolm Andrew）的《高文诗人：书目与注解，1839—1977 年》（*The Gawain-Poet: An Annotated Bibliography, 1839-1977*）。有时，这些对某一专题的汇编也比多数真正意义上的书目书籍提供了更广阔的视野，例如弗里达·彭宁格（Frieda Penninger）的《1660 年之前的英语戏剧（不含莎士比亚）：文献导论》（*English Drama to 1660 [Excluding Shakespeare]: A Guide to Information Sources*），该书于 1976 年出版。顺便说一句，我们应注意凡是将二手研究放回特定时间点——例如赖斯的书中提到的 1955 年——都具有极大的学术价值。一般来说，在那之前出版的文章很难引起大众的兴趣，除非最近的书籍和论文经常引用该文章，当然，这样就很容易从脚注和参考书目中找到这些著述。

  幸运的是，对于学习中古英语文学的人来说，有一本权威的指南绝对必要，而且可在所有高校图书馆中找到。那就是阿尔伯特·E. 哈顿（Albert E. Hartung）主持出版的《1050—1500 年中古英语写作手册》（*Manual of the Writings in Middle English, 1050-*

1500，简称《手册》）。这部重要著作最初是约翰·埃德温·威尔斯（John Edwin Wells）于1916年出版的著作，通称《威尔斯氏手册》（Wells's Manual）——即便是其最新修订版也是这样。威尔斯的书仅涵盖了1400年以前的文献——无论如何仍属于中世纪——目前的修订计划已经持续数年，它先是由J.伯克·塞弗斯（J. Burke Severs）主编，现由哈顿主编。当然，尽管威尔斯一人全力负责一卷——接下来30年则补充了九卷——修订版则是由不同编辑负责各卷。无论如何,《手册》的巨大价值——尤其对于初学者而言——不在于其对各版本的描述或二手著作，而在于其对整个中古英语文学领域的描述。从中可以轻易找到某特定领域的内容——13或14世纪有多少传奇故事？它们叫什么？在哪里可以找到？即使人们发现文献编排或评论有误——这种情况在修订版中大大减少了——但对新预想、新计划而言，其中的信息本身就是不可或缺的起点。

由于以上原因，对那些为出于学术或批判目的订购中古英语著作的人来说，《手册》是一项珍贵工具，实际上，对于几代学者来说，《手册》代表了那个时期的通史，尽管它的编排和时间安排显得沉闷，使其远远不如真正的历史丰富，但事实上，当时也没有别的书籍堪称文学史。A. C. 鲍的《英格兰文学史》（Literary History of England）中最为广泛使用的部分是"中古英语时期"，比起聪明的读者从威尔斯的书中获取的信息来说，本书并无太多改良。但是现在我们情况有所好转。《手册》新版绝对更加全面、更有批判性——威尔斯书中各部分由不同作者完成，增加了一些新的知识——使得知识的扩展成为可能，也使历史叙事更透彻。

因此，几乎所有学生都会在 J. A. W. 本内特（J. A. W. Bennett）和道格拉斯·格雷（Douglas Gray）的《中古英语文学》（*Middle English Literature*）中学到不少东西——这本书出版于1986年，是《牛津英语文学史》（*Oxford History of English Literature*）的一部分，几乎得到所有学者的赞扬。同样，想要看到作为整体的、范围更广阔的中世纪文学，可看惠特尼·博尔顿（Whitney Bolton）编辑、1986年出版的《新编文学史》（*The New History of Literature*）中的《中古时代》（*The Middle Ages*）。现在，也有许多研究成果和指南书指向特定作家、体裁及时期，包括现在备受推崇的 J. A. 巴洛（J. A. Burrow）的《理查时代的诗歌》（*Ricardian Poetry*）；也包括最近如 A. S. O. 爱德华（A. S. O. Edwards）的《中古英语散文：主要作者和流派批判指南》（*Middle English Prose: A Critical Guide to Major Authors and Genres*, 1984）、马里昂·格拉斯蔻（Marion Glasscoe）的《英语中世纪神秘传统》（*Medieval Mystical Tradition*, 1984）和大卫·劳顿（David Lawton）的《中古英语押韵诗及其文学背景》（*Middle English Alliterative Poetry and Its Literary Background*, 1982）。

但首先要谈到乔叟。我们常被告知——尤其被老式文学史学家告知——一个时代的最伟大人物通常不是塑造了当时人的历史性、时代观之人。文学巨匠以某种方式超越了他们的知识文化环境，以致其职业和贡献极不典型，甚至有些古怪。确实，从很多方面来说，乔叟都不是指南书所概括的"典型的"中古英语诗人。事实上，我越读《特洛伊罗斯与克瑞西达》（*Troilus and Criseyde*）或《坎特伯雷故事集》，就会越相信我所了解的作为中世纪诗人的乔叟，其实很大程度上不过是约翰·高尔的特征。尽管如此，乔叟仍然吸引中古英语学习者：多数学生都从乔叟作品课开始学习，因此可通过他的眼睛和耳朵熟悉这一时期，并且，多数从事英国传统的中世纪学者都会在职业生涯中某个节点（通常是很多个节点）来认真思考乔叟。

同样，以上这些研究中古英语文学的模式在乔叟研究中也有清晰痕迹。在这一领域，总有新概念得到使用，而且这些概念一经验证即付诸使用。确实，有充分理由相信，对该领域的批判性学术研究明显沿袭了上述《新编河畔出版社乔叟作品集》的脚注。不过对于初学者来说，获得一些结构合理的指南更为实际，幸运的是这并不难。首先，有贝里尔·罗兰（Beryl Rowland）的《乔叟研究入门》（*Companion to Chaucer Studies*），该书1979年有修订版。这本书在小范围内很好地解答了乔叟研究者多年来提出的一些问题，如果说有些关于乔叟本人之类的问题如今少有人提起，那学生就更应该读读，至少浏览一下在整体研究中这些已少有人提及的问题是如何消失的。在读完这本书——此书包含了乔叟研究各主题的论文，每篇论文都由该领域的专家撰写，初学者可看看李·帕特森（Lee Patterson）1987年的《与过去商榷：对中世纪的历史理解》（*Negotiating the Past: The Historical Understanding of Medieval Literature*）——的第一章，将会有所收获。当时对乔叟作品的评论井井有条且充分合理。后人的研究实际上极大得益于帕特森，尽管在其基础上有所变化与扩展。

基本上，对乔叟作品的评论史是依据关键节点组织起来的，尽管节点相互交织缠绕，界限还是非常明显。第一个节点是语言学发现的时代，它对整个评论史都很重要，也很难对其加以评价。19世纪中叶到20世纪中叶，学者们确立、整理、汇编并传播了一系列体量庞大（且令人印象极深）的事实：那就是有关乔叟生平，有关当时的历史（政治、经济、思想、文化、文学的历史），有关他的语言，有关中世纪文学中的其他作品和传统（无论是否是英国传统），关于他作品中方方面面的事实或相关事实。当然自不必说，"事实"的概念明显成为一个问题——事实常带有内容，带有自己的含义（帕特森对此作了极好的阐述）。显然，大量的信息收集至关重要：它为以后每一代中世纪学者提供了坚实的基础，可以据此进行批判性的推测。由于目前学界认为事实已融入背景、融入当代书刊中，因此很难做出评论。换言之，现在的学生几乎没有直接接触这种语言学前期工作的需求，但这些需求将在学生目之所及的地方有所体现。

在乔叟研究中，第一个被明确划定的评论流派是新批评论，1950年代新批评论在各文学领域都有蓬勃发展，直到1960、1970年代都还是各种文学作品的主流形式。由于没有研究生或青年教师从小接触任何形式的批评论（这个情况最近才有所改变），新批评论的原则（最重要的就是强调详细阅读的绝对重要性，排斥一切其他形式的解读）简单、不可避免（有人会说自然）地成为看待诗歌的方式，也成为研究诗歌的方式。而且，新批评论的出现的确为乔叟原典的批判性研究带来了巨大的活力和乐趣，正如科林斯·布鲁克斯（Cleanth Brooks）和罗伯特·潘恩·沃伦（Robert Penn Warren）等人为一代渴望学会阅读写作诗歌艺术的学生提供了这种分析模式，并对英美诗歌产生了普遍影响。当然，这是这种新方法吸引力的关键所在。正如其构建者常说的，这种方式将诗歌视为诗歌，而非存储事实的文献。1950年代受语言学传统教育的人对此有很多嘲笑和恶搞，但事实证明，比起人们对它的嘲讽，关于新批评论有更多事情要做，这一天很快就到来了。

纵观新批评论者在乔叟研究领域的工作，便会知道大家的激动从何而来。查尔斯·A. 欧文二世（Charles A. Owen, Jr.）、查尔斯·马斯卡汀（Charles Muscatine）和 E. 塔尔伯特·唐纳森（E. Talbot Donaldson）的作品有着深刻的洞察和敏锐，即使重读，仍然令人印象深刻，其作品之后的一代人都服膺其在评论著作中的经典地位。在欧文于1953年发表的《坎特伯雷五故事中的关键篇章：讽刺与象征研究》（"Crucial Passages in Five of the Canterbury Tales: A Study in Irony and Symbol"）一文中，我们发现对诗歌文本的模式的关注既有力又有启发。他在书中采用一些微小的、通常不引人注意的元素，恰如《富兰克林故事》（The Franklin's Tale）中那令人讨厌的黑色石头，并展示它们是如何在读者以前未曾意识到的水平与方式下发挥作用的。事实证明，它们远比我们所想象的复杂，而且这种复杂性是过去的评论家和学者所用信息收集法永远无法接近或猜到的。就像新批评分析一样，这种微妙之处不仅是诗优秀的要素，而且还非常接近诗优秀的本质。

优秀的新批评论者反复为我们提供了有见地的分析。我本人知道是什么使我下决心进行中世纪文学研究的，那就是查尔斯·马斯卡汀的《乔叟与法国文学传统》（Chaucer and the French Tradition, 1957），我在大学期间读过此书，当时我第一门课程就是乔叟作品。像欧文一样，马斯卡汀细致地展示了他所研究作品的内部诗体，最具代表性的就是《骑士的故事》(*The Knight's Tale*)。然而与此同时，他从前人研究中世纪晚期法国或雅或俗的诗歌中，总结出乔叟作品敏锐地注意到的某些音调与诗体——本质上即乔叟风格。这种将诗歌的诗体与其他文学种类，其他文学传统，其他时代的体裁、取向、倾向相联系的做法，标志着许多作品将这种新的意识领域深化为内部模式，形成了新的历史性批判，即将现有著作放在已有的文化模式的领域和语境中。

例如，罗伯特·O. 佩恩（Robert O. Payne）的《纪念的关键》(*Key of Remembrance*, 1963) 就是这样，此书以中世纪从古代人的修辞学著作中所继承的复杂传统角度来描述乔叟式诗人。这个例子就推翻了过去的历史性程式。1926 年，当 J.M. 曼利（J.M. Manly）以"乔叟与修辞学家"演讲首次提出这个问题时，他认为，乔叟逐渐减少对修辞的依赖而成就了其艺术地位，且对其经验及特有的天分持越来越开放的心态。不过佩恩发现，修辞的传统并非负担。他在其中看到了有组织的主题，也看到了文化底蕴，且看到修辞学并未阻碍乔叟的艺术自由，也没有阻碍他的创造力，修辞恰恰成为一种艺术发展的培养与引导手段。换言之，他在既定的、历史所呈现发展的文化结构、中世纪修辞学和乔叟自己的诗歌概念之间建立了历史的关系。这种从内部模式到对整个世界范围内文化模式再塑造的重新认识，也可在当时的另一本颇具影响力的书，即 1967 年的罗伯特·M. 乔丹（Robert M. Jordan）的《乔叟与创造之形：非有机结构的美学可能性》(*Chaucer and the Shape of Creation: The Aesthetic Possibilities of Inorganic*

Structure）中找到，此书试图为乔叟的形式概念得出一种结构性模型，一种未过时的、根植于我们对有机结构的后浪漫主义理解的、一种乔叟本人不太可能（保守地说）提出的形态——或一类形态。其结果就是，这些可能来源于古典时代的模型，可以用类比的方式使得许多此前被视为内部逻辑有缺陷、不完整的乔叟作品结构自圆其说。

但总的来说，新批评论的主要目的是从历史根源转向对诗歌形态的探索，而且这种诗歌研究对作品的探索始终是从其内部入手的，因此无法通过历史的方法——也就是依赖影响、发展这些概念获得。实际上，新批评论产生了数十篇关于诗歌和诗歌某一部分的力作，也许没有比唐纳森1970年的论文集《谈乔叟》（*Speaking of Chaucer*）更精彩的了——所有中世纪学者都熟悉此书。《谈乔叟》中的文章以其独有方式，使整整一代学者和评论家的关注点从语言学传统移开，转向了对诗歌诗体、音调、矛盾与讽刺、表达观点的方式的鉴赏。以上这些构成了目前文学研究的基础，即构成了如何读诗的观念。我们应该清楚认识到，是新批评论使这些事物成为事实，它塑造了我们怎样处理诗歌文本的最基本概念。

但其中也存在着巨大风险，新批评论巨匠唐纳森与赫普之间发生的著名争论便是这种风险的表现。后者所属的解读流派长期被视为罗伯逊主义（Robertsonianism）——尽管这种称呼透露出的肤浅表示它是由反对者使用的——现在往往被称为注释批判论（exegetical criticism），这个称呼既准确，也尊重了该流派对中世纪文学的细节探索与学术贡献。新锐中世纪学者可以看看多萝西·贝图伦1958—1959年主编的《中世纪文学评论取径：英语研究院论文精选》(*Critical Approaches to Medieval Literature: Selected Papers from the English Institute*)，书中精准地画出了两个阵营之间的主要战线，直到三十年后仍能引起读者的兴趣。随着注释批判论的兴起，冲突也就成为可能，其时间可以追溯到1950年罗伯逊名为《历史批判》("Historical Criticism")的那篇论文。罗伯逊通过此文，呼吁对中世纪文学进行一场新的历史性批判，文中涉及一系列著述，它们详细说明了中世纪文学很少阐明奥古斯丁学说，而主要以反对"欲"（cupiditas）阐述"爱"（caritas）为主题。罗伯逊认为，一切中世纪的诗人都不可避免地发挥文学这一功能，因此，一切中世纪诗歌只能被解释成发扬教条而已。简言之，罗伯逊给出了一切中世纪诗歌可能具有的意义，又提出怎样阐明一首诗的意义。通过这种方式，他为中世纪领域的文学研究提出了一种全新的范式。可以理解的是，这让新批评论者的主流愤怒不已。要初步了解这场争论，学生应该先从贝图伦的选集中看看唐纳森是怎样反对注释论的，以及罗伯特·卡斯克（Robert Kaske）是怎样支持注释论的。如果学生对此感兴趣，那么不妨继续读读卡斯克的《乔叟和中世纪寓言》(*Chaucer and Medieval Allegory*)、弗朗西斯·阿特利（Francis Utley）的《复兴的罗伯逊主义》(*Robertsonianism Redivivus*)、A. 利·迪内夫（A. Leigh DeNeef）的《罗伯逊及其评论》(*Robertson and the Critics*)以及拙著《罗伯逊主义与文学史的观念》(*Robertsonianism and the Idea of Literary History*)。如果学生倾向于支持注释论，就应该多看看罗伯逊的研究；特别值得一提的是，所有人都应看看罗伯逊最直接的接班人约翰·弗莱明（John Fleming）的著作，他的研究充满了敏锐和创造性见解，将会令其导师感到自豪，同时应该看看贾德森·艾伦（Judson Allen）在参考书目中的引用书目。

所有这一切中，最为聪明敏锐的新批评论者所引起的严重危险，因注释学派的动议得到了极大的缓解，这就是新批评论在某种程度上处理的是诗歌的本质。当然，本质的概念与历史起源的概念相反。确实，新批评论者反对罗伯逊最出名的论点是他根本不了解诗歌是如何运作的。根据新批评论的原则，这当然是对的，但是注释论影响深远之处在于，他们生动地证明了诗歌如何运作，什么是诗歌，如何读诗——这些都是历史范畴的问题。换句话说，我们对一首诗是什么、它是如何运作的概念，是关于在我们时空中生效的文化影响的一项创造，仅此而已。无论我们的诗歌概念与雅典希腊、中世纪巴黎或伦敦的诗歌多么相似或一致，我们都必须加以证明，而不能简单地认为这是"自然的"。

讽刺的是，在中世纪研究中，这种新的历史意识是罗伯逊及其学派主要且最具生产力的持续影响。也就是说，他的实际研究，他在其著作中设想、体现的新历史主义的精确定义，从1950年代至今都对多数中世纪研究者的兴趣和志向产生了持续的影响。可以肯定的是，就像弗莱明和艾伦的著作一样，罗伯逊的研究在某些进行长期研究的——但只有少数的——研究者中发挥了其本应有的作用。不过，他对新批评论所声称的完全理解诗歌本质提出质疑，则为我们今后的研究铺平了道路。讽刺的是，尽管罗伯逊的研究过去是且基本上现在还是特别保守，他倒推历史这一点甚至可以说是反动的，尽管他的研究是冰冷的，只在特定条件下才能正确合理地理解诗的含义（许多人认为这是一个适合特定社会文化背景的研究），但他的研究在消除新批评论教条对该领域的绝对控制方面仍有意义，其他新历史主义者的研究也受到他的启发，反过来辩证地探求历史的进步或退步，他们几乎都是左倾的——或者用其自身（包括我自己）的话说——是"进步"的。

那么，中古英语文学研究的最新成果的方法论、意识取向、风格和语气在何处得到体现呢？一个回答是，我所描述的每一种研究趋势都在蓬勃发展，在其领域内创作出了思想新颖活泼的著作。在某种程度上，这一点很难否认。如果我们看朱利安·沃瑟曼（Julian Wasserman）和罗伯特·布兰奇（Robert Blanch）的《1980年代乔叟研究》（Chaucer in the Eighties）等选集，令我们震惊的不是1980年代之前无法出现的大量引注，而是1980年代这些作品与前二十年或三十年共享的连续性。但是其中也有很多全新的东西在此前绝不可能用同样的方式完成。与之前的研究相比，甚至仅从标题上就能看出风格截然不同，如希拉·德拉尼（Sheila Delany）的《重写女性：两种中世纪晚期文本中的性别和焦虑》（"Rewriting Women Good: Gender and the Anxiety of Influence in Two Late-Medieval Texts"），甚至是阿琳·戴蒙德（Arlyn Diamond）的小书《特洛伊罗斯与克瑞西达：爱的政治》（Troilus and Criseyde: The Politics of Love）。因为很明显，在一切时期，当今对文学研究的一大影响是理论的建构和发展，对此我已在古英语研究中提到。因此，我们目睹了大量针对受弗洛伊德、拉康或福柯心理学影响的女权理论的方法论和术语的涌现。

如果我们纵览目前关于中世纪文学的所有评论著作，不仅会看到基于重要的语言学家成果的研究，看到得益于新批评论深度阅读的发展的研究，看到受注释论严苛学术风格影响的研究，也会看到受马克思史学、女权主义理论、德里达解构主义等启发的研究。的确，由于"理论"这一概念涵盖了广泛的人文社科领域，人们会在一个乍看相当宏大的范围内找到对作者的引述。当代评论往往引用埃尔文·戈夫曼（Erving Goffman），也会引用基特里奇（Kittredge）、鲁特（Root）或曼利。那么，我们还会碰上什么名字的流派？正如我所说，许多研究都紧跟新批评论或注释论的先例。虽然并不自知属于何种流派，但这些研究与评论往往包括已故的约翰·加德纳（John Gardner）的《乔叟诗集》（*Poetry of Chaucer*），甚至包括其发表在《生活记录》（*Life Records*）上的篇名为《乔叟生平及其时代》（"The Life and Times of Chaucer"）的文章。在更复杂的层面上，我们看看堪称主流而无支流的研究，看看传统领域能够另结硕果的研究，例如阿尔弗雷德·大卫（Alfred David）的《娼妓缪斯：乔叟诗歌中的艺术与道德》（*Strumpet Muse: Art and Morals in Chaucer's Poetry*，1976），或罗伯特·布尔林（Robert Burlin）的《乔叟式小说》（*Chaucerian Fiction*，1977），或莫妮卡·麦卡尔平（Monica McAlpine）的《特洛伊罗斯与克瑞西达类型文学》（*Genre of Troilus and Criseyde*，1978）。继最初的罗伯逊主义者的研究之后，我们一方面发现了约翰·弗莱明的《理性与情人》（*Reason and Lover*，1984；该书专门研究《玫瑰传奇》[*Roman de la Rose*]，但在探究诗中奥古斯丁传统方面对英语文学学生有特别的启发），而另一方面则有贾德森·艾伦（Judson Allen）的其他作品如《中世纪后期的伦理诗学》（*The*

Ethical Poetic of the Later Middle Ages，1982）与特蕾莎·莫里茨（Theresa Moritz）的《故事的区别：乔叟坎特伯雷故事集的公平叙事链在中世纪的统一》（*A Distinction of Stories: The Medieval Unity of Chaucer's Fair Chain of Narratives for Canterbury*，1981）。艾伦的研究对学习中世纪文学评论的学生尤为有趣，因为他同时拥抱又抵制罗伯逊主义者的遗产，这生动地说明了该流派在中世纪研究领域中的定位。

许多在评论领域延绵不绝的东西也可在各种以专题为导向的论文集中找到，这种传播知识和观点的形式似乎越来越流行。在这一方面，人们可能想看看约翰·J. 伯克（John J. Burke）的《乔叟诗歌中的标志与符号》（*Signs and Symbols in Chaucer's Poetry*，1981）或戴维·杰弗里（David Jeffrey）的《乔叟和圣经传统》（*Chaucer and the Scriptural Tradition*，1984）。对那些有志探索注释论的人来说，两书很有价值。但是这类选集比比皆是，它们几乎从各种能想到的角度涵盖了中世纪文学和文化，其中最有意思的是托马斯·赫弗南（Thomas Heffernan）的《中世纪英格兰通俗文学》（*Popular Literature of Medieval England*，1985）和乔西·P. 坎贝尔（Josie P. Campbell）的《中世纪大众文化》（*Popular Culture in the Middle Ages*，1986）——这表明人们对中世纪研究所反映出的更为广泛的文化概念越来越感兴趣。相对而言，对高雅文学的研究有斯卡特古德（Scattergood）、舍伯恩（Sherborne）和巴洛的《中世纪晚期的英国宫廷文化》（*English Court Culture in the Later Middle Ages*，1983），而劳伦斯·罗伯茨（Lawrence Roberts）的《中世纪自然研究方法》（*Approaches to Nature in the Middle Ages*，

1982）和洛伊丝·艾宾斯（Lois Ebin）的《中世纪的方言诗歌》（*Vernacular Poetics in the Middle Ages*，1984）则都是以主题为导向的研究选集。托马斯·D. 库克（Thomas D. Cooke）的《14 世纪文学研究现状》（*Present State of Scholarship in Fourteenth-Century Literature*，1982）对当前研究做了综述，想必会引起所有人的兴趣，此书阐述了中世纪学者当前兴趣所在，尽管并非专注于英语文学。

当然，研究还在打基础的阶段，有着扎实可靠的成果（或应说是工作），它们常常具有重要意义，例如乔治·凯恩（George Kane）和唐纳森所著的《农夫皮尔斯》（*Piers Plowman*）的 B 文本，该书于 1975 出版；或是巴洛新版的《高文爵士与绿骑士》（*Sir Gawain and the Green Knight*，1982）。如果对此类工作背后的思想问题感兴趣，不妨阅读保罗·鲁吉尔斯（Paul Ruggiers）的历史著作《汇编乔叟作品：一项伟大的传统》（*Editing Chaucer: The Great Tradition*，1984）。查尔斯·摩尔曼（Charles Moorman）出色的《汇编中古英语手稿》（*Editing the Middle English Manuscript*，1975）对所有中世纪文学的读者都会有所启发。无论读者自己有无编辑经验，都可参考德雷克·皮尔索尔（Derek Pearsall）编的论文集《15 世纪英格兰的手稿和读者：手稿研究的文学意义》（*Manuscripts and Readers in Fifteenth-Century England: The Literary Implications of Manuscript Study*，1983）。同样学术扎实，并与新的方法和见解相结合，有资格列入时下流行作品的还有大卫·C. 福勒（David C. Fowler）的《中古英语文学中的〈圣经〉》（*The Bible in Middle English Literature*）、约翰·费勒（John Fyler）的《乔叟与奥维德》

（Chaucer and Ovid，1979），以及温思罗普·P. 韦瑟比（Winthrop P. Wetherbee）的《乔叟与众诗人：论〈特洛伊罗斯与克瑞西达〉》（Chaucer and the Poets: An Essay on Troilus and Criseyde，1984），它们主题、视角各异。V. A. 科尔伟（V. A. Kolve）的《乔叟与叙述想象：前五个坎特伯雷故事》（Chaucer and the Imagery of Narrative: The First Five Canterbury Tales，1984）以及阿拉斯泰尔·明尼斯（Alastair Minnis）那引人入胜又令人兴奋的《中世纪写作理论：中世纪晚期的经院哲学风格》（Medieval Theory of Authorship: Scholastic Attitudes in the Later Middle Ages，1984）都体现了史料研究的思想，对有耐性的人堪称最后一处避难所。

确实，上一段列表如果展开论述，可以扩充为整整一卷（对读者也有好处），不过必须到此为止了。如果提到了明尼斯，那怎么能不提明尼斯之前、同样有开创性的珍妮特·科尔曼（Janet Coleman）的《中世纪的作者与读者：1350—1400 年》（Medieval Readers and Writers: 1350-1400，1981）？行笔至此篇幅有限，只能提醒读者，本文——及后附的书目——相当专断，旨在引起更多研究，不能保证完全收录。

话虽如此，但还是让我简述——当然还是专断地——十年来或本书初版以来极大改变了中世纪文学评论的几件事，来结束我们这次旅行。概括地说，具有推动力的是文学理论；而具体地说，则是女权主义理论。在后者，自从 1975 年琼·费兰特（Joan Ferrante）的《中世纪文学中作为图像的女性：从 12 世纪到但丁》（Woman as Image in Medieval Literature from the Twelfth Century to Dante）出版以来，有许多有价值、有影响很大力的著作出现。在更新的领域也是如此，许多有趣的论述都以论文形式呈现，例如莫林·弗里斯（Maureen Fries）的《"另一种"声音：中世纪晚期英国文学中女性的歌，及其讽刺与超然》（"The 'Other' Voice: Woman's Song, Its Satire and Its Transcendence in Late Medieval British Literature），苏珊·斯科里班诺夫（Susan Scribanoff）的《将黄金从埃及带走：作为女性阅读的艺术》（"Taking the Gold out of Egypt: The Art of Reading as a Woman"），后者不是发表在中世纪期刊上，而是发表在一本关于女性主义理论的选集《性与阅读：关于读者、文本与语境的论文》（*Gender and Reading: Essays on Readers, Texts, and Contexts*）中，甚至也包括大卫·赫里希（David Herlihy）的《重新思考：女性有文艺复兴吗？》（"Did Women Have a Renaissance? A Reconsideration"）。此外也有著作，比如理查·J. 施莱德（Richard J. Schrader）的《上帝之作：早期日耳曼文学中的女性形象》（*God's Handiwork: Images of Women in Early Germanic Literature*, 1983），以及彼得·德龙克（Peter Dronke）的《中世纪女性作家：对从佩尔佩图阿（203 年）到玛格丽特·博雷特（1310 年）的文本批判研究》（*Women Writers of the Middle Ages: A Critical Study of Texts from Perpetua [+203] to Marguerite Porete [+1310]*）。

自不必说，更广泛的理论领域涵盖了各种各样的研究，且有许多研究方法。至少对我来说，回顾先行研究可以追溯到马克·阿姆斯勒（Mark Amsler）1980 年发表的《文学理论和中古英语文学体裁》（*Literary Theory and the Genres of Middle English Literature*），或者是莫顿·布鲁姆菲尔德（Morton Bloomfield）

1981 年发表在论文集《乔叟新论》(*New Perspectives on Chaucer*) 中的论文《当代文学理论与乔叟》("Contemporary Literary Theory and Chaucer"),之后应该深入阅读朱迪思·费斯特(Judith Ferster)的《解读乔叟》(*Chaucer on Interpretation*, 1985)或 R. A. 肖夫(R. A. Shoaf)的《但丁、乔叟和词语的传播:中世纪晚期诗歌中的金钱、形象与符号》(*Dante, Chaucer, and the Currency of the Word: Money, Images, and Reference in Late Medieval Poetry*, 1983),或大卫·埃尔斯(David Aers)的《乔叟、朗兰和创造性想象》(*Chaucer, Langland, and the Creative Imagination*, 1980),或他 1986 年出版的选集《批评,意识形态和历史》(*Criticism, Ideology, and History*)。和其他列表一样,本列表也会得到极大的扩展。不过即使只考察这种基于理论的评论,也能描绘出中世纪学者手中主要及相对"主流"的理论研究的许多内容。

当然,接下来的关键性转折发生于何处是无法预料的。最近几周,我听一些著名中世纪研究者说,即便是类似于旧式评论——前理论阶段——的研究也已宣告终结,对中世纪事物的研究很快就会回到更为"历史"(而非"理论")的状态。但是,从某种意义上说,这两种观点都不对。首先,真正有价值的东西从不消失,而是以自己的方式融入新的模式、方法,并被后者转化,而后者因此得到发展、繁荣并稳定下来。但其次,事物又总是一去不复返的。即使像罗伯逊主义者那样反动,也无法抛弃来自中世纪文学角度的现代的思辨,无法使其在奥古斯丁式的解读中停滞不前。各种流派也无法使注释论或当代理论家的影响消失。一旦出现了任何一本《乔叟作品导读》并为人所接受,那它在评论界就会有一席之地。德里达、福柯、拉冈或詹姆森也同样如此。

参考书目

我再强调一次，本列表无法覆盖全部书目。本列表包含了文中提及的所有书目及一些对我而言与文中书目同样重要的其他书目。本列表不含任何我在第一版中提及的书目，除非本文中再次提及。这纯粹是为了节省空间，避免重复，不代表未提及的书目已不重要。绝非如此。

Aers, David. Chaucer, *Langland, and the Creative Imagination*. London: Routledge, 1980.

——, ed. *Medieval Literature: Criticism, Ideology, and History*. New York: St. Martin's, 1986.

Allen, Judson Boyce. *The Ethical Poetic of the Later Middle Ages*. Toronto: Univ. of Toronto Press, 1982.

——, and Theresa Anne Moritz. *A Distinction of Stories: The Medieval Unity of Chaucer's Fair Chain of Narratives for Canterbury*. Columbus: Ohio State Univ. Press, 1981.

Amsler, Mark E. "Literary Theory and the Genres of Middle English Literature," *Genre* 13 (1980): 389-96.

Andrew, Malcolm. *The Gawain-Poet: An Annotated Bibliography, 1839-1977*. New York: Garland, 1980.

——, and Ronald Waldron, eds. *The Poems of the Pearl Manuscript*. Berkeley: Univ. of California Press, 1979.

Baugh, Albert C., ed. *Chaucer's Major Poetry*. New York: Appleton-Century-Crofts, 1963.

——, ed. *A Literary History of England*. 2d. ed. New York: Appleton-Century. Crofts, 1967.

Beale, Walter H. *Old and Middle English Poetry to 1500: A Guide to Information Sources*. Detroit: Gale, 1976.

Bennett, J. A. W., and Douglas Gray. *Middle English Literature*. Oxford: Clarendon, 1986.

Benson, Larry D., ed. *The New Riverside Chaucer*. Boston: Houghton Mifflin, 1987.

Berkhout, Carl T., and Milton McGatch, *eds. Anglo-Saxon Scholarship: The First Three Centuries*. Boston: Hall, 1982.

Bessinger, Jess B., Jr. *A Concordance to the Anglo-Saxon Poetic Records*. Programmed by Philip H. Smith, Jr.; Index of Compounds compiled by Michael W. Twomey. Ithaca, N.Y.: Cornell Univ. Press, 1978.

——. *A Short Dictionary of Anglo-Saxon Poetry*. Toronto: Univ. of Toronto Press, 1960.

Bethurum, Dorothy, ed. Critical *Approaches to Medieval Literature: Selected Papers from the English Institute, 1958-1959*. New York: Columbia Univ. Press, 1960.

Bloomfield, Morton W. "Contemporary Literary Theory and Chaucer." In Donald Rose, ed., *New Perspectives on Chaucer*, 23-36. Norman, Okla.: Pilgrim, 1981.

Boitano, Piero, ed. *Chaucer and the Italian Trecento*. Cambridge: Cambridge Univ. Press, 1983.

——, and Anna Torti, eds. *Intellectuals and Writers in Fourteenth-Century Europe*. Cambridge: Brewer, 1986.

Bolton, Whitney F., ed. *The New History of Literature*. Vol. 1, *The Middle Ages*. New York: Peter Bedrick, 1986.

Borden, Arthur R., Jr. *A Comprehensive Old English Dictionary*. Washington, D.C.:Univ. Press of America, 1982.

Bosworth, Joseph, and T. Northcote Toller. *An Anglo-Saxon Dictionary.* London: Oxford Univ. Press, 1898. *Supplement*, edited by T. Northcote Toller, 1921.

Brewer, Derek. *Chaucer and His World.* New York: Dodd, Mead, 1978.

Brown, Phyllis Rugg, Georgia Ronan Crompton, and Fred C. Robinson, eds. *Modes of Interpretation in Old English Literature.* Toronto: Univ. of Toronto Press, 1986.

Brunner, Karl. *An Outline of Middle English Grammar.* Translated by Grahame Johnston. Cambridge, Mass.: Harvard Univ. Press, 1963.

Bullough, Vern L., Serge Lusignan, and Thomas H. Ohlgren. "Report: Computers and the Medievalist." *Speculum* 49 (1974): 392-402.

Burke, John J., Jr., ed. *Signs and Symbols in Chaucer's Poetry.* University: Univ. of Alabama Press, 1981.

Burlin, Robert B. *Chaucerian Fiction.* Princeton: Princeton Univ. Press, 1977.

Burnley, David. A Guide to Chaucer's Language. Norman: Univ. of Oklahoma Press, 1984.

Burrow, J. A. *Medieval Writers and Their Work: Middle English Literature and Its Background 1100-1500.* Oxford: Oxford Univ. Press, 1982.

——. Ricardian Poetry: *Chaucer, Gower, Langland, and the Gawain-Poet.* New Haven: Yale Univ. Press, 1971.

——, ed. *Sir Gawain and the Green Knight.* New Haven: Yale Univ. Press, 1982.

Cameron, Angus, Allison Kingsmill, and Ashley Crandall Amos. *Old English Word Studies: A Preliminary Author and Word Index.* Toronto: Univ. of Toronto Press, 1983.

Campbell, Alistair. *Old English Grammar.* Oxford: Oxford Univ. Press, 1959.

Campbell, Josie P., ed. *Popular Culture in the Middle Ages.* Bowling Green, Ohio: Popular Press, 1986.

Cassidy, Frederic G., and Richard N. Ringler, eds. *Bright's Old English Grammar and Reader.* 3d ed. New York: Holt, 1971

Chambers, R. W. *Beowulf: An Introduction to the Study of the Poem, with a*

Discussion of the Stories of Offa and Finn. 3d ed., with a supplement by C. L. Wrenn. Cambridge: Cambridge Univ. Press, 1959.

——. *On the Continuity of English Prose from Alfred to More and His School.* Zncludes extract from the introduction to *Nicholas Harpsfield's Life of Sir Thomas More*, edited by E. V. Hitchcock and R. W. Chambers. Oxford: Oxford Univ. Press, 1932.

Chance, Jane. *Woman as Hero in Old English Literature*. Syracuse: Syracuse Univ. Press, 1986.

Coleman, Janet. *Medieval Readers and Writers: 1350-1400*. New York: Columbia Univ. Press, 1981.

Conquergood, Dwight. "Literary and Oral Performance in Anglo-Saxon England: Conflict and Confluence of Traditions." In David W. Thompson, Wallace A. Bacon, Eugene Bahn, Lee Hudson, and Alethea Mattingly, eds., *The Performance of Literature in Historical Perspective*. Lanham, Md.: Univ. Press of America, 1983.

Cooke, Thomas D., ed. *The Present State of Scholarship in Fourteenth-Century Literature*. Columbia: Univ. of Missouri Press, 1982.

Culler, Jonathan. *On Deconstruction: Theory and Criticism after Structuralism*. Ithaca, N.Y.: Cornell Univ. Press, 1982.

David, Alfred. *The Strumpet Muse: Art and Morals in Chaucer's Poetry*. Bloomington: Indiana Univ. Press, 1976.

Davis, Norman, Douglas Gray, Patricia Ingham, and Anne Wallace-Hadrill, comps. *A Chaucer Glossary*. Oxford: Clarendon, 1979.

Delany, Sheila. "Rewriting Women Good: Gender and the Anxiety of Influence in TWo Late-Medieval Texts." In Julian Wasserman and Robert Blanch, eds. *Chaucer in the Eighties*, 75-92. Syracuse: Syracuse Univ. Press, 1986.

DeNeef, A. Leigh. "Robertson and the Critics." *Chaucer Review 2* (1967): 205-34.

Diamond, Arlyn. "*Troilus and Criseyde*: The Politics of Love." In Julian Wasserman and Robert Blanch, eds., *Chaucer in the Eighties*, 93-103. Syracuse: Syracuse Univ. Press, 1986.

Donaldson, E. Talbot, ed. *Chaucer's Poetry: An Anthology for the Modern Reader*. New York: Ronald Press, 1958.

——. *Speaking of Chaucer*. New York: Norton, 1970.

Dronke, Peter. *Women Writers of the Middle Ages: A Critical Study of Texts from Perpetua (+203) to Marguerite Porete (+1310)*. Cambridge: Cambridge Univ. Press, 1984.

Eagleton, Terry. *Literary Theory: An Introduction*. Minneapolis: Univ. of Minnesota Press, 1983.

Ebin, Lois, ed. *Vernacular Poetics in the Middle Ages*. Kalamazoo, Mich.: Medieval Institute Publications, Western Michigan Univ., 1984.

Edwards, A. S. O., ed. *Middle English Prose: A Critical Guide to Major Authors and Genres*. New Brunswick, N.J.: Rutgers Univ. Press, 1984.

Edwards, Carol. "The Parry-Lord Theory Meets Operational Structuralism." *Journal of American Folklore* 96（1983）: 151-69

Ferrante, Joan. *Woman as Image in Medieval Literature from the Twelfth Century to Dante*. New York: Columbia Univ. Press, 1975.

Ferster, Judith. *Chaucer on Interpretation*. Cambridge: Cambridge Univ. Press, 1985.

Fleming, John V. *Reason and the Lover*. Princeton: Princeton, Univ. Press, 1984.

Flynn, Elizabeth A., and Patrocinio P. Schweikert, eds. *Gender and Reading: Essays on Readers, Texts, and Contexts*. Baltimore: Johns Hopkins Univ. Press, 1986.

Foley, John Miles. "Literary Art and Oral Tradition in Old English and Serbian Poetry." *Anglo-Saxon England* 12 (1983): 183-214.

Ford, Patrick K., and Karen G. Borst, eds. *Connections Between Old English and Medieval Celtic Literature*. Lanham, Md.: Univ. Press of America, 1985.

Fowler, David C. *The Bible in Middle English Literature*. Seattle: Univ. of

Washington Press, 1984.

Frank, Roberta. *Plan for the Dictionary of Old English*. Toronto: Univ. of Toronto Press, 1973.

Fries, Maureen. "The 'Other' Voice: Women's Song, Its Satire and Its Transcendence in Late Medieval British Literature." *Studies in Medieval Culture* 15 (1981): 155-78.

Fries, Udo. *Einführung in die Sprache Chaucers: Phonologie, Metrik und Morphologie*. Tubingen: Niemayer, 1985.

Fyler, John M. *Chaucer and Ovid*. New Haven: Yale University Press, 1979.

Gardner, John C. *The Life and Times of Chaucer*. New York: Knopf, 1976.

———. *The Poetry of Chaucer*. Carbondale: Southern Illinois Univ. Press, 1977.

Glasscoe, Marion, ed. *The Medieval Mystical Tradition*. Cambridge: Brewer, 1984.

Green, Martin, ed. *The Old English Elegies: New Essays in Criticism and Research*. Rutherford, N.J.: Fairleigh Dickinson Univ. Press, 1983.

Green, Richard Firth. *Poets and Princepleasers: Literature and the English Court in the Late Middle Ages*. Toronto: Univ. of Toronto Press, 1980.

Greenfield, Stanley B., and Daniel G. Calder. *A New Critical History of Old English Literature*. New York: New York Univ. Press, 1986.

Greenfield, Stanley B., and Fred C. Robinson, eds. *A Bibliography of Publications on Old English Literature to the End of 1979*. Toronto: Univ. of Toronto Press, 1980.

Grein, C. W. M. *Sprachschatz der angelsächsischen Dichter*. In collaboration with Ferdinand Holt hausen. Revised by J. J. Köhler. Heidelberg: Carl Winters Universitätsbuchhandlung, 1912.

———, and R. P. Wülcker, eds. *Bibliothek der angelsächsischen Prosa*. 13 vols. Kassel: G. H. Wigand, 1872-1900, and continued by H. Hecht, ed., Hamburg: Henri Grand, 1901-1933.

Heffernan, Thomas J., ed. *The Popular Literature of Medieval England*. Knoxville:

Univ. of Tennessee Press, 1985.

Herlihy, David. "Did Women Have a Renaissance? A Reconsideration." *Medievalia et Humanistica* 13（1985）: 1-22

Hill, David. *An Atlas of Anglo-Saxon England*. Oxford: Blackwell, 1981.

Holthausen, Ferdinand. *Altenglisches etymologisches Wörterbuch. Heidelberg*: Carl Winters Universitatsbuchhandlung, 1934.

Hoover, David L. *A New Theory of Old English Meter*. New York: Peter Lang, 1985.

Huppé, Bernard F. *Doctrine and Poetry: Augustine's Influence on Old English Poetry*. Albany: State Univ. of New York, 1959.

——. *The Hero in the Earthly City: A Reading of Beowulf Medieval and Renaissance Texts and Studies*, vol. 33. Albany: State Univ. of New York Press, 1984.

Jeffrey, David Lyle, ed. *Chaucer and Scriptural Tradition*. Ottawa: Univ. of Ottawa Press, 1984.

Jordan, Robert M. *Chaucer and the Shape of Creation: The Aesthetic Possibilities of Inorganic Structure*. Cambridge, Mass.: Harvard Univ. Press, 1967.

——. *Chaucer's Poetics and The Modern Reader*. Berkeley: Univ. of California Press, 1987.

Kane, George, and E. Talbot Donaldson, eds. *Piers Plowman: The B Version*. London: Athlone, 1975.

Kaske, Robert E. "Chaucer and Medieval Allegory." *ELH* 30 (1963): 175-92.

Klaeber, Friedrich, ed. *Beowulf and the Fight at Finnsburg*. 3d ed., with two supplements. Boston: Heath, 1950.

Kökeritz, Helge. *A Guide to Chaucer's Pronunciation*. New Haven, Conn.: Whitlock, 1954.

Kolve, V. A. *Chaucer and the Imagery of Narrative: The First Five Canterbury Tales*. Stanford, Calif.: Stanford Univ. Press, 1984.

Krapp, George P., and Elliott V. K. Dobbie, eds. *The Anglo-Saxon Poetic Records*. 6 vols. New York: Columbia University Press, 1931-53.

Lawton, David, ed. *Middle English Alliterative Poetry and Its Literary Background: Seven Essays*. Cambridge: Brewer, 1982.

Magoun, F. P., Jr. "Oral-Formulaic Character of Anglo-Saxon Narrative Poetry." Speculum 28 (1953): 446-67.

Mahler, Annemarie. "Art and Visual Imagery: A Methodology for the Study of Medieval Styles." *Yearbook of Comparative and General Literature* 21 (1972): 7-14.

Manly, J. M. "Chaucer and the Rhetoricians." In Richard J. Schoeck and Jerome Taylor, eds., *Chaucer Criticism*. Vol. 1, *The Canterbury Tales*, 268-90. Notre Dame, Ind.: Univ. of Notre Dame, 1960.

Mann, Jill. *Chaucer and Medieval Estates Satire: The Literature of Social Classes and the "General Prologue."* Cambridge: Cambridge Univ. Press, 1973.

A Manual of the Writings in Middle English, 1050-1500. Albert E. Hartung, general editor. New Haven: The Connecticut Academy of Arts and Sciences, 1967-present.

McAlpine, Monica E. *The Genre of Troilus and Criseyde*. Ithaca: Cornell Univ. Press, 1978.

Middle English Dictionary. Edited by Hans Kurath and his successors. Ann Arbor: Univ. of Michigan Press, 1952-

Middleton, Anne. "The Idea of Public Poetry in the Reign of Richard II." *Speculum* 53 (1978): 94-114.

Minnis, Alastair J. *Medieval Theory of Authorship: Literary Attitudes in the Later Middle Ages*. London: Scolar Press, 1984.

Moore, Samuel. *Historical Outlines of English Sounds and Inflections*. Rev. ed. Edited by Albert H. Marckwardt. Ann Arbor, Mich.: G. Wahr, 1951.

Moorman, Charles. *Editing the Middle English Manuscript*. Jackson: Univ. Press of Mississippi, 1975.

Mossé, Fernand. *A Handbook of Middle English*. Translated by James A. Walker. Baltimore: Johns Hopkins Univ. Press, 1950.

Muscatine, Charles. *Chaucer and the French Tradition*. Berkeley: Univ. of California Press, 1957.

Niles, John D. *Beowulf: The Poem and Its Tradition*. Cambridge, Mass.: Harvard Univ. Press, 1983.

Owen, Charles A., Jr. "The Crucial Passages in Five of the *Canterbury Tales*: A Study in Irony and Symbol." *Journal of English and Germanic Philology* 52 (1953): 294-311.

Patterson, Lee. *Negotiating the Past*. Madison: Univ. of Wisconsin Press, 1987.

Payne, Robert O. *The Key of Remembrance: A Study of Chaucer's Poetics*. New Haven: Yale Univ. Press, 1963.

Pearsall, Derek, ed. *Manuscripts and Readers in Fifteenth-Century England: The Literary Implications of Manuscript Study*. Cambridge: Brewer, 1983.

Peck, Russell A. "Public Dreams and Private Myths: Perspective in Middle English Literature." *PMLA* 90(1975): 461-68.

Penninger, Frieda E. *English Drama to 1660 (excluding Shakespeare): A Guide to Information Sources*. Detroit: Gale, 1976.

Pickering, Frederick. *Literature and Art in the Middle Ages*. Coral Gables: Univ. of Miami Press, 1970.

Plummer, Charles, ed. *Two of the Anglo-Saxon Chronicles Parallel, with Supplementary Extracts from the Others ... on the Basis of an Edition by John Earle*. 2 vols. Oxford: Clarendon, 1892-99.

Pope, John Collins, ed. *The Homilies of Aelfric: A Supplementary Collection*. Early English Text Society, vol. 259. London: Oxford Univ. Press, 1967.

——. *The Rhythm of Beowulf*. Rev. ed. New Haven: Yale University Press, 1966.

——, ed. *Seven Old English Poems*. Indianapolis: Bobbs-Merrill, 1966.

Pratt, Robert A., ed. *The Tales of Canterbury*. Boston: Houghton Mifflin, 1974.

Quinn, William A., and Audrey S. Hall. *Jongleur: A Modified Theory of Oral Improvisation and Its Effects on the Performance and Transmission of Middle*

English Romance. Washington, D.C.: Univ. Press of America, 1982.

Quirk, Randolph, and C. L. Wrenn. *An Old English Grammar*. 2d ed. London: Methuen, 1958.

Raw, Barbara C. *The Art and Background of Old English Poetry*. London: Arnold 1979.

Rice, Joanne A. *Middle English Romance: An Annotated Bibliography, 1955-1985*. New York: Garland, 1987.

Roberts, Lawrence D., ed. *Approaches to Nature in the Middle Ages*. Binghamton, N.Y.: Binghamton Center for Medieval and Early Renaissance Studies, 1982.

Robertson, D. W., Jr. "Historical Criticism." In *English Institute Essays, 1950*. Edited by Alan S. Downer. New York: Columbia Univ. Press, 1951.

——. *A Preface to Chaucer: Studies in Medieval Perspectives*. Princeton: Princeton Univ. Press, 1967.

Rose, David L., ed. *New Perspectives on Chaucer*. Norman, Okla.: Pilgrim, 1981.

Rowland, Beryl, ed. *A Companion to Chaucer Studies*. Rev. ed. Toronto: Oxford Univ. Press, 1979.

Ruggiers, Paul G. *Editing Chaucer: The Great Tradition*. Norman, Okla.: Pilgrim, 1981.

Russell, Jeffrey B. *Lucifer: The Devil in the Middle Ages*. Ithaca, N.Y.: Cornell Univ. Press, 1984.

Scattergood, V. J., and J. W. Sherborne, eds. *English Court Culture in the Later Middle Ages*. With an introduction by J. A. Burrow. New York: St. Martin's, 1983.

Schrader, Richard J. *God's Handiwork: Images of Women in Early Germanic Literature*. Westport, Conn.: Greenwood, 1983.

Scribanoff, Susan. "Taking the Gold out of Egypt: The Art of Reading as a Woman." In Elizabeth A. Flynn and Patrocinio P. Schweikert, eds., *Gender and Reading: Essays on Readers, Texts, and Contexts*. Baltimore: Johns Hopkins Univ. Press, 1986.

Shoaf, R. A. *Dante, Chaucer, and the Currency of the Word: Money, Images, and Reference in Late Medieval Poetry*. Norman, Okla.: Pilgrim, 1983.

——. *The Poem as Green Girdle: Commercium in Sir Gawain and the Green Knight*. *Gainesville*: Univ. Press of Florida, 1984.

Skeat, Walter William, ed. *Aelfric's Lives of Saints*. Early English Text Society, vols. 76, 82, 94, 114. London: N. Trübner, 1881-1900.

Stafford, Pauline. *Queens, Concubines and Dowagers: The King's Wife in the Early Middle Ages*. Athens: Univ. of Georgia Press, 1983.

Stenton, F. M. *Anglo-Saxon England*. 3d ed. Oxford: Clarendon, 1971.

Sweet, Henry, ed. *King Alfred's Orosius*. Early English Text Society, vol. 79. London: N. Trübner, 1883.

Szarmach, Paul E., ed. *Sources of Anglo-Saxon Culture*. Kalamazoo, Mich.: Medieval Institute of Western Michigan Univ. 1986.

Theiner, Paul. "Robertsonianism and the Idea of Literary History." *Studies in Medieval Culture* 6/7 (1976): 207-16.

Utley, Francis L. "Robertsonianism Redivivus." *Romance Philology* 19 (1965): 250-60.

Vance, Eugene. "Mervelous Signals: Poetics, Sign Theory, and Politics in Chaucer's *Troilus*." *New Literary History* 10 (1979): 292-337.

A Variorum Edition of the Works of Geoffrey Chaucer. Norman: Univ. of Oklahoma Press, 1979-.

Wasserman, Julian N., and Robert J. Blanch, eds. *Chaucer in the Eighties*. Syracuse: Syracuse Univ. Press, 1986.

Wetherbee, Winthrop P. *Chaucer and the Poets: An Essay on Troilus and Criseyde*. Ithaca, N.Y.: Cornell Univ. Press, 1984.

Whitelock, Dorothy, ed. *Sermo Lupi ad Anglos*. 3d ed. New York: AppletonCentury-Crofts, 1966.

Woods, J. Douglas, and David A. E. Pelteret, eds. *The Anglo-Saxons: Synthesis and*

Achievement. Waterloo, Ont.: Wilfrid Laurier Univ. Press, 1985.

Wrenn, Charles Leslie, ed. *Beowulf, with the Finnesburg Fragment.* 3d ed., fully revised by Whitney F. Bolton. London: Harrap, 1973.

——. "On the Continuity of Old English Poetry." *Anglia* 76 (1958): 41-59.

Zacher, Christian K. *Curiosity and Pilgrimage: The Literature of Discovery in Fourteenth-Century England.* Baltimore: Johns Hopkins Univ. Press, 1976.

中世纪拉丁哲学

爱德华·A. 西纳

不同信仰的三个群体滋养了中世纪的哲学：犹太教徒、基督徒和穆斯林。由于教会希腊教父们的博学以及东部罗马帝国的相对稳定，东方的说希腊语的基督徒们从古典时代到中世纪结束，无间断地保留了哲学传统。1453 年，君士坦丁堡被穆斯林军队攻陷，拜占庭的难民逃往西方，为后者提供了古代希腊哲学文本——尤其是柏拉图的《对话录》，同时也提供了语言方面的指导。当西方人对两者热情推崇的同时，拉丁学者在东方却影响有限。与上述情况相对的是，奥古斯丁与阿奎那的经典著作在 13—14 世纪才被翻译成希腊文（参见 Valoriani and Rackl）。

三个哲学群体依其信仰而区分，说明了一个怎么强调也不过分的重要事实。犹太会堂、基督教堂和清真寺培养的智者们认为，希腊、罗马的哲学传统珍贵却不完整；尽管三个阵营中都存在反对意见，不过，学者们不仅热衷恢复、保存古代异教徒的哲学，同时也热衷修正、扩展他们的智慧。

犹太与伊斯兰哲学家出于文化与地理的原因，在哲学方面常常先于拉丁世界的基督徒。斐洛（约公元前 20 年—公元 50 年）是亚历山大的犹太人，据信他是首个将《圣经》与希腊哲学用理性神学联系起来的人（参见 Wolfson）。萨阿迪亚·果昂（Saadia Gaon，活跃于 10 世纪）则将犹太信仰与修正柏拉图主义和亚里士多德主义联系起来；犹太诗人犹大·哈列维（Judah ha-Levi, 1080—1140）利用哲学文献说明他所谓的哲学家的虚伪。

伊斯兰教中，哲学在 11 世纪基督化世纪受到"艾什尔里派"（Asharite）神学家的严重挑战，不过由于穆斯林学者积极努力，希腊哲学文献最初是从阿拉伯语被翻成拉丁语，而非直接由希腊语译来。亚里士多德著作主要以这种途径引进，除了《范畴篇》（Categories）和《解释篇》（On Interpretation）外，这两本书系由波爱修斯（Boethius）介绍给拉丁学者的。在此之后，这些著作才由希腊原典直接翻译为拉丁文，此项工作据信是罗伯特·格罗斯泰斯特（Robert Grosseteste，约 1175—1253）以及多明我会修士穆尔贝克的威廉（William of Moerbeke，约 1215—1286）完成的。

犹太作家习惯上用阿拉伯语而非希伯来语写作，往往使基督徒读者误会其身份。所罗门·伊本·盖比鲁勒（Solomon Ibn Gabirol，约 1020—约 1050），也就拉丁学界所谓的"阿维斯布隆"（Avicebron）或"阿维森布罗"（Avicembrol），被奥弗涅的威廉（William of Auvergne，约 1180—1249）当成是穆罕默德之前的阿拉伯人基督徒；焦尔达诺·布鲁诺（Giordano Bruno，约 1548—1600）认为他是穆斯林。盖比鲁勒直到 19 世纪才由所罗门·蒙克（Solomon Munk）确定是犹太人。在整个中世纪，盖比鲁勒的《生命泉》（Fons vitae）一般被认为是穆斯林著作，被广泛引用来支持两种哲学立场：质料形式论（hylomorphism）的普遍性与实体形式的多样性。广为人知的拉比摩西·本·迈蒙（Moses ben Maimon,

1135—1204）的《迷途指津》（*Guide for the Perplexed*）和较少人知道的巴赫亚·伊本·帕库达（Bahya Ibn Pakuda，活跃于 1050—1100 年）的《心的职责》（*Duties of Hearts*）虽然是以阿拉伯语写成，却被视为犹太人的著作。一些著名穆斯林学者们参与了伊斯兰教内部关于哲学作用的论争：肯迪（Al-Kindi，死于 875 年）以及法拉比（Al-Farabi，870-950）支持运用哲学，而阿沙里（Al-Ashari, 873-935）与加扎里（Al-Ghazzali, 1058-1111）反对运用哲学。对拉丁学界来说，一切伊斯兰学者中最重要的当属伊本·西纳（Ibn Sina，即"阿维森那"[Avicenna], 980-1037）和伊本·鲁世德（Ibn Rushd，即"阿维罗伊"[Averroes], 1126-1198），后者被授予光荣的"注释者"称号，该荣誉用以表彰其对亚里士多德艰深著作杰出而细致的评论。阿维森那与阿维罗伊对基督徒思想家产生了重要影响，其中包括托马斯·阿奎那（Thomas Aquinas，1225-1274）和邓斯·司各脱（John Duns Scotus，1266-1308）。

　　拉丁学界通过那些支持哲学的学者著作了解到穆斯林反对哲学的情况。摩西·本·迈蒙在其《迷途指津》中描述并批评阿沙里犯了"机会论"的错误，阿维罗伊在其《不一致的不一致性》（*Incoherence of the Incoherence*）与《调和》（*Harmony*）一书中回应了加扎里的《哲学的不一致性》（*Incoherence of Philosophy*），且用词更为积极（参见 Hourani）。彼得·阿伯拉尔（Peter Abelard, 1079-1142）描述了一个犹太人、一个穆斯林哲学家和一个基督徒讨论人类存在的终极目的与最终的善，并由自己扮演裁判，为这场旷日持久的中世纪危机提供了启示（参见 Thomas; Payer）：犹太人有犹太教圣典，基督徒有《旧约》与《新约》，而穆斯林没有经典，只有人类理性，是严格意义上的"哲学家"。

以上一些内容反映到了中世纪文学中。但丁相信，他知道当末日来临时"智者的大师亚里士多德"和"伟大的注释者阿维罗伊"的位置何在。乔叟在追随阿尔弗雷德大王和伊丽莎白一世的同时，也用英文翻译了基督徒哲学家波爱修斯（约 480—524）的著作。波爱修斯被认为是整个中世纪甚至之后时代一切基督徒作家的主要"权威"（参见 Patch）。托马斯·阿奎那告诉塞浦路斯王如何在"圣战"的时代做一个好国王，他的意见虽然完全是基督徒的，但却充满了亚里士多德的政治学概念（参见 Phelan-Eschmann）。中世纪哲学思辨对想精通西方中世纪文学或政治生活的人而言是一个重要的辅助工具。

在此，我简单介绍学界对中世纪哲学的研究；其次，要介绍目前研究的背景；最后，要提及一些研究的不足。

中世纪学者对其同代人，往往只会给出非常模糊的信息，无论是友是敌都只有一句"有人说过"（quidam dicunt）。英国人文主义者索尔兹伯里的约翰（John of Salisbury，约 1115—1180）却是一个例外，他的著作可靠地记录下了他所见到的巴黎学派关于许多哲学问题的讨论（参见 Webb）。稍晚的圣维克多的戈弗雷（Godfrey of Saint-Victor，约 1130 年—1194 年之后）在其《哲学之泉》（*Fons philosophiae*）中提到了同样的场景（参见 Michaud-Quantin; Synan），不过他更倾向于嘲讽而非记录。对中世纪学者而言，"哲学史"是关于古代哲学的历史，他们对此既没有文献可查，又没有必要的技巧。一个典型的例子是沃尔特·博里（Walter Burleys，约 1275—1344 年之后）的《论古代哲学家与诗人的生活与生活方式》

(*On the Life and the Way of Life of Ancient Philosophers and Poets*)，此书是沿袭且很有可能基于博韦的樊尚（Vincent of Beauvais，约1190—1264）的《学理宝鉴》（*Speculum doctrinale*）写成的轶事集。

神学家使用异教徒写成的哲学著作的行为得到了托马斯·阿奎那的辩护：他在其研究波爱修斯的《论三一》（*De trinitate*）中（2,3,To 5; 参见 Maurer, 50）提出，福音书中提到的迦拿的奇迹（约翰福音 2:1-11）即"哲学之水"被转化成了"神学之酒"。他的同代人波拿文都拉（Bonaventure，约1220—1274）在"六日创世讨论会"（Conferences on the Hexaemeron, 3, 7）中反驳道："神学之酒"不应被"哲学之水"所冲淡。虽然有波拿文都拉的反对意见（代表了一批有影响力的人的看法），不过神学家的著作可找到大多数的中世纪哲学文献，他自己的当然也不例外。但是，也有不受神学背景影响的"人文大师"的著作，尤其是布拉班德的西格（Siger of Brabant，约1235—约1282）以及四大丹麦人文主义者：约翰、西蒙、马丁、波爱修斯（John, Simon, Martin, and Boethius），他们都"来自达西亚"（参见各位作者的著作），都对亚里士多德语法、逻辑、认识论的成熟分析与发扬宣告了未来的发展（参见 *Cambridge History of Later Medieval Philosophy*）。

"发难式"著作大量出现，从12世纪中叶开始形成了一种新的哲学问题意识，这取代了柏拉图-普罗提诺的主导地位——奥古斯丁将其威名加在了西方哲学活动中——这在拉丁语译著中尚属首次。这不可避免地带来了对感知和抽象知识的新分析、对生命科学的新兴趣以及对伦理政治理论的新进展，还有对总体自然科学的新认识，最后，还引起了作为存在的科学（as being）——

形而上学的产生。这一切都可在亚里士多德著作中找到共同源头（参见《亚里士多德拉丁文选》[*Aristoteles latinus*]），而它们在中世纪则并非一种哲学。当时有学者不仅完全支持柏拉图主义，而且还在奥古斯丁建立的基准下为此辩护，而亚里士多德著作中留下的概念与术语则为反对者提供了灵感。熙笃会士阿兰·德·里尔（Alan of Lille，约1128—1203）对此评价称，"权威的鼻子好比是蜡的，可以向两头扭"（On Catholic Faith 1:30; PL 210.333）。

中世纪哲学思辨的这些特点，使得想要复原长达几个世纪、理解我们自己和这个世界的论争的研究者遇上了重重困难。印刷术在传播当代哲学方面发挥的作用并不如我们想的那么大。尽管印刷术扩大了传播范围，但它也充当了审查工具，博学的印刷商－编辑可以决定哪些书应予印刷；市场需求及适应市场的人文主义对此有发言权。海因（Hain）《书目索引》（*Catalogus*）的价值之一，便是它冷静考察了1500年前有所著述的中世纪作家。基督徒作者是使用哲学之"水"的神学家，并不令人吃惊的是，托马斯·阿奎那一人便有215种书得以出版，奥古斯丁则有168本书出版，波拿文都拉113本，波爱修斯78本，大阿尔伯特（Albert the Great）45本，邓斯·司各脱41本，罗马的吉列（Giles of Rome）37本，奥卡姆18本，黑尔斯的亚历山大（Alexander of Hales）4本，以及索尔兹伯里的约翰（John of Salisbury）1本。阿维森那比阿维罗伊名气更大，前者有25本书出版，后者仅有4本出版。

至于编辑－出版商那种人文主义的反经院哲学的偏见，则成了非正式的审查工具，因为在一个印刷术流行的时代，手稿不复存在。许多人文主义者轻视经院哲学——不过还是有一些重要的例外。马尔西利奥·费奇诺（Marsiglio Ficino，1433-1499）在许多方面来说是一个托马斯主义者（参见 Collins），而皮科·德拉·米兰多拉（Pico della Mirandola，1463-1494）很好地借用了根特的亨利（Henry of Ghent，死于1293年）的思想，尽管后者服膺人文主义思想（参见 Dulles）。崇拜古典时代"经典作品"（good literature）的拥趸们最鄙视的经院哲学学科便是中世纪逻辑学。对人文主义者而言，中世纪逻辑复杂得毫无必要，语言表达上粗俗不堪，关注问题极为愚蠢。彼得斯·拉米斯（Peter Ramus，1515-1572）不承认中世纪对逻辑学的贡献，而以一种代表他那个时代的、新的、更简单的逻辑学代替中世纪逻辑学，而在我们的时代，那种逻辑学不过是一种好奇心而已（参见《论拉米斯》[de la Ramee; Ong]）。圣托马斯的约翰（John of Saint Thomas，1589-1644）编纂了一本经院哲学巨著《逻辑》（Logica），此书目前得到了重新关注。

在17世纪基督教世界中尚不成熟的宗教和解内出现"新教经院哲学"（参见 Petersen, Armstrong, Beardslee, Ritschl）之前，经院哲学不仅遭遇了宗教改革派从教义上的反对，也受到人文主义者从文化上的反对——无论反对者来自天主教还是新教。除了对根植于中世纪的哲学的反对，还有对吉尔松（Gilson）所谓"特图良家族"的持续性抵制（参见 Gilson,《理性与启示》[Reason and Revelation]，10）。他们非常焦虑，希望免于被说成使徒所说的"有人用他的理学和虚空的妄言把你们掳去"（歌罗西书 2:8）。

无论如何，第一流的哲学家F.培根（F. Bacon，1561-1626）、R.笛卡尔（R. Descartes，1596-1650）、斯宾诺莎 B.（B. Spinoza，1632-

1677）、J. 洛克（J. Locke, 1632–1714）、G. 贝克莱（G. Berkeley, 1685–1753）以及 D. 休谟（D. Hume, 1711–1776），虽然各有千秋，但对于启迪新的哲学思想却有共通之处；中世纪的历史对他们影响有限。G. W. 莱布尼茨（G. W. Leibniz, 1646–1716）的博学有很多是来自经院哲学的严肃知识，但如果没有意识到，这位阐述单子和逻辑微积分的哲学家与自我感觉从"一般经院哲学"解放出来的莱布尼茨有天壤之别，那将是非常愚蠢的。

经院哲学在 17 世纪的大学里（甚至大学外）影响持久，对此（包括中世纪哲学）的历史性考察出现于 17—18 世纪，主要由德国的大学教授完成；这将为伟大的 19 世纪的中世纪哲学史的开拓者奠定基础，其中著名者即下面将要谈到的库赞（Cousin）和奥雷欧（Haureau）。中世纪哲学著作处处可见：奥卡姆的《总体逻辑概要》（*Summa totius logicae*）由牛津大学在 1665 年出版，有理由相信，休谟知道奥卡姆的立场。1616 年，阿伯拉尔一些重要文章的选集在巴黎大学出版（参见 Amboise）。

在另一方向上，让·马比雍（J. Mabillon, 1632–1707）奠定了现代对中世纪哲学的研究基础；这位本笃会士更新并修正了古文书学和古文字学，使其更具科学性，此举旨在回应耶稣会以波朗德（J. Bolland, 1596–1665）和 D. 帕佩布罗施（D. Papebroch, 1628–1714）为代表的"波朗德派"的挑战。马比雍的同事圣莫尔小兄弟会（Congregation of Saint Maur）会士写了一系列关于教会神父和中世纪教会作者的论文，在品质和数量上都很出色（参见 Shook）。圣莫尔会士完成了《法国文学史》（*Histoire litteraire de la France*）的前 12 卷。L. A. 意大利的穆拉托里（L. A. Muratori,

1672—1750）辨析了中世纪史料中的史实与传说，集中体现在其《论意大利的作家》(*Rerum Italicarum scriptores*)一书中。贵族或者爬上贵族阶级的新兴中产阶级关注中世纪关于等级的历史——他们渴望加入上流社会。骑士制度、哥特式建筑、流浪诗人吸引了他们的注意力（参见 Gossman）。詹森（C. Jansen, 1585—1638）的《奥古斯丁》(*Augustinus*)一书引起了针对教会的巨大争议，而历史中的教士受到了关注。

虽然以上主题不能尽述中世纪哲学，但确实推进了史学史研究方法的发展，而且，它们在史料积累方面做出了贡献，使后世得以一览中世纪的哲学。除了天主教阵营继续了中世纪以来的思考，耶稣会士弗兰切斯科·苏亚雷斯（Francesco Suarez, 1548—1617）令人生畏的学问也对一系列新教哲学家产生了影响：受影响者包括莱布尼茨（前已述及）、C. 沃尔夫（C. Wolff, 1679—1754）以及 A. G. 鲍姆加登（A. G. Baumgarten, 1714—1762）。这些哲学传统促成了伊曼努尔·康德（Immanuel Kant, 1724—1804）的哲学；其信条自然地成为康德成熟的"批判哲学"的主要目标。

中世纪哲学本会迎来复兴，然而，虽然复兴的理由不少，但其特点都是非哲学的。其中一大动机便是保护人类共同体的道德、政治福祉。在法国大革命前夕，大主教兼里昂伯爵，安托万·德·蒙塔泽（Antoine de Malvin de Montazet, 1712—1788）为一部他下令编写、面向其教区的平信徒学生与学员的哲学手册写过序言，他用优秀的拉丁文写下他编写此书的理由：

在这个险恶时代，比起"恐怕有人用他的理学和虚空的妄言""掳去"我们天真青年（歌罗西书 2:8），他们用了种种方式，用了一切娱乐的、智慧的诱惑，像小偷一样潜入我们的意识。到处是数量猛增的智者，他们集思广益，决定要毁掉所有信仰和道德的信条（参见《教育哲学》[Institutiones philosophicae]）。

这位大主教兼伯爵想要的是适合基督教社会成员的一种哲学，而他面临的威胁并不夸张，因为此书写于 1782 年，十年后法国将迎来"恐怖统治"时期（the Terror）。教宗利奥十三世（生于 1810 年，1878—1903 年在位）也有同样担忧，更可引起他对中世纪思想复兴的向往。

大革命与拿破仑战争之后，欧洲没有什么地方比德意志各国所受的创伤更大。但是，滑铁卢战役之后仅仅四年，开放德意志中世纪历史史料协会（Society for Opening the Sources of German Mediaeval History）就在奥地利皇帝、国王、亲王以及德意志自由城邦的支持下，于法兰克福成立了。1826 年，《德意志历史文献》（Monumenta Germaniae Historica）第一卷出版，该系列丛书一直持续至今。许多发表在上面的文章都对我们中世纪哲学的研究做出了贡献，但其创始人却旨在恢复德意志史诗般的历史。

尽管法国是席卷了整个欧洲封建制度的革命中心，但法国人在探究本国中世纪历史时却主要出于爱国的目的，很少涉及哲学。法国在中世纪哲学的科学研究方面出现了许多开拓式的人物：V. 库赞（V. Cousin, 1792-1867）、J. M. 杰兰多（J. M. Gerando, 1772-1842）以及 C. 德·雷慕沙（C. de Remusat, 1797-1875）。

库赞在两个流派的建立上起了重要作用：从手稿中汇编原始文献，以及解读哲学动向。1826 年，库赞发表了《哲学残章》（*Fragments philosophiques*），并在 1828 年主讲一门哲学史课程；中世纪哲学是两者共同的特点。用他自己的话来说，他对阿伯拉尔作品的汇编是"一项既有爱国思想又有哲学意味的任务"（参见 Cousin, Outrages inedits, vi）。"爱国"是因为"经院哲学属于法国"（同上, i），法国人坚定不疑地认为，中世纪哲学就是法国的事物，这种认识来自道德政治科学学院（Academy for Moral and Political Sciences）于 1845 年设置的"对经院哲学最佳评判性考察"的奖项（参见 Haureau, *De la philosophie*, i, ii），主办方将范围限制在法国，特别是巴黎大学，要求参加者尽量远离神学——达到中世纪神学和哲学"亲密关系"所能达到的最远距离。1848 年，奥雷欧（Haureau）赢得了该奖项，他的著作于 1850 年出版，即两卷本的《论经院哲学》（*De la philosophie scolastique*），并于 1872 年将其扩充为三卷本的《经院哲学史》（*Histoire de la philosophie scolastique*）。奥雷欧在 1848 年的书中谨慎且简短地引用了其前辈的著作。这些开拓者应在文末的参考书目中全数列出。和库赞一样，奥雷欧一开始收集了手稿的转写文本，本来想要主持编纂一套六卷本的《国家图书馆藏拉丁文手稿笔记摘抄》（*Notices et extraits de quelques manuscrits latins de la bibliotheque nationale*），再加上一个手写索引：《B. H. 字母顺序主要手稿及书籍中的中世纪拉丁文献索引》（*Initia operum scriptorum latinorum medii potissimum aevi ex codicibus manuscriptis et libris impressis alphabetice digessit B.H.*），一共八卷本。

库赞和奥雷欧确定了中世纪哲学中的哪些著作在复原、解读文本后有所拓展。虽然哲学不是神学，但神学的目的持续地刺激着哲学的发展，只是并不总能令教会满意。F. R. 德·拉梅内修士（F. R. de Lamennais, 1782–1845）大力宣扬教宗权力，逝世时却被开除教籍；L. 波担（L. Bautain, 1796–1867）被认为推崇信仰高过理性，却被反复要求宣誓其信仰正统；A. 邦内特（A. Bonnety, 1798–1879）编纂过《基督教哲学年鉴》（Annales de la Philosophie Chretienne），却因其对波拿文都拉和阿奎那的评论遭受调查。

与这些被认为削弱了哲学理性的学者相反，另一些学者则被认为盲从于理性。因此，G. 埃尔姆（G. Hermes, 1775–1831）、A. 君特（A. Gunther, 1783–1863）、G. C. 乌巴戈（G. C. Ubaghs, 1800–1875），甚至 A. 罗斯米尼·塞尔巴蒂（A. Rosmini-Serbati, 1797–1855）都被认为引入了与信仰不相容的哲学立场与信仰。当时宗教人士在日渐敌对的气氛中寻找哲学基础，I. M. 克莱缪（I. M. Cremieux, 1796—1880）在巴黎众议院针对主教质疑世俗性大学的一番话生动地反映了 18 世纪中叶的气氛：

> 刚刚发言的议员指控大学培养的一代人腐蚀了法国，策划了 1848 年起义。我请他告诉内阁，是谁培养了腐蚀 18 世纪、制造 1793 年事件的一代人？当时还没有这所大学，当时还不存在"垄断"，即便有，也是倾向教士的……是你们亲手培养的一代人制造了 1793 年的事件，就算这所大学不比你们强，也绝不会比你们差。停止对她的控诉；你们会搬起石头砸自己的脚！（参见《基督教哲学年鉴》, 1871, 365）

在这种背景下，一些哲学教授希望通过中世纪思想——特别是阿奎那的思想——使社会复兴。他们促使社会对中世纪哲学（及神学）重燃兴趣。其中一位教授是约瑟夫·佩奇（Joseph Pecci, 1807–1890），他的兄弟约阿基姆（Joachim, 1810–1903）后来成为教宗利奥十三世（Pope Leo XIII），其通谕《论永恒之父》（Aeterni Patris）标志着中世纪与托马斯主义的复兴。教宗成立了利奥委员会（Leonine Commission），命其大量地编纂阿奎那著作。这项计划目前仍在继续，最近几十年所编的几卷具备很高的学术价值。在另一方向上，教宗支持鲁汶天主教大学（Catholic University of Louvain［Leuven］）的 D. 梅西耶（D. Mercier, 1851–1926）的工作，后者将中世纪思想与现代科学联系起来。同时，委员会也推进出版了较小篇幅的《全集》（Opera omnia），包括许多中世纪人物，如阿奎那、阿尔伯特大师、波拿文都拉、邓斯·司各脱、伦巴第的彼得（Peter Lombard）和黑尔斯的亚历山大。其中多数内容是对早先版本的重印，不过对司各脱、阿尔伯特，还有最近编写的奥卡姆的威廉及其相关人物，新版本也不逊色于委员会的版本。

与文献的大量出版同时发生的，是关于中世纪哲学（至少部分相关）的期刊大量涌现。《新经院哲学评论》（The Revue neoscolastique, 1 [1894]: 8）可以引用的杂志有《罗马圣托马斯学院》（Accademia Romana di San Tommaso）、《圣托马斯》（Divus Thomas，皮亚琴察 [Piacenza]）、《基督教哲学年鉴》（Annales de la Philosophie Chretienne）、《哲学与思辨神学年刊》（Jahrbuch fur Philosophie und speculative Theologie）《哲学年刊》（Philosophisches Jahrbuch）、《托马斯主义评论》（Revue Thomiste）以及《哲学史档案》

（*Archiv fur Geschichte der Philosophie*）。20 世纪则有《方济各会历史档案》（*Archivum Franciscanum Historicum*, 1908）、《托马斯学》（*La Ciencia Tomista*, 1910）及同名的《圣托马斯》（*Divus Thomas*, 1914；最初由维也纳大学及柏林大学发行，1923 年之后由瑞士的弗莱堡［Freiburg］大学发行，1969 年之后被《托马斯主义文献评论》[*Rassegna di Letteratura Tomistica*] 取代）、《天使》（*Angelicum*, 1924）、《当代经院哲学》（*The Modern Schoolman*, 1925）、《中世纪宗教与文学历史档案》（*Archives d'histoire doctrinale et litteraire du moyen age*, 1926）、《经院哲学》（*Scholastik*, 1926）、《新经院哲学》（*The New Scholasticism*, 1927）、《多明我会档案》（*Archivum Fratrum Praedicatorum*, 1930）、《托马斯主义者》（*The Thomist*, 1939）、《哲学杂志》（*Tijdschrift voor Filosofie*, 1939）、《阿奎那》（*Aquinas*, 1958）以及《生态箱》（*Vivarium*, 1963）。此外，在 19 世纪还出现了《法国古文献学校文库》（*Bibliotheque de Ecole des chartes*, 1839）以及《本笃会评论》（*Revue Benedictine*, 1884）

《论永恒之父》通谕与第二次梵蒂冈会议之间的 80 年在教会内部被理解为"利奥的托马斯主义"（Leonine Thomism）的时代。1925 年，大西洋这边的中世纪学者成立了美国中世纪学会（Medieval Academy of America），并于次年发行了其刊物《镜》（*Speculum*）。鲁汶大学的研究生 G. B. 费伦（G. B. Phelan, 1892–1965）及 E. 吉尔森（E. Gilson, 1884–1978）于 1929 年在多伦多协助建立了中世纪研究学院（Institute of Mediaeval Studies）；1939 年，该组织成为宗座学院，并发行期刊《中世纪研究》（*Mediaeval Studies*）。成立于渥太华的圣托马斯·阿奎那学院（Institut Saint

Thomas d'Aquin）成为蒙特利尔大学中世纪研究所（Institut d'etudes medievales）。J. 马里坦（J. Maritain, 1882—1973）面向多伦多大学教师开设了讲座。

天主教学者的受欢迎及学术机构的兴起令人感到意外。1939年，波特兰·罗素（Bertrand Russell）认为芝加哥大学的教师们"博学，特别是对中世纪哲学非常博学"，他认为，非天主教徒 R. M. 哈钦斯（R. M. Hutchins）试图"将新托马斯主义者强行安排到哲学系"（参见 Russell, Autobiography 2:246）。

在有教会关系的天主教学府中教授哲学科目，使中世纪哲学研究成为一项有计划的集体行动。许多学者视其为对陈规旧习的服从，并与现实脱节。此前几乎从未有过的怨言在 1964 年 11 月 16 日第二次梵蒂冈会议第 123 次大会上突然爆发。从那以后，学习中世纪哲学不再是天主教学术机构通识教育的一项政策，而成为新思想背景下的研究兴趣之一。中世纪大师们（例如司各脱、阿尔伯特、波拿文都拉、奥卡姆、阿奎那、沃尔特·博里）本身的价值则使其能在学院的课程之外仍能出现。

我们对中世纪哲学的研究中有一项东西是不变的，那就是必须使用历史的方式。不过，任何时代的哲学研究都不仅有历史的工作。如果说对诸如芒多内（Mandonnet）、格拉布曼（Grabmann）、吉尔森（Gilson）、舍尼（Chenu）、佩吉（Pegis）、伯克（Bourke）等学者从历史角度展开的研究，我们不必关注其理论方面的东西，那就把问题过于简单化了。司各脱和阿奎那著作中所存在的"司各脱主义"或"托马斯主义"受到时间与文化的限制，并从最初的不成熟逐渐发展到成熟。如果我们想在现实中从他们的观点中获得裨益，必须诉诸历史的解释。研究重心由研究者自己决定。他可以用历史的方式研究哲学，也可以用哲学的方式研究历史，还可以两边都放弃。

正如我们这个时代的一切行为，中世纪研究（包括哲学研究）也受到技术进步的极大影响。长期以来最显著的便是摄影技术，尤其是微缩胶片技术，使许多欧洲手稿变得便宜且易得。除了对有限材料的微缩拍摄，庇护十二世在圣路易大学（Saint Louis University）开始了对梵蒂冈藏书全部内容的拍摄计划。1964年圣约翰大学（Saint John's University，明尼苏达州大学城 [Collegeville, Minn.]）从奥地利修会开始拍摄修会所有的大量手稿；圣母大学的中世纪学院（Medieval Institute of the University of Notre Dame）则用微缩拍摄技术记录下了米兰的蒙扎大教堂和圣盎博罗削教堂教士团的史料。

对那些主业不是哲学的学者而言，对这一时期的综述仍具有重要意义。吉尔森的《中世纪基督教哲学史》(History of Christian Philosophy in the Middle Ages)用大量文献展示了那段历史。R. 于贝韦格（R. Ueberweg）最初于1863—1868年出版的《从泰勒斯至今的哲学史概述》(Grundriss der Geschichte der Philosophie von Thales auf bis die Gegenwart)堪与之媲美，此书编辑中的M. 海因兹（M. Heinze）、K. 普莱彻（K. Praechter）、B. 盖尔（B. Geyer）负责了中世纪部分。A. A. 毛雷尔（A. A. Maurer）的学术史更短，适合用于教学。关于希腊哲学家如何呈现给中世纪读者，现在只有一本中世纪拉丁文书籍可供参考。因此，《拉丁语亚里士多德作品》(Aristoteles Latinus)从1939年至今仍是不可或缺的，中世纪人所知道的一些柏拉图的对话录《蒂迈欧篇》("Timaeus")、《美诺篇》("Meno")和《斐多》("Phaedo")同样如此。《中世纪柏拉图文献》(*Corpus Platonicum Medii Aevi*)涵盖了一些重要的中世纪文献。同时,《新经院哲学评论》(*Revue neoscolastique de philosophie*)的主编从1949年开始汇编一份适用于各个时代的关于哲学出版物的书目列表,以一年一卷的形式作为这份季刊的补充,命名为《哲学书目文献》(*Repertoire bibliographique de philosophie*)。这份列表跟踪所有重要期刊,并提供其中参考的著作、论文甚至书评的信息,是很有价值的研究工具。奥古斯丁和阿奎那因其重要性及论著丰富,理应也确实受到了特别的关注。关于奥古斯丁,有两份出版物似有超越前人(Dekkers, *Clavis*; Van Bavel, *Repertoire bibliographique*; Sciacca, *Augustinus*; Nebreda, *Bibliographia Augustiniana*)的趋势,即《奥古斯丁文献》(*Augustine Bibliography / Fichier Augustinienne*)和《词汇表》(*Catalogus Verborum*)。关于阿奎那,芒多内、德斯特雷(Destrez)、格拉布曼、伯克和埃施曼(Eschmann)曾整理过研究书目,如今则有一系列的用语索引作为其补充,这就是R.布萨(R. Busa)在IBM的协助下,用电脑对分句、整句中每个单词加以记录所做成的一部大部头(50卷)著作。

最后,许多急迫的需求为中世纪哲学的研究者提供了机会。其中一个领域是形式逻辑,因为在中世纪大学里,这门学科决定了其他一切学科的方法论。这门经院哲学的逻辑学科使用"自然的语言",由于计算不充分,招来了人文主义者的攻击,并处于下风。令人振奋的是,这门基础学科目前正得到恢复,现在逻辑学的专家们一方面继续发展现代逻辑学,一方面也对中世纪逻辑学精妙的构造抱有不少敬意(参见《剑桥中世纪晚期哲学史》[*The Cambridge History of Later Medieval Philosophy*])。

第二个领域是对语言的哲学分析。如果维特根斯坦像希波主教对我们学习名词那样,认为奥古斯丁对语言的处理过于狭隘(参见维特根斯坦的《哲学研究》[Wittgenstein, *Philosophical Investigations*; 2]),那他对13世纪的样态论者(modistae)就很难下同样的判断。乔姆斯基(Noam Chomsky)的著作《笛卡尔语言学》(*Cartesian Linguistics*)赞同笛卡尔支持的内在思想论,但如今杰出的中世纪学者吉尔森则在研读笛卡尔的中世纪文献时支持中世纪,支持托马斯主义。

第三个需要中世纪学者的领域是伦理学和政治学。这个社会在19年之内发生了两场世界大战,出现了核武器,出现了自愿堕胎,因此,人们对中世纪"自然法"理论可产生兴趣是可以理解的,研究自然法的哲学家目前正在用严谨的术语讨论这一问题:他们是维奇(Veatch)、希廷杰(Hittinger)、舒尔兹(Schultz)、格里塞(Grisez)、芬尼斯(Finnis)和博伊尔(Boyle)。圣母大学法学院发行的《自然法论坛》(*Natural Law Forum*)阐述了中世纪思想家之间关于道德的对话对今人有何裨益。这可追溯到柏拉图和亚里士多德的古老传统正使政治理论成为伦理学的自然延展。

除了应对这些挑战,研究中世纪哲学也有较朴素的动机。学术最终是人的活动,要回应中世纪所谓"诚实的理性"思想,正如人的自由完全受限于其理性并因此服从于道德判断。必须仔细寻找中世纪哲学研究的目标,对其的解释也必须信任中世纪思想家遗赠后代（即我们这个世界）的财富。

参考书目

研究工具：通用

Bulletin de théologie ancienne et médiévale 1. Louvain: Abbaye de César,1929-32. 本索引虽以神学为主旨，但包含了有益于研究中世纪哲学的材料；本书脱胎于 *Recherches de theologie ancienne et medieval*，后者于1929年由同一出版商出版。

Répertoire bibliographique de philosophie. Louvain: Société philosophique de Louvain, 1949-. Publié sous les auspices de l'Institut International de Philosophie avec le patronage de l'UNESCO, 2 février 1949. 本年鉴内容全面，延续了 *Répertoire bibliographique* 的内容，1934年作为 *Revue néoscolastique de philosophie* 之补充（此刊自1946年起改为 *Revue philosophique de Louvain*）。

奥古斯丁

Bibliographica Augustiniana, seu operum collectio quae divi Augustini vitam et doctrinam quadantenus exponunt. E. Nebreda. Rome: Cuore di Maria, 1928.

Concordantiae Avgvstinianae . . . Edited by F. David Lenfant. Paris: S & G. Crumoisy, 1656-65. Vol. 1, 1656; vol. 2, 1665.

Catalogus verborum, Corpus Christianorum. Eindhoven; Pays-bas. Vol. 1（1976），In evangelium Ioannis, #36; vol. 2（1978），*Enarrationes in psalmos 1-50*, #38; vol. 3（1980），*Enarrationes in psalmos 51-100*, #39; vol. 4（1981），*Enarrationes in psalmos 101-150*, #40; vol. 5（1981），*De trinitate*, #50, 50A; vol. 6（1982），*Confessionum XIII*, #27; vol 7（1984），*De civitate dei*, #47, 48; vol. 8（1985），*Sermones de vetere testamento*, #41; vol. 9（1987），*Quaestiones Hept., Locutiones Hept.*, 8 *Quaestiones ex vetere testamento*, #33

Clavis patrum latinorum. 2d ed. Bruges: C. Beyaert, 1961.

Répertoire bibliographique de saint Augustin, 1950-1960. T. Van Bavel and F. Van

Der Zande. The Hague: M. Nijhoff; Steenbruges: Abbatia sancti Petri, 1963

托马斯·阿奎那

Bulletin Thomiste 1. Montreal: Institut d'études médievalés, 1924. 1965 年后改为 *Rassegna di Letteratura Tomistica.* Naples: Edizioni Domenicane Italiane, 1969-.

Bibliographie Thomiste. P. Mandonnet and J. Destrez. Le Saulchoir: Bibliothéque Thomiste 1, 1921—.

Thomistic Bibliography, 1920-1940. V. J. Bourke. *The Modern Schoolman*, vol. 21. St. Louis: *The Modern Schoolman*, 1945.

Index Thomisticus. Sancti Thomae Aquinatis operum omnium indices et concordantiae .. . electronico IBM automato usus digessit Robertus Busa. Stuttgart: Fromman-Holzboog, 1974-80. 49 volumes. Completed by *a Clavis indicis.*

"A Catalogue of St. Thomas's Works: Bibliographical Notes." I. T. Eschmann. E. Gilson, *The Christian Philosophy of St. Thomas Aquinas.* Translated by L. K. Shook. New York: Random House, 1956. 本"索引"的略微修订版可见于 J. A. Weisheipl, *Friar Thomas d'Aquino*, 355-405. Garden City, N.Y.: Doubleday, 1974。

Die Werke des Hl. Thomas von Aquin. M. Grabmann. *Beiträge zur Geschichte der Philosophie und Theologie des Mittelalters*, vol. 22, pts. 1-2. Texte und Untersuchungen. Münster: Aschendorf, 1931. XXII, Heft 1-2.

选集

Patrologiae cursus completus. Series latina. 221 vols. Edited by J. P. Migne. Paris: J. P. Migne, 1844-55. 多次重印。 *Supplementum*, edited by A. Hamman, 含修订及评论注释。Paris: Garnier, 1958. 应与以下书目对照阅读：P. Glorieux, *Pour revaloriser Migne* (Cahier supplémentaire of *Mélanges de science réligieuse* for 1952), Lille: Facultés catholiques, 1952 因此书的米涅（Migne）作品文本具权威性。

Corpus christianorum. Series latina. Turnhout: Brepols, 1954-. "原典"版且不限于

教父时代。

Corpus scriptorum ecclesiasticorum latinorum. Vienna: Imperial Austrian Academy, 1866. 后续各卷于莱比锡、布拉格及维也纳出版。"原典"版,附有价值的序言及索引,不正式场合被称为"维也纳文献"(Vienna Corpus)。

中世纪希腊哲学

Corpus Platonicum Medii Aevi. Edited by R. Klibansky. London: Warburg Institute, 1940-62. Vol. 1 (1940), *Meno*, Henrico Aristippo. Edited by V. Kordeuter and C. Labowsky. Vol. 2 (1950), *Phaedo*, Henrico Aristippo. Edited by L. Mineo-Paluello and H. J. Drossart Lulofs. Vol. 3 (1953), *Parmenides*, usque ad finem primae hypothesis, necnon Procli, *Commentarium in Parmenidem*. Intreprete Guillelmo de Moerbeka. Edited by R. Klibansky and C. Labowsky. Vol. 4 (1962), Timaeus. A Calcido translatus Commentarioque instructus. Edited by P. J. Jensen and J. H. Waszink.

Aristoteles latinus. 亚里士多德的著作或与其密切相关的著作,构成了 *Corpus Philosophorum Medii Aevi* 的一部分开头几卷对手稿进行了基本说明。*Pars prior*. G. Lacombe, A. Birkenmajer, M. Dulong, Aet. Franceschini. Rome: La Libreria della Stato, 1939. *Pars posterior*. Cambridge: Cambridge Univ. Press, 1955. *Supplementa altera*. Ed. L. Minio-Paluello. Bruges: Desctée de Brouwer, 1961. 1957 年起持续出版分册;文中提及的两版是 *Categoriae vel Praedicamenta. Tr.* Boethii, tr. composita G. de Moerbeka, lemmata e Simplicii Commento. Ps-Augustini *Paraphrasis* Themistiana. Ed. L. Minio-Paluello, 1961, and *De interpretatione vel Periermenias*. Tr. Boethii; specimina tranlationum recentiorum. Ed. L. Mino-Paluello. Tr. G. de Moerbeka. Ed. G. Verbeke, 1965。

中世纪作家

Abelard, Petrus. PL 178; also: F. Amboesius (Amboise), *Petri Abaelardi filosofi et theologi abbatis Rvyensis ... opera*. Paris: N. Bvon, 1616; V. Cousin, *Ouvrages inédits*. Paris: Imprimerie Royale, 1836; modern edition of work cited in text: R. Thomas, *Petrus Abaelardus. Dialogus inter Philosophum, Iudaeum et*

Christianum. Stuttgart: F. Frommau Verlag, 1970; and an English translation: P. Payer, *Peter Abelard. A Dialogue of a Philosopher with a Jew, and a Christian*. Toronto: Pontifical Institute of Mediaeval Studies, 1979.

Albert the Great. *Opera omnia*. Edited by A. Borgnet. Paris: Vivēs, 1890-99. 38 vols. *Opera omnia*. "Critical edition." Munster: Aschendorff, 1951-.

Alexander of Hales. *Quaestiones disputatae "antequam esset frater"* Quaracchi: Collegium S. Bonaventurae, 1960; *Magistri Alexandri de Hales glossa in quatuor libros Sententiarum Petri Lombardi*. Quaracchi: Collegium S. Bonaventurae, 1951; *Summa theologica*. Quaracchi: Collegium S. Bonaventurae, 1924.

Averroës. G. Hourani, *Averroës: On the Harmony of Religion and Philosophy*. London: Luzac, 1961.

Boethius, Anicius Manlius. *PL* 63 and 64. 更晚、更接近原典的版本可参见 *Corpus christianorum* and Vienna *Corpus*。

Boethius of Dacia. *Boethii Daci opera*. Pt. 1. Edited by G. Sajo. Copenhagen: G. E. C. Gad, 1972; *Tractatus de aeternitate mundi*. Edited by G. Sajo. Berlin: W. de Gruyter, 1964.

Bonaventure. *Opera omnia*. Quaracchi: Collegium S. Bonaventurae, 1882-1902. 10 vols. A manual edition of his Sentence commentary by the same publisher, 1934.

Duns (John Duns Scotus). *Doctoris subtilis, ordinis minorum opera omnia*. 26 vols. Paris: Vivēs, 1891-95; *Ioannis Duns Scoti opera omnia*. Vatican City: Commissio Scotistica, 1950-.

Godfrey of Saint-Victor. *Fons philosophiae*. Edited by P. Michaud-Quantin. Namur-Louvain-Lille: Godenne, 1956. English trans. E. A. Synan, *The Fountain of Philosophy*. Toronto: Pontifical Institute of Mediaeval Studies, 1972.

Henry of Ghent. *Doctoris solemnis Magistri Henrici Goethalsa Gandavo... disputationes quodlibeticae. ...* Paris: J. B. Ascensio, 1518; *Summae quaestionum ordinariarum. ...* Paris: J. Badius, 1520; *Magistri Henrici Goethals a Gandavo...Summa. ...* Ferrara: F. Succius, 1646.

John of Dacia. *Joannis de Dacia: Opera.* Edited by A. Otto. 2 vols. Copenhagen: G. E. C. Gad, 1955.

John Duns Scotus（See Duns [John Duns Scotus]）.

John of Saint Thomas. *Ars logica seu de forma et materia ratiocinandi.* Edited by B. Reiser. Rome: Marietti, 1929.

John of Salisbury. *Opera omnia.* Edited by J. A. Giles. Oxford: J. H. Parker, 1848. Reprinted, Leipzig: Zentralantiquariat der Deutschen Demokratischen Republik, 1969; Metalogicon libri III. Edited by C. C. I. Webb. Oxford: Clarendon, 1929; English trans. D. D. McGarry. Berkeley: Univ. of California Press, 1955.

Martin of Dacia. *Martini de Dacia opera.* Edited by H. Roos. Copenhagen: G. E. C. Gad, 1961.

Philo. H. A. Wolfson, Philo. 2 vols. Cambridge, Mass.: Harvard Univ. Press, 1947.

Ramus. Pierre de la Ramée, *Dialecticae libri duo.* Frankfurt: J. Wechelum, 1588; The Logike. London: facsimile: Leeds: Scolar Press, 1574-1966; *The Logike of the Moste Excellent Philosopher P. Ramus Martyr.* Translated by R. MacIlmaine（1574）. Edited by C. M. Dinn. Renaissance Editions, vol. 3. Northridge, Calif.: San Fernando Valley State College, 1969.

Siger of Brabant. "Die Impossibilia des Siger von Brabant, eine philosophische Streitschrift aus dem XIII Jahrhundert." Edited by C. Baeumker. In *Beiträge zur Geschichte der Philosophie des Mittelalters*, vol. 2, pt. 6. 1898; De aeternitate mundi. Edited by R. Barsotti. Münster: Aschendorff, 1933; *Questions sur la Physique d'Aristote.* Edited by P. Delhaye. Louvain: L'institut supérieur de philosopie, 1941; *Questions sur la métaphysique.* Edited by C. A. Graiff. Louvain: L'institut supérieur de philosophic, 1948; *Ein Kommentar zur Physik des Aristoteles aus der Pariser Artistenfakultät um 1273.* Edited by A. Zimmermann. Berlin: De Gruyter, 1968; *Quaestiones in Metaphysicam.* Edited by W. Dunphy. Louvain-la-neuve: L'institut supérieur de philosophie, 1981.

Simon of Dacia. *Simonis Daci opera.* Edited by A. Ottoe. Copenhagen: G. E. C.

Gad. 1963.

Thomas Aquinas. *Opera omnia*. Rome: Commissio Leonina, 1882-. 此书著名之处在于其精彩的序言、史料的展现及最后几卷对手稿的充分运用。以下这个版本精彩程度稍弱但仍很有用：*Opera omnia*. Edited by S. Fretté. Paris: Vivēs, 1871-80, 34 vols. and Parma: P. Fiaccadori, 1862-73, 25 vols.;《神学大全》(*Summa theologiae*) 最好的版本是 Ottawa: Commissio Piana, 1953, 5 volumes; 英文译本以及文中提及阿奎那对波爱修斯《论三一》的问题 1 至 4 的评论，可参见 A. Maurer, *St. Thomas Aquinas. Faith, Reason and Theology*, Toronto: Pontifical Institute of Mediaeval Studies, 1987. 该译者还提供了阿奎那对波爱修斯 5、6 两个问题的评论：*The Division and Methods of the Sciences*, 该书由同一个出版商于 1953 年出版；文中提及 De regno ad regem Cypri 的英文译本可参见 G. B. Phelan and I. Th. Eschmann, *St. Thomas Aquinas On Kingship to the King of Cyprus*.Toronto: Pontifical Institute of Mediaeval Studies, 1949。

历史学家：开创者

Brucker, J. J. *Historia critica philosophiae a mundi incunabulis ad nostram usque aetatem deducta*. 6 vols. Leipzig: Weidemann, 1742-67.

Cousin, V. *Ouvrages inédits d'Abélard*. Paris: Imprimerie Royale, 1836.

Hauréau, B. *Notices et extraits de quelques manuscrits latins de la bibliothèque nationale*. Paris: Klincksieck, 1890-93. 此外还有：

——. *Initia operum scriptorum latinorum medii potissimum aevi ex codicibus manuscriptis et libris impressis alphabetice digessit B.H.* 8 vols. Turnhout: Brepols, n.d. 作者并未出版，目前有为梵蒂冈图书馆提供的凸版印刷副本。

——. *De la philosophie scolastique*. 2 vols. Paris: Pagnerre, 1850. Revised as *Histoire de la philosophie scolastique*. 3 vols. Paris: Durandet Pedone-Lauriel, 1872.

Rosenmüller, J. G. *De christianae theologiae origine liber*. Leipzig: Klaubarthia, 1786.

Schmoelders, A. *Documenta philosophiae Arabum*. Paris: Firmin-Didot, 1842.

Tennemann, W. G. *Geschichte der Philosophie*. 11 vols. Leipzig: J. A. Barth, 1798-1819.

Thomasius, J. *Dissertatio de doctoribus scholasticis latinis*. N.P., N.D.

Tribbechov, A. *De doctoribus scholasticis, ex corrupta per eos divinarum humanarumque rerum scientia liber singularis*. Giesse: Vellstein, 1653.

现代

Armstrong, B. G. *Calvinism and the Amyraut Heresy: Protestant Scholasticism and Humanism in Seventeenth-Century France*. Madison: Univ. of Wisconsin Press, 1969.

Beardslee, J. W. *Reformed Dogmatics*. New York: Oxford Univ. Press, 1965.

Boyle, J. "Aquinas and Prescriptive Ethics." *In Proceedings of the American Catholic Philosophical Association* 49（1975）: 82-95.

The Cambridge History of Later Medieval Philosophy. Edited by N. Kretzmann, A. Kenny, and J. Pinborg. Cambridge: Cambridge Univ. Press, 1982.

Chomsky, N. Cartesian *Linguistics: A Chapter in the History of Rationalist Thought*. New York: Harper & Row, 1966.

Collins, A. B. *The Secular is Sacred: Platonism and Thomism in Marsilio Ficino's Platonic Theology*. The Hague: M. Nijhoff, 1974.

Costello, W. T. *The Scholastic Curriculum at Early 17th-Century Cambridge*. Cambridge, Mass.: Harvard Univ. Press, 1958.

Dulles, A. *Princeps Concordiae: Pico della Mirandola and the Scholastic Tradition*. Cambridge, Mass.: Harvard Univ. Press, 1941.

Finnis, J. *Natural Law and Natural Rights*. Oxford: Clarendon Press, 1980.

——. *Fundamentals of Ethics*. Washington: Georgetown Univ. Press, 1983.

Finnis, J., and G. Grisez. "The Basic Principles of Natural Law: A Reply to Ralph Mclnerny." *American Journal of Jurisprudence* 26（1981）: 21-31.

Gilson, E. *Reason and Revelation in the Middle Ages*. New York: Scribner, 1950.

——. *History of Christian Philosophy in the Middle Ages*. New York: Random House, 1955.

Gossman, L. *Medievalism and the Ideologies of the Enlightenment: The World and the Work of La Curne de Sainte-Palaye.* Baltimore: Johns Hopkins Univ. Press, 1968.

Grisez, G. "The First Principle of Practical Reason: *A Commentary on the Summa Theologiae*, I-IIae, Q. 94, A. 2." *Natural Law Forum* 10（1965）: 168-201.

———. *Way of the Lord Jesus.* Vol. 1, Christian Moral Principles. Chicago: Franciscan Herald Press, 1983.

Hain, L. F. T. *Repertorium bibliographicum ... usque ad annum MD typis expressi.* ... Reprinted, Milan: Golich, 1948. 以下出版物使这项工作持续至今: W. A. Copinger, *Supplementum.* Reprinted, Milan: Golich, 1950; D. Reichling, *Appendices ad Hainii-Copingeri repertorium bibliographicum.* Munster: Rosenthal, 1905-11; D. Reichling, Supplementum. Munster: Theissing, 1914.

Hittinger, R. *A Critique of the New Natural Law Theory.* Notre Dame: Univ. of Notre Dame Press, 1987.

Hourani, G.（See under Averroës above）

Institutiones philosophicae（"Philosophy of Lyons"）.Anonymous, but known to have been the work of a J. Valla. Lyons: Remondinianis, 1783-.

Maurer, A. A. *Medieval Philosophy.* New York: Random House, 1962; 2d ed., Toronto: Pontifical Institute of Mediaeval Studies, 1982. For translations of Commentary by Thomas Aquinas on the De trinitate by Boethius, see under Thomas Aquinas above.

Mclnerny, R. "The Principles of Natural LawT American Journal of Jurisprudence 25（1980）: 1-15.

Ong, W. J. Ramus. *Method and Decay of the Dialogue: From the Art of Discourse to the Art of Reason.* Cambridge, Mass.: Harvard Univ. Press, 1958.

Patch, H. R. *The Tradition of Boethius.* New York: Oxford Univ. Press, 1935.

Payer, P.（For translation of *Dialouge*, See above,under Abelard）

Petersen, P. von. *Geschichte der Aristotelischen Philosophic im protestantischen Deutschland.* Leipzig: F. Meiner, 1921.

Phelan-Eschmann. (See *On kingship*, under Thomas Aquinas above)

Rackl, M. "Demetrios Kydones als Verteidiger und Uebersetzer des heiligen Thomas von Aquin." Sonderabdruck aus Der Katholik 1 (1915): 21-40.

———. "Die ungedruckte Verteidigungsschrift des Demetrios Kydones fuer Thomas von Aquin gegen Neilos Kabasilas." *Divus Thomas* 7:303-17. Vienna: N.p. 1920.

———. Die griechischen Augustinus-uebersetzungen." In *Miscellanea Francesco Ehrle*, 1-38. Rome: Bibliotheca Apostolica Vaticana, 1924.

Ritschl, O. *Dogmengeschichte des Protestantismus*. Leipzig: Hinrichs, 1908-27.

Russell, B. *The Autobiography of Bertrand Russell*, 1914-1944. 2 vols. Toronto: McClelland-Stewart, 1968.

Schultz, J. L. "Is-Ought: Prescribing and a Present Controversy." *Thomist* 49(1): 1-23 (1985).

———. "Thomist Metaethics and a Present Controversy." *Thomist* 52 (1): 40-62 (1988).

Shook, L. K. "The Nature and Value of Medieval Studies." In *Studies in Medieval Culture*, 9-20. Series 7, no. 2. Edited by J. R. Sommerfeldt.

Synan, E. A. (See under Godfrey of Saint-Victor above)

Thomas, R. (See Dialogus, under Abelard above)

Ueberweg, F. *Grundriss der Geschichte der Philosophie von Thales bis auf die Gegenwart*. Berlin: 1863-68.

Valorani, S. "Massimo Planude traduttore di S. Agostino." In *Atti VIII° Congresso Studi Bizantini l*:234ff. Rome: 1953.

Vatican II Council Daybook.Session 3, 267ff. Washington: National Catholic Welfare Conference, 1965.

Veatch, H. Review of J. Finnis, *Natural Law and Natural Rights*. *American Journal of Jurisprudence* 26 (1981): 247-259.

———. Review of R. Hittinger, *A Critique of New Natural Law Theory*. *New Scholasticism* 62 (3): 353-65 (1988).

Webb, C. C. I（See under John of Salisbury above）

Wittgenstein, L. *Philosophical Investigations*. Translated by G. E. M. Anscombe. New York: Macmillan, 1953.

Wolfson, H. A.（See above, under Philo）

中世纪法律

肯尼斯·彭宁顿

虽然法律是一门技术学科，只会"勉强地展露自身的机密"，但中世纪研究学者还是能从法律制度中学到很多关于中世纪社会的知识。法律、法律理论、法庭程序和证人在法庭上的证词都可以揭示一个社会的结构、道德问题、价值观，甚至在某种程度上可以揭示一个社会的理想典范。中世纪中极其丰富的各种法律制度使中世纪的法律成为一个复杂的主题。也许在一个由原始的习惯法典所规范着的社会中，大学里所教授的法律反而是复杂的、渊博的。此外，在各地世俗法和教会法也一直彼此竞争司法管辖权。从11世纪的主教叙任权之争开始，每个欧洲社会都必须与教会达成一项协议，承认它的管辖权。教会法院成为许多纠纷的初审法院，而这些纠纷当今是由世俗法院裁决。教会主要管辖涉及结婚、离婚、嫁妆、遗嘱和神职人员的所有事项的案件。世俗法庭主要处理有关刑事案件、合同和财产的案件，并且总是在不同地点不同时间与教会法庭竞争司法管辖权。因此，在中世纪盛期，每个辖区都有两个相互竞争的法律系统：一个由习惯法和世俗法官管理，另一个由最高法院在罗马的神职人员管理。

本章将讨论三种不同类型的法律：世俗法、罗马法和教会法。在中世纪早期，习惯法基本上取代了日耳曼王国中的罗马法，而这些日耳曼王国也曾经是古罗马帝国的行省。起初，日耳曼国王为他们的臣民建立了两个单独的法律系统：一个管理罗马人，另一个管理日耳曼人。渐渐地，这两个体系合并了，到了9世纪，西欧盛行的是属地法而不是属人法。日耳曼法是所有新兴的民族王权政体世俗法的基础。

11世纪末，法律史上的一个独特事件改变了欧洲法律的进程。学者们开始在博洛尼亚教授古罗马人的法律。罗马人的法律制度复杂而深奥。查士丁尼皇帝在6世纪下令编纂罗马法，而这一法典，即《查士丁尼民法大全》（*Corpus iuris Civilis*），也正是学者们在11世纪教授罗马法的主要材料。在12世纪罗马法对世俗法和教会法的影响是深远的。罗马法所提供的教条规范了各种法律——家庭法、契约、程序法等，最重要的是，它为一个强大的君主立宪制政权在某些方面提供了一种法学模版。查士丁尼成为立法者和编纂者的同名词，他的法典总是被人们借鉴用来塑造和调和欧洲法律，就像开采贵金属那样。

当罗马法在博洛尼亚复兴后不久，一位名叫格拉提安的老师编写了一本有关教会法的书。后人称他的书为《教令集》，这部书确立了教会法作为一门学术学科的地位。到了12世纪末的时候，罗马法和教会法的研究在博洛尼亚和其他地方蓬勃发展。教会法的学说基于罗马法的模式之上，与此同时越来越多的罗马法律师也不得不求助于教会法来了解那些受教会法规管辖的领域的法律现状。

日耳曼的习惯法和世俗法的演变

公元 1 世纪，罗马历史学家塔西佗（Tacitus）描述了古代日耳曼民族的法律，但到他写作时，日耳曼人已经罗马化了。法律历史学家不认为我们可以清楚地将日耳曼惯例和与罗马惯例分开。尽管带着这种合理的谨慎，我们依然可以看到帝国西部省份的法律体系在约公元 450 年后产生了巨大的转变。随着东哥特人、西哥特人、法兰克人和其他日耳曼部落在古罗马帝国的遗迹上建立了他们的王国，他们不得不为他们的日耳曼臣民和罗马臣民提供法律。德国没有成文法或法律汇编。他们的法律是独特的，主要依靠人们的记忆来确立法律的内容，当然主要是老者的记忆。日耳曼法律的原始性与人类学家所研究的其他原始民族的法律具有相似性，在两相类比之中，使得日耳曼法的研究获益匪浅。

第一部日耳曼法律汇编是在最靠近地中海和旧帝国中心的日耳曼王国颁布的。这第一部法典最有可能是《特奥多里克谕令》(*edictum-theodorici*)，它是由西哥特人的国王西奥多里克二世（Theodoric II）于约公元 458 年颁布的。在不久之后，另一名西哥特国王尤里克（Euric，约 466—485 年在位）在 475 年颁布了另一部法典，不过这部法典只保留下一部分。可以看出，这两种法典都受到罗马法的强烈影响。

此后，大量日耳曼法典诞生于 7 世纪和 8 世纪。西哥特人、东哥特人、勃艮第人、法兰克人、弗立斯兰人、撒克逊人、伦巴第人和其他部落均颁布了法典，这些法律在很大程度上应该被称为"书面化的习惯法法律"。颁布这些法律汇编的统治者并不是在立法，也不认为自己是法律的来源，而只是记录了其人民的法律实践。所有这些早期的法典都被编辑整理进《日耳曼历史文献汇编》(Monumenta Germaniae Historica)中的法律卷，并且其中很多已经被翻译成英文。①

加洛林时期法律更加复杂，但是仍然基于早期的日耳曼法典。查理曼在一定程度上给他的王国带来了政治和法律上的统一。他的传记作者爱因哈德（Einhard）记载说，他想改革法兰克法律，并下令将他管辖下所有民族的法律都写下来。从现存的证据来看，他的努力并不是很成功。然而，他确实发布了大量行政和立法命令，因为它们被分成几章，所以被称为"法令集"。这些法令规范了他的王国的世俗和宗教事务，并由查理曼时代的钦差进一步宣扬。约779年产生的《赫斯塔尔汇编》(Capitulary of Herstal)就载有一系列混合了教会事务和世俗问题的行政命令。查理曼下令主教服从他们的大都市管辖，牧师服从他们的主教，但在同一个法典中，他还规定了对杀人犯、强盗和伪证者的惩罚。查理曼和虔诚者路易颁布了大量的法令，但这一立法活动在秃头查理时期结束了。

日耳曼习惯法如何转变为逐渐形成的民族国家的普通法的故事是复杂的，在这里也无法详细陈述任何细节。加洛林帝国解体后，法律体系在西欧也变得支离破碎。随着政治权力的下放，地方领主对其土地上的居民行使法律管辖权。这一去中心化的过程在欧洲一些地区完成得比在其他地区更为完善。封建制度的产生

---

① 详见文末参考书目。

就是其政治结果，而规范领主和附庸关系的封建法律成为 11、12 世纪所有世俗法律的重要组成部分。封建法律的主要特征是保护地方领主的权利不受君主的侵犯，以及君主与其附庸之间的契约关系。反映了这些关系的法律准则在 11 世纪的意大利北部被编纂成文，也就是《封建惯例》(Consuetudines feudorum) 和《采邑法全书》(The Libri feudorum)。这些书的起源是复杂的。它们围绕着德国皇帝康拉德二世（Conrad II）和洛泰尔二世（Lothair II）的立法展开。在 12 世纪末，腓特烈·巴巴罗萨的立法与其他涉及封建法的制定法一起被加了进去。皮利斯（Pilius）是第一个对《采邑法全书》进行学术评论的法学家。13 世纪中叶，曾为《查士丁尼民法大全》做注释的注释法学家阿库修斯（Accuris）就《采邑法全书》写了两篇评论，其中第二篇成为公认的标准评注（约 1227—1234）。随着时间的推移，他为他的第二篇评论所选择的汇编的修订版，成为这一法律汇编的"圣经"。法律文本以及阿库修斯的注释都被吸收进标准版本之中，这一标准版本以及查士丁尼的《查士丁尼民法大全》都是法学院所教授的主要内容。《采邑法全书》也曾被巴尔杜斯·德·乌巴尔迪斯和其他人注释过，此后成为学者法律传统的一部分。

日耳曼法演变为普通法的过程可以通过追溯伦巴第法律的发展脉络解释。伦巴第王国位于意大利北部，从公元 643 年到公元 755 年间，伦巴第国王的法律都被收编在《伦巴第王国法令集》中。之后其中又加入了法兰克人和德意志皇帝的法令。在 11 世纪上半叶，这些法律被按时间顺序收录在一本名为《伦巴第法律书》(Liber Papiensis) 的卷集之中。后来，这一卷集被重新整理，使得其中的内容是按照法律主题而不是日期划分。在重组的过程中其文本也经历了数次修改，直到11世纪末才结束。这一法典的最后一次修改可能是在帕维亚（曾是伦巴第大区首府），因而也被称为"伦巴第法"。

伦巴第法学家在帕维亚、米兰和曼图亚任教，也许还有博洛尼亚。伦巴第法在12世纪下半叶衰落，尽管它的影响持续到14世纪。伦巴第法衰落的原因不是罗马法的复兴或者博洛尼亚法学院的兴起。相反，随着意大利市镇的独立，它们编制或颁布了自己的法规。意大利北部的市镇是最早行动的，热那亚在1143年公布了它的第一个法规，比萨在1162年，皮亚琴察在1135年。伦巴第平原上最繁荣和最重要的城市米兰在1170年发布了它的第一个法令。米兰法律的汇编于1216年出版，即《米兰习惯法之书》（*Liber consuetudinum Mediolani*，即 *Book of Customs of Milan*）。这一场在12世纪和13世纪席卷了众多意大利市镇的"编纂浪潮"，侵蚀了伦巴第法在意大利北部的地位。意大利各个城邦的法律给历史学家带来了一项艰巨的任务。据估计，有一万多项法规得以保存。它们也是研究法律和历史的极其重要的原始史料。但它们还没有得到系统的分析，人们也没有进行比较研究来追踪它们的发展和亲缘关系。

如果我们注意一下阿尔卑斯山以北的世俗法律制度，会被两个事实所震撼。首先，北欧的法律体系并不如意大利法律那么精细，它们的发展更难追踪，因为其书面证据在12世纪末之前都是零星存在的。其次，英国法律是一个例外。在约公元1300年以前，英国法律所拥有的原始材料比任何其他北欧法律都多。而且，由于英国宪政史的发展已被证明对存在于西方和非西方世界的代议制度的发展具有核心重要性，因而英国历史学家花费了巨大精力探索英国法律史这一转折点的每一个细微之处。

在很大程度上，与其他北方法律制度相比，英国法律的早熟应归功于诺曼人和他们在1066年对英国的征服。法国法律包含大量的习惯法，在这些地方国王几乎没有什么直接管辖权。这种情况一直持续到中世纪结束。另外，在英国，征服者威廉在诺曼征服后则将整个国土置于他的直接管辖之下。这样做的第一个影响可以在行政法上看到，1089年，威廉对英国进行了一次大规模调查，并将调查结果编纂成卷，也就是后来的《末日审判书》。他想通过对他臣民财产的普查来确定他的权力，这与现代官僚机构通过评估来确定他们希望征税的财产的价值是何其相似。威廉的继任者也是两位非常有能力的国王：亨利一世（1100-1135年在位）和亨利二世(1154-1189年在位)。他们充分利用征服者威廉在征服之后所建立的强大封建政府，创立了一系列法律制度和程序，从而使得英国法律完成集权和统一。亨利一世最重要的贡献就是创建了皇家巡回法官制度，这些巡回法官既处理民事案件，也处理刑事案件。亨利二世颁布了几项重要的立法，将一些民事和刑事案件的管辖权收回王室法庭，并创造性地通过回呈令状制度，为他的臣民在王室法庭获得正义开辟了途径。学习英国法律的学生可以通过一本名为《格兰维尔》(*Glanville*)的书，获知亨利二世统治末期英国法律实践的具体情况。这部作品的作者可能不是亨利二世的首席政法官拉努夫·德·格兰维尔（Ranulf de Glanville），但它描述了在亨利二世统治时期已经发展完善的令状，同时也包含了一些在学校里教授的法律学习，虽然是以一种相当原始的形态。然而，这本书本身并不是一本教科书，而是一本从业者的手册。半个世纪后，另一位匿名作者写了一部比格兰维尔的著作更复杂和更全面的作品，这一著作长期以来被认为是皇家法官亨利·德·布莱克顿的作品。我们目前对英国普通法演变的认知大多得益于这两部法学著作。

促使英国国王为他们的王国制定普通法的因素在北欧其他地区并不存在。法国和德国的法律体系仍然支离破碎，但是也有人试图系统讨论法语和德语地区的习惯法。在13世纪下半叶，菲利普·得·博马努瓦（Philippe de Beaumanoir）撰写了一篇关于法国克莱蒙特-恩-博马努瓦西斯习惯法的论文，名为《博韦习惯法》（Coutumes de Beauvaisis）。他用法语撰写以供法官使用，在其中讨论了法律程序、世俗法庭和宗教法庭的管辖权、继承、嫁妆、犯罪和权利义务。他了解一些罗马法和教会法，并使用罗马教会法术语来定义一些法律概念。在此之前的公元1225年，艾克·冯·雷普高（Eike von Repgow）用德语写了一篇论述萨克森地区习惯法的论文，即《萨克森明镜》（"Sachsenspiegel"）。艾克讨论了土地习惯法和封建法。他的论文影响深远，现有四百多份各种形式的手稿。它也适用于德国的其他地方，并且被翻译成了拉丁文，拉丁文版本在14世纪有评注。

世俗法在中世纪不是一门学术性学科，因此，我们看到关于布莱克顿、博马努瓦和冯·雷普高的法律书的评论并不多。对于法律历史学家来说，最大的挑战是在没有丰富的法律学的帮助下重建这些法律体系的运作和规范，特别是在12世纪，因为在当时的世俗法庭中详细记载世俗法院案件的原始史料并不多。

罗马法的复兴和研究

罗马法在 11、12 世纪的复兴和对其研究的盛行在法律史上是一个奇特事件。在此之前或者之后从来没有一个社会转向比自己法律更复杂的法律制度寻求模版，并以此作为其法院理论和实际应用的来源。这主要有两个原因。首先，尽管表面上看是日耳曼式的，但罗马帝国和皇帝仍然代表了活生生的制度传统。其次，虽然查士丁尼在 6 世纪编纂的法典似乎在中世纪早期并不为人所知，但罗马法并没有完全消失。日耳曼法典从罗马法文本中借鉴了大量内容，查士丁尼的法典则贯穿整个时期。查士丁尼编纂的法律中不太著名的部分中最关键的一部法典是《学说汇编》（*Digest*）。查士丁尼法典包括四个部分：《法学阶梯》（*Institutes*），这是一部罗马法的入门性著作；《法典》（*Codex*），其中包含了帝国从 2 世纪到 6 世纪的立法；《学说汇编》（*Digest*），一部罗马法学家的著作的摘录合集；最后是《新律》（*Novellae*），它是查士丁尼立法的合集。《学说汇编》对于理解罗马法的复杂性至关重要。这些摘录主要来自罗马法学家的著作，它们或者界定了术语，或者讨论某些理论难点，或者引用了法院案例，使得在《法典》中的大部分立法可以被人们所理解，从而可以使用。如果没有《学说汇编》，罗马法对中世纪的欧洲法律体系几乎没有影响。

法学家们在 11 世纪下半叶重新获得了《学说汇编》的知识。我们对《学说汇编》如何被重新引入西欧法律文化的过程知之甚少，《学说汇编》的手稿是稀有的。只有一份完整的手稿从 12 世纪以前保存下来，即《佛罗伦萨法典》，以前被称为《比萨法典》（约 600）。这份手稿不是被称为《学说汇编》"流行本"（Littera Bononiensis）的文本的直接来源，而这本"博洛尼亚手抄本"一经出现就迅速流传并在博洛尼亚被教授。《学说汇编》的版式及其文本排除了这份著名的手稿作为"博洛尼亚手抄本"的唯一来源的可能性。然而，《佛罗伦萨法典》的重要性和古老性在 12 世纪已经得到承认。有证据表明，法学家用它来改进"博洛尼亚手抄本"的文本。其他手稿提供了在博洛尼亚被教授的"流行本"的文本基础，但我们永远不会知道这些手稿有多少或者具体是哪个。

中世纪的《学说汇编》和《法典》，就像查士丁尼法典一样被分为不同的卷，然后再被划分到不同的标题下，每一个标题又包含若干分章，分章之中就是罗马法学家的摘要或者法典。然而，《民法大全》（*Corpus iuris civilis*）的格式和查士丁尼法典的格式有很大的不同。① 《学说汇编》的内容可能并不是只存在于一本之中，早期的法律教师（也被称为"注释法学家"，因为他们对法律文本进行注释）将《学说汇编》分为三个部分：《学说汇编旧编》（*Digestum vetus*），包含从第一卷、标题一、法条一到二十四卷、标题二（在现代引文中，是从《学说汇编》1.1.1 到 24.2）；《学说

---

① 现代从未编辑过《民法大全》中世纪通俗本。波特罗·托列里（Pietro Torelli）曾于 1930 年代开始编辑工作，附有阿库修斯《通用注释》（*Ordinary Gloss*）的《法学阶梯》的一小部分曾于 1939 年出版：*Accursii Florentini glossa ad Institutions Iustiniani imperatoris* [Liber I] (Bologna, 1939)。自 15 世纪有印刷术以来至 17 世纪初，通俗本反复出版。几乎所有版本都附有阿库修斯的注释。19 世纪末，蒙森与克鲁格（Theodor Mommsen and Paul Krueger）出版了查士丁尼法典的现代版本，并附有大量变体：*Digesta Iustiniani Augusti* (Berlin: Weidmann, 1870) 以及 *Codex Iustinianus* (Berlin: Weidmann, 1877)。更方便的版本包括了《法学阶梯》和《新律》，出版于 1872—1895 年，并多次重印。

汇纂补编》（*Infortiatum*），包含目录的 24.3 至 38.17；《学说汇编新编》（*Digestum novum*），包含目录的 39.1 至 50.17。《法典》分为两部分：从第一卷到第九卷和从第十卷到第十二卷。中世纪版本和经典文本的另一个重要区别是《罗马法新律》（*Novellae*）的顺序与查士丁尼的排序非常不同。其繁复的各种标题被放置在九大类之中，整个作品也被命名为《正本》（*Authenticum*）。中世纪和现代早期的法学家在引用《学说汇编》的时候往往会加上"ff"的标志，我们不知道他们为什么使用这个缩写，在这个标志之后是标题的缩写。例如，"de manu. que ser. ad uni. pert"（*de manumissionibus quae servis ad universitatem pertinentibus imponuntur*，《学说汇编》40.3），后面跟的缩写就是第一条法律的缩写，以及一个罗马数字，或者这条法律的拉丁语的开始部分，例如"*l.iii.*"或者"*Nec militi.*"。若使用这种格式，《法典》被引用时的简写就是"C."，而《法学阶梯》和"正本"就分别是"inst."和"auth."。验证《民法大全》中所有这些引用的最便利方法就是使用由乌戈·尼科里尼（Ugo Nicolini）和弗朗卡·西纳蒂·达米科（Franca Sinatti d'Amico）发布的索引。我们一定要像尼科里尼和达米科一样，小心地区分中世纪的"流行本"和查士丁尼编纂的版本。

虽然没有一个完整的协调的索引，但是也有一些参考书，可以帮助我们查找《民法大全》中的材料。《罗马法学词汇》（*Vocabularium iurisprudentiae Romanae*）在帮助查找《学说汇编》中的特定词汇或概念方面价值就很大。[①] 同样地，一个类似的工具

[①] *Vocabularium iurisprudentiae Romanae* (5 vols., Berlin: N.p., 1903-39).

书可以帮助查找《法典》中的内容。①《罗马法新律》有着完善而协调的索引。②当我们查找罗马法中的重要术语时，赫曼（Heumann）的《罗马法词典》（*Handlexikon zu den Quellen des roemischen Rechts*）是一本很方便的词典。③伯杰（Berger）的《罗马法词典》（*Dictionary of Roman Law*）对于定义术语是有用的，但没有提到在哪里可以找到相关的材料。④查士丁尼对罗马法的编纂最近被翻译成英文，这一翻译版取代了斯科特（Scott）的文本的不足。

为了了解中世纪法学家如何理解查士丁尼的文本，学者必须阅读他们的注释和评论。我们了解到的最早的注释法学家是伊纳留斯（Irnerius），他曾在约公元 1075 年至公元 1130 年间在博洛尼亚教书。在 12 世纪他的继任者有四位博士，即布尔加鲁斯（Bulgarus）、马丁努斯（Martinus）、乌戈（Ugo）和雅各布斯（Jacobus）。注释法学家时代的集大成者是亚祖（Azo）和亚库修斯（acurius）。亚祖的著作包含大量注释，尤其是为《法典》做了"概述"，即《法典概要》，这本书在至少两个世纪中一直都是中世纪法学的主要教材。亚库修斯则为中世纪所有的罗马法成果都做过注释，不过有时划归亚库修斯的成果缺乏证据。他的注释最后变成了"标准注释"，也就是说他的注释总是出现

---

① Robert Mayr, ed. *Vocabularium Codicis Iustiniani* (2 vols., Prague: N.p., 1923; reprinted, Hildesheim: Georg Olms, 1965).

② G. G. Archi and A. M. Colombo, eds., *Novellae*, Pars Latina: Legum Iustiniani Imperatoris vocabularium (11 vols., Milan: Cisalpino-La goliardica 1977).

③ H. Heumann, *Handlexikon zu den Quellen des roemischen Rechts*, 9th ed., ed. by Emil Seckel (Jena: N.p., 1914).

④ Adolf Berger, *Encyclopedic Dictionary of Roman Law*, Transactions of the American Philosophical Society 43 (Philadelphia: American Philosophical Society, 1953).

在手抄本的页边空白处，同时也是法律学院中讨论罗马法问题的起点。

注释法学家时代以亚库修斯作为终结，在此之后是评论法学家的时代。评论法学家的时代是由为《学说汇编》写了大量评论的奥多弗雷德（Odofredus）和不那么著名但是依然很重要的人物如圭多·达·苏扎拉（Guido da Suzzara）等开启的。奥多弗雷德开启了这种为《民法大全》中的不同卷本撰写长篇评论文章的先河，有时甚至是冗长的。他的继任者有雅克·德·雷维尼（Jacques de Revigny）、皮埃尔·德·贝勒佩尔奇（Pierre de Belleperche）、皮斯托亚的西努斯（Cinus of Pistoia），以及最多产的评论法学家——萨索费拉托的巴托勒斯（Bartolus of Sassoferrato, 1314—1957）。圭多·达·苏扎拉代表了另一条发展道路，他主要为阿库修斯的"标准注释"作补充，这种文学体裁在13世纪下半叶和14世纪上半叶蓬勃发展。圭多的"补充"往往也加在手稿的页边空白处，也就是阿库修斯的评论所在的地方，从而作为它的一种补充存在。① 另一种重要的文学体裁，即"鉴定意见书"（consilium），在14世纪上半叶变得很重要。诉讼当事人自12世纪以来就向律师征求他们的法律意见，尽管我们早期的例子很少。奥德拉杜斯·达·彭特（Oldradus da Ponte）是阿维尼翁罗马教皇法庭的辩护律师，他在1330年代出版了一本关于《劝谕》（consilia）的文集。他所开创的这湾涓涓细流在14世纪末变了势不可挡的洪流。到了15世纪的时候，评论法学家的时代被"鉴定意见书的时代"所取代，法学家

---

① 可参见 lat. 6201,《学说汇编》手稿之一（Munich: Staatsbibl.）。

们搜集整理他们的《劝谕》并出版了它们。他们通过写作赚钱，并通过出版它们而出名。某些法学家所撰写的《劝谕》的数量是惊人的。一些法学家写的同意书数量惊人。巴尔杜斯·德·乌巴尔迪斯（Baldus de Ubaldis）写了超过 2500 篇《劝谕》。如果他每天写一篇，那么仅仅是写这些东西就要花掉他七年多的时间。巴尔杜斯在完成《劝谕》之后也会修改它，在非常喜欢梵蒂冈图书馆的巴贝里尼家族收藏的他的一本合集中就可以看到好几处他自己修改的痕迹。

  这些法学家的部分成果从来没有在现代被编辑过，它们大多以现代早期印刷版的形式或者手稿的形式存在。① 为了研究他们的思想，我们有必要对每个法学家的作品的手稿进行审查。最近的研究清楚地表明，在我们研究法学家的思想时，必须对照其手稿检查 15、16 世纪的印刷版本。这些版本在很大程度上是可靠的，但它们通常是基于中世纪晚期的文本传统，这种传统会模糊法学家们在不同时期的思想变化。自杰罗·多莱扎莱克（Gero Dolezalek）的中世纪罗马法手稿手册出版以来，核对文本和手稿的工作已大大简化。根据手稿的作者、著作、开端术语和图书馆，多莱扎莱克编制了一份电子化的清单。对于任何想学习中世纪罗马法的人来说，这都是一个必不可少的工具。

---

  ① 关于这些注释者及其继承者的介绍、以及现代文本，可见于 Helmut Coing, *Handbuch der Quellen und Literatur der neueren europaischen Privatrechtsgeschichte*, vol. 1, Mittelalter (Munich: Beck, 1973)。

教会法的研究

罗马法的复兴刺激了对教会法的系统性的研究。教会法的历史可以追溯到教会产生的初期。原始教会有基于基督的训诫和《新约》教义的规则条例。除了这些条例之外，教会法庭的教规、哲罗姆（Jerome）和奥古斯丁等宗教神父的著作以及教皇的教令集很快又都补充进来。直到12世纪，还没有正式教会法学院。教会的法律是由神职人员收集的，他们通常很少对其进行整理和解释。在许多早期的教会法典集中，法律并不是按主题而是按时间顺序排列的。11世纪时，几位重要的主教按照主题排列的方式编纂了法律文集。沃姆斯的伯查德（Burchard，1000—1025）和查特雷斯的伊沃（Ivo，1040—1115）编写的教会法文集，在一段时期内使人们对教会法产生了浓厚兴趣，这可能是出于对知识的渴望或者政治原因。每个文集都被分为两部，其中的内容都是按一般的类别（即婚姻，圣礼等）进行安排。

在12世纪上半叶的某个时候，格拉提安（Gratian，可能是一名僧侣）开始在博洛尼亚教授教会法。他不仅受到罗马法知识的影响，而且还受到附属学科的发展的影响，特别是神学和哲学的发展。12世纪初的思想界的点就是试图使知识合理化和组织化，格拉提安的作品就是这个世界的一部分。他从更早期的文集中，特别是伯查德和伊沃的文集中，整理出了一部教会法文集。尽管伊沃写了一篇关于如何调和相互矛盾的文本的文章，但他没有将这种方法应用于自己的文本。而格拉提安却是这么做的。他试图解决他在早期教会法律中发现的矛盾。他以亚伯拉德（Abelard）

的《是与否》(Sicet Non) 为例,充分运用了12世纪经院学派的辩证法。他最大的创新是提供了一个关于教会法的"现场评论"(被称为"附带意见[dicta]"),其中他提出了关于他的文本的问题,指出了其中的矛盾,并提出了解决方案。他称这部作品为《歧异教规之协调》(Concord of discordant canons),但这个累赘的标题很快就被简单的标题《教令集》(Decretum)所取代。格拉提安多年来一直致力于雕琢他的文本,因而他的文本暴露了增添的痕迹和不完整修订的迹象。①

与11世纪的文集不同,格拉提安并没有把他的作品分成几卷。他只是把他的文集分成两部分。在所有手稿和印刷版本中,第一部分包括101个小节(一般简写为"dist.""d."或者手稿中的"di.")。然而,一些学者认为,由于格拉提安自己将《教令集》的第一部分称为《逻辑哲学论》(tradatus),他一定没有负责这一划分。前20小节主要介绍了法律的各种类型和定义。另有81小节主要讨论教会政府和神职人员的纪律。格拉提安将《教令集》下半部分称为《准据》(Causae),并将每一个"准据"划分为不同的问题。对每一个"准据"他都提出一个假定的难题,对于这个难题他也提出了一系列问题。这个难题和这些问题就为"准据"提供了一个大致框架。他的这种方法论的一个典型例子是"准据23"的开头:

---

① 格拉提安的文本在15、16世纪多次重印,最近的一版是 Emil Friedberg ed., *Corpus iuris canonici: Decretum Magistri Gratiani* (Leipzig: Bernhard Tauchnitz, 1879; reprinted, Graz: Akademische Druck, 1959), vol. 1. 此版本虽有缺陷但能使用。

某些主教带着他们的教众陷入了异端。他们开始用各种手段迫使邻近的信徒接受异端。教皇命令该地区的主教（他们已从皇帝那里得到民事管辖权）保护虔诚的信徒免受这些异教徒的伤害。在接受了教皇的命令后，主教们聚集了一支军队，开始对异教徒发动战争……第一个问题是，（神职人员）发动战争是不是罪过？第二个问题是，什么是正义战争？第三个问题是，是否应该用武力击退对同伴的伤害？第四个问题是，复仇是合理的吗？

格拉提安依次回答了每个问题，并收集了相关的法律文本。这些文本往往有冲突，但他在其"附带意见（*dicta*）"中都澄清或调和了其中的矛盾之处。格拉提安将《教令集》的第二部分分为 36 个"准据"。有些"准据"仅处理一个主题，而另一些如"准据 23"则涉及各种问题。"准据"中涉及的其他重要法律领域有"圣职买卖罪"（准据 1）、法律程序（准据 2—7）、僧侣及其纪律（准据 16—20）和婚姻（准据 27—36）。格拉提安没能完成《教令集》的两个部分：一是将关于忏悔的论文添加到问题 2 之后的"准据 33"，二是在"准据 36"之后附加一篇关于圣礼的长篇论文。

下一代教会法学家在对格拉提安的《教令集》进行评论和注释的时候，往往按照其章节引用了他的著作。他们将第一部分的章节代称为"xxxii. di. [或 dist.] c.i."，或由章节的起始内容代称，例如"xxxii. di. Cum sacerdotum."。第二部分被引用为"C. xxxiii. q.v. Principes(c.20)."。这两部分现代风格的引用格式分别是"D.32 c.1"和"C.23 q.l c.20"。通过泽维里奥·奥乔亚（Xaverio Ochoa） 和罗伊西奥·迪兹（Aloisio Diez）编写的"索引"，对于索引的验证就变得容易得多。①

公元 12 世纪下半叶，意大利和北欧盛行教会法。格拉提安打算将《教令集》用于教会法的教学，并很快将其确立为学校法学研究的基础文本。起初，教会法学家还在格拉提安的文本中增加章节（被称为"paleae"）。但很快，教皇的立法和法院的裁决（保存在教会法学家称为"教皇教令集"的信件中）也补充进来，从而很快使得格拉提安的企图破灭。教会法学家整理这些新定的立法并把它们加入《教令集》的手稿之中。到了 20 世纪末，杂乱无章的法令汇编已经让位于结构化的、按主题布置的文本合集。② 帕维亚的伯纳德在 1190 年或 1191 年编制了一个新的法令合集，也就是《罗马教皇法令辑要》(Breviarium extravagantium)，它建立了所有未来法律合集的模式。伯纳德把他的合集分成五卷，然后再把它们细化为不同标题。每一卷都涉及一个主要的法律领域。在 1190 年至 1226 年期间，四本其他主题的文集出现了。这些合集收录了教皇英诺森三世（Innocent III）和洪诺留三世（Honorius III）早期的立法。这五部文集后来被称为《古代教令汇编》(Compilationes antiquae)。法学家们在作评注的时候会使用它们，并且在课堂上使用它们作为

---

① *Indices canonum, titulorum et capitulorum Corporis Iuris Canonici*, Universa Bibliotheca iuris, Subsidia 1 (Rome: Commentarium pro Religiosis, 1964).

② Charles Duggan, *Twelfth-Century Decretal Collections and their Importance in English History*, University of London Historical Series, 12 (London: Athlone Press, 1963) 以及 Stanley Chodorow and Charles Duggan, *Decretales ineditae saeculi XII*, Monumenta iuris canonici, Series B, Corpus collectionum 4 (Vatican City: Biblioteca Apostolica Vaticana, 1982)。两书是对史料的最好指南。

当代规范和学说的主要来源。①

《古代教令汇编》和《格拉提安教令集》成了烦冗的法律体系。《古代教令汇编》中有一些相互矛盾的法令，更重要的是，当法官和律师想要在其中寻找具体立法时，他们往往感到受挫。就连教皇也很恼火。1230 年，教皇格雷戈里九世（Gregory）交给佩纳福特的雷蒙德（Raymond of Peñafort）一项任务，那就是统一教皇法令。通过与其他文本进行对比，雷蒙德对《古代教令汇编》中的文本进行了缩写、删减和编辑。他甚至还要求格雷戈里九世出台章程来解释或澄清当时尚未解决的法律问题。他按照帕维亚的伯纳德制定的同样的框架体系，将这一繁杂的立法体系分为五卷。在 1234 年，格雷戈里把这个新的文集送到了博洛尼亚，并宣布它将取代以前的所有版本，应该被专门用于学校和法院。这个版本被称为《额外之书》（*Liber extra*）或《格雷戈里亚纳》（*Gregoriana*）。②

在《格雷戈里亚纳》之后，教皇几乎把所有的教会法辑要都颁布了。教皇英诺森四世将他的教令集和自第一次里昂会议（1245 年）以来的修订颁布了三次。教会法学家有时将它们作为《格雷戈里亚纳》的附录，有时又在许多手稿中将它们放在不同的主题之下。在 1234 年到 1298 年间，像《新律》那样，教皇《教令集》

---

① 弗莱博格（Emil Friedberg）编写过注释版《古代教令汇编》，包含了格里高利九世未收录的文本：*Quinque compilationes antiquae* (Leipzig: Bernhard Tauchnitz, 1882; reprinted, Graz: Akademische Druck, 1956)。

② 与格拉提安《教令集》一样，格里高利的著作于 15、16 世纪得以刊行。最近的版本是 Emit Friedberg ed., *Corpus iuris canonici* (Leipzig: Bernhard Tauchnitz, 1879; reprinted, Graz: Akademische Druck, 1959), vol. 1。

既以小型私人版本流通，同时也有官方版本存在。教皇博尼法斯八世（Boniface VIII）于1298年下令编纂了一部新的教会法，这部法可以包含所有"后《格雷戈里亚纳》时代"的法律。律师委员会遵循以前的法律文集的模版，并且收入了很多博尼法斯八世的法令。新的文集被称为《博尼法斯八世教令集》(*Liber sextus*)。二十年后，教皇约翰二十二世整理了教皇克莱门特五世的教令和维也纳大公会议的法令（1311—1312）。这部文集被称为《克莱门特五世教令集》(*Clementinae*)，也是中世纪最后一部官方法律集。然而，另外两部文集也成为《教会法大全》(*Corpus iuris canonici*)的一部分。卡萨尼斯的泽利努斯（Zenzelinus de Cassanis）在1325年以后编辑了一部关于约翰二十二世的教令合集的小辑。同时一位匿名的教会法学家开始散播一部小册子《教令集补编》(*decretales extravagantes*)，这本文集最终在中世纪晚期被收入《常用编外教令》(*Extravagantes communes*)。所有这些作品，从《格拉提安教令集》到《常用编外教令》，最终都被一个名为"罗马修订者（教皇任命的一群审定罗马法的红衣主教和罗马法法学家）"的团体汇总在一起，作了修订和编辑，并最终由教皇格雷戈里十三世于1582年正式作为教会的"普通法"发布。这一官方文本的《教会法大全》也被称为《罗马编辑本》(*Editio Romana*)。

中世纪的法学家按照标题和章节引用在《格拉提安教令集》之后编纂的文集。① 在皇权选举有争议时，他们会援引英

---

① 库特纳为这些中世纪教令编写过索引：*Index titulorum decretalium ex collectionibus tarn priuatis quam publicis conscriptus* (Milan: Giuffrè, 1977)。奥乔亚的索引见于注释11，列出了主要文集的标题与章节。仅有弗莱博格的《古代教令汇编》对文集各章做了索引。

诺森三世的著名法令，该法令规定教皇有权在有争议的选举中任命一位皇帝，这一法令可能出自《古代教令汇编》，以 "infra de electione, Venerabilem, lib. iii." 的形式，或者以 "extra, iii. de electione, Venerabilem" 的形式，这出自一本名叫《第三编》（"Third Compilation"）的卷一。现代的引用格式则是 "3 Comp. 1.6.19."。当佩纳福特的雷蒙德编辑了 "Venerabilem" 并把它放入《格雷戈里亚纳》以后，法学家会这样引用——"extra, de electione, Venerabilem"，现代版本的引用是 "X（extra) 1.6.34"。引文格式的变化是判断该文本属于1234年之前还是之后的教会法著作的一个重要指标。教会法学家也用同样的引用格式引用之后的法律文集的法令，也就是标题、法令的起始词文集的标识（不过不经常）。《博尼法斯八世教令集》（*Liber sextus*）被引用为 "sext." 或者 "vi."，《克莱门特五世教令集》被缩写为 "Clem."，《教皇约翰二十二世教令集补编》（*Extravagantes Johannis XXII*）记为 "extra. Jo."。

教会法学家们为这些文集作注和评论，他们的著作也为中世纪法学的创立做出了贡献。与《格拉提安教令集》罗马法的基本文本一样，格雷戈里九世（Gregory IX）的《教令集》和《博尼法斯八世教令集》都附带有一般注释，这些注释往往都写在中世纪手稿版的页边空白处。其中约翰内斯·图托尼库斯（Johannes Teutonicus）的注释分别被巴托洛梅乌斯·布里辛西斯（Bartolomaeus Brixiensis）、贝尔纳杜斯·帕门西斯（Bernardus Parmensis）和约翰内斯·安德里亚（Johannes Andreae）修订过。教会法学家们也为法律的某个特定部分撰写论文，例如关于程序、特定教令、标题或遗嘱等，在中世纪晚期的时候他们已经开始将"鉴定意见书"

作为法律话语的主要载体。《劝谕》很快就被运用到具体的法律实践当中。诉讼当事人往往就他们的案子来咨询法学家的法律建议。律师们开始收集他们所撰写的观点。奥尔德拉杜斯·达·庞特（Oldradus da Ponte，1343年去世）是第一批出版大量"劝谕"合集的律师之一，其中许多是他在阿维尼翁的教皇法庭写的。查阅教会法经典文献（马森［Maasen］、福尼尔［Fournier］和勒布拉斯［Le Bras］、库特纳［Kuttner］、舒尔特［Schulte］等人的著作，详见书目）的最佳指南都已有五十多年的历史，一部新的指南正在进行中。有关目前文献和研究的指南都可在《中世纪教会法简报》中找到，该公报载有一份年度书目、手稿信息和一份关于加利福尼亚伯克利中世纪教会法研究所活动的报告。

参考书目

340-352

参考书目仅选取了标准参考著作和近年来最重要的文献，目的在于为非专业人士与刚开始研究的学生提供指南。

通用参考著作、期刊

American Journal of Legal History. Philadelphia, 1957-.

Annali di storia del diritto. Milan, 1957-.

Anuario de historia del derecho español. Madrid, 1924-.

Archiv für katholisches Kirchenrecht. Mainz, 1857-.

Bulletin of Medieval Canon Law. Berkeley, 1971-. 中世纪教会法协会（Institute of Medieval Canon Law）从1955年至1970年于 *Traditio* 杂志后附有年度报告。书目涵盖了中世纪法律史的各方面。

Bulletino dell'Istituto di Diritto Romano. Rome, 1897-.

Coing, Helmut, ed. *Handbuch der Quellen und Literatur der neueren europäischen*

348   *Privatrechtsgeschichte.* Vol. 1, *Mittelalter (1100-1500): Die gelehrten Rechte und die Gesetzgebung.* Munich: C. H. Beck'sche Verlagsbuchhandlung, 1973. 此书涵盖了世俗法、罗马法、教会法,是近 25 年来最重要的参考书。

Dictionary of the Middle Ages. 12 vols. New York: Scribner, 1982-89. 此书内容包括讨论各种司法体系的法学家著作与论文。

Dizionario biografico degli Italiani. 32 vols. Rome: Istituto della Enciclopedia Italiana, I960-. To "Da Ronco."

Handwörterbuch zur deutschen Rechtsgeschichte. 3 vols. Berlin: Erich Schmidt, 1964-. 这是一部内容比标题范围更广的法律词典。

Ius Commune. Frankfurt am Main, 1967-.

——. *Sonderhefte.* 25 vols. Frankfurt am Main: Vittorio Klostermann, 1971-.

Journal of Legal History. London, 1980-.

Law and History Review. Ithaca, 1983-.

Law Quarterly Review. London, 1885-.

Lexikon des Mittelalters. 4 vols. Munich: Artemis Verlag, 1977.

Novissimo Digesto Italiano. 27 vols. Turin: Unione Tipografico-Editrice Torinese, 1957-. 这是一部广泛讨论法学概念与术语的词典。

Österreichisches Archiv für Kirchenrecht. Vienna, 1950-.

Revista española de derecho canonico. Madrid, 1946-.

Revue de droit canonique. Strasbourg, 1951-.

Revue historique de droit français et étranger. Paris, 1855-.

Rivista internazionale di diritto comune. Vol. 1. Catania, 1990.

Rivista di storia del diritto italiano. Rome, 1928-.

Studia et documenta historiae et iuris. Rome, 1935-.

Tijdschrift voor Rechtsgeschiedenis. Haarlem, 1918-. 此书包括荷兰语、英语、法语、德语论文。

Zeitschrift der Savigny-Stiftung für Rechtsgeschichte. Weimar, Germanistische Abteilung. 1880-. Kanonistische Abteilung. 1911-. Romanistische Abteilung. 1880-

世俗法

史料

Beaumanoir, Philippe de. *Coutumes de Beauvaisis*. Edited by A. Salmon. Collection de textes pour servir à Penseignement de l'histoire. 2 vols. Paris: A. Picard et fils. 1899-1900. Reprinted, Paris: N.p., 1970.

Bracton, Henry de. *Bracton on the Laws and Customs of England*. Edited and translated by Samuel E. Thorne. 4 vols. Cambridge: Harvard Univ. Press, 1968-77.

Glanville, Ranulf de. *The Theatise on the Laws and Customs of the Realm of England Commonly Called Glanvill*. Edited and translated by George D. G. Hall. London: Nelson, 1965.

Monumenta Germaniae Historica.

Leges (in folio).

    5 vols.Capitularia regum Francorum. Leges Alamanorum, Langobardum, Saxonum. Hannover, 1835-89.

Leges nationum Germanicarum.

    6 vols. Leges Visigothorum, Burgundionum, Saxonum, Thuringorum, Frisionum, Chamavorum, Alamanorum, Longobardorum. Lex Romana Raetica Curiensis, Ribvaria, Salica, Baivariorum. Hannover, 1888-1969.

Capitularia regum Francorum.

    2 vols. Hannover, 1883-97.

Constitutiones et acta publica imperatorum et regum.

    11 vols. Hannover, 1893-1988.

Fontes iuris Germanici antiqui.

    6 vols. Hannover, 1955-74.

Fontes iuris Germanici antiqui in usum scholarum separatim editi.

    14 vols. Hannover, 1869-1989.

指南及研究

Bellomo, Manlio. L, *Europa del diritto comune*. 2d ed. Rome: 11 Cigno Galilei,

1989. 对中世纪世俗法及专业法做了细致深入的考察。

Brunner, Heinrich. *Deutsche Rechtsgeschichte*. 2d ed. 2 vols. Edited by C. F. von Schwerin. Leipzig: Duncker und Humblot, 1928. Reprinted, Aalen: Scientia, 1961.

Drew, Katherine Fischer. "Law, German: Early Codes." *Dictionary of the Middle Ages* 7:468-77. New York: Scribner, 1986. 其参考书目中有日耳曼法典的英译版列表。

Giordanengo, Gèrard. *Le droit féodal dans les pays de droit écrit: L'exemple de la Provence et du Dauphiné XIF-début XIVe siècle*. Bibliothèques des Écoles Françaises d'Athènes et de Rome, no. 266. Rome: Ecole Françhise de Rome, 1988. 此书对法国封建法做了精彩考察。

Kroeschell, Karl. *Deutsche Rechtsgeschichte*. 2 vols. Opladen: Westdeutscher Verlag, 1982.

Milsom, S. F. C. *Historical Foundations of the Common Law*. 2d ed. London: Butterworths, 1981.

Myers, Henry A. "Law, German: Post-Carolingian." *Dictionary of the Middle Ages* 7:477-83. New York: Scribner, 1986.

Pennington, Kenneth. "Law Codes: 1000-1500." *Dictionary of the Middle Ages* 7:425-31. New York: Scribner, 1986.

Pollock, Frederick and Frederic Maitland. *The History of English Law Before the Time of Edward I*. 2d ed. 2 vols. Revised by S. F. C. Milsom. Cambridge: Cambridge Univ. Press, 1968.

Radding, Charles. *The Origins of Medieval Jurisprudence: Pavia and Bologna*, 850-1150. New Haven: Yale Univ. Press, 1988. 本书更像论文而非基于史料的分析，作者的理论难以成立，但他用英语简要描述了伦巴第的法理学。

Reyerson, Kathryn and John Bell Henneman. "Law, French: In South." *Dictionary of the Middle Ages* 7:461-68. New York: Scribner, 1986.

Ruiz, Teofilo F. "Law, Spanish." *Dictionary of the Middle Ages* 7:518-24. New York: Scribner, 1986.

Strayer, Joseph R. "Law, French: In North." *Dictionary of the Middle Ages* 7:457-60. New York: Scribner, 1986.

Van Caenegem, R. C. *The Birth of the English Common Law*. Cambridge: Cambridge Univ. Press, 1973.

Weimar, Peter. "Die Handschriften des Liber feudorum und seiner Glossen." *Rivista internazionale di diritto comune* 1 (1990): 31-98. 这是近五十年来对封建法发展最重要的著作，也是关于史料及评论的一部指南。

Wolf, Armin. "Die Gesetzgebung der entstehenden Territorialstaaten." In *Handbuch der Quellen und Literatur der neueren europäischen Privatrechtsgeschichte*. Vol. 1, *Mittelalter (1100-1500): Die gelehrten Rechte und die Gesetzgebung*, 517-800. Munich: C. H. Beck'sche Verlagsbuchhandlung, 1973. 对西欧 1100 年至 1500 年间法律的开创与编纂而言，沃尔夫的论文极为重要。

罗马法

指南及史料

Coing, Helmut, ed. *Handbuch der Quellen und Literatur der neueren europäischen Privatrechtsgeschichte*. Vol. 1, *Mittelalter (1100-1500): Die gelehrten Rechte und die Gesetzgebung*. Munich: C. H. Beck'sche Verlagsbuchhandlung, 1973. 本书是萨维尼（Savigny）之后首部对中世纪罗马法作全面考察的著作。

Conrat (Cohn), Max. *Geschichte der Quellen und Literatur des römischen Rechts im früheren Mittelalter*. Leipzig: J. C. Hinrichs 1891. Reprinted, Aalen: Scientia, 1963.

Dolezalek, Gero. *Verzeichnis der Handschriften zum römischen Recht bis 1600*. 4 vols. Frankfurt am Main: Max-Planck-Institut fur Europaische Rechtsgeschichte, 1972.

Dolezalek, Gero, and Laurent Mayali. *Repertorium manuscriptorum veterum Codicis Justiniani* 2 vols. Repertorien zur Frühzeit der gelehrten Rechte, lus Commune, Sonderhefte 23. Frankfurt am Main: Vittoria Klostermann, 1985.

Fowler-Magerl, Linda. *Ordo iudiciorum vel ordo iudiciarius*.Repertorien zur

Frühzeit der gelehrten Rechte, Ius Commune, Sonderhefte 19. Frankfurt am Main: Vittorio Klostermann, 1984. 本书对最早的罗马法及教会法论文做了概述，对于理解 12 世纪专业法律如何影响法律实践有重要作用。

Glosse preaccursiane alle Istituzioni: Strato Azzoniano Libro primo. Edited by Severino Caprioli, Victor Crescenzi, et al. Fonti per la Storia d'Italia 107. Rome: Istituto Storico per il Medio Evo, 1984. 本书将对早期中世纪罗马法历史的书写起重要作用。

Savigny, Friedrich Carl von. *Geschichte des römischen Rechts im Mittelalter* 2d ed. 7 vols. Heidelberg: Bey Mohr und Zimmer, 1850. Reprinted Aalen: Scientia, 1986. 萨维尼的著作仍是理解中世纪民法法学家生平及著作的最完整的指南。

Scripta anecdota glossatorum. Biblioteca iuridica medii aevi. 3 vols. Bologna: In aedibus Societatis Azzogiudianae 1888-1914. Reprinted, Turin: Forni, 1962.

研究

Donahue, Charles Jr. "Law, Civil— Corpus iuris, Revival and Spread." *Dictionary of the Middle Ages* 7:418-25. New York: Scribner, 1986.

Feenstra, Robert. *Droit savant au moyen áge at sa vulgarisation*. London: Variorum, 1986.

Gouron, André. *Le science du droit dans le Midi de la France au Moyen Age*. London: Variorum Reprints, 1984.

Ius Romanum Medii Aevi. Milan: Giuffrè, 1961-. 本书是论述中世纪罗马法对欧洲社会影响的历史巨著。

Kantorowicz, Hermann. *Studies in the Glossators of the Roman Law*. Cambridge: Cambridge Univ. Press, 1938. 再版附有补遗：Peter Weimar, Aalen: Scientia Verlag, 1969。

Koschaker, Paul. *Europa und das römische Recht*. 4th ed. Munich: Beck, 1966.

Meijers, Eduard Maurits. *Etudes d'histoire de droit*. Edited by Robert Feenstra and H. F. W. D. Fischer. 4 vols. Leiden: Universitaire Pers Leiden 1956-66.

Das römische Recht im Mittelalter. Edited by E. J. H. Schrage. Darmstadt

Wissenschaftliche Buchgesellschaft, 1987.

Vinogradoff, Paul. *Roman Law in Medieval Europe*. Oxford: Clarendon Press, 1929. 重印版附前言：Peter Stein, Cambridge: Speculum historale, 1969, 仍是关于中世纪罗马法最具可读性的著作。

教会法

指南及史料

Dictionnaire de droit canonigue. 7 vols. Paris: Letouzey et Ané, 1935-65. Fournier, Paul and Gabriel Le Bras. *Histoire des collections canoniques en Occident depuis les fausses décrétales jusqu'au Décret de Gratien*. 2 vols. Paris: Sirey, 1931-32. Reprinted, Aalen: Scientia, 1972.

Kuttner, Stephan. *Repertorium der Kanonistik (1140-1234)*: Prodromus *corporis glossarum*.Studie testi 71. Vatican City: Biblioteca Apostolica Vaticana, 1937.

Maassen, Friedrich. *Geschichte der Quellen und der Literatur des canonischen Rechts im Abendlande*. Graz: Leuschner and Lubensky, 1870. Reprinted, Graz: Akademischer Druck, 1956.

Monumenta iuris canonici. Series A: Corpus Glossatorum. 4 vols. Vatican City, 1969-90.

——.Series B. Corpus Collectionum. 7 vols. Vatican City, 1973-88.

Schulte, Johann Friedrich von. *Die Geschichte der Quellen und Literatur des canonischen Rechts*. 3 vols. Stuttgart: Ferdinand Enke, 1875-77. Reprinted, Graz: Akademischer Druck, 1956.

研究

Kuttner, Stephan. *Gratian and the Schools of Law, 1140-1234*. London: Variorum, 1983.

——. *The History of Ideas and Doctrines of Canon Law in the Middle Ages*. London: Variorum, 1980.

——. *Medieval Councils, Decretals, and Collections of Canon Law*. London: Variorum, 1980.

Fuhrmann, Horst. *Einfluss und Verbreitung der pseudoisidorischen Fälschungen von ihrem Auftauchen bis in die neure Zeit.* 3 vols.Schriften der Monumenta.

Germaniae Historica 24. Stuttgart: Anton Hiersemann, 1972-74.

Gaudemet, Jean. La formation de droit canonique médiéval au Moyen Age. London: Variorum, 1984.

Mordek, Hubert. *Kirchenrecht und Reform im Frankenreich: Die Collectio vetus gallica, die älteste systematische Kanonensammlung des fränkischen Gallien,*

Studien und Edition. Beiträge zur Geschichte und Quellenkunde des Mittel alters 1. Berlin: Walter de Gruyter, 1975.

Reynolds, Roger. "Law, Canon: To Gratian." *Dictionary of the Middle Ages* 7:395-413. New York: Scribner, 1986. An excellent survey of early canon law.

Studio Gratiana. 23 vols. Bologna: Apud Institutum iuridicum universitatis studiorum and Libereria Ateneo Salesiano: 1953-78.

Tierney, Brian. *Church Law and Constitutional Thought in the Middle Ages.* London: Variorum, 1979.

中世纪科学和自然哲学

爱德华·格兰特

中世纪科学史学史

19世纪末至20世纪初,对中世纪科学史的严肃研究和作为独立学科的科学史的兴起几乎同时发生。这几乎完全归功于皮埃尔·杜海姆(Pierre Duhem, 1861–1916)的努力(关于其传记和书目,请参见 Jaki 1984; Gillispie 1970-80,4:225-33)。杜海姆是一位法国物理学家,曾在历史、科学哲学、物理学、化学领域发表过论文,他试图证明"中世纪科学"这一用语并不自相矛盾,为此,他在1902—1916年(即其逝世当年)撰写了15卷有关中世纪科学的著作(其中有五卷是作为其逝世后的一部十卷本著作的一部分出版的;参见 Duhem 1913-59)。

在这些著作中,杜海姆通过中世纪学者那些艰深而鲜为人知的对亚里士多德的评论与神学论文,展示了当时令人意想不到的科学发展。一般认为,杜海姆最早拂去了自中世纪晚期以来即无人触碰的手抄本上的尘埃。他的发现使他敢于宣称:与哥白尼(Nicholas Copernicus)、伽利略(Galileo Galilei)、约翰内斯·开普勒(Johannes Kepler)和艾萨克·牛顿(Isaac Newton)这些赫赫有名的人密切相关的17世纪的"科学革命",不过是对14世纪主要由巴黎大学的大师们所提出的物理、宇宙学说的延伸性阐述。现在看来，中世纪学者才是伽利略的先驱。

杜海姆使中世纪科学成为值得研究的领域，他将其置于科学发展的主流中。如此，他填补了希腊与早期现代科学之间的空白。科学史第一次有了真正的连续性。

尽管杜海姆和受其影响的学者们特别强调中世纪科学对17世纪发展的影响，但我们在此主要想以中世纪自身术语和语境来描述中世纪科学和自然哲学，而非考虑其影响。

不幸的是，此事知易行难。关键问题在于，中世纪科学和17世纪以来的科学分属不同概念。避开现代术语难以概括中世纪科学的种种行为，后者很久之后才有了名称和定义。中世纪科学史学家肯定要谈中世纪的"地质""化学"或"生物"思想，尽管这些科学在18世纪和19世纪才有其名称与学科定义。中世纪科学史学家可以使用这些时间错置的术语吗？将亚里士多德对动物的论文称为"生物学"是否恰当？甚至于，我们是否可以说中世纪存在"亚里士多德派学者"，虽然当时并没有学者这样自称？这样的异常状况数不胜数。以我的判断，使用这些术语似乎没有什么不当，这不仅是为了方便，还因其代表了中世纪和现代都存在的类似学科。①

希腊–阿拉伯科学向拉丁西欧的传播

如果我们将中世纪视为公元500年到1500年的一段时期，那

---

① 举个例子，如果没有这些术语，我们就不能讨论牛顿"物理"，因为在牛顿17世纪写作时并未使用这个概念。事实上，当时还没有专门的物理学。

么真正意义上的、成规模的科学直到12世纪下半叶才进入拉丁西欧，即将希腊－阿拉伯科学译为拉丁语的工作在那时才得以展开。

在此之前，希腊科学仅有一小部分被译为拉丁语。中世纪早期，西欧仅有些微的科学给养，散见于卡尔西德（Chalcidius）、马克罗比乌斯（Macrobius）、马尔提亚努斯·卡佩拉（Martianus Capella）、波爱修斯（Boethius）、塞维拉的伊西多尔（Isidore of Seville）、凯索多拉斯（Cassiodorus）和可敬者比德（the Venerable Bede）等人的手册和百科全书中。这些著述中所包含的科学通常既肤浅又不准确，还自相矛盾。欧几里得《几何原本》（Elements）的缺位恰如其分地说明了这种令人遗憾的情况，没有此书，天文学、光学和机械学的大部分内容都无法成立。尽管卡尔西德对柏拉图的《蒂迈欧篇》（Timaeus）作过部分翻译，其中可以看到他关于世界的宇宙观，但后者本身并没有足够详细的、得到物理学与形而上学原理支持的自然哲学。

尽管有这样大的障碍，但是12世纪一些在各地教堂受教育的学者——包括巴斯的阿德拉德（Adelard of Bath）、伯纳德·西尔维斯特（Bernard Silvester）、沙特尔的梯叶里（Thierry of Chartres）、孔什的威廉（William of Conches）、阿拉斯的克拉伦巴尔德（Clarenbaldus of Arras）等人，已经开始用批判客观性（critical objectivity）解释自然现象甚至《圣经》文本（参见 Stiefel 1985；H. Lemay 1977）。我们不得而知，如果时间充足的话，这种大胆的思想探索是否会产生有关物理世界的新见解和理论。当时希腊－阿拉伯科学已经渗透到西欧，并将很快超越旧式学习背景下逐渐发展的初期理性科学。

新兴的对学习的积极态度，无疑鼓励了欧洲人去寻找阿拉伯和希腊的科学、哲学著作。他们如今的行动和当年阿拉伯人一样。正如伊斯兰迅速传播之后，许多操阿拉伯语的学者积极寻找而非被动接受希腊科学和哲学，12世纪的操拉丁语的学者也在新知识的资料中遨游，并积极热烈地加以运用。

在西班牙、西西里和意大利北部工作的多国学者的翻译成就功不可没。在约130年的时间里，他们用拉丁文翻译了大量——甚至可说是大部分——希腊和伊斯兰教文明所积累的知识。这些宝藏里有亚里士多德的作品，有阿维罗伊的评论，它们将主导未来400年的科学思想。欧几里得的《几何原本》，托勒密的《天文集》（*Almagest*）——哥白尼《天体运行论》（*De Revolutionibus*）之前最伟大的天文学论文，海桑（Alhazen）的《光学之书》（*Optics*），花拉子米（Al-Khwarizmi）的《代数学》（*Algebra*），以及盖伦、希波克拉底和阿维森纳的医学著作，还有许多不那么出名的作品也被译为拉丁文（Lindberg 1978, 52-90；Grant 1974, 35-38）。如果我们回溯1260年代和1270年代，我们还得加上穆尔贝克的威廉（William of Moerbeke），他把50种作品从希腊语翻译成拉丁语，其中包括阿基米德和亚里士多德几乎所有的作品，以及希腊著名评论家如辛普利西乌斯（Simplicius）、泰米斯提乌斯（Themistius）、阿佛洛狄西亚的亚历山大（Alexander of Aphrodisias）以及约翰·斐洛庞努斯（John Philoponus）对亚里士多德作品的众多评论（Grant 1974, 39-41）。

如果没有译本，以下两件事是不会发生的。第一，译本提供了有力的、全面的哲学和科学文献，构成了中世纪大学课程的基础核心。第二，对上述内容的学习与回应催生了大量作品，其中大部分是对权威文献（特别是亚里士多德的自然科学著作）的评论。这就是从 13 世纪到现在科学不断发展的基础。尽管中世纪的很多（事实上是大多数）自然哲学成果在 17 世纪末遭到否定，但其提出、处理的问题却促成了新兴的反经院哲学的科学。事实上，如果没有近五个世纪以来的中世纪思想，17 世纪的科学革命是很难想象的。

中世纪大学的科学

中世纪晚期，科学本质上主要由大学教师和研究生负责，他们背景相似，所写文章的格式、结构也相似。① 谈到"中世纪大学的科学"就是谈整个中世纪的科学了。

为了考察中世纪大学教授的科学知识的范围与种类，必须了解巴黎大学、牛津大学等校的科系分配，这两所大学在 13、14 世纪的基督教世界里可能是最重要的。规模最大且最基础的是人文科系，该系授予人文学士学位和人文硕士学位。前者需四年，而后者需再加两年。人文学硕士是进入神学、医学和法学这些高等科系的先决条件。尽管这三个高等科系中只有医学致力于教授具体的科学，但正如我们将要看到的，神学家在神学背景下也讨论许多科学问题。不过，他们的讨论最终基于人文系教的科学，也就是我们现在必须讨论的（据 Grant 1984）。

---

① 由于化学并非大学学科，化学家可能不适用于这里的概括描述。关于这些与大学无关的作者的生平、作品，可参见 Gillispie 1970-80, 4:604-13 (Leonardo of Pisa or Fibonacci); 5:360 (Gerard of Brussels); 7:171-79 (Jordanus de Nemore); 以及 10:532-40 (Peter Peregrinus)。

人文科系里的科学

知识分类

12世纪之前，大多数理论的、世俗的知识领域的著作都属于七艺，即语法、修辞学、辩证法或曰逻辑学——所谓三艺（trivium）——以及算术、几何、天文学和音乐——所谓四艺（quadrivium）。随着12世纪后半叶亚里士多德和希腊－阿拉伯科学著作的大量涌入，七艺的重要性下降，成为哲学的研究途径或基础（参见 McInerny in Wagner 1983，248-72，特别是 250-53）①，这里的哲学包括自然哲学、形而上学和道德哲学，通常被称为"三种哲学"（有关文本参见 Weisheipl 1964，173-76），其中最后一种与科学无关。另外两种——自然哲学和形而上学——再加上数学，构成了亚里士多德及其后学者的理论知识。② 在这些知识领域里，自然哲学处理物质的运动和变化；数学考察可移动、非实质性，却从实体中抽象出来的事物（线、曲面和实体）；形而上学——有时也被称为"第一哲学"或"神学"——被用来考察那些不可移动的、非物质的事物，即完全脱离物质的事物（见 Grant，1974，61-62；Kilwardby，1976，14）。因此，自然哲学或用其通称"自然科学"（Kilwardby 1976，17，23，64），考察的是影响物体变化的整个范围，包括从一地到另一地的运动。尽管三学科在中世纪大学的课程里都有体现，但形而上学似乎被当作了自然哲学的

---

① 尽管七艺在大学课程中都存在，但并非以七艺的名称授课，大学教育也并不被视为七艺教育。12世纪希腊－阿拉伯知识涌入西欧，使高等教育远远超出七艺的范畴。参见 Grant 1984, 93-94, n. 9。

② 亚里士多德将知识分为理论的、实践的、生产的科学。参见 Aristotle, Topics 6.6.145a 及 Metaphysics 6.1。

一部分（Siraisi 1973，134; Daly 1961，79-80），两个学科都有人文学硕士授课。由于数学科学和自然哲学构成了人文系科学核心，我们将予以重点关注。

四艺或曰数学科学

狭义上，中世纪和大学里的数学相当于七艺中的四艺，即算术、几何、天文学和音乐。[①]这些学科在大学教授，到中世纪晚期开始普及，在严谨性和复杂性方面，它们都与波爱修斯时代和中世纪早期有很大不同。波爱修斯写过大量有关算术和音乐论文，中世纪早期和晚期之间，这两个学科存在连续性。也许是因为它过于哲学而缺乏正式的论据，波爱修斯的《论算术》(De arithmetica) 到中世纪晚期仍然很受欢迎（Weisheipl 1964，170; Masi 1981，67-80; P. Kibre in Masi 1981，81-95）。但是，有必要用欧几里得的《几何原本》的 7 至 9 篇作为补充，这些命题完全是算数的，且得到了形式上的证明。[②]算术还有一个应用部分，该领域的论文如《通俗算法》(Algorismus vulgaris) 描述并举例说明了带整数的四则运算，别的论文如《小数算法》(Algorismus minutiarum) 或称《关于小数的算法》(Algorismus de minutiis) 则阐述了六十进制分数与普通分数（sexagesimal and vulgar fractions）（Grant 1984，73，95-96，nn。23，24）。

波爱修斯的《音乐》(De musica) 也曾作为大学教材，但随着音乐理论在 14 世纪的飞跃，他的学说也得到了补充，这要归功于

[①] 大学层面极少出现"四艺"这个术语（Kibre 1969, 175）。

[②] 约丹努斯（Jordanus de Nemore）早在 13 世纪写的《算数》(Arithmetica) 中就列出了欧几里得度量及四百多种比例数，同样可以作为文本。关于约丹努斯，参见 Gran in Gillispie 1970-80, 7:171-79。

维特里的费利佩（Philippe de Vitry, 1291-1361）和米尔的约翰（John of Murs，约 14 世纪上半叶）的新著作。①12 世纪之前，在欧几里得的《几何原本》未从阿拉伯语翻成拉丁语时，几何学似乎不是一门应用学科，四艺中关于几何学的内容只有只言片语②——虽然大学的几何课程主要依赖于《几何原本》的前六篇③，《几何实践》（Practica geometriae）一文也强调了实用几何和应用几何，描述了各种测量方法，例如测不同物体的高度、面积、体积（见 Grant 1974，180—87；Victor 1979）。

自然哲学中，数学被归为"中间科学"（scientiae mediae）。这类学科还有天文学（也属四艺之一，将在下一段讨论）、光学、透视法（perspectiva）、统计学或曰"关于重量的科学"（scientia de ponderibus, Weisheipl 1964, 171）和声学以及形的张弛变化学说——它应用算术和几何学来表示质的变化（参阅 Grant 1972），还有工程学（或曰"关于器具的科学"[scientia de ingeniis]）。④

与之前相比，天文学实际上是 12 世纪出现的新科学，当时托勒密著名的《天文集》与许多阿拉伯语的天文学论文被译成拉丁

---

① 费利佩的名字与新技法（Ars nova）息息相关（Sarton 1927-48, 3[1]: 742-44）。此新技法创造了新的乐谱记录方式，而米尔的约翰的论文则用数学的方式考虑音乐问题。关于后者及其论文名，参见 E. Poulle in Gillispie 1970-80 7:128-33。音乐在何种范围内成为大学科目前尚不可知，在牛津大学直至 1431 年音乐才进入大学课程（Weisheipl 1964, 171）。关于音乐在帕多瓦大学的角色，参见 Siraisi 1973, 94-107。关于自然哲学对音乐的影响，参见 Murdoch, 1976 119-36。

② 关于几何学以及欧几里得《几何原本》在中世纪早期的简史，参见 Menso Folkerts in Masi 1981, 187-209。

③ 关于欧几里得《几何原本》中世纪译本的历史，参见 J. E. Murdoch in Gillispie 1970-80, 4:443-48。

④ 多明各·冈底萨尔沃（Domingo Gundisalvo [fl. 1140]）在其《哲学领域的划分》（De divisione philosophiae）中认为几何学可用于石匠逐块计算石头、举起东西甚至制造弓箭（参见 Grant 1974, 76）。

语——后者大多数赞同托勒密的学说，少有反对观点。① 在中世纪西欧，天文学与占星术关系紧密。据罗伯特·基尔沃德比（Robert Kilwardby）的说法，天文学（astronomia）与天体的运动、大小和位置有关，并且完全由数学决定。相比之下，占星术（astrologia）关注的是源自这些天体的力量，以及它们如何对地面物体产生影响（Kilwardby 1976，34）。基尔沃德比注意到，尽管定义不同，像科学和智慧两词一样，天文学和占星术也经常互换使用。②

如上所述，占星术与亚里士多德的理念一致，即天空是地面所有物理变化的最终原因。但根据托勒密占主导地位的占星术著作《占星四书》（*Tetrabiblos*，Ptolemy，1948，拉丁语译本为 *Quadripartitum*，该版本请参见 Carmody 1956、13-14、18-19）以及众多阿拉伯文论著，占星术同样认为，如果解释得当，星空也可提供关于世界未来事件及人类命运的知识。有些人甚至认为，星体完全控制了天空。虽然这种说法有争议，甚至违背基督教的教义（无论是从法律的角度上，还是宇宙观的角度上，抑或是基督诞生的角度上说），但大学里仍不时教授占星术。③ 不过，天文学更受重视，这体现在两部中世纪名作中：萨克罗博斯科的约翰《天球论》（*De sphaera*）——此书用四章内容阐明整个宇宙的空间与天体（关于原文和翻译，参见 Thorndike 1949；关于节选，参阅

---

① 阿拉伯对拉丁天文学和占星术的影响可参见 Carmody (1956)。
② 多明各·冈底萨尔沃在其《哲学领域的划分》中实际上指明了其一般含义，他说占星术是"研究星体的位置、运动原因、大小、同其他星体和人间的关系的科学"，而天文学是"根据人类的信念，描述星体的位置和轨迹，以判定时间的学问"（Grant 1974, 74, 75）。
③ 阿巴诺的彼得（Peter of Abano）似乎曾在 1300 年左右于帕多瓦大学执教占星术（Siraisi 1973, 81-89）。

Grant1974，442-51）和《行星论》（*Theorica planetarum*）——本文技术性更强，不仅有很长的天文学术语定义列表，还用托勒密的术语描述了行星的运动，即借助离心轨道和本轮（eccentric orbs and epicycles）理论。①

自然哲学

尽管 13 世纪的大部分时间里，巴黎大学引入亚里士多德学说遇到了阻力，但亚里士多德的自然哲学在人文课程中根深蒂固，并在 1250 年形成其课程核心。上述三种哲学中，"自然哲学"或曰"自然科学"内涵最广，它涵盖了亚里士多德的所有"自然书"（libri naturales），即他所著的《物理学》《论天》《论生灭》《论灵魂》《天象论》《自然诸短篇》《论动物》（*Physics, On the Heavens* [*De caelo*], *On Generation and Corruption, On the Soul* [*De anima*], *Meteorology, The Small Works on Natural Things* [*Parva naturalia*], *On Animals* [*De animalibus*]）②。在这些论文的基础上，我们所看到的自然哲学是对可动之物与物质对象的考察（Kilwardby 1976, 14, par. 15; 17, par.21），或如多米尼克·冈底萨尔沃（Domingo Gundisalvo）所说，"自然科学是物体因何而……运动、停止、变

---

① 关于佩德森（Olaf Pedersen）英译本《行星论》，参见 Grant 1974, 451-65。《行星论》可能是 1260—1280 年间作于巴黎大学 (Grant 1974, 451)，目前尚存数百卷手稿。约 1261 年至 1264 年间，康帕努斯（Campanus of Novara）写成了同名论文，尽管后者更长、更具技术性，康帕努斯的著作也可用作天文学文本。关于版本及译本，参见 Francis S. Benjamin, Jr., and G. J. Toomer, ed. and trans., *Campanus of Novara and Medieval Planetary Theory* (Madison: Univ. of Wisconsin Press,1971)。

② 即基尔沃德比（Kilwardby）在讨论自然哲学时所引书目 (1976, 23-28)，他还加上了伪亚里士多德书《植物之书》（*Liber vegetabilium*），实际上这是大马士革的尼古拉斯（Nicholas of Damascus）所写的《论植物》（*De plantis*），见于 chaps. 6-10, pp. 15-29, Kilwardby describes natural philosophy。

化的学问"。① 按照"自然书"的内容，自然哲学包括宇宙学、物质论（即关于元素和化合物的理论）②，感官知觉和广义上的物理学，即质、量变化的物理学，以及物体从一处到另一处的运动。它还包括对活物（以植物和动物为表现形式）的研究。因此，自然哲学是对构成物质世界的一切有生命和无生命物体的变化原理的研究，它的原理描述了物质世界的结构和运作方式。

自然哲学的问题

作为研究自然界最广泛、最全面的学科，自然哲学包括对前述亚里士多德著作的研究。尽管教学时教师会对这些作品的文本进行逐节解释，但在讲解结束时常会提出问题。对此类问题的惯例性回答是先陈述其利弊，然后是教师的解答（参见 Beaujouan 1963）。这样，每个提问都是基于亚里士多德某部作品中某部分文字，还包含了教师及其他古代或当代论者的意见。最终，这些问题本身成为中世纪自然哲学教育的重点所在，对于亚里士多德自然哲学著作集中每篇论文的每本书和每个章节都有了问题（或提问）。因此，人文学教师们并不像典型的评论家那样逐段对文本进行评论，而是摘取他们认为重要的一系列问题，依顺序进行讨论。③ 由于"问题"是中世纪学术方法的核心，让我们简要地描述一个典型问题。

---

① 冈底萨尔沃划分了八种自然科学，分别对应亚里士多德一部或数部著作 (Grant 1974, 63-64)。他忽略了《自然诸短篇》，但加上了两部伪书《矿物之书》(*Liber de mineralibus*) 与《论植物》(*De plantis*)。

② 尽管当时的元素与化合物和今日化学中的元素与化合物没有关联，但这种自然哲学对应化学。地理学也属于此范畴。

③ 尽管随老师不同，关于亚里士多德论文的提问会有所不同，但令人吃惊的是 13—17 世纪有许多提问完全一样。

首先是提出问题，通常以诸如"让我们看看是否……"或简单地说"是否……开始"。例如，"地球是不是球形"，或者"地球是不是在移动"。然后是一个或多个解答，或肯定或否定。如果是肯定回答，那请放心，作者最后一定会采取否定立场。反之，如果先是否定回答，作者一定会先采纳并为肯定回答。作者稍后反对的最初回答被称为"主论点"（rationes principales）。在阐明主论点之后，作者会立即说明他对该问题的理解，也就是说，他会进一步解释、定性该问题，或对其中特定术语作出定义或解释。此后，他就要提出自己的观点，通常是一个或多个详细的结论或主张。为了回应可能出现的反对意见，他会对自己的结论提出质疑并随即解释。在问题结束时，教师会对一开始提出的每个"主论据"作出回应。

就亚里士多德的自然哲学著作提出的数百个问题，构成了中世纪大学自然科学的基础。① 在相当程度上，学习中世纪学术意味着分析、评估这些问题，以获得最令人满意的结论。尽管中世纪教师里，具有原创性的思想家数量不多，但许多人文学教师和神学家为不断增长的科学文献贡献了许多"问题"。这些问题涉及天与地，几乎涵盖了在中世纪被认为重要的天体和陆地运行的各个方面。

本质上，提问的形式鼓励不同意见。这是讨论和辩论的良好载体。中世纪学者受过辩论训练，因此常常彼此意见分歧。他们对亚里士多德没有奴性的崇拜，而是受其中的体系鼓舞，得出他

---

① 关于14世纪几位学者针对亚里士多德论自然哲学四部著作的经典提问，参见 Grant 1974, 199-210。

们自己的结论，或至少从两个甚至更多的前人结论中作出选择。如果仅向他们提供结论，然后为该结论寻找理由、提供辩护，那自然科学可能就会完全不同了。

原则上，人们批判地看待各种论点，并通过消除法获得真理。学术上的独创性体现在一些细微的区别上，将在未来为该问题给出新的见解。

在这些典型问题的框架里，中世纪的教师们得以组织他们的教学内容乃至著作。这些著作就是其讲义的修订版。通过对亚里士多德文本及解释的批判分析，亚里士多德的思想得到了解释与（有时是无意的）修改。如此，中世纪关于物质世界的观念便发生了变化。

医学中的科学

5世纪至12世纪，科学极大地衰落了，只有医学遭受的损失最少。学者可以获得希波克拉底文集和盖伦的少量由希腊文翻为拉丁文的著作译本，还有一些拉丁文写成的医学论著，尤其是9世纪的论著。这些论著本质上是面向临床的，关注诊断和治疗，但几乎不关心病因和症状。简言之，医学理论被无视了（参见 Talbot in Lindberg 1978，392）。

对这种缺陷的补救，始于11世纪非洲人君士坦丁（Constantine the African，卒于1085年）在卡西诺山（Monte Cassino）的翻译。但是直到"1230年代至1240年代，充满亚里士多德和阿拉伯思维模式的医学著作才开始出现"（Talbot in Lindberg 1978，402）。现在医学被认为是一门科学（scientia）而非手艺，正因为它吸收了亚里士多德的形而上学和自然哲学。因此，对于 13 世纪新兴的大学来说，这是一个值得研究的学科，值得成为独立的高等科系，这种发展承认医学要靠人文知识作为其教育的重要组成部分。① 作为在自然哲学及医学领域的希腊 - 阿拉伯知识的受益者，13 世纪的巴黎、博洛尼亚、蒙彼利埃和帕多瓦的大学都出现了著名的医学院。凭借其在中世纪大学独立、高等的科系地位，医学成为一门专业，并且是第一个独立的学科（参见 Bullough 1966，46-73）。

医学教育基于盖伦、希波克拉底、阿维森纳、阿维罗伊及其他阿拉伯和犹太医学著作的权威著作。就像人文学科一样，医学系的教师经常通过对基础文本的评论或提问来表达自己的观点。不过，他们也撰写独立论文，这成为大量中世纪晚期的医学工作的见证（可参见 McVaugh in Grant 1974，700-808）。诊疗书（Consilium）是起源于意大利的一种特殊的医学论文，类似于病例记录。诊疗书由医生为患者或者为其他医生研究，又或者为学生而写（关于诊疗书，参见 Lockwood 1951，44-138; Siraisi 1973，160-61; Daly 1961，95）。②

医学能成为科学，是因为它根据需要从某些假定的前提中得出普遍真理。但医学也是一门人文学科（ars），意味着它也处理偶然的、特殊的、无法产生普遍真理的对象。学术性医学作者对医学的这种分歧且看似矛盾的两方面进行了很多讨论。③ 医学自然也就分成理论和实践两派。后者与前者一样，也通过教科书传授。

---

① 两小艺——音乐及占星术（或天文学）对医学的影响很大。关于音乐对医学的影响参见 Cosman 1978；关于占星术对医学的影响参见 R. Lemay 1976, 200-208。

② 斯莱丝（Siraisi, 1973, 161）观察到其他医学文献还包含"医药词典、草药及药方汇编"。

③ 关于科学与技艺的分界，参见 McVaugh 1987, 308。

这就是医学教育的一个方面，其规则和规范适用于个别情况，而每种情况似乎都是独特的（McVaugh 1987，310）。因此在上述意义上，医学实践（practica）更多倾向于理论，而非在病房、在患者床边的医学实践。

尽管自然哲学和人文学在医学中的融合①使医学在13世纪备受尊崇，但由于显而易见的原因，它比四艺中任何兼顾理论性和实践性的学科都更有现实与社会意义。无论医学理论性多强，最终还是必须将其应用于治疗病人或照顾健康之人。最近的证据表明，医学院的学生和教授都积极参与医学实践（McVaugh 1987，301）。在帕多瓦，"尽管重视对希腊和阿拉伯权威的学习，尽管重视对文本的学术分析，尽管重视星象学……医学仍是由实践的医生掌握的，且主要面向医学实践"（Siraisi 1973，162）。外科手术与医学的分裂即便出名也绝非普遍现象。在巴黎大学和牛津大学中，外科手术被排除在课程之外，因为它被视为纯粹的手艺，而在意大利的医学院如博洛尼亚和帕多瓦，外科手术却被认为是一门科学，因此被纳入了课程，由被医生看作同事的专业人士教授（Talbot in Lindberg 1978，411; Siraisi 1973，165-66）教授。

关于医学科学的一些普遍特征

对科学的实践

我们简要描述或提及的科学几乎构成了整个中世纪科学和自然哲学。尽管这里强调了科学文献的"问题"形式，但也有许多直白明了的论文，其中一些标题的确包含了"论"（tractatus），

---

① 不止一位医生自称"技艺与医学大师"（McVaugh 1987, 308）。

如"天体论"（Tractatus de spera）或"比例论"（Tractatus de proportionibus）。在此，某些特定的主题得到了系统而详细的考察。在这些作品中，有一些已在上文提及，即托马斯·布雷德沃丁（Thomas Bradwardine）和尼克·奥雷姆（Nicole Oresme）关于比例的论述。罗伯特·格罗斯泰斯特（Robert Grosseteste）和萨克罗博斯科的约翰写的关于天体的论述，罗杰·培根（Roger Bacon）的《大著作》（*Opus Maius*）和《论种类的繁殖》（*De multiplicatione specierum*），弗赖贝格的迪特里希（Dietrich of Freiberg）的《论虹》（*De iride*），维特罗（Witelo）的《透视》（*Perspectiva*）等。尽管这些著述的作者在大学受过训练，其中一些人在大学圈里已是众所周知，但这些著述很少被用作教学文本。

除了对病人施药之外，中世纪科学本质上是基于博学传统的书卷活动。尽管至少有一位中世纪作家，即罗杰·培根，试图使实验科学成为科学领域一门必不可少的学科（Fisher and Unguru, 1971），但是通过实验科学及系统观察以验证假设的概念从未被纳入中世纪科学方法论。① 实验研究鲜为人知，因为实验不被认为是科学研究通常具备的特征。中世纪的自然哲学家赞同其继承的文本传统，并愿意止步在这种传统里。

没有实验研究，没有常规实验的意识，中世纪科学研究大多是回应文本或文本中体现的学科传统。对于中世纪教师来说，在大学系统框架内进行科学或自然哲学的研究，就是对种种问题作

---

① 确有一些医生做过观察，其中有人还偶尔做实验。对此可参见 Grant 1974, 368-76 (Peter Peregrinus); 657-81 (Frederick II of Hohenstaufen); 654-57 (Albertus Magnus); 435-41 (Dietrich of Freiberg)。

出口头或书面分析，这些问题共同构成了中世纪人关于物质世界的基本观点。

数学在自然中的应用

几乎所有科学史学家都同意，数学在物理学中的应用，即用数学来测量和量化自然现象（尤其是运动），是现代科学的一个特征，这一特点与17世纪的科学革命密切相关，其中最著名的是伽利略和牛顿。这项突破被誉为对中世纪的亚里士多德科学的巨大突破，后者认为数学在很大程度上不适用于自然现象。但必须区分亚里士多德本人的理论与中世纪的学者对其的解释。罗伯特·格罗斯泰斯特（Robert Grosseteste）和罗杰·培根（Roger Bacon）早在13世纪就认为数学在物理学中的应用是科学必不可少的（Fisher and Unguru 1971，371-74; Lindberg 1982，24-25）。在14世纪，将数学和数学思维应用于自然问题司空见惯。许多应用领域与亚里士多德的思想（或是他本人未能预料到的后人对其思想的阐发）大相径庭。①

但是，中世纪晚期和17世纪对数学的应用有重要区别。当学者将比例理论应用于运动问题时，他们从未测试演算结果，以查看物体是否确实按照他们制定的数学定律运动。②此外，在广泛使用的数学学科中，关于形与质的张弛变化的问题都只有假设，通常被描述为第二想象力（secundum imaginationem）。想象中的情况多种多样——其中有不同性质与情感，例如颜色、温度、声音、

---

① 约翰·默多克（John Murdoch, 1975）将不同类型的数学应用称为"计量的语言"。
② 有时，习惯于某种经验的人会反对一些理论，就像布雷德沃丁在其《论比例》中那样（Grant 1974, 298）。

痛苦、恐惧、希望、悲伤、喜乐、动作等。这些性质是否在本质上按想象的方式变化似乎无关紧要。尽管脱离现实，中世纪的自然哲学家仍设法找到了与物体运动相关的、关于性质变化的重要定义。他们如是定义了诸如匀速运动、匀加速运动、瞬时运动之类的概念。根据这样的定义，他们制定了著名的平均速度定理，伽利略将其用作新机械学的基础，但并未就此作出改进。①

神学对科学的影响

在中世纪的自然哲学中，想象或反事实的假设司空见惯。从这种想象条件中得出的推论很少被就用于作为物理现实的自然界。这类活动并不局限于计量语言的应用。②13世纪对神学审查的恐惧促使一些人提出了"第二想象力"。

由于信仰世界永恒，并且似乎否认灵魂永生，亚里士多德的自然书和其他一些著作在13世纪被引入巴黎大学时引起极大动荡。亚里士多德的自然哲学以各种形式成为争议的中心，这些争议使人文学教师反对神学家，且使神学家互相反对。争议的高潮发生在1277年，当时巴黎主教发表了他著名的——或说是臭名昭著的——219项谴责，其中许多影响了自然哲学。③

其中一个主要问题涉及上帝的绝对权力。亚里士多德所证明

---

① 关于对平均速度理论的描述及中世纪的证明，参见 Grant 1971, 56-58。伽利略与其中世纪前辈不同，他不认为中世纪的理论放之四海皆准，他将平均速度理论用于实际运动而非空想质的变化。这就引发了现代数学物理的开端。

② 令人震惊的是，计量的语言也可用于解决神学中的问题，包括上帝与其造物之间的关系，比如罪、功、恩等。人们想象上帝在各种场景下的行动如何符合这些量化的语言。中世纪晚期，神学成为一种量化的学科，这是指神学家已被其熟知的自然哲学中量的层面所吸引。

③ 关于13世纪抵制亚里士多德知识的文献有很多，其高潮便是1277年的《谴责书》，参见 Wippel 1977; Hisette 1977; Grant 1974, 42-52; 及 Grant 1979。

的自然界中不可能的事，被人们认为在超自然界可由神力完成。第147条切实地谴责了上述观点——即使上帝也无法做到自然界不可能完成的事情。例如，亚里士多德认为不可能存在多个世界，也不可能存在真空；或世界上已没有未出现过的结果（effect）。然而在1277年之后的人们不得不承认，只要上帝愿意，就可以创造多个世界，可以在喜欢的任何地方创造真空，也可以在世界上创造新的结果。常常诉诸上帝的绝对力量的一个重要结果是鼓励了人们提出假设性论证，其中假定上帝能产生超自然的效应——这在亚里士多德的物理学和宇宙观中不可能存在。然后他们推导并分析这种自然界不可能发生的效应。在关于真空是否可能的讨论中，经常预设这样一种真空：人们想象上帝消灭了世界中的全部或部分物质。这些物体在空间中的行为，成为许多问题或曰"思想实验"的考察对象（例子参见 Grant 1979）。对中世纪自然哲学的许多关注都来自对假设情况的询问。

社会对中世纪科学的影响

正如1277年的谴责书所显示的，教会在能够控制、指导自然哲学发展的范围内，作为外部的社会影响力塑造了人们对自然世界的看法。教会还通过慈善活动，为教师和学生提供支持，因此可说是间接地成了各种科学的赞助方。[①] 由于教会通过大学提供支持，因此后者是真正社会性或说机构性的中世纪科学阵营。

这些大学通过其教师规定了各种科学问题、难题，有待学

[①] 王权有时也有相同作用，腓特烈二世据说于1377年在其宫廷资助了希腊、阿拉伯及拉丁学者，法国的查理五世因奥雷姆将亚里士多德四部作品从拉丁文译为法文而奖励了他，其中之一是重要的科学论文《论天》。穆尔贝克的威廉在维泰博的教宗宫廷时将许多科学著作由希腊文译为拉丁文，其中包括亚里士多德及阿基米德的多数著作，他同样得到了教宗的支持。

者和学生解决。除医师外，中世纪时期没有培养出专业阶层的科学家。由于科学和自然哲学系其专业所在，因此人文学科学者是中世纪最接近专业科学家的群体。人文学者训练不同背景的学生——贵族、农民、流民，并将他们塑造成同质的知识团体，从中招募同事和继任者。学术训练使所有人很大程度上都在一个基于问题的框架内展开研究，这一点在似乎几个世纪以来都没有变化。确实，学者所处理的问题、给出的答案一般都非常相似。不过，问题和回答绝非一成不变。讨论亚里士多德某一论述的作者们很少处理相同问题，其结论也往往相差甚远。但这种形式并无个人因素，因此无法根据某学者对亚里士多德自然书的讨论判断其社会阶层，如同无法根据某篇学术论文或某部学术著作判断某位现代物理学家的社会背景。

除了大学及借大学形式运作的教会之外，似乎没有其他有力的社会影响能左右中世纪科学和自然哲学。尽管在13—15世纪，欧洲发生了重大的政治、宗教和经济变革，但人文教育的形式和内容仍然未变。学术问题的至高无上地位、其结构和内容几乎没有变化。

作为中世纪科学基础的手稿

在15世纪中叶印刷术出现之前，中世纪科学的记录依赖于手写文本，因此不可避免地受到这种保存、传播媒介的不确定性的影响。依靠手稿，意味着巴黎大学和牛津大学同一篇论文的版本可能大相径庭。数学和天文学的一些手稿常常省略重要的图表，或收录不全。即使收录，笔误也可能会削弱、破坏图表的实用性。科学文献中的错误很多，只要看看各种现代版读本就能了解。从对我们有利的角度来说,中世纪进行科学研究困难重重。知识易得也易消失。仅仅是保存、偶尔复原由希腊－阿拉伯传承而来的文本就需要付出巨大的努力。①

尽管我们可能无法衡量仅依赖手稿传承对中世纪科学的不利影响,但我们可以说这种影响是巨大的。在欧洲引入印刷技术后不久,科学革命就开始了,这绝非偶然。

结　论

数百年来中世纪大学学生所受教育本质上是科学研究,且与物质世界结构和运作相关。由于大众常将中世纪描绘成一个几乎没有科学的时代,并且常公开地敌视中世纪,因此上述事实令人惊讶——如果不是震惊的话。中世纪大学的成员,无论是否从事学术,都很可能精通当时科学的流行理论和解释,这是今天的社会无法做到的。

中世纪晚期,12、13世纪翻译家提供的希腊－阿拉伯科学遗产由一代学人传播。在这一方面,中世纪学者保存了丰富的知识遗产。但中世纪不是只有消极、保守,它也出现了促进科学和自然哲学研究发展的思想环境。在这种环境下,出现了重要的、值得称赞的贡献,极大地扩展了希腊－阿拉伯科学资料。

当时可能存在一种有助于科学和哲学创造的气氛,因为教会及其神学家鼓励而非反对科学活动。尽管偶尔出现反动,例如1277年的谴责书和不幸的伽利略审判,除此之外,教会及其神学

---

① 关于这一点的讨论,参见 Eisenstein 1979, 2:463-65。

家还是对科学和自然哲学怀有浓厚兴趣的，并为此作出了重要贡献。罗杰·培根、大阿尔伯特（Albertus Magnus）、托马斯·阿奎那、托马斯·布雷德沃丁、弗赖贝格的迪特里希和尼克·奥雷姆的名字都雄辩性地证明了这一点。自然哲学和神学之间本该发生的毁灭性分裂（后者主导并控制前者）并未发生。科学和神学之间的张力并不能掩盖这样一个事实，即两者多数情况下保持独立，但其互动成果颇多。

数百年的分析、评估和批判也改变了以往的科学遗产，科学有了重要的发展与修正。亚里士多德在自然哲学中仍拥有卓越权威，但他对许多研究主题和问题的判断受到挑战，而且常常被否定。对亚里士多德等人的挑战成为中世纪的科学遗产，一直传承到 16—17 世纪。

中世纪科学保存并扩充了希腊－阿拉伯科学遗产。要了解中世纪晚期科学的重要性，人们只需知道，如果 16、17 世纪自然哲学家和科学家只有 12 世纪上半叶——翻译文献大量流入之前——的科学水平，那么科学革命将不会发生。中世纪给后来的科学家以互动的可能。在这个意义上，新科学可以说是从旧科学发展而来的，尽管事实上其中大多数想法都会被摒弃或否定。

参考书目

Beaujouan, Guy. 1963. "Motives and Opportunities for Science in the Medieval Universities." In *Scientific Change' Historical Studies in the Intellectual, Social and Technical Conditions for Scientific Discovery and Technical Invention, from Antiquity to the Present*, edited by A. C. Crombie, 219-36. Symposium on the History of Science, University of Oxford 9-15 July 1961. New York: Basic Books.

Bullough, Vern L. 1966. *The Development of Medicine as a Profession: The Contribution of the Medieval University to Modern Medicine.* Basel: Karger.

Carmody, Francis J. 1956. *Arabic Astronomical and Astrological Sciences in Latin Translation, A Critical Bibliography.* Berkeley: Univ. of California Press.

Clagett, Marshall. 1959. *The Science of Mechanics in the Middle Ages.* Madison: Univ. of Wisconsin Press.

Cosman, Madeleine Pelner. 1978. "Machaut's Medical Musical World." In *Machaut's World: Science and Art in the Fourteenth Century,* edited by Madeleine Pelner Cosman and Bruce Chandler, 1-36. Annals of the New York Academy of Sciences, 314. New York: New York Academy of Sciences.

Crombie, A. C. 1953. *Robert Grosseteste and the Origins of Experimental Science, 1100-1700.* Oxford: Clarendon.

———. 1959. *Medieval and Early Modern Science.* 2d ed. 2 vols. New York: Doubleday. Reprinted, Cambridge, Mass.: Harvard Univ. Press, 1963.

Daly, Lowrie J., S.J. 1961. *The Medieval University, 1200-1400.* With an introduction by Pearl Kibre. New York: Sheed & Ward.

Demaitre, Luke E. 1975. "Theory and Practice in Medical Education at the University of Montpellier in the Thirteenth and Fourteenth Centuries." *Journal of the History of Medicine and Allied Sciences* 30:103-23.

Duhem, Pierre. 1913-59. *Le Systéme du monde: Histoire des doctrines cosmologiques de Platon a Copernic.* 10 vols. Paris: Hermann.

———. 1985. *Medieval Cosmology: Theories of Infinity, Place, Time, Void, and the Plurality of Worlds.* Edited and translated by Roger Ariew. Chicago: Univ. of Chicago Press.

Eisenstein, Elizabeth L. 1979. *The Printing Press as an Agent of Change. Communications and Cultural Transformations in Early-Modern Europe.* 2 vols. Cambridge: Cambridge Univ. Press. 第二卷关注印刷术对科学的影响。

Fisher, N. W., and Sabetai Unguru. 1971. "Experimental Science and Mathematics in Roger Bacon's Thought." *Traditio* 28:353-78.

Gillispie, Charles Coulston, ed. 1970-80. *Dictionary of Scientific Biography*. 16 vols. New York: Scribner. 第16卷是全书索引，全书包括讨论中世纪自然科学家的数百篇论文。

Grant, Edward. 1968. Essay Review of *Nicole Oresme and the Medieval Geometry of Qualities and Motions. A Treatise on the Uniformity and Difformity of Intensities known as "Tractatus de configurationibus qualitatum et motuum"*, 附序言，英译及评论版本：Marshall Clagett. Madison: Univ. of Wisconsin Press. Reviewed in *Studies in the History and Philosophy of Science* 3（1972）: 167-82。

——. 1971. *Physical Science in the Middle Ages*. New York: John Wiley. Reprinted, Cambridge: Cambridge Univ. Press, 1977.

——, ed. 1974. *A Source Book in Medieval Science*. Cambridge, Mass.: Harvard Univ. Press.

——. 1979. "The Condemnation of 1277, God's Absolute Power, and Physical Thought in the Late Middle Ages." *Viator* 10:211-14.

——. 1984. "Science and the Medieval University." In *Rebirth, Reform and Resilience: Universities in Transition, 1300-1700*. Edited by James M. Kittelson and Pamela J. Transue, 68-102. Columbus: Ohio State Univ. Press.

——. 1986. "Science and Theology in the Middle Ages." In *God and Nature Historical Essays on the Encounter between Christianity and Science*, edited by David C. Lindberg and Ronald L. Numbers. Berkeley: Univ. of California Press.

Hisette, Roland. 1977. *Enquete sur les 219 articles condamnés a Paris le 7 Mars 1277*, Louvain: Publication Universitaires; Paris: Vander-Oyez.

Isis Cumulative Bibliography, 1971-82. A Bibliography of the History of Science Formed from Isis Critical Bibliographies 1-90, 1913-1965. 5 vols. Edited by Magda Whitrow. London: Mansell.

Isis Cumulative Bibliography, 1966-1975. 1980-85. A Bibliography of the History of Science Formed from Isis Critical Bibliographies 91-100, indexing literature published from 1965 through 1974. 2 vols. Edited by John Neu. London: Mansell, in conjunction with the History of Science Society.

Jaki, Stanley L. 1984. *Uneasy Genius: The Life and Work of Pierre Duhem*. The Hague: Martinus Nijhoff.

Kibre, Pearl. 1969. "The *Quadrivium* in the Thirteenth Century Universities (with Special Reference to Paris）." In *Arts libéraux et philosophie au moyen áge*, 175-91. Actes du quatrieme congres international de philosophie médiévale, Université de Montréal, Canada, 27 aout-2 septembre 1967. Montreal: Institut d'etudes médiévales; Paris: Librairie philosophique J. Vrin.

Kilwardby, Robert, O.P. 1976. *De ortu scientiarum*. Edited by Albert G. Judy, O.P. Toronto: Published jointly by the British Academy and The Pontifical Institute of Mediaeval Studies.

Kren, Claudia. 1985. *Medieval Science and Technology. A Selected, Annotated Bibliography*. New York: Garland. 特别参见 "Research Aids," pp. 7-13。

Kretzmann, Norman, Anthony Kenny, and Jan Pinborg, eds. 1982. *The Cambridge History of Later Medieval Philosophy from the Rediscovery of Aristotle to the Disintegration of Scholasticism*. Cambridge: Cambridge Univ. Press.

Lemay, Helen Rodnite. 1977. "Science and Theology at Chartres: The Case of the Supracelestial Waters." *British Journal for the History of Science* 10:226-36.

Lemay, Richard. 1976. "The Teaching of Astronomy in Medieval Universities, Principally at Paris in the 14th Century." *Manuscripta* 20:197-217.

Lindberg, David C. 1976. *Theories of Vision from al-Kindi to Kepler*. Chicago: Univ. of Chicago Press.

——, ed. 1978. *Science in the Middle Ages*. Chicago: Univ. of Chicago Press. 文章包括翻译、哲学、大学、占星术、宇宙观、运动、静态、光学、数学、物质、自然史和魔法。

——1982. "On the Applicability of Mathematics to Nature: Roger Bacon and His Predecessors." *British Journal for the History of Science* 15:3-25.

Lockwood, Dean P. 1951. *Ugo Benzi Medieval Philosopher and Physician, 1376-1439*. Chicago: Univ. of Chicago Press.

Maier, Anneliese. 1982. *On the Threshold of Exact Science. Selected Writings of Anneliese Maier on Late Medieval Natural Philosophy*. Edited and translated with an introduction by Steven D. Sargent. Philadelphia: Univ. of Pennsylvania Press.

Masi, Michael, ed. 1981. *Boethius and the Liberal Arts, A Collection of Essays*. Utah Studies in Literature and Linguistics, vol. 18. Berne: Peter Lang.

McLaughlin, Mary Martin. 1977. *Intellectual Freedom and its Limitations in the University of Paris in the Thirteenth and Fourteenth Centuries*. New York: Arno Press. Ph.D. dissertation (Columbia University), 1952.

McVaugh, Michael. 1987. "The Two Faces of a Medical Career: Jordanus de Turre of Montpellier." In *Mathematics and its Applications to Science and Natural Philosophy in the Middle Ages*, edited by Edward Grant and John E. Murdoch, 301-24. Cambridge: Cambridge Univ. Press.

Murdoch, John E. 1975. "From Social into Intellectual Factors: An Aspect of the Unitary Character of Late Medieval Learning." In *The Cultural Context of Medieval Learning*, edited with an introduction by John Emery Murdoch and Edith Dudley Sylla, 271-348. Boston Studies in the Philosophy of Science, 26. Dordrecht: D. Reidel.

——.1976. "Music and Natural Philosophy: Hitherto Unnoticed Questiones by Blasius of Parma." In *Science, Medicine, and the University: 1200-1550. Essays in Honor of Pearl Kibre*. Pt. 1. Special editors, Nancy G. Siraisi and Luke Demaitre. *Manuscripta* 20:119-36.

Ptolemy, 1948. *Tetrabiblos*. Edited and translated into English by F. E. Robbins. Loeb Classical Library. Cambridge, Mass.: Harvard Univ. Press.

Riddle, John M. 1974. "Theory and Practice in Medieval Medicine." *Viator* 5: 157-84..

Sarton, George. 1927-48. *Introduction to the History of Science.* 3 vols. in 5 parts. Baltimore: Williams & Wilkens, for the Carnegie Institution of Washington.

Siraisi, Nancy. 1973. *Arts and Sciences at Padua: The "Studium" of Padua before 1350.* Toronto: Pontifical Institute of Mediaeval Studies.

——.1981. *Taddeo Alderotti and His Pupils: Two Generations of Italian Medical Learning.* Princeton, N.J.: Princeton Univ. Press, 1981.

Stahl, William H. 1962. *Roman Science: Origins, Development and Influence to the Later Middle Ages.* Madison: Univ. of Wisconsin Press.

Steneck, Nicholas H. 1977. *Science and Creation in the Middle Ages: Henry of Langenstein（d. 1397）on Genesis.* Notre Dame, Ind.: Univ. of Notre Dame Press.

Stiefel, Tina. 1985. *The Intellectual Revolution in Twelfth-Century Europe.* New York: St. Martin's Press.

Thorndike, Lynn. 1923-58. *A History of Magic and Experimental Science.* 8 vols. New York: Columbia Univ. Press.

——. 1949. *The Sphere of Sacrobosco and Its Commentators.* Chicago: Univ. of Chicago Press.

Victor, Stephen, ed. and trans. 1979. *Practical Geometry in the High Middle Ages: Artis cuiuslibet consummatio and the Pratike de geometrie.* Memoirs of the American Philosophical Society, 134. Philadelphia: American Philosophical Society.

Wagner, David L., ed. 1983. *The Seven Liberal Arts in the Middle Ages*, Bloomington: Indiana Univ. Press.

Weisheipl, James A., O.P. 1964. "Curriculum of the Faculty of Arts at Oxford in the early fourteenth century." *Mediaeval Studies* 26:143-85.

——. 1966. "Developments in the Arts Curriculum at Oxford in the Early Fourteenth Century." *Mediaeval Studies*, 28:151-75.

White, Lynn Jr. 1978. *Medieval Religion and Technology: Collected Essays.*

University of California at Los Angeles, Publications of the Center for Medieval and Renaissance Studies, 13. Berkeley: Univ. of California Press.

Wippel, John F. 1977. "The Condemnations of 1270 and 1277 at Paris." *Journal of Medieval and Renaissance Studies* 7:169-201.

中世纪艺术传统与创新

韦恩·戴恩斯

　　根据现代精确客观的标准，对中世纪艺术的认真研究大约始于150年前。该学科出现的先决条件是多元化的美学取代了早期诸如乔尔乔·瓦萨里（Giorgio Vasari，1511—1574）以及约翰·约阿希姆·温克尔曼（Johann Joachim Winckelmann，1717—1768）这样的艺术史学家所创立的规范古典主义，对这些学者而言，从古典时代结束到文艺复兴之间只有堕落。

　　弗兰兹·库格勒（Franz Kugler）在其1842年的著作《艺术史手册》（*Handbuch der Kunstgeschichte*）中遵循了黑格尔的原则，大胆地将中世纪艺术成果视为整个艺术史中重要且有机的组成部分。在此之前，学者或者根本不把中世纪艺术纳入讨论，或者仅"孤立地"（ghettoize）讨论具体作品。在弗兰兹·库格勒的著作之后，还有一些更为准确的手册出现，但是它们与历史的契合并非天衣无缝，部分原因是中世纪艺术的演进并不像古典艺术或文艺复兴艺术那样有单一而又易把握的模式。其结果或许就是，研究中世纪艺术的学者既要研究中世纪，又要研究艺术史。在法国的考古学者阿尔西斯·德·科蒙（Arcisse de Caumont，1801—1873）及欧仁－艾曼努尔·维奥莱－勒－杜克（Eugene-Emmanuel

Viollet-le-Duc，1814–1879）、英国的建筑师兼宣传家 A. W. N. 皮金（A. W. N. Pugin，1812–1852）身上，这种双重性非常明显。

无论怎样，由于社会的总体繁荣与文化支持的需要，1871 年后中世纪艺术研究在德国发展迅速。德国的先锋性体现在：美国最早的两个艺术史系（哈佛大学和普林斯顿大学艺术史系，都成立于 1920 年代）原本都由中世纪学者主导。中欧的中世纪艺术史虽然成果斐然，但总是受民族主义影响，这在 1933 年希勒特上台之后成了一个严重问题。纳粹的迫害使一批重要中世纪艺术史学者移民美国，其中包括阿道夫·戈德施密特（Adolph Goldschmidt）、沃尔特·霍恩（Walter Horn）、阿道夫·卡兹耐伦伯根（Adolf Katzenellenbogen）、理查·克劳特默（Richard Krautheimer）和埃尔文·潘诺夫斯基（Erwin Panofsky）。

不过，大萧条与二战不利于该领域及其学者的发展。局面在 1950 年之后得以扭转，在当时战后成功重建引起普遍自信与繁荣的背景下，欧洲的中世纪艺术史研究得到了极大复兴。欧洲共同市场（Common Market）唤醒了沉睡已久的欧洲共同体意识，因此对文艺复兴前的共同根源产生了兴趣。通过马歇尔计划、大西洋联盟、富布赖特学者计划和方便的航空旅行，美国也参与其中。1968 年及此后几年，动荡（大学骚乱、学界政治化的努力）造成了倒退，但在 1970 年代，它恢复得甚至比之前更强劲。战后，宗教元素得到了强调，弥补了纳粹时期价值观的缺失。1980 年代，计算机的发展使其更进一步，出现了对社会、史料的重视。

此后的中世纪艺术研究仍缺乏"主旋律"——遵循古风到古典到巴洛克模式的脉络，正如古典时代与文艺复兴之间的脉络。

但作为补偿，中世纪艺术研究者得以将中世纪研究作为一个整体并与之保持密切联系（最近拜占庭研究在某种程度上取得了独立地位）：他们既投身于艺术史，也投身于中世纪研究，使该领域具有跨学科的特征。不过，研究者往往有较长见习期，这是由于他们需要掌握诸如古文字学、印章学等辅助学科。这种见习期使该领域不太强调理论，而记录、整理数据比解释更为重要。

大型展览

作为战后时期的突出特征，大型综合类历史艺术珍藏展览蔚然成风，多数欧洲主要城市都曾举办此类展览。展览原旨在展出战争期间保存下来的文物，而后，这些文物有的将重回旧仓库，更为常见的则是在修复后常设展览。欧洲委员会秉承国际合作精神举办的机场大型展览轰动一时。其中几场关于中世纪的展览堪称万人空巷。其中包括1961年巴塞罗那的"罗马式艺术"、1962年维也纳的"1400年前后的艺术"、1964年雅典的"拜占庭艺术"、1965年亚琛的"查理曼的时代"、1968年巴黎的"哥特欧洲"，其他一些大型展览则关注中世纪特定地区的艺术，例如马斯河地区的艺术（列日、巴黎、阿姆斯特丹，1951-1952）、德国北部的艺术（埃森，1956）、香槟地区的艺术（巴黎，1959）、莱茵－马斯河地区的艺术（科隆，1972）。英国在许多重要展览中获益不少，包括1984年的"盎格鲁－撒克逊艺术的黄金时代"、1984年的"罗马式艺术"、1986年的"骑士艺术"。还有一些展览则关注艺术创作中的具体门类，如手稿展（罗马，1953—1954；巴黎，1954、1955、1958）、教会珍藏（科隆，1985）、圣髑（巴黎，1965）、染色玻璃（巴黎，1953）。这种大型展览的风潮在北美也得到了效仿，包括1967年克利夫兰的"中世纪法兰西"、1969年普罗维登斯的"12世纪"、1970年纽约的"1200年"、1979年纽约的"属灵的时代"。某些展览似乎契合时代风潮，后者则体现在许多出版物中。有时展览举办方会有意安排学术会议加以讨论，内容随即出版。一般来说，展览图册就是论文集，因其价格低廉、内容新颖，受到学生群体的欢迎。1970年代中期，大型展览发展受挫，市场上艺术品普遍涨价，保险价格随之飙升。另外，对脆弱艺术品在转运过程中可能受到的损坏也令人担忧——尽管由于污损严重，艺术品即使在原地不动也会快速损坏。这些大型展览无论对大众还是对学术界都极具吸引力，各种投资渠道应运而生。确实，有人信任诸如大都会博物馆一类的机构。

汇编计划

对重要文献汇编的资助成为近年艺术研究的一大特点，该工作多由团队合作完成，而非由单个著名学者完成。其中包括加洛林微缩画计划（原作者威廉·科勒［Wilhelm Koehler］逝世后，由佛罗伦丁·穆特里希［Florentine Mutherich］续笔），与之媲美的则有彼得·布洛克（Peter Bloch）与赫曼·施尼茨勒（Hermann Schnitzler）执笔的科隆学派的奥托时代的微缩画，以及弗里德里希·威廉·戴希曼（Friedrich Wilhelm Deichmann）编纂的早期基督徒石棺索引。意大利的《中世纪早期雕塑集》(*Corpus della scultura alto medievale*)依地区记录了前罗马风格的雕塑，英国的《英格兰的盎格鲁-萨克逊石雕集》(*Corpus of Anglo-Saxon Stone*

Sculpture in England）反映了英国的情况。不过，国际学术联盟（Union Academique Internationale）发起的多卷本关于彩色玻璃名录的《中世纪玻璃资料集》(*Corpus Vitrearum Medii Aevi*) 则被公认为该领域中最重要的著作，它改写了对中世纪彩色玻璃的研究。目前的汇编的主要优点在于中肯且客观，不过似乎缺乏议论与分析的味道，难以与以往研究区别开来。

与图像艺术领域出现大量文献汇编现象类似，建筑领域再次涌现大量讨论不同地区、城市历史建筑的专题论文。这一传统最初产生自19—20世纪之交的德语国家（各种德语"艺术建筑"[Kunstdenkmaler]系列、《奥地利艺术建筑谱系》[*Osterreichische Kunsttopographie*]，以及《瑞士的艺术建筑》[*Kunstdenkmaler der Schweiz*]）。这些论文往往给中世纪研究者提供了大量信息，其中既有宗教建筑也有世俗建筑，后来出版的几卷则涉及战争造成的损害与重建工作。二战之后，这些工作很快得到恢复，在德国出现了关于巴伐利亚、柏林、德国东部、富尔达、汉堡、下萨克森、莱茵兰、莱茵兰－普法尔茨、罗森海姆石勒苏益格－荷尔斯泰因的论文，令人叹为观止。

遗憾的是，其他国家对历史建筑的整理工作积极性不足。例外的是荷兰学界参照德国出版了一套丛书，且进展迅速。在意大利，因二次世界大战造成一套丛书被迫中断成为两套丛书。英国的历史建筑皇家委员会（Royal Commission on Historical Monuments，1910年始创）正在推出一套优秀的多卷本丛书，这套书按照各郡编写，但是进展缓慢，以至于参阅尼古劳斯·佩夫斯纳（Nikolaus Pevsner）勋爵编写的《英格兰建筑》(*Buildings of*

England）一书更为便利。佩夫斯纳的著作参照德国格奥尔格·德希欧（Georg Dehio）的名作《德国艺术建筑指南》（*Handbuch der Deutschen Kunstdenkmaler*）写成，但更为明晰，书中关于中世纪教堂的论文与关于微缩画的论文一样精彩。对西班牙历史建筑的整理始于 1915 年，对葡萄牙历史建筑的整理则始于 1947 年。

学术期刊

和其他学术领域一样，在艺术史领域，有价值的论文会在期刊上发表，想要掌握艺术史发展"脉络"的学生必须参考这些文章。战后数年，新期刊层出不穷，令人眼花缭乱——其中有月刊，有季刊，有半年刊，也有年刊。杰出学者往往在多种期刊——特别是新期刊上发表成果，一部分原因是帮助这些期刊打下基础，一部分原因是希望扩大读者范围。这些期刊中大部分都被收录在年度书目汇编《艺术考古名录》（*Repertoire d'Art et d'Archeologie*）以及《国际艺术资料名录》（*Repertoire International de la Litterature de l'Art*，*RILA*）中。1991 年两书合并为《艺术史参考书目》（*Bibliography of the History of Art*）。不过学生仍须注意新出的期刊，因为新出的重要论文可能发表在上面。专注中世纪艺术的期刊较少，《中世纪艺术》（*Arte Medievale*）、《考古笔记》（*Cahiers Archeologiques*）、《敦巴顿橡树园论文集》（*Dumbarton Oaks Papers*）和《事件》（*Gesta*）是马上能让人想起的为数不多的几种期刊。但值得注意的论文一般发表在《艺术简报》（*Art Bulletin*）、《艺术简报》（*Bolletino d'Arte*）、《史迹简报》（*Bulletin Monumental*）、《博灵顿杂志》（*Burlington Magazine*）、《美术杂志》(Gazette des Beaux Arts)、《沃尔伯格与考陶尔德学院期刊》(Journal of the Warburg and Courtauld Institutes)、《艺术评论》(Revue de l'Art)、《书写室》(Scriptorium)、《艺术史期刊》(Zeitschrift fur Kunstgeschichte)以及《德国艺术研究协会期刊》(Zeitschrift des Deutschen Vereins fur Kunstwissenschaft)等刊物上。讨论中世纪艺术的文章也不时出现在许多综合类中世纪期刊上，在此仅提《中世纪文明笔记》(Cahiers de Civilisation Medievale)、《早期中世纪研究》(Fruhmittelalterliche Studien)、《罗马季刊》(Romische Quartalschrift)以及《镜》(Speculum)几种期刊。从目前出版物分散的角度看，出现在《艺术简报》《艺术史期刊》以及不时出现在一般性中世纪期刊上的文章具有特别的价值。

图像学

可喜的是，二战后学界对图像学和符号学有了越来越大的兴趣。拥有超过50万目录卡的《普林斯顿基督教艺术名录》(Princeton Index of Christian Art)于1917年完成，宣告这门学问有了系统的研究方法。现在研究更为方便，这是由于其他地方也有了最新的副本，这些地方包括梵蒂冈、乌特勒支大学、华盛顿敦巴顿橡树园及洛杉矶（加州大学）。同时还有许多讨论图像学的优秀专著，其中一些既涉及古典又涉及文艺复兴，史料往往在论文中呈现，而最便利的方式是参阅多卷本的参考性著作，例如路易斯·劳（Louis Reau）的《基督教艺术图像学》(iconographie de l'art chretien)——该书目前已有些过时——以及优秀的《基督教图像学词典》(Lexikon der christlichen Ikonographie)。一般而言，这些对图像学的研究既被动又主动——学者被动地躲避艺术史研究中长期占主导地位的形式主义，主动地通过中世纪的艺术品接近中世纪生活。他们常常流露出与其他非艺术史领域的中世纪研究者合作的愿望。

绘图手稿

图像学在绘图手稿中有重要地位，近年来，绘图手稿吸引了越来越多学者注意，尤其是那些刚刚接触这一领域的学者。在美国和英国，至少近十年来，大部分有天分的中世纪学者都曾选取绘图手稿作为其研究课题。针对各流派或个人创作的绘图手稿的专著和论文已经出版或即将出版。最具代表性的当属 1978 年 J. G. 亚历山大（J. G. Alexander）开始编写的权威著作《不列颠诸岛绘图手稿探究》(Survey of Manuscript Illumination in the British Isles)，此书各卷的写作由亚历山大、C. M. 考夫曼（C. M. Kauffmann）、奈吉尔·摩根（Nigel Morgan）、露西·弗里曼·桑德勒（Lucy Freeman Sandler）以及埃尔兹别塔·坦普尔（Elzbieta Temple）完成。

学界对绘图手稿的浓厚兴趣出于几个原因，首先是该领域相对来说尚属处女地，因为许多重要的绘图手稿，尤其是罗马、哥特时期的手稿出版不多。其次，这些手稿的保存状况远好于其他形式的文献。手稿未褪色，表面无伤痕，原本的绘画内容大致没有变化。最后，对手稿的研究引起了图像学研究者跨学科研究的兴趣。绘图手稿的研究者常常需要努力学习历法、仪式以及文本校订。一般来说，比起通常的研究方法——例如在博物馆单独研究版画或大写首字母，上述方法更能使研究者接触到作品本身的语境。

新的地理视角

交通工具的进步使地理的焦点发生了变化。虽然有一些政治上的不便，但人们已明显开始关注东地中海的艺术。这意味拜占庭首当其冲地受到关注。1930 年代，美国学者在伊斯坦布尔的教堂——索非亚大教堂和科拉教堂（Kahrie Camii）对马赛克画的细心考察与修复在最近取得了出乎意料的进展。亚美尼亚和格鲁吉亚也吸引了国内外许多关注。普林斯顿大学和亚历山大大学组成的探险队在西奈山发现了令人惊叹的图像，成果由科特·韦茨曼（Kurt Weitzman）等人出版。巴尔干半岛民族的意识复苏与振兴旅游业的热情，使南斯拉夫、保加利亚和罗马尼亚的许多基督教历史建筑得到修复与研究。同时，由于经济状况的改善和普遍的好奇心，西欧那些常被忽视的地区，包括西班牙、爱尔兰和维京人的土地也引起了人们的兴趣。

手册与图册

二战后教育的振兴使各类手册、图册得以出版。教师需要手册来协助教学，也帮助其"偷师"其他相近领域的知识。可惜的是，中世纪艺术研究在这一点上做得不如其他历史阶段的艺术史研究。1953 年尼古劳斯·佩夫斯纳勋爵主编的"鹈鹕社艺术史"（Pelican History of Art）是最有名的一套丛书，其中中世纪各卷由约翰·贝克威思（John Beckwith）、C. R. 道德维尔（C. R. Dodwell）、彼得·拉斯科（Peter Lasko）、理查·克劳特默、玛格丽特·里克特（Margaret Rickert）以及杰弗里·韦伯（Geoffrey Webb）编写。德国旧版的《普罗皮莱恩艺术史》（*Propylaen Kunstgeschichte*）开始其新版编写工作，其中中世纪各卷质量良好，由贝亚特·布伦克（Beat Brenk）、赫曼·费里茨（Hermann Fillitz）、奥托·冯·西门（Otto von Simson）及沃尔夫冈·弗里德里希·福尔巴赫（Wolfgang Friedrich Volbach，得到杰奎琳·L. 多索涅［Jacqueline Lafontaine-Dosogne］协助）编写。法语的《世界艺术》（*Arts du Monde*）有几卷被翻译成了英文，但是全书其他部分仍只有法文版本。在法语学界，维克多·拉扎列夫（Viktor Lazarev）写的《拜占庭艺术史》（*Storia della pittura bizantina*）堪称代表著作。还应该提及的是论及常被忽视的国家的两部多卷本的艺术史，即 T. S. R. 博厄斯（T. S. R. Boase）编写的《西班牙艺术》（*Ars Hispaniae*）以及《牛津英国艺术史》（*The Oxford History of English Art*）。

在出版商的推动下，又出现了另一个风潮，即在合作出版计划（所谓"咖啡桌书籍"）下出版的多种语言的插图本。多个出版商合作可使成本下降，使更多的插图包括彩图出现在书籍中。这种书的结构往往遵从英国费顿出版社（Phaidon Press）开创的三分法：文艺性的导言并避开技术名词，为的是面向一般读者；极有分量的插画；最后是学术性很强的书目列表。虽然插画部分有时过于强调华丽的细节而忽略了整部作品，却提供了大量此前不易获得的图像材料。不幸的是，重现色彩这一技术难题并未解决，读者在对比不同出版商出版的同一幅画作时便可知端倪。有时这些书还会提供业内顶级学者的最新论文（例如奥托·德慕斯

[Otto Demus]、让·波尔谢［Jean Porcher］以及威利鲍尔德·索尔兰德[Willibald Sauerlander]）。

响应出版商倡议的，是那些绘图手稿的豪华摹本。摹本附带的文字往往是概括性的，对增长知识贡献甚少。二战之后，瑞士的乌尔斯·格拉夫（Urs Graf）公司开始出版这类书籍，他们专注于早期中世纪抄本，企图使其摹本达到前所未有的高精度。最近，加洛林时期、奥托时期及哥特风格手稿的摹本有了更多来源。和乔治·布拉兹勒（George Braziller）出版的哥特风格绘图手稿类似，一些摹本的价格控制在中产阶级能接受的程度；另一些则卖出了天价。目前令人不满的是，许多摹本已有出版计划（顺便一提，其中一些还具备有真正价值的学术评论），但价格昂贵，许多专业图书馆也望洋兴叹。

历史分期

历史分期的问题近年来遭到忽视，这与学界整体的谨慎的实证主义倾向和对大胆概括的不信任息息相关。历史分期首先要回答的是中世纪与古典时代的分界线何在。中世纪艺术何时开始？它是从古典时代逐渐地、顺利地发展出来的，还是发生了突然的转折与断裂？许多中世纪艺术史学者研究稍晚的时期，亦即罗马风格、哥特风格时期，因此得以避免纠缠于此问题。相反地，一些研究早期基督教艺术的学者则简单地将其研究的时期视为古典时代最后一个阶段，因此也回避了这一问题。到19世纪末，阿罗伊斯·李格尔（Alois Riegl）与约瑟夫·斯特里高斯基（Josef Strzygowski）这两位维也纳大学学者着手回答这一问题，但其结论大相径庭。李格尔强调延续性,认为古典晚期艺术是古代艺术的有机发展成果,顺理成章地发展成了中世纪艺术,甚至成为后来的欧洲艺术。李格尔的著作浮华却流于想象。斯特里高斯基虽也有此特点,但更重视非连续性。他更倾向于认为早期基督教艺术的源头并非来自内部,亦即并非来自古代已有的、不明显的元素,而是来自外部,即源于近东、叙利亚、亚美尼亚及伊朗的风潮的影响。不幸的是,虽然他在其领域勤勤恳恳,但在这些国家的考古发现总体而言并不能支撑斯特里高斯基的主张,而"罗马主义者"能够予以回应。近年来,一种新学说调和了内部与外部两种研究取径,得到广泛接受。平民风潮此前被排除在上层希腊－罗马艺术之外,后来得到正名,并发展成晚期古典与早期基督教艺术。这种风潮在各行省、尤其是非希腊的行省(恩内斯特·基青格 [Ernst Kitzinger] 所谓"次古典"潮流)非常流行,在城市无产阶级中同样非常流行。如此,早期围绕种族的讨论便被围绕社会阶层的讨论所取代了。据此观点,中世纪艺术起源自大众,正如罗马语族起源自通俗拉丁语(公元 79 年前已在庞贝有所记载)的土壤中。持此观点的人并不认为这就是全部的解释。事实上,最近又出现了对哈特拉(Hatra)、杜拉·欧罗普斯(Dura Europos)以及巴尔米拉(Palmyra)这些东方商队途经城市的关注。如此,外部起源说也许至少可被视为一个因素了,斯特里高斯基所说也许不无道理。无论如何,对于这个起初非常直白的问题——中世纪艺术何时产生——并没有令人满意的回答,除非各种影响因素都得到充分的考察。

除了古代晚期的问题,关于历史分期还有其他问题尚待解决。例如，有一些时期要比我们所认为的更广泛地与另一些时期发生重叠。在欧洲某些部分，罗马风格艺术直到13世纪中叶仍然兴盛，而其中心地带已转变为晚期哥特风格了。我们已越来越清楚，直到800年甚至更晚，加洛林时期仍受到前文艺复兴"墨洛温"风潮的影响。

除去时代重叠、延伸的问题外，还存在一种意识上复古的现象，这种复古通常是回溯到古典时代或其中的某些阶段。这就是"文艺复兴"综合征，比如大家可能提及的狄奥多西文艺复兴、赫拉克利文艺复兴、马其顿文艺复兴、巴列奥略王朝文艺复兴、加洛林文艺复兴、奥托文艺复兴、马斯河文艺复兴和普罗旺斯文艺复兴（还可以源源不断地列下去）。普林斯顿大学的科特·魏茨曼（Kurt Weitzmann）的研究途径别出心裁，他以巨大的耐心和恒心，尽可能准确地定义了古典艺术，特别是拜占庭艺术传播的程式与主题。至少就拜占庭而言，魏茨曼似乎暗示古典时代从未真正结束过。

还有一个问题，即各艺术风格时代相对独立的问题。在艺术史中，奥托时期的独立地位不如前面的加洛林时期，这一点已是众所周知了。奥托时期的艺术主要集中在德国、低地国家和法国东部，与当时南欧的艺术风格相抗衡，后者有时被称为"第一次罗马风格"。那么，奥托时期是否可以被视为罗马风格的预备阶段？应当清楚的是，涉及年代划分的问题并不是钻牛角尖，因为解决了这个问题必然决定我们如何定义奥托时期艺术品的本质。

最后，还有一个中世纪终结的问题。出于教学的目的，讲意大利文艺复兴往往以奇马布埃（Cimabue）和乔托（Giotto）开头，也就是约 1280 年。弗兰德斯的文艺复兴则更是晚到约 1410 年才开始。不过，1410 年之后在意大利（萨塞塔 [Sassetta]、乔瓦尼·迪·保罗 [Giovanni di Paolo]）和弗兰德斯（杰拉尔德·大卫 [Gerard David]、博斯 [Bosch]）都存在中世纪风格艺术家，至少在绘画领域，15 世纪的弗兰德斯反而比意大利更为成熟。最令人惊奇的风格延续性的例子是欧洲某些地方（英国与德国）的哥特式建筑直到 17 世纪甚至之后仍有延续，因此，哥特风格的残存几乎与哥特风格的复兴同时存在。通常将这种延续称为"后发"（retardataire），不过有人质疑这一形容是否恰当。

确定时间的问题

　　确定某个艺术品的创作时间与历史分期问题相关，并属于历史分期问题的一部分。在某些时期，例如哥特时期和加洛林时期，我们在确定时间上相对有把握。文献和其他判断标准提供了确切的时间点，而这些确定了时间的作品又能为相关联的其他作品提供信息。不过，在整个早期基督教时期，乃至在随后的中世纪早期的意大利则很少出现可确定时间的作品。人们花了数世纪想要确定君士坦丁堡大皇宫的马赛克拼画、奇维达莱（Cividale）的浮雕及卡斯泰尔塞普利奥（Castelseprio）壁画的创作时间。不同的人所确定的时间差异巨大，说是令人不安已是客气。另外，无法将这些重要作品归入一种一般性的进化轨迹，表明我们现在所用的艺术发展图景有关键缺陷，可能过于线性、过于简单化，将早期艺术特征的延续与复兴视为历史的"本轮"（epicycle），这是不恰当的。无论如何，至少关于确定时间的问题可以用放射性碳和其他科学手段解决,在中世纪作品上,这种方法正在得到运用。

地区

作为对上述时间问题的补充的,是空间上对地区的探索,对具备同一地理特征且该特征持续时间较长的艺术品作出分类。和时间划分问题一样,艺术区域划分(Kunstlandschaften),或用旧术语艺术制图(artistic chorography)在最近数十年都未受到关注。一个明显的理由是它受到当代民族主义潮流的干扰,二战之前,人们大量思考民族国家的领土完整问题。不过战后欧洲则出现了超民族的风潮。这两种风潮都模糊了以下这个概念,即在中世纪往往一个地区才是一个自然单位。只有拜占庭拥有强大的中央政府,能(至少部分地)抵抗地方分离主义。有时,狭义的"地方爱国主义"(campanilismo)有着绝对的主导地位。政治区域与教省不相符合(与今日大不相同),或语言区域与方言区域不相符合,使划定单个区域的范围成为难事。另外,既定的艺术家群体也未必与上述区域一致。

例如在法国,早在阿尔西斯·德·科蒙开始即已试图划分罗马风格建筑的区域,亦即"流派体系"。他在其著作《入门书》(Abecedaire,1850—1853)中划出了七个流派。他的观点得到了安特米·德·圣保罗(Anthyme de Saint-Paul)与朱尔·基舍拉(Jules Quicherat)的修正(前者将其减少至五个流派,后者又将其增加至八个流派)。20世纪,几经修改的流派体系受到尤金·勒费福尔·庞塔莱斯(Eugene Lefevre Pontalis)等人的严厉批评。不过此后该学说仍有影响,且在邻近几个地区,例如比利时东部的马斯河流域及加泰罗尼亚,艺术史学家仍在一段时间内乐于使用上述体系提出的地区概念。

对哥特式建筑的研究强化了以法兰西岛为中心的法国北部的重要性,虽然存在不同解读,让·邦尼(Jean Bony)从美学角度分析了早期与盛期的哥特式建筑发展,而坎佩尔(Kimpel)与苏卡尔(Suckal)则强调构造、经济和政治方面的意义。

意大利具有强烈的地域意识(其形成部分源于罗马征服的背景,部分不可避免地来自地理因素),直到今日也是如此。当然,有不少讨论中世纪晚期意大利各地建筑、绘画、雕刻的专著和论文,但缺乏对意大利整体的综合论述。许多著名本土学者强调过亚美尼亚的重要性,而最近则出现了几篇论述卡帕多西亚(Cappadocia)的论文,叙利亚、埃塞俄比亚、科普特埃及也受到了关注。

绘图手稿研究也许是受地区取径裨益最大的领域。至少到罗马式风格时期为止,某些强势的修道院创造并保持了极具特色的艺术传统。一个世纪以前,学界已阐述了目前加洛林流派的手稿绘图体系。稍后也出现了与之相对的奥托手稿体系。最近这种流派取径已有较大成果:J. J. A. 亚历山大(J. J. A. Alexander)、克努特·博格(Knut Berg)、雨果·布克塔尔(Hugo Buchthal)、C. R. 道德维尔,D. 加博里－肖邦(D. Gaborit-Chopin)与爱德华·加里森(Edward Garrison)就罗马风格手稿写有不少专著和论文。不过,还是有一些困难。已故的威廉·科勒表示,加洛林时代的亚琛在9世纪早期出现了两种截然不同的流派。奥托手稿插画的赖谢瑙

（Reichenau）流派问题也依然不明。

文本与图像

关于文本与图像之间的关系，需要不同层次的研究。19世纪中叶开始，英国学者查尔斯·伊斯特莱克（Charles Eastlake）勋爵与玛丽·P.梅里菲尔德（Mary P. Merrifield）就已开始了艺术史原始文献的编纂工作。1871年，随着鲁道夫·冯·艾特尔贝格（Rudolf von Eitelberger）和阿尔伯特·伊尔格（Albert Ilg）的"中世纪与近代艺术史与艺术技艺"（Quellenschriften fur Kunstgeschichte und Kunsttechnik des Mittelalters und der Neuzeit）的出版，人类对这类材料的兴趣蔓延至欧洲大陆，并在维也纳站稳脚跟。这套丛书不仅有原始论文，也广泛地收录了中世纪论文（年代记、日记及诗歌）涉及艺术的部分。最近，在由 H. W. 杨森（H. W. Janson）编辑的"普林帝斯霍尔艺术史史料文献"（Prentice-Hall Sources and Documents in the History of Art）丛书中，人们正努力将艺术史史料翻译成英语，以扩大读者群。保罗·弗兰克（Paul Frankl）1960年的大作《哥特》（*The Gothic*）对中世纪以来的哥特式建筑文本作出了透彻的考察。

当然，最能体现文本与图像交融的例子是绘图手稿，对此的研究成果囊括了许多分散的有价值的史料。不过从历史角度展开的研究（也许会是文本与图像互动最剧烈的领域）尚缺乏对整体发展脉络的充分考察。有许多论著宽泛地比较了各时期的文学与艺术，文学史学者时常按部就班地展开研究，例如"罗马风格唱词"与"浮夸式戏剧"，但这种联系总体来说没有引起艺术史同行的注意。至于其中提出的方法论问题，弗雷德里克·P.皮克灵

（Frederick P. Pickering）那本挑战性的著作能引起人们的思考。

艺术与文学的对比工作中一个特殊领域是图像释经的传统。早期基督教时期已出现了这类未出现在经文材料内，却出现在经典以外的著作中或论著引用图像的例子。在早期基督教文献中发现的犹太教元素内，超文本的材料也非常重要。虽然古典晚期并没有发现犹太教的图像艺术资料，但很少有人注意到犹太教元素进入基督教图像的方式并非借助已有的犹太教图画，而是直接来自艺术家及其赞助者能接触的犹太教文本与口头传说，他们将《新约》中的人物与《旧约》中的人物相对应，当这一准则反映在艺术品中时，观众便能观察到这种时间上的断层。虽然从3世纪的奥勒真（Origen）时代开始，象征手法已是释经的一大特色，不过直到1200年之后的"绘图《圣经》"（Bible Morlisee 或 Biblia Pauperum），才成为普遍存在的特征。

世俗方面

虽然宗教对于中世纪艺术的影响还有些方面尚不清晰，不过将宗教元素作为整体考虑并没有太大问题。外行人士翻阅一下当代人的论著，可能会认为教堂、修院及其伟大的宝藏是凭空出现的。虽然有沃尔夫冈·布劳恩费尔斯（Wolfgang Braunfels，1966）珠玉在前，指出托斯卡纳的民政机构曾依照美学标准设计城市，塑造了托斯卡纳城市的发展，不过我们对中世纪的城镇规划依然知之甚少。因此，常为人所提及的意大利中世纪城市的和谐性一般来说并非意外，而是有意为之。为了解中世纪城市，有许多材料可供使用，其中包括空中俯拍照片。保存在巴黎立体地图博物馆（Musee des Plans Reliefs）的许多城市模型品质良好，有待充分研究。当代人对"无建筑师的建筑"的兴趣与对民间建筑传统——尤其是地中海特鲁洛（trullo）型的石拱房（虽然很难确定年代）——的兴趣融合，沃尔特·霍恩对中世纪木质建筑许多方面着力甚大，然而事实是，我们对居住其间的中世纪人知之甚少。自然，关于社会上层的情况我们了解得更多一些。不过，关于宫殿的许多史料或被消除，或被更改，无从考据了。旅行家们都知道，欧洲还有许多城堡遗存，学界正在对此进行认真的研究。

世俗艺术的一个专业领域是对权力机关的饰品、装饰的研究，这一研究现在方兴未艾。目前这一领域几乎完全由佩西·恩内斯特·施拉姆（Percy Ernst Schramm）及其弟子完成。这些学者不仅从物质角度加以考察，也考察其在加冕礼及其他仪式上的用途，同时还考察其中包含的王权、教权内涵。

艺术与生活

我们用或许是最基本的问题作为总结：中世纪艺术品与中世纪生活的联系，或曰"生活设定（Sitz-im-Leben）"（借用德语神学术语）。要回答这个涉及多层面的问题，便要直面许多艺术史学者所重视的态度（许多人深信不疑却很少承认这一点）：将艺术品与其他人文关怀割裂，认为艺术品自成体系。这种将艺术品置于本体论上超然领域的态度在年轻一代的艺术史学者中引起了注意与自省。对此，我们可以先看看建筑领域。刚才我们提到，出现了一种关注著名宗教建筑而非相形见绌的世俗建筑的趋势。这就出现了教会建筑本身的生活作用的问题。用 T. S. 艾略特（T.

S. Eliot）的话来说，这些建筑常常被单纯地视为"神废弃的房子"（vieilles usines desaffectees de Dieu）。对教会建筑原始功能的任何学术性考察都会以礼拜仪式为切入点——考虑到各地的多样性造成礼拜仪式的历史演化，这一问题绝不简单，我们的研究中仍有许多空白。被毁坏、世俗化或去基督教化的建筑对此提出了棘手的问题。即使是历史从未中断过的建筑，比如西欧的哥特式教堂，也有被忽视的重要问题，例如现代几乎完全拆除的祭坛屏风。它们如何影响信众对空间的感受，如何影响他们在建筑内的运动习惯？如能更好地理解这些因素，或许便可能明白某些以往认为是出于随意、意外的建筑特征实际上有其功能所在。1972 年春在大都会博物馆举行的一个学术会议讨论了修道院的回廊（纪要发表在 1973 年 12 号的《事迹》杂志上），显示了我们对中世纪修道院尚有许多认识不清的地方。

建筑的仪式、祈祷作用与整个大众信仰问题有关，与随之产生的日常宗教活动有关，有时还与官方认定的正统信仰相竞争。对于遗物和圣髑的信仰以及艺术对圣人的描绘有待进一步研究。布道词与民间的著作涵盖了许多与中世纪艺术有关的材料。就中世纪手稿里的装饰画（drolery）而言，莉莉安·M. C. 兰道尔（Lilian M. C. Randall）的解读开了一个好头，我们应该感谢她对史料所做的有价值的编辑工作。我们还应注意对不同宗教派别的艺术表现，如对异端及犹太教徒。最近，学界已展开了对色情（obscaena）雕刻的研究（J. Andersen; A. Weir 和 J. Jerman）。

在与中世纪生活有关的范围内，建筑师与艺术家的工作过程是一大研究领域。学界对中世纪建筑明显的比例关系中的神秘意义着墨甚多但收获甚小。不过我们的资料的确显示了建筑设计、建造的实际方法，弗兰索瓦·布赫（Francois Bucher）、约翰·菲琴（John Fitchen）等人对此有所关注。刚才已经提到，我们确已知道许多中世纪艺术家的姓名，这也可以提供一些信息——特别是他们的社会地位。我们还知道他们在其工作室和建筑工地中的实际情况——部分原因是他们在工作中留下的记录。不过所有这些知识都尚待与整个中世纪技艺的宏观图像相比较。

接下来要对那些艺术史学家无从考察的地方作出评论。不过，公平地说，我们必须承认许多史料——有时连史料目录都已遗失——关于中世纪艺术的某些方面已仅剩下寥寥数语。另外，方法、技术及政治限制造成的巨大障碍也制约了进一步的研究。总之，关于艺术史学史，可称颂的是已积累了客观的史料，一般而言都可方便地获取。我们必须记住，这项工作是在关于中世纪艺术存在各种偏见的情况下获得的，这些偏见产生的影响直到今日仍未完全消散。

参考书目

由于版面有限，书目必须精挑细选。这里重点放权威著作、最近出版的专著及展览目录——尤其是包含了能提供进一步研究所需书目列表的著作。

Abbot Suger and St. Denis. Edited by Paula Lieber Gerson. New York: Metropolitan Museum of Art, 1986.

Age of Chivalry: Art in Plantagenet England 1200-1400. London: Royal Academy of Arts, 1987. Exhibition catalogue.

Age of Spirituality. New York: Metropolitan Museum of Art, 1979. Exhibition catalogue.

Age of Spirituality. Edited by Kurt Weitzmann. New York: Metropolitan Museum of Art, 1980.

Alexander, Jonathan J. G. *Insular Manuscripts, 6th to 9th Century.* London: Harvey Miller, 1978.

——. *Norman Illumination at Mont St. Michel, 966-1100.* Oxford: Clarendon, 1970.

Andersen, Jprgen. *Witch on the Wall: Medieval Erotic Sculpture in the British Isles.* Copenhagen: Rosenkilde and Bagger, 1977.

Architektur des *Mittelalters: Funktion und Gestalt.* Edited by Friedrich Mobius and Ernst Schubert. Weimar: Hermann Bohlaus Nachfolger, 1980.

Armi, C. Edson. *Masons and Sculptors in Romanesque Burgundy: The New Aesthetic of Cluny III.* 2 vols. Univ. Park: Pennsylvania State Univ. Press, 1983.

Art and Architecture of the Crusader States. Edited by H. W. Hazard. A History of the Crusades, vol. 4. Madison: Univ. of Wisconsin Press, 1977.

Arte romanica. Barcelona; N.p., 1961. Exhibition catalogue.

Art of the Courts: France and England from 1259 to 1328. 2 vols. Ottawa: National Museum of Canada, 1972.

Avril, François. *Manuscript Painting at the Court of France.* New York: George Braziller, 1978.

Badawy, Alexander. *Coptic Art and Archaeology: The Art of the Christian Egyptians from the Late Antique to the Middle Ages.* Cambridge, Mass.: MIT Press, 1978.

Barnes, Carl. Villard de Honnecourt: *The Artist and His Drawings.* Boston: G. K. Hall, 1982.

Baxandall, Michael. *The Limewood Sculptures of Renaissance Germany.* New Haven: Yale Univ. Press, 1980.

Beckwith, John. *Early Christian and Byzantine Art.* London: Penguin, 1970.

Belting, Hans. *Das Bild und sein Publikum im Mittelalter.* Berlin: Mann, 1981.

Berg, Knut. *Studies in Tuscan Twelfth-Century Illumination*. Oslo: Universitetsforlaget, 1968.

Biatostocki, Jan. "Late Gothic: Disagreements about the Concept." *Journal of the British Archaeological Association* 29 (1966): 76-105.

Bloch, Herbert. *Montecassino in the Middle Ages*. 3 vols. Cambridge, Mass.: Harvard Univ. Press, 1986.

Bloch, Peter, and Hermann Schnitzler. *Die ottonische Kölner Malerschule*. 2 vols. Düsseldorf: Schwann, 1967.

Blumenkranz, Bernhard. *Juden und Judentum in der mittelalterlichen Kunst*. Stuttgart: Kohlhammer, 1965.

Boase, T. S. R. *English Art, 1100-1216*. Oxford: Clarendon, 1953.

Bonne, Jean-Claude. *L'art roman de face et de profit Le tympan de Conques*. Paris: Le Sycomore, 1984.

Bony, Jean. *French Gothic Architecture of the 12th and 13th Centuries*. Berkeley: Univ. of California Press, 1983.

Boüard, Michel de. *Manuel d'archeologie médiévale: De la fouille a l'histoire*. Paris: SEDES, 1975.

Branner, Robert. *Burgundian Gothic Architecture*. London: Zwemmer, 1960.

———. *The Cathedral of Bourges and Its Place in Gothic Architecture*. London: Zwemmer, 1988. With additional material by Shirley Prager Branner and Jean Bony.

———. *Manuscript Painting in Paris during the Reign of St. Louis*. Berkeley: Univ. of California Press, 1977.

———. *St. Louis and the Court Style in Gothic Architecture*. London: Zwemmer, 1965.

Braunfels, Wolfgang. *Mittelalterliche Stadtbaukunst in der Toskana*. 3d ed. Berlin: Mann, 1966.

———. *Die Welt der Karolinger und ihre Kunst*. Munich: Callwey, 1968.

Brenk, Beat. *Spätantike und friihes Christentum*. Berlin: Propyläen, 1977.

——. *Tradition und Neuerung in der christlichen Kunst des ersten Jahrhunderts*. Vienna: Wiener Byzantinische Studien, 1966.

Bruce-Mitford, R. S., et al. *The Sutton Hoo Burial*. London: British Museum, 1975-.

Bucher, François. *Architector: The Lodge Books and Sketchbooks of Medieval Architects*. New York: Abaris, 1977.

Buchthal, Hugo. *Miniature Painting in the Latin Kingdom of Jerusalem*. Oxford: Oxford Univ. Press, 1957.

——. *Historia Troiana: Studies in the History of Medieval Secular Illustration*. London: Warburg Institute, 1971.

Cabanot, Jean. *Les debuts dé la sculpture romane dans le Sud-Ouest de la France*. Paris: Picard, 1985.

Cahn, Walter. *Romanesque Bible Illumination*. Ithaca, N.Y.: Cornell Univ. Press, 1982.

——. *The Romanesque Wooden Doors of Auvergne*. New York: New York Univ. Press, 1974.

Cahn, Walter, and Linda Seidel. *Romanesque Sculpture in American Collections*. New York: Burt Franklin, 1979-.

Calkins, Robert G. *Illuminated Books of the Middle Ages*. Ithaca, N.Y.: Cornell Univ. Press, 1983.

Camille, Michael. *The Gothic Idol: Ideology and Image-Making in Medieval Art*. Cambridge: Cambridge Univ. Press, 1989.

Caviness, Madeline. *The Early Stained Glass of Canterbury Cathedral*. Princeton: Princeton Univ. Press, 1977.

——. *Stained Glass Before 1540: An Annotated Bibliography*. Boston: G. K. Hall, 1983.

Colvin, Howard. *A History of the King's Works*. London: Her Majesty's Stationery Office, 1963-.

Cormack, Robin. *Writing in Gold*. London: George Philip, 1985.

Conant, Kenneth. *Carolingian and Romanesque Architecture*. 2d ed. London: Penguin, 1978.

———. *Cluny: Les églises et la maison du chef d'ordre*. Macon: Protat, 1968.

Corpus della Scultura Altomedievale. Spoleto: Centro Italiano di Studi sull'Alto Medioevo, 1959-.

Corpus der mittelalterlichen Wandmalereien Österreichs. Vienna: Österreichische Akademie der Wissenschaften, 1983-.

Corpus of Anglo-Saxon Stone Sculpture in England. Edited by Rosemary Cramp. Oxford: Oxford Univ. Press, 1984-.

Corpus Vitrearum Medii Aevi. N.p., 1956-.

Crosby, Sumner. *The Royal Abbey of St. Denis from its Beginnings to the Death of Suger, 475-1151*. Edited and completed by Pamela Z. Blum. New Haven: Yale Univ. Press, 1987.

Ćurčić, Slobodan. *Art and Architecture in the Balkans: An Annotated Bibliography*. Boston:. G. K. Hall, 1984.

Debidour, V.-H. *Le bestiaire sculpté du moyen áge en France*. Paris: Arthaud, 1961.

Deichmann, Friedrich Wilhelm. *Einführung in dieChristliche Archäologie*. Darmstadt: Wissenschaftliche Buchgesellschaft, 1983.

———. *Ravenna: Hauptstadt des spätantiken Abendlandes*. 3 vols. in 6. Wiesbaden: Franz Steiner, 1958-88.

Deichmann, Friedrich Wilhelm, and Giovanni Bovini. *Repertorium der christlichantiken Sarkophage*. Vol. 1. Wiesbaden: Franz Steiner, 1967.

De Hamel, Christopher. *A History of Illuminated Manuscripts*. Boston: Godine, 1986.

Demus, Otto. *Byzantine Art and the West*. New York: New York Univ. Press, 1970.

———. Byzantine Mosaic Decoration. Boston: Boston Book and Art Shop, 1955.

———. *The Mosaics of San Marco in Venice*. 3 vols. Chicago: Univ. of Chicago Press, 1984.

——. *Romanesque Mural Painting*. New York: Abrams, 1970.

Deshman, Robert. *Anglo-Saxon and Anglo-Scandinavian Art: An Annotated Bibliography*. Boston: G. K. Hall, 1984.

Dodwell, Charles Reginald. *Anglo-Saxon Art: A New Perspective*. Ithaca, N.Y.: Cornell Univ. Press, 1982.

——. *Painting in Europe, 800-1200*. London: Penguin, 1971.

Dumbarton Oaks Bibliographies Based on Byzantinische Zeitschrift. Edited by Jelisaveta S. Allen. London: Mansell, 1973-.

Dynes, Wayne R. "The Middle Ages in the West." In *Encyclopedia of World Art* 16:103-16. New York: McGraw-Hill, 1983.

Egbert, Virginia W. *The Medieval Artist at Work*. Princeton: Princeton Univ. Press, 1967.

English Romanesque Art, 1066-1200. London: Hayward Gallery, 1984. Exhibition catalogue.

Das erste Jahrhundert. Edited by Viktor H. Elbern. 3 vols. Düsseldorf: Schwann, 1962.

Europäische Kunst um 1400. Vienna: Kunsthistorisches Museum, 1962. Exhibition catalogue.

L'Europe Gothique, XIIe-XIVe siècles. Paris: Musée du Louvre, 1968. Exhibition catalogue.

Les fastes du gothique: Le siècle de Charles V. Paris: Musées Nationaux, 1981. Exhibition catalogue.

Fernie, Eric. *The Architecture of the Anglo-Saxons*. London: Batsford, 1983.

Fillitz, Hermann. *Das Mittelalter*. Vol. 1. Berlin: Propyläen, 1969.

Fitchen, John. *The Construction of Gothic Cathedrals*. Oxford:Oxford Univ. Press, 1961.

Focillon, Henri. *Art of the West in the Middle Ages*. 2 vols. New York: Phaidon, 1963. 论述英国部分最初于 1938 年以法语出版。

Folda, Jaroslav. *Crusader Manuscript Illumination at St. Jean d'Acre, 1275-1291.* Princeton: Princeton Univ. Press, 1976.

Forsyth, Ilene. *The Throne of Wisdom.* Princeton: Princeton Univ. Press, 1972.

Forsyth, William H. *The Entombment of Christ: French Sculptures of the Fifteenth and Sixteenth Centuries.* Cambridge, Mass.: Harvard Univ. Press, 1970.

Francovich, Geza de. *Persia, Siria, Bisanzio e il medioevo artistico europeo.* Naples: Liguori, 1984.

Frankl, Paul. *Gothic Architecture.* London: Penguin, 1962.

——. *The Gothic: Literary Sources and Interpretations through Eight Centuries.* Princeton: Princeton Univ. Press, 1960.

Gaborit-Chopin, Danielle. *La décoration des manuscrits à Saint-Martial de Limoges et en Limousin du IXe au XIIe siècle.* Paris: Droz, 1969.

——. *Ivoires du moyen âge.* Fribourg: Office du Livre, 1978.

Garrison, E. B. *Studies in the History of Mediaeval Italian Painting.* 4 vols. Florence: N.p., 1953-56.

Gauthier, Marie-Madeleine. *Les émaux du moyen âge.* Fribourg: Office du Livre, 1972.

Glass, Dorothy F. *Italian Romanesque Sculpture: An Annotated Bibliography.* Boston: G. K. Hall, 1983.

Golden Age of Anglo-Saxon Art, The. London: British Museum, 1984. Exhibition catalogue.

Goldschmidt, Adolph. *Die Elfenbeinskulpturen.* 4 vols. Berlin: Cassirer, 1914-26.

Grabar, André. *Early Christian Art.* New York: Braziller, 1967.

——. *The Golden Age of Justinian.* New York: Braziller, 1966.

——. *Martyrium.* 3 vols. Paris: College de France, 1943-46.

Grodecki, Louis. *L'architecture ottonienne.* Paris: A. Colin, 1958.

——. *Le Moyen âge retrouvé: de áan mil à l'an 1200.* Paris: Flammarion, 1986.

——. *Le vitrail roman.* Fribourg: Office du Livre, 1977.

——, and Catherine Brissac. *Le vitrail gothique au XIIIe siècle*. Fribourg: Office du Livre, 1984.

Gutmann, Joseph. *Hebrew Manuscript Painting*. New York: Braziller, 1978.

Harvey, John. *English Medieval Architects: A Biographical Dictionary Down to 1550*. Rev. ed. Gloucester: Alan Sutton, 1987.

Heitz, Carol. *L'architecture religieuse carolingienne*. Paris: Picard, 1980.

Henry, Fransoise. *Irish Art*. 3 vols. Ithaca, N.Y.: Cornell Univ. Press, 1965-70.

Horn, Walter, and Ernest Born. *The Plan of St. Gall*. 3 vols. Berkeley: University of California Press, 1979.

Hubert, Jean, Jean Porcher, and Wolfgang Friedrich Volbach. *The Carolingian Renaissance*. New York: Braziller, 1969.

——. *Europe of the Invasions; 300-750 A.D*. New York: Braziller, 1969.

The International Style: The Arts in Europe around 1400. Baltimore: Walters Art Gallery, 1962. Exhibition catalogue.

Kaiser Karl IV Nuremberg: Germanisches Nationalmuseum, 1978. Exhibition catalogue.

Karl der Grosse: Lebenswerk und Nachwirkung. Edited by Wolfgang Braunfels and others. 5 vols. Düsseldorf: Schwann, 1965-68.

Karl der Grosse: Werk und Wirkung. Aachen: N.p., 1975. Exhibition catalogue.

Katzenellenbogen, Adolf. *The Sculptural Programs of Chartres Cathedral*. Baltimore: Johns Hopkins Univ. Press, 1959.

Kauffmann, C. M. *Romanesque Manuscripts; 1066-1190*. Oxford: Harvey Miller, 1975.

Kemp, Wolfgang. *Sermo corporeus: Die Erzählung der mittelalterlichen Glasfenster*. Munich: N.p., 1987.

Kessler, Herbert. *The Illustrated Bibles from Tours*. Princeton: Princeton Univ. Press, 1977.

——. "On the State of Medieval Art History." *Art Bulletin* 70（1988）: 166-87.

Kimpel, Dieter, and Robert Suckale. *Die gotische Architektur in Frankreich, 1130-1270*. Munich: Hirmer, 1985.

Kitzinger, Ernst. *Byzantine Art in the Making*. Cambridge, Mass.: Harvard Univ. Press, 1977.

——. *Medieval Art in the British Museum*. London: British Museum, 1955.

Koehler, Wilhelm. *Die Karolingischen Miniaturen*. Berlin: Cassirer, 1930-.

Kraus, Henry. *Gold Was the Mortar: The Economics of Cathedral Building*. London: Routledge, 1979.

Krautheimer, Richard. *Early Christian and Byzantine Architecture*. 3d ed. London: Penguin, 1987.

——. *Studies in Early Christian, Medieval and Renaissance Art*. New York: New York Univ. Press, 1969.

Kubach, Erich, and Albert Verbeek. *Romanische Baukunst an Rhein und Maas: Katalog der vorromanischen und romanischen Denkmaler*. 3 vols. Berlin: Deutscher Verlag für Kunstwissenschaft, 1976.

Kunst und Kultur im Weserraum, 800-1600. 2 vols. Münster: Aschendorf, 1967.

Lanfranco e Wiligelmo: Il Duomo di Modena. Modena: Panini, 1984.

Lasko, Peter. *Ars Sacra, 800-1200*. London: Penguin, 1972.

Lazarev, Victor. *Storia della pittura bizantina*. Turin: Einaudi, 1967.

Leedy, Walter C., Jr. Fan Vaulting: *A Study of Form, Technology, and Meaning*. Santa Monica, Calif.: Arts + Architecture Press, 1980.

Leroy, Jules. *Les manuscrits copies et coptes-arabes illustrés*. Paris: P. Geuthner, 1974.

——. *Les manuscrits syriaques à peintures conserves dans les bibliothèques d'Europe et d'Orient*. 2 vols. Paris: P. Geuthner, 1964.

Lewis, Suzanne. *The Art of Matthew Paris in the Chronica Majora*. Berkeley: Univ. of California Press, 1987.

Lexikon der christlichen Ikonographie. Edited by Engelbert Kirschbaum. 8 vols.

Freiburg: Herder, 1968-76.

Lord, Carla. *Royal French Patronage of Art in the Fourteenth Century: An Annotated Bibliography*. Boston: G. K. Hall, 1985.

Lyman, Thomas W., and Daniel Smartt. *French Romanesque Sculpture: An Annotated Bibliography*. Boston: G. K. Hall, 1987.

Male, Emile. *Religious Art in France*. Edited by Harry Bober. Princeton: Princeton Univ. Press, 1978-.

Marrow, James. *Passion Iconography in Northern European Art of the Late Middle Ages and Early Renaissance*. Kortrijk: Van Ghemmert, 1979.

Masterpieces of Tapestry from the Fourteenth to the Sixteenth Century. New York: Metropolitan Museum of Art, 1973. Exhibition catalogue.

Matthiae, Guglielmo. *Mosaici medievali delle chiese di Roma*. 2 vols. Rome: Istituto Poligrafico dello Stato, 1967.

——. *Pittura romana del medioevo*. 2 vols. Rome: Fratelli Palombi, 1965-66.

Meiss, Millard. *French Painting in the Time of Jean de Berry*. 3 vols. in 5. New York: Braziller, 1967-74.

Mende, Ursula. *Die Bronzetüren des Mittelalters*. Munich: Hirmer, 1983.

Monumenta Annonis: Köln und Siegburg: Weltbild und Kunst im hohen Mittelalter. Cologne: Schnüttgen Museum, 1975. Exhibition catalogue.

Morgan, Nigel. *Early Gothic Manuscripts*. 2 vols. Oxford: Harvey Miller, 1982-87.

Müller, Theodor. *Sculpture in the Netherlands, Germany, France, Spain, 1400-1500*. London: Penguin, 1966.

Murray, Stephen. *Building Troyes Cathedral: The Late Gothic Campaigns*. Bloomington: Indiana Univ. Press, 1987.

Mussat, Andre. *Le style gothique de l'ouest de la France (12e-13e siècles)*. Paris: Picard, 1963.

Nees, Lawrence. *From Justinian to Charlemagne: European Art, 565-787: An Annotated Bibliography*. Boston: G. K. Hall, 1985.

Nicholaus e l'arte del suo tempo. 3 vols. Ferrara: Corbo, 1985.

Nordenfalk, Carl. *Celtic and Anglo-Saxon Painting.* New York: Braziller, 1977.

———. *Die spatantiken Zierbuchstaben.* 2 vols. Stockholm: N.p., 1970.

Nuit des Temps, La. La Pierre -qui-Vire: .Zodiaque, 1958-.

Ohlgren, Thomas H. *Insular and Anglo-Saxon Illuminated Manuscripts: An Iconographic Catalogue c. A.D. 625 to 1100.* New York: Garland, 1986.

Ornamenta ecclesiae. 3 vols. Cologne: Schnüttgen Museum, 1985. Exhibition catalogue.

Oswald, Friedrich, Leo Schaefer, and Hans Rudolf Sennhauser. *Vorromanische Kirchenbauten.* Munich: Prestel, 1971.

Pächt, Otto. *Book Illumination in the Middle Ages.* London: Harvey Miller, 1987.

Palol, Pedro de, and Max Hirmer. *Early Medieval Art in Spain.* New York: Abrams, 1966.

Panofsky, Erwin. *Abbot Suger on the Abbey Church of St. Denis and Its Art Treasures.* 2d ed., revised by Gerda Panofsky-Soergel. Princeton: Princeton Univ. Press, 1979.

Die Parler und der Schöne Stil, 1350-1400: Europaische Kunst unter den Luxemburgern. 3 vols. Cologne: Schnuttgen Museum, 1978. Exhibition catalogue.

Paysage monumental de la France autour de l'an mil. Edited by Xavier Barral i Altet. Paris: Picard, 1987.

Pevsner, Nikolaus. *The Buildings of England.* 46 vols. London: Penguin, 1951-74.

Pickering, F. P. *Literature and Art in the Middle Ages.* London: Macmillan, 1970.

Porcher, Jean. *Medieval French Miniatures.* New York: Abrams, 1959.

Randall, Lillian M. C. *Images in the Margins of Gothic Manuscripts.* Berkeley: Univ. of California Press, 1966.

Regensburger Buchmalerei: Von frühkarolingischer Zeit bis zum Ausgang des Mittelalters. Munich: Bayerische Staatsbibliothek, 1987.

The Renaissance of the Twelfth Century. Edited by Stephen K. Scher. Providence: Rhode Island School of Design, 1969. Exhibition catalogue.

Rhein und Maas: Kunst Kultur, 800-1400. 2 vols. Cologne: Schnuttgen Museum, 1972-73. Exhibition catalogue.

Rickert, Margaret. *Painting in Britain: The Middle Ages.* 2d ed. London: Penguin, 1965.

Riegl, Alois. *Late Roman Art Industry.* Translated by Rolf Winkes. Rome: Giorgio Bretschneider, 1985.

Ringbom, Sixten. *Icon to Narrative: The Rise of the Dramatic Close-Up in Fifteenth-Century Devotional Painting.* 2d ed. Doornspijk, Netherlands: Davaco, 1984.

Ross, D. J. A. *Illustrated Medieval Alexander Books in Germany and the Netherlands.* Cambridge: Cambridge Univ. Press, 1971.

Salvini, Roberto. *Wiligelmo e le origini della scultura romanica.* Milan: Aldo Martello, 1956.

Sandler, Lucy Freeman. Gothic *Manuscripts, 1285-1385.* 2 vols. Oxford: Harvey Miller, 1985.

Sapin, Christian. *La Bourgogne préromane.* Paris: Picard, 1986.

Sauerländer, Willibald. *Gothic Sculpture in France,* 1140-1270. New York: Abrams, 1973.

——. *Von Sens bis Strasbourg.* Berlin: De Gruyter, 1966.

Schapiro, Meyer. Late Antique, *Early Christian and Mediaeval Art.* New York: Braziller, 1979.

——. *The Parma Ildefonsus.* New York: New York Univ. Press, 1964.

——. Romanesque Art. New York: Braziller, 1977.

Scheller, R. W. *A Survey of Medieval Model Books.* Haarlem: N.p., F. Bohn, 1963.

Schramm, Percy Ernst. *Herrschaftszeichen und Staatssymbolik.* 3 vols. Stuttgart: Hiersemann, 1954-56.

Secular Spirit, The: Life and Art in the Middle Ages. Edited by Thomas Hoving. New York: The Cloisters, 1975.

Sears, Elizabeth. *The Ages of Man: Medieval Interpretations of the Life Cycle.*

Princeton: Princeton Univ. Press, 1986.

Seidel, Linda. *Songs of Glory*. Chicago: Univ. of Chicago Press, 1981.

Simson, Otto von. *The Gothic Cathedral*. 2d ed. New York: N.p., 1962.

———. *Das Mittelalter*. Vol. 2. Berlin: Propylaen, 1972.

Sinding-Larsen, Staale. *Iconography and Ritual: A Study of Analytical Perspectives*. Oslo: Universitetsforlaget, 1984.

Stoddard, Whitney. *Monastery and Cathedral in France*. Middletown, Conn.: Wesleyan Univ. Press, 1966.

———. *The Sculptors of the West Portals of Chartres Cathedral*. New York: Norton, 1987.

Stubblebine, James. *Dugento Painting: An Annotated Bibliography*. Boston: G. K. Hall, 1983.

Swarzennski, Hanns. *Monuments of Romanesque Art*. 2d ed. Chicago: Univ. of Chicago Press, 1967.

Taylor, H. M., and J. Taylor. *Anglo-Saxon Architecture*. 3 vols. Cambridge: Cambridge Univ. Press, 1965-78.

Temple, Elzbieta. *Anglo-Saxon Manuscripts 900-1066*. Oxford: Harvey Miller, 1976.

Thérel, Marie Louise. *Le triomphe de la Vierge Eglise: Sources historiques, litteraires et iconographiques*. Paris: CNRS, 1984.

Treasures from Medieval France. Cleveland: Cleveland Museum of Art, 1967. Exhibition catalogue.

Vergnoile, Eliane. *St.-Benoit-sur-Loire et la sculpture du XIe siecle*. Paris: Picard, 1985.

Viollet-le-Duc, Eugene-Emmanuel. *Dictionnaire raisonne de l'architecture francaise du XIe au XVIe siècle*. 10 vols. Paris: Bance, 1854-68.

Volbach, Wolfgang Friedrich. *Elfenbeinskulpturen der Spätantike und des frühen Mittelalters*. 3d ed. Mainz: Von Zabern, 1976.

Volbach, Wolfgang Friedrich, and Jacqueline Lafontaine-Dosogne. *Byzanz und der christliche Osten.* Berlin: Propylaen, 1968.

Webb, Geoffrey. *Architecture in Britain: The Middle Ages.* 2d ed. London: Penguin, 1966.

Weir, Anthony, and James Jerman. *Images of Lust: Sexual Carvings on Medieval Churches.* London: Batsford, 1986.

Wietzmann, Kurt. *Illuminations in Roll and Codex.* Princeton: Princeton Univ. Press, 1947.

——. *The Monastery of St. Catherine's at Mount Sinai: The Icons.* Princeton: Princeton Univ. Press, 1976.

——. *Studies in Classical and Byzantine Manuscript Illumination.* Chicago: Univ. of Chicago Press, 1971.

Werner, Martin. *Insular Art: An Annotated Bibliography.* Boston: G. K. Hall, 1984.

Wesenberg, Rudolf. *Frühe mittelalterliche Bildwerke: Die Schulen Rheinischer Skulptur und ihre Ausstrahlung.* Düsseldorf: Schwann. 1972.

Wieck, Roger S. *Time Sanctified: The Book of Hours in Medieval Art and Life.* New York: Braziller, 1988.

Williams, John. *Early Spanish Manuscript Illumination.* New York: Braziller, 1977.

Wilson, David M. *Anglo-Saxon Art from the Seventh Century to the Norman Conquest.* London: Thames and Hudson, 1984.

Wilson, David M., and Ole Klindt-Jensen. *Viking Art.* London: Routledge, 1966.

Wormald, Francis. *Collected Writings.* Oxford: Oxford Univ. Press, 1984-.

Year 1200, The: A Symposium. Edited by Jeffrey Hoffeld. New York: Metropolitan Museum of Art, 1975.

Zarnecki, George. *Art of the Medieval World.* Englewood Cliffs, N.J.: Prentice-Hall, 1975.

Die Zeit der Staufer. 5 vols. Stuttgart: Württembergisches Landesmuseum, 1977.

中世纪音乐概览

西奥多·卡普

史学家处理过去史料时所面临的问题,有点像古生物学家在脑海中把残缺的骨架还原成活的生物及其生存环境。各个学科所遇到的具体问题当然不同,这些问题自然也就构成了各个学科的研究对象与方法。如要对中世纪音乐研究者的方法、成就作一综述,浏览一下他们研究的具体问题是有意义的,尽管许多基本问题似乎已很明显了。

音乐和舞蹈、戏剧一样,是存在于时间范畴中的艺术。音乐史学家对过去几个世纪音乐产生的过程无从直接体会。同样,不像绘画、雕塑、建筑可供艺术史学家参考——无论它们经历了怎样的岁月摧残——音乐史学家没有这个条件。当然,口述传统在传承中世纪音乐上作用很大。不过,如果没有乐谱,那些不为人知的文明的音乐作品不会有太长寿命。这样的音乐想要延续下去,就要把声音转化为视觉材料,以便后人再将其转化为声音。

关于这一双重过程,有几点必须牢记。第一,并非作品中的一切要点都能得到记录。例如,在中世纪及文艺复兴时期,影响音调高低的升调与降调往往留待演奏者自行体会,有时会造成令人困惑的结果。现代学者在猜测是不是编曲者标注的临时音

（musica ficta）时常有不同意见，且学者对中世纪及文艺复兴时期音乐家演奏时犯的错误仍有不少批评。至于1200年之前的音乐，现代学者对乐谱是否能表示节奏这个关键问题各执一词。如果搞不清乐谱中的节奏，那么多声部乐章的和谐结构——各声部并不依对位法同步——也成了问题。因此，音乐史学家的任务就是重构乐章，这或许与复原罗马圣彼得教堂早已损坏的绘画一样。同一个乐章，无论是以纸质还是以演奏呈现，有不同的重构版本也就不足为奇了。至于中世纪音乐的装饰音及所用乐器，我们同样还在摸索。

第二，除了最近出现的少量电脑作曲，还没有什么乐谱能完全反映出演奏的一切细微变化。同样，一出戏剧的文本即使流传下来，也无法体现台词的节奏与语调、表演的速度与细节、服装、舞台设施，甚至无法体现剧作家脑海中的场景。但这些要素都应加以考虑，正如学者如果想要将一处戏剧或乐章以其忠于原作精神的形式表现出来，就必须考虑速度、衔接、重音、乐器、即兴，甚至空间音效。我们慢慢意识到呈现中世纪音乐的复杂性，而我们对解决以上问题的态度自首次制作密纹唱片以来也发生了变化，这种变化是如此巨大，以至于安德鲁·休斯（Andrew Hughes）评论1964年的一张唱片时警告称"许多老唱片……的演奏没有呈现最近音乐理论达到的水平"。[①]

最后，乐谱的细节在过去几个世纪内发生了广泛而重要的转变。一些早期的有着特别的历史意义的乐谱，因为上面没有标明

[①] Andrew Hughes, *Medieval Music: The Sixth Liberal Art* (Toronto: Univ. of Toronto Press, 1974), 12.

音调或节奏，已完全不能解读——其中包括对查理曼及其子圣康坦的雨果（Hugo of St. Quentin）死亡的挽歌，以及早期对维吉尔与赫拉修诗歌的谱曲。因此可以理解，中世纪音乐的研究工作的起点——除了发现记录现有文本以外——就是解决乐谱的问题，使这些音乐可以用最准确、最易解读的方式呈现出来。

为了理解音乐史学家研究中世纪音乐的成果，要记住，音乐学是人文学科中较年轻的学科之一。自然，在各个时代都有好古者研究音乐的历史，其中就包括中世纪及文艺复兴时期的音乐。但即使这些人也要晚于其他学科的研究者。尤为重要的是18世纪晚期圣布拉辛（St. Blasien）修道院的院长马丁·戈伯特（Martin Gerbert）的贡献，他为圣乐写了一部历史著作——《论圣歌与圣乐》（*De cantu et musica sacra*，1774），通过其划时代的神学论文《教会音乐研究》（"*Scriptores ecclesiastici de musica*"，1784）为将来的中世纪音乐研究奠定了基础。值得注意的当代研究者有让·邦雅曼·德拉博尔德（Jean Benjamin de La Borde）、查尔斯·布恩尼（Charles Burney）、约翰·霍金斯（John Hawkins）以及约翰·尼古劳斯·福克尔（Johann Nikolaus Forkel），他们在音乐通史中把握中世纪音乐。虽然他们有开创性意义，关于晚近音乐的观点有重要的历史意义，但他们对中世纪音乐的研究却是有偏见的，关于中世纪音乐的知识也是极度欠缺的。启蒙时代的史学家将欧洲文明的早期阶段视为通往他们所在的完美时代的奠基石，因此，他们并不以同情的想法讨论中世纪音乐："中世纪欧洲的音乐并不完善，哥特人、汪达尔人、匈奴人、日耳曼人、法兰克人和高卢人的思想野蛮，语言粗俗而无礼，却掌握了欧洲最富庶的地区。"① 更为重要的是，当时少有中世纪音乐为人所知，即使是冰山一角也说不上。许多中世纪音乐都只是抒情诗（trouvere song），而在乏味的和谐律与随意的节奏解读下，这些乐章成了仅仅符合 18 世纪演奏习惯的音乐。还有很多乐章的小样与小节来自神学论文，这些论文成了主要的研究材料。

19 世纪上半叶，由约翰·斯塔福德·史密斯（John Stafford Smith）编写、弗兰索瓦·约瑟夫·费蒂斯（Francois Joseph Fetis）和拉斐尔·格奥尔格·基斯威特（Raphael Georg Kieswetter）完善的音乐选集《古代音乐》(*Musica Antiqua*，可能完成于 1812 年），使研究略有改善。但直到 19 世纪中叶，在奥古斯特·威廉·安布罗斯（August Wilhelm Ambros）和查尔斯·埃德蒙·德·库瑟马凯（Charles Edmond de Coussemaker）的努力下，研究才出现了重要变化。后者的"戈伯特所编中世纪曲目新丛书"（Scriptorum de musica medii aevi novam seriem a Gerbertina alteram, 1874–1876）不仅延续了戈伯特的研究，也转写记录了 12、13 世纪许多曲目，丛书包括《中世纪和声的历史》(*Histoire de l'harmonie au moyen age*, 1852)、《中世纪宗教戏剧》(*Drames liturgiques du moyen age*, 1860)、《12、13 世纪的和声音乐家》(*Les Harmonistes des XIIe et XIIIe siecles*, 1865)、《12、13 世纪和声艺术》(*L'Art harmonique aux XIIe et XIIIe siecles*, 1865) 以及《亚当·德拉黑尔作品全集》(*Oeuvres completes d'Adam de la Halle*, 1872)。

---

① Charles Burney, *A General History of Music* (London: N.p., 1782), vol. 2, chap. 2, par. 4（注释采用 Frank Mercer 重编后版本，reprinted New York: Dover, 1957, 457）。

不过，音乐学要成为一门严谨的学科仍需大量学者的支持，这一转变直到20世纪才得以发生。第一代杰出中世纪学家包括弗雷德里奇·路德维克（Friedrich Ludwig）、彼得·瓦格纳（Peter Wagner）、约翰内斯·沃尔夫（Johannes Wolf）、雨果·黎曼（Hugo Riemann）、皮埃尔·奥布雷（Pierre Aubry）、西奥多·杰罗德（Theodore Gerold）、唐·安德烈·莫克罗（Dom Andre Mocquereau）、安德烈·皮罗（Andre Pirro）、让·巴普蒂斯特·贝克（Jean Baptiste Beck）、沃尔特·弗里尔（Walter Frere）、哈利·埃利斯·乌尔里奇（Harry Ellis Woolridge）以及亨利·马里奥特·班尼斯特（Henry Marriot Bannister）。他们的优秀著作如今仍有价值，成为最近研究的基础。

二战之前，学界对中世纪音乐的兴趣持续上升，希基尼·安格莱斯（Higini Angles）、海因里希·贝泽勒（Heinrich Besseler），伊冯娜·洛克塞茨（Yvonne Rokseth）以及古斯塔夫·里斯（Gustave Reese）的著作便是最好的例证。音乐学和其他人文学科一样，在战后经历了快速发展。一方面，我们的知识储备大大增加，许多基础概念得到修正；另一方面，音乐学这一年轻学科面临的任务既多且难，而我们不过是根据现有的阅读将戈伯特和库瑟马凯的著作更新了版本而已。

对音乐的学术研究在各方面都取得了极快的进步，这就要求对近来发现的史料加以编纂。安德鲁·休斯在《中世纪音乐，第六艺》(*Medieval Music, the Sixth Liberal Art*，修订版于1980年出版) 一书中对二手史料作出了广泛而有选择性的考察。上述著作为约两千个条目提供了有用且简短的解释，并对其分门别类。至于 1967 年开始出版的季刊《国际音乐文献资料大全》(*Repertoire International de Literature Musicale*, RILM)，则对每篇文献有 50 到 200 字更为详细的解释。国际音乐学学会（International Musicology Society）、国际音乐博物馆协会（International Association of Music Libraries）及美国学术团体评议会（American Council of Learned Societies）合作出版了上述季刊。此刊物涵盖了整个音乐领域，包括跨学科的史料。摘要基本由单个作者完成，而文章质量则由不同领域的编辑负责。在《国际音乐文献资料大全》出版之前，沃尔夫冈·施米德尔（Wolfgang Schmieder）编写了《音乐索引》(*Music Index*, 1949—) 和《音乐资料索引》(*Bibliographic des Musikschrifttums*, 1936—)。关于中世纪音乐的现代学术成果，还可参考悉尼·罗宾逊·查尔斯（Sydney Robinson Charles）的《音乐资料丛书、系列指南》(*A Handbook of Music and Music Literature in Sets and Series*) 或安娜·海耶尔（Anna Heyer）的《历史音乐丛书、选集与经典》(*Historical Sets, Collected Editions and Monuments of Music*)。

作为一门年轻的学科，音乐学中的许多基本方法借鉴了语言学、历史学和艺术史等更古老的学科。学术传统的短暂性也在各方面得到体现。不像历史哲学或历史学写作法，音乐学尚未出现对学科本体的思考。这一领域的多数出版物关注的是普遍问题，并简要地涉及了中世纪音乐问题——如果有的话。

沃伦·德怀特艾伦（Warren Dwight Allen）的《音乐史哲学》(*Philosophies of Music History*, 1939) 是早期成果之一。此后则有亚瑟·门德尔（Arthur Mendel）的《证据与解释》(*Evidence and*

Explanation）；① 、利奥·特莱特勒（Leo Treitler）的《论历史批评》（*On Historical Criticism*）② 和《作为历史的现在》（*The Present as History*）③，以及唐纳德·格鲁特（Donald Grout）的《当代史学和音乐史》（*Current Historiography and Music History*）④。

  学界对历史分期问题的兴趣一直不大。因为最早的重要史料不会早于9世纪末，又因为整个学科非常强调欧洲音乐的发展，因此少有人关注音乐从古代过渡到中世纪的问题。根据书目和乐谱的记录，音乐风格变化的分水岭是1300年。此前的多声部音乐属于古代的技艺（Ars antique），而此后属于现代技艺（ars nova）。尽管对节奏的处理发生了重大变化，但14世纪和谐律和形式结构的基本原理仍可被认为是中世纪的。关于文艺复兴时期音乐的风格特征，学界尚未达成共识——节奏简化、相对于完全和声（单音、五度音、八度音）更多地使用不完全和声（三度音及六度音），或用模仿的方式统一多声部。大多数学者倾向认为，中世纪和文艺复兴音乐的分水岭发生在1425年至1475年间⑤。不过一些人将其称为"早期文艺复兴"，以指代14世纪部分音乐。克劳德·帕里

---

  ① Arthur Mendel, "Evidence and Explanation," in *International Musicological Society: Report of the Eighth Congress*, New York 2 (1961): 3-18

  ② Leo Treitler, "On Historical Criticism," *The Musical Quarterly 53* (1976): 188-205.

  ③ Treitler, "The Present as History," *Perspectives of New Music 1* (1969): 1-58.

  ④ Donald Grout, "Current Historiography and Music History," in *Studies in Music History:Essays for Olive Strunk*,ed. by Harold Powers (Princeton: Princeton Univ. Press, 1968),23-40.

  ⑤ 20世纪初，一些特别强调文艺复兴即古典兴趣重生的文化史学家试图将音乐上的文艺复兴的开端定在约公元1600年——与歌剧同时出现。即使忽略整个16世纪人文主义在音乐中都是一股重要力量这个事实，这样的分期也是难以自圆其说的。在此提起这个早已被音乐史学家忽视的谬误，并非不恰当的行为，因为事实上有些谬误的生命力顽强，即使在被驳倒之后很久，也会死灰复燃。

斯卡（Claude Palisca）的《意大利音乐思想中的人文主义》(*Humanism in Italian Musical Thought*)①一书呼吁学界以更开阔的视角考察音乐中的"文艺复兴"概念，试图用思想史的术语定义这个阶段。在这样的研究下，音乐学者很有可能产生对中世纪与文艺复兴音乐进行断代的兴趣。

尽管几十年前就有如库特·萨克斯（Curt Sachs）等学者强调将音乐与更广阔的人文社会学科相联系，但学界跟进却很缓慢。②朱利奥·卡廷（Giulio Cattin）和F.阿尔贝托·加洛（F. Alberto Gallo）分别撰写了《中世纪》(*Il Medievo*)的一卷和二卷③，两卷内容精炼，深入考察了音乐与其他学科之间的关系。有关音乐在中世纪社会中的作用，可在一些较老的历史书籍中发现，包括格罗尔德（Gerold）和里斯（Reese）的著作，以及更小篇幅的专业著作。更晚近的大部头系列著作《人与音乐》(*Man and Music*)④旨在改善此前的失衡情况。詹姆斯·麦金农（James McKinnon）汇编了一卷论文集即《古代与中世纪音乐》(*Ancient and Medieval Music*)，伊恩·芬隆（Iain Fenlon）也编纂了《文艺复兴》(*The Renaissance*)一书。关于中世纪音乐教育，有两部重要著作⑤及

---

① Claude Palisca, *Humanism in Italian Musical Thought* (New Haven: Yale Univ. Press, 1985).

② 由于像爱德华·洛温斯基（Edward Lowinsky）这样学者的推动，我们在关于文艺复兴音乐的跨学科研究中有了更好的准备。

③ Giulio Catlin, *Il Medievo 1*, and F. Alberto Gallo, *Il Medievo 2* (Edizioni di Torino: Turin, 1979, 1977). Vol. 1 trans. by Steven Botterill and Vol. 2 trans. by Karen Eales as *Music of the Middle Ages 1 and 2* (Cambridge: Cambridge Univ. Press, 1984, 1985).

④ *Man and Music*, Stanley Sadie, general ed. (New York: Prentice Hall, 1990).

⑤ 参见 Nan C. Carpenter, *Music in the Medieval and Renaissance Universities* (Norman: Univ. of Oklahoma Press, 1958), and Joseph Smits van Weasberghe, *School en Muziek in de Middeleeuwen* (Amsterdam: Uitgeversnaatschapij, 1949)。

一些较小篇幅的论文。例如阿贝特（Abert）和施拉德（Schrade）等学者已经考察了音乐在波爱修斯、约翰内斯·司各特·爱留根纳（John Scotus Erigena）和圣奥古斯丁等重要人物的著作中的作用。约翰·史蒂文斯（John Stevens）在他的《词汇与音乐歌曲：叙事，舞蹈和戏剧，1050—1350年》（*Words and Music: Song, Narrative, Dance and Drama*, 1050-1350）中对存在争议的课题进行了概览①。在更小篇幅与涵盖面更广的著作中，对文本与音乐之间关系的兴趣也在增加。

学界对收集解释与中世纪音乐有关的图像资料的兴趣日益增加。伊曼纽尔·温特尼茨（Emmanuel Winternitz）的《作为音乐史学家史料来源视觉艺术》（"The Visual Arts as a Source for the Historian of Music"）②可作为解读工作的一般性指南。普遍使用的关于音乐的绘画史料选集一卷本——乔治·金斯基（Georg Kinsky）的《配图音乐史》（*Geschichte der Musik in Bildern*）一书正受到海因里希·贝泽勒（Heinrich Besseler）和马克斯·施耐德（Max Schneider）的大部头著作《配图音乐史》（*Musikgeschichte in Bildern*）的挑战，后者，涉及中世纪和文艺复兴时期音乐的第三卷业已出版。此外，许多通史书籍都配有精美插图；但有必要补充一点，有些漂亮的图画与文本并不一致。学者们开始越来越多地使用与音乐学问题相关的艺术史的史料，如丽贝卡·巴尔策（Rebecca Baltzer）的《13世纪的微缩插图与佛罗伦萨手稿的年代

---

① John Stevens, *Words and Music: Song, Narrative, Dance and Drama, 1050-1350* (Cambridge: Cambridge Univ. Press, 1986).

② Emmanuel Winternitz, "The Visual Arts as a Source for the Historian of Music," in *International Musicological Society: Report of the Eighth Congress, New York, 1961* 1: 109-20.

确定》("Thirteenth-century Illuminated Miniatures and the Date of the Florence Manuscript")①。

为部分地展示中世纪音乐研究中更广泛的方法，我们可以引用曼弗雷德·布科夫泽（Manfred Bukofzer）的《对中世纪音乐的理性思考》("Speculative Thinking in Medieval Music")②、尼诺·皮罗塔（Nino Pirrotta）富有想象力的《音乐家但丁：哥特风格、经院主义与音乐》("Dante Musicus: Gothicism, Scholasticism, and Music")③ 以及利奥·特莱特勒的《荷马与格里高利》("Homer and Gregory")④。中世纪学者可从主要关注文艺复兴的此类研究中受益良多，例如爱德华·洛温斯基（Edward Lowinsky）发人深省的论文《文艺复兴时期的物理和音乐空间概念》("The Concept of Physical and Musical Space in the Renaissance")⑤ 和《音乐中的命运女神》("The Goddess Fortuna in Music")⑥。中世纪音乐的许多技术特点被转化成更具普遍性的概念。协和音与不协和音对应稳定性与不稳定性。形式组织的问题——音符重复、变化、平衡和对称——在不同时代的艺术中都很常见。音乐学家也必须处理封闭与开放的音乐形式。但愿学界能对考察中世纪各类艺术的方法之间的关联产生更大的兴趣。

---

① Rebecca Baltzer, "Thirteenth-Century Illuminated Miniatures and the Date of the Florence Manuscript," *Journal of the American Musicological Society* 25 (1972): 1-18.

② Manfred Bukofzer, "Speculative Thinking in Medieval Music," *Speculum* 17 (1942): 165-80.

③ Nino Pirrotta, "Dante Musicus: Gothicism, Scholasticism, and Music," *Speculum* 43 (1968): 245-57.

④ Leo Treitler, "Homer and Gregory," *The Musical Quarterly* 60 (1974): 333-72.

⑤ Edward Lowinsky, "The Concept of Physical and Musical Space in the Renaissance," in *Papers Read by Members of the American Musicological Society*, 1941 (N.p., 1946), 57-84.

⑥ Lowinsky, "The Goddess Fortuna in Music," *The Musical Quarterly* 29 (1943): 45-71.

在 20 世纪前 75 年，音乐学研究的主流是挖掘留存下来的乐章本身，探求其技术特点。这项工作仍然重要且正在持续下去。因此，本章主要考察史料、摹本、乐谱手册、汇编原则、表演及录音的汇编工作，此后考察各个领域的成就和未来的研究空间。

《国际音乐资料名录》(Repertoire International des Sources Musicales，RISM) 正在发起对音乐史料的全面调查，国际音乐学会和国际音乐图书馆协会的合作使这项工作有望完成。该丛书最终将涵盖 18 世纪末之前的音乐和音乐理论的所有史料。过去十年里已出版的几卷涉及中世纪和文艺复兴早期音乐，但其他部分仍待出版。这几卷由该领域的杰出专家指导编写，但在提供的信息深度上参差不齐。这些著作提供了单个手稿的详细目录，相关学科（如语言学和仪式学）的学者往往受益匪浅。这几卷不仅指明了史料出处，而且提供了关于史料及史料完整与否的论著信息。

除了《国际音乐资料名录》，还有许多关于特定类别史料的指南书。两卷本的《罗马式升阶唱》(Le gradual Romain) 早已出版，该书汇编了与弥撒相关的手稿，并讨论了其在音乐方面的相互关系。唐·勒内·埃贝尔（Dom Rene Hesbert）在他的《时课圣歌集》(Corpus Antiphonalium Officii, 6 卷本) 中更详细地说明了关于时课（Ofifce）的手稿。奥尔加农（organum）、克劳苏拉（clausula）、康都曲（conductus）、经文歌（motet）以及 14 世纪的多声部音乐领域也有重要的指南书。① 最后，主要图书馆的大量音乐藏品也有目录整理。文森特·达基斯（Vincent Duckies）的《音乐参考研

---

① 参见参考书目部分，主要考察一手史料的音乐参考书目（专门类）。

究材料》(*Music Reference and Research Materials*，第四版由迈克尔·凯勒编辑，1988 年) 列出了以上和其他有用的参考工具。

总体来说，我们对现有史料的掌握似乎相当全面。小范围还可能出现重要的新发现，例如肯尼斯·利维 (Kenneth Levy) 的《道明会奥尔加农》("A Dominican Organum Duplum") [1] 和 K. D. 哈策尔 (K. D. Hartzel) 的《大英图书馆馆藏 11 世纪英语弥撒片段》("An Eleventh-century English Missal Fragment in the British Library") [2]，以玛格丽特·本特 (Margaret Bent) 的《15 世纪英国合唱本遗书》("A Lost English Choir Book of the Fifteenth Century") 为代表 [3]，学界还有探索工作要做。然而，大范围出现新发现的可能性已不大。其中最大的希望是较少被考察的伊比利亚半岛及中欧、东欧国家。

由于中世纪音乐的主要史料分散，难以方便获取，中世纪音乐的几个重要手稿的原件与摹本就显得非常有用。在格里高利圣咏方面，由索莱梅斯僧侣 (Solesmes) 发行的《古代音乐文献》(*Paleographie Musicale*) 系列音乐剧的价值不可估量，此外还有其他重要作品的单曲。埃贝尔正在以摹本形式出版散文及继叙咏 (proses and sequences) 手稿选集。大量世俗和非宗教的单声部音乐——游吟诗人 (troubadours[法国南部称呼], trouveres[法国北部

---

[1] Kenneth Levy, "A Dominican Organum Duplum," *Journal of the American Musicological Society 27* (1974): 183-211.

[2] K. D. Hartzell, "An Eleventh-Century English Missal Fragment in the British Library," *Anglo-Saxon England 20* (1989): 45-97

[3] Margaret Bent, "A Lost English Choir Book of the Fifteenth Century," in *International Musicological Society: Report of the Eleventh Congress*, Copenhagen, 1972 1:257-62.

称呼]，minnesingers[德国称呼]，laude[意大利称呼]，cantigas[西班牙称呼]）的歌曲——也可被现代人听到。12世纪和13世纪的复调音乐——奥尔加农、克劳苏拉、康都曲、经文歌——以摹本形式出版，特别重要的则以纪念版形式出版。能提供14世纪史料的出版物并不算多，但《福维尔传奇》(*Le Roman de Fauvel*)、《马肖弥撒曲》(*The Machaut Mass*)和几个意大利世俗多声部音乐作品已有摹本。

无论取得一手文献多么重要，无论摹本的便利性多么重要，其所包含的史料对于不熟悉各种中世纪乐谱体系的人仍是无意义的。约翰内斯·沃尔夫（Johannes Wolf）①、威利·阿佩尔（Willi Apel）②和卡尔·帕里什（Carl Parrish）③在其著作中解释了中世纪乐谱几种体系的基本内涵，雅克·查利（Jacques Chailley）也对乐谱的概念进行了更广泛考察④。关于诸如格里高利圣咏的乐谱及更早期多声部音乐乐谱的某些内容的专门性研究也已出现。虽然上述著述对此课题有启发意义，但已显得过时，无助于了解在更有争议的圣咏释义领域和早期多声部音乐领域的最新进展。伍尔夫·阿尔特（Wulf Arlt）编辑的丛书《音乐古文献》(*Palaeographie der Musik*)对最新发现的各种单声部乐谱做了描述。还有两卷将考察多声部乐谱及1600年之后的乐谱，但十多年来仍无消息。

在处理现代版本的中世纪（尤其是中世纪早期）音乐时，

---

① Johannes Wolf, *Handbuch der Notationskunde*, 2 vols. Leipzig: Breitkopf and Hartel, 1913.

② Willi Apel, T*he Notation of Polyphonic Music, 900-1600*, 5th ed. Cambridge, Mass.: Medieval Academy of America, 1961.

③ Carl Parrish, *The Notation of Medieval Music,* London: Faber, 1958.

④ Jacques Chailley, *La musique et le signe*, Lausanne: Guilde du disque, 1967.

必须记住，它们的解释并非绝对正确。在准备这些版本时要考虑几个问题。原始乐谱是否应该现代化？如果是，以何种方式现代化？如果存在多个文献，应如何考虑这些文献？

鉴于能彻底理解中世纪乐谱的仅有少数具备知识的音乐家——非音乐家就更少，对第一个问题的答案似乎应当是肯定的。不过事实上，学界对此仍存在争论。首先，似乎不少试图呈现权威性、学术性音乐版本的编辑都极为担心该领域出现个人化的解读——这似乎很难判断：因为正如之前所指出的，许多中世纪乐谱未能提供尽可能多的信息以供演奏，如果不加入个人化的解读，这些乐谱无法彻底转化为现代的形式。而这种解释不能与历史真相等而视之。然而，争论的焦点又与上述不同。在特雷西布洛斯·乔治亚季斯（Thrasybulos Georgiades）这样的学者眼中，作曲家的音乐思想与记录思想的乐谱关系密切，因此，对原始乐谱的任何改变都将改变音乐思想本身。由于原始乐谱的不同，恪守原则的编纂者可能会令手稿的摹本失真，而如果保留原始音符格式，则可能将原本出现在不同地方的多个声部叠加到一个乐谱中。即使是在乔治亚季斯理论形成之前，也有版本保留了原始的音值，尽管音符格式已被改写成机器可复制的样式，且包含两个以上的复合记号也被拆开表示。

编辑结论不能影响提供科学上准确的文本的愿望，这一点还是值得称赞的。尽管如此，使用这种策略做出的音乐却是非专家无法理解的。此外，它还剥夺了使用者对编辑所能提供的最有价值的贡献——无从详细阐述其经过长时间打磨后对作品的自身理解。与乔治亚季斯的想法截然相反的是埃瓦尔德·雅默斯

（Ewald Jammers）的《解读中世纪音乐》（"Interpretationsfragen mittelalterlicher Musik"）。①

通常来说，编辑至少会对原始乐谱进行部分的现代化。20 世纪初，这些变化通常仅是用现代音符形式代替原始音符形式，同时保留原始音值。在更晚近的版本中，原始音值常被或多或少地拆分开，以使其更符合现代乐谱记法。其中原因可简单解释如下：13 世纪初的乐谱只会标出两个音值。其中较短的音仅可拆分为不超过两个或三个装饰音，而这些音最初是未命名的。随着这些装饰音的大量使用，以及其音乐功能更具基础性，速度逐渐放慢。由于速度变慢，快速修饰音必须用旧音值拆分出的新音值来表示。从 13 世纪到 17 世纪，此过程反复出现，其结果就是原始的短音值已是现代乐谱中通常使用的最长音值，亦即成为完全音符——在 13 世纪晚期则是半短音。

由于在音值拆分方面没有普遍公认标准，因此非专家必须考虑这样的事实：同一个中世纪音符可能由不同现代音符表示，且这些音符的意义完全相同或几乎相同（即使是同一位编辑转写的同一本著作也可能出现这种情况）。虽然早期的版本通常采用最小的拆分方式，但在二战后发行的版本中，人们意识到，要想让人理解，就必须减少音值，从而在节奏上产生类似于标准音乐会采用的记号所产生的视觉印象，这一点明显增加。同时，过去使用的旧谱号不再使用，取而代之的是 19、20 世纪最常用的谱号。甚

---

① Ewald Jammers, "Interpretationsfragen mittelalterlicher Musik," *Archiv fur Musikwissenschaft* 14 (1957): 230-52. 也可参见 Thurston Dart, *The Interpretation of Music* (London: Hutchinson, 1954)。

至在1950年以后，音值未充分删减的乐谱还出现在许多过慢甚至扭曲的中世纪音乐演奏中。

至于对不同史料中出现的音乐，20世纪稍早有一种倾向是用合并的手法恢复假想中的"原版"。现在我们倾向于质疑上述目标是否适用手头的史料。目前的做法通常是遵循最准确的、可辨认的史料，除非有证据显示必须加以修改。霍华德·梅耶·布朗（Howard Mayer Brown）① 的《编辑》（"Editing"）和汉斯·阿尔布雷希特（Hans Albrecht）② 的《编辑技巧》（"Editionstechnik"）两篇文章概述了涉及乐谱编纂的复杂问题。

在编辑中世纪音乐领域，音乐学家成就巨大。可以肯定的是，虽然部分内容已有摹本可用，但仍有许多圣咏和世俗性单声部音乐未得到整理。不过，中世纪多声部音乐的学术整理相当充分。宽泛地说，我们差不多可被视为这些音乐的"初代"，并且正准备进入"第二代"。毫无疑问，借助史料提升1300年前音乐版本的准确性是有可能的，之后的音乐所受影响则较小。即使是1300年之后的音乐，也将因编辑方面的问题被大量讨论而得到改善，这是建立在较之前已有大幅增长的编曲实践经验知识的基础上的。

虽然中世纪多声部音乐与许多单声部音乐单音大多可以演奏，但关于早期演奏领域的实践仍然很少。更早的一般性研究，如罗伯

---

① Howard Mayer Brown, "Editing," in *The New Grove Dictionary of Music and Musicians*, ed. Stanley Sadie (London: Macmillan, 1980) 5:839-48.

② Hans Albrecht, "Editionstechnik," in *Die Musik in Geschichte and Gegenwart*, ed. Friedrich Blume (Kassel: Barenreiter, 1949-), vol. 3, cols. 1109-46.

特·哈斯（Robert Haas）的《表演艺术》(Auffuhrungspraxis)[①]和瑟斯顿·达特（Thurston Dart）相较之下更朴素的《解读音乐》(The Interpretation of Music)等书只提供了少量有关中世纪音乐的信息。蒂莫西·麦吉（Timothy McGee）的《中世纪和文艺复兴时期的音乐：演奏指南》(Medieval and Renaissance Music: A Performer's Guide)和克里斯多夫·佩奇（Christopher Page），的《中世纪的声乐和乐器：法国乐器演奏和歌曲，1100—1300 年》(Voices and Instruments of the Middle Ages: Instrumental Practice and Songs in France, 1100-1300)则是更为专门的研究。斯坦利·布尔曼（Stanley Boorman）汇编了一些重要的论文《中世纪晚期音乐演奏研究》(Studies in the Performance of Late Mediaeval Music)。两本新杂志《简明历史音乐演奏年鉴》(Easier Jahrbuch fur historische Musikpraxis)与《表演演奏评论》(Performance Practice Review)并不关注某个特定时期，却为我们增加了中世纪和文艺复兴时期的音乐创作知识。另外，令人感兴趣的史料也可在历史更久的期刊《早期音乐》(Early Music)中找到。该领域还有两本通用书目——玛丽·文奎斯特（Mary Vinquist）、尼尔·扎斯劳（Neal Zaslaw）的《演奏实践》(Performance Practice)和罗兰·杰克逊（Roland Jackson）的同名著作。在《简明历史音乐演奏年鉴》中则可找到当前新发现的史料。

或许音乐学中最重要的成果是自约 1965 年以来唱片的数量、质量的增长。现在所有的中世纪学者都可以真正听到许多音乐了。

[①] Robert Haas, *Aufführungspraxis*, 1 vol. of *Handbuch der Musikwissenschaft*, ed. Ernst Bücken (Potsdam: Akademie Verlagsgesellschaft Athenaion, 1931)

熟悉这些音乐的重要性非常必要。虽然唱片很快就绝版了，但詹姆斯·库弗（James Coover）和理查·科尔维格（Richard Colvig）从 1973 年开始编撰的第二个书目索引《长时唱片上的中世纪和文艺复兴音乐》（*Medieval and Renaissance Music on Long-Playing Records*）仍可使用，特别是在拥有大量留声机记录档案的机构。具有开创性的乐团——"古代音乐"（Pro Musica Antiqua）和"纽约古代音乐"（New York Pro Musica Antiqua），以及后来的"伦敦早期音乐乐团"（Early Music Consort of London）现已解散，其位置正迅速地被不断增加的优秀团体所填补。1975—1990 年间更卓越的乐团指挥有托马斯·宾克利（Thomas Binkley）、亚历山大·布拉克利（Alexander Blachly）、约翰·布莱克利（John Blackley）、马克·布朗（Mark Brown）、格雷斯顿·伯吉斯（Grayston Burgess）、雷内·克莱门契奇（Rene Clemencic）、乔尔·科恩（Joel Cohen）、拉斯洛·多布扎伊（Laszlo Dobszay）、保罗·希利亚德（Paul Hilliard）、迈克尔·莫罗（Michael Morrow）、约翰·贝克特（John Beckett）、克里斯托弗·佩奇（Christopher Page）、安德鲁·帕罗特（Andrew Parrott）、马塞尔·佩雷斯（Marcel Peres）、亚历杭德罗·普兰查特（Alejandro Planchart）、康拉德·鲁赫兰（Konrad Ruhland）、玛丽·斯普林费尔斯以及丹尼斯·史蒂文斯（Mary Springfels and Denis Stevens）。此前，新唱片发行时，可参看美国的《乐谱》（*Notes*）杂志、音乐图书馆协会（Music Library Association）的杂志以及欧洲的《早期音乐》（*Early Music*）杂志以获得关于最新中世纪音乐唱片的信息。

总体而言，中世纪音乐的主流以法国起源的音乐为代表，尽管在某些时期意大利和英国音乐也同等重要——它们都具有个人风格特征。用最笼统的方式再说一次，很大程度上整个学科都是由德国学者和在德国传统影响下的学者所塑造的。可以理解的是，其他国家的学者在考察其本国音乐时也有特别重要的作用。不过，用"国家学派"讨论某个学科并不实际。因此，本文的剩余部分将极简要地总结中世纪音乐研究中某些领域的状况。

圣咏是音乐学研究中最古老、最复杂的领域之一。复杂性来自史料的卷帙浩繁、需要透彻理解礼拜仪式和音乐、公元后第一个千年可靠资料匮乏，对现代人而言口头文本意义不明。此外，由于学者的目标不同，还会出现其他问题。目前，现存有关西欧圣咏的大量材料出现在索莱梅斯修道院本笃会会士的著作中。在第二次梵蒂冈会议之前，学界主要目标是将格里高利圣咏恢复到其"原始状态"——在过去的几个世纪里，美第奇咏唱（Medicean chant）都充当了宗教仪式的音乐，虽然意图良好，但却使格里高利圣咏支离破碎。不幸的是，现代人对宗教仪式的考虑与古人并不完全契合。圣咏并非一时一地的创作。此外，自中世纪以来，宗教仪式已发生了变化。圣人历中许多旧节期已消失，又出现了许多新节期。结果就是，现代圣咏书一方面没有完全涵盖中世纪某一时期所有的曲目，另一方面却未加注释地呈现了近代起源节期的现代曲目。

建立在现代圣咏书和各种中世纪史料基础上的综述性著作已经出现。彼得·瓦格纳（Peter Wagner）的《格里高利圣咏导读》（*Einfuhrung in die gregorianischen Melodien*）仍是目前最具综合性的综述（最后编辑于1911—1921年），而威利·阿佩尔（Willi

Apel）的《格里高利圣咏》(*Gregorian Chant*, 1958）的研究篇幅更小。传统问题包括对乐谱的解释（包括节奏含义）、对形式的分析和对模式的分类。尽管仍然存在许多分析性问题——例如仍须思考如何理解调式的作用——但我们对曲调结构基本原理的掌握似乎比我们对历史发展知识的掌握更好。

教皇格里高利一世在编订专用弥撒（Mass Proper）的文本与曲调方面的权威在20世纪上叶似乎都是不可动摇的，现在却受到越来越多的质疑，不为大多数学者所采信。这些中世纪晚期曲调起源为何（无论是罗马式还是法兰克式的）？这将在未来一段时间内继续成为音乐学家和宗教仪式研究者的主要工作。某种程度上，这个问题既与寻找西欧乐谱起源有关，也涉及更好地理解宗教仪式曲调口头传播的过程与准确性。即使这种探究的结果很大程度上仍只是推测，却能使我们为圣咏的后期发展建立更好的基础。受益于埃贝尔的《弥撒圣歌六重唱》(*Antiphonale missarum sextuplex*）一书，我们得以知道在现存最早主要音乐抄本时代之前的标准弥撒中存在哪些文本。从9世纪到17世纪，虽然学界对升阶唱（gradual）《义人要发旺如棕树》(*Justus et palma*）的许多手稿版本进行了广泛的研究，但其他圣咏和圣咏类别还没有对应的版本。① 格里高利圣咏研究者意识到，某些曲调传播时可能出现变体，这些变体的样本成为研究《罗马式升阶唱》手稿谱系的基础。但是，我们还没有展开文本解读的研究，这项工作能使我们追踪欧洲不同地区的圣咏曲目的增加。我们对中世纪曲目知识的增加一定程度上要归功于目前已出版的几卷《中世纪弥撒曲》

---

① *Paléographie musicale*, ed. Dom André Mocquereau, ser. 1, vols. 2-3, 1891-93.

(Monumenta Monodium Monodica Medii Aevi），以及研究大众弥撒不同部分的几卷内容。但要全面了解曲目和音乐风格的变化，则需要我们对9—14世纪圣咏曲目有更清晰的认识。

在1950年至1975年间，学界也重新思考了非正式宗教仪式圣咏领域（包括比喻、顺序、韵律等）中的许多基本问题。该领域的早期研究主要从语言学和仪式学的角度展开，成果见于《圣歌选》(Analecta Hymnica)，这是一本有价值的文本选集。学界对音乐的汇编本身较少，尽管在过去的几十年里已有明显增加。同时我们已经意识到，在试图从本就混乱的领域中寻求秩序的过程中，早期学者倾向于消除中世纪出现而延续至今的各类作品之间的区别。现在学界提倡使用更严谨的术语，也在重新寻找各种音乐实践的起源。有些学者试图提醒人们这些实践在音乐方面的重要性，另一些学者则证明了诗歌技术与古典晚期和中世纪早期音乐创作之间的联系。在考察文本和音乐在中世纪各种非正式宗教形式的创造中的相对作用，以及在研究此类作品传播中出现的各种变化的重要性上，还有许多工作要做。

非宗教来源的世俗单声部音乐构成了音乐史研究的又一领域，它们历史悠久，本质上又是跨学科的。但是，尽管早在18世纪中叶人们就已对游吟诗人的音乐进行转写，但我们对该领域的研究仍显不足且充满争议。弗雷德里奇·根里希（Friedrich Gennrich）[1]和亨德里克·凡·德·魏尔夫（Hendrik van der Werf）[2]

---

[1] Friedrich Gennrich, *Der Musikalische Nachlass der Troubadours* (Summa Musicae Medii Aevi, vol. 3; cf. also vols. 4 and 15).

[2] Hendrik van der Werf, *The Extant Troubadour Melodies*, texts ed. Gerald A. Bond (Rochester, N.Y.: Privately published, 1984).

已经出版了两部完整的游吟诗曲调。法国北部、德国、西班牙、意大利的游吟诗的单本手抄本也已有完整的摹本与转写,但是后者很难说是为语言学家准备的批判性文本。宗教仪式曲调传播中发生的变化在程度和范围上有限,而世俗单声部音乐在传播中的变化(尤其是法国的游吟诗作品)似乎更大,影响也更大。为了考察最大多数曲调的调式,有必要掌握所有音乐手抄本史料。直到最近如亨德里克·凡·德·魏尔夫的汇编①才开始满足以上需求。

前述种种变体构成了仍在争论中的一个基本问题:曲调传播的本质。所记录下的曲调在多大程度上反映了抄写人的个人知识,在多大程度上反映了抄写人可用的书面材料,而他们可能在对曲调一无所知的情况下抄写或编辑这些史料吗?是纯粹的口头传播还是纯粹的文本传播,抑或是两者的结合?与此问题相关的,便是对音乐美学本质的考察,是否可以存在变式,抑或要对其作出限制?世俗单声部音乐中文本和音乐之间相互关系的性质也需要进一步探索。这首诗在多大程度上决定了曲调形式和节奏?关于法国南北部和德国的游吟诗的诗歌技艺的信息比其音乐技艺的信息更多。

对节奏的解释特别棘手。节奏只在极少现存曲调的乐谱中写明。在 20 世纪头十年里,奥布雷、贝克和路德维希各自推出理论,认为世俗单声部的节奏完全受 12、13 世纪后期多声部音乐的形式所规定。各人的理论采用的论据各不相同,推理也各不相同。不幸的是,关于谁是第一作者的问题引起了激烈的争执,使

---

① Van der Werf, *The Chansons of the Troubadours and Trouveres* (Utrecht: Oosthoek, 1972).

所涉及的问题变得模糊不清，以至于这些问题没有得到充分的辩论。随后的几年中，学者们开始尝试完善这一理论，然后再充分研究其基础和有效性。早在数十年前，就有学者对该理论提出警告，近几年反对意见又有所增加。节奏模式可与古典节拍模式相提并论（但并非完全相同），而调式理论（modal theory）的支持者和反对者似乎都暗示，诗歌节奏应反映在音乐节奏中。关于这种假设的有效性和局限性应予以更详细的考察。在这方面，本文已经简单地提到地中海民歌当今的演奏风格，并给出了延续传统可能性的建议。这一研究取径还有待充分探索。

民族音乐学家和音乐人类学家更紧密的合作对调查欧洲多声部音乐的起源作用很大。也许是因为多声部音乐在欧洲的传统比其他文化中发展得更加成熟，也许是由于人们对其本身文化传承的天生兴趣和偏爱，学界在追溯早期欧洲多声部音乐来源时倾向于将重点放在对欧洲史料的考据上。然而，最早的欧洲多声部音乐与今天其他地区（包括近东地区）的音乐在演奏中有许多相似之处。中世纪欧洲使用的许多乐器都来自近东，十字军带回这些乐器却对近东音乐漠不关心且不受影响是不太可能的。亚历山大·林格（Alexander Ringer）就特别强调东方的影响。①

在中世纪音乐研究的许多领域中，已经出现了对影响力的研究——这通常是充满不确定性的——而且，该方向的研究可能还会继续扩大。拜占庭风格如何影响西方圣咏？对此学界正在进行缓慢却稳定地探索。阿拉伯音乐（指西班牙的）对游吟诗的影响

---

① Alexander Ringer, "Eastern Elements in Medieval Polyphony," *Studies in Medieval Culture 2* (1966): 75-83.

仍在考察过程中。有必要对欧洲内部的音乐潮流作出解释，如阿基坦和法兰西岛的多声部音乐之间的关系，以及14世纪后期的意大利多声部音乐与同时期法国多声部音乐之间的关系。这样的研究可以为知识的分隔提供有益的解答。

在早期的欧洲多声部音乐领域中，除了寻找起源外，还有许多棘手的问题。1100年以前的文献数量很少且没有连贯性。在一些文献中，对音高的解读存在问题，而另一些则不存在这一问题。理论著作是文献主要来源之一，但是理论家通常无法提供早期音乐演奏的细节。此外，理论家也未必会讨论他们那个时代最新演奏的音乐。例如，约翰·柯顿（John Cotton）和阿夫利海姆的约翰（John of Affighem）的文章基本与圣马蒂亚勒（St. Martial）的最古老的多声部音乐同时代（约1100）。后者远比理论家所描绘的音乐复杂。

在完整性和逻辑性上具备确定性的两个最古老的多声部音乐作品都与圣马蒂亚勒（利摩日）和圣地亚哥·德·孔波斯特拉（Santiago de Compostela）有关。尽管学界倾向将多数作品定在1150年之前，但关于其具体创作日期却存在分歧。学界对节奏认识很少，这一情况令人非常尴尬，因为许多乐章高低音部的音符数量不一致，或几组音符互相不对应。学界对此问题的解决方法未能达成共识。很多时候转写的乐谱没有显示节奏，但没有某种形式的节奏就无法演奏。争论的重点问题包括：音乐节奏主要由文本中的节奏决定吗？乐器演奏在今日的节奏形式是不是重要因素？在音乐创作和演奏中，谐和音与不谐和音多大程度上占主导地位？

以下则是更为基本的问题。乐谱是否完全一致——是否同一个音型（figure）的解读方式都一样？或者说乐谱仅仅是系统性的——是否只有在同一个演奏环境下才有同样的解读？我们有望找到解决这些问题的资料，还是说，必须用一个或多个假设来得出结论？如果是后者，是否有办法评估对比的结果？最后，如果将中世纪西欧音乐与稍晚的曲目以及其他地方的曲目作对比，在多大程度上是有效的？尽管乐谱存在不确定性，但在过去几十年中，学界在处理曲目调式和形式元素方面已取得了相当大的进步。

一些学者正在关注以巴黎圣母院为中心的又一重要曲目，关于节奏的问题仍在困扰他们。第一位重要大师是列奥宁（Leonin，1135-1205），下一代是佩罗廷（Perotin，1190-1205）。在此我们开始更加确定了。该曲目的某些部分与13世纪中叶的理论家所描述的节奏系统非常吻合，可准确地进行转写。不幸的是，在许多著作中，理论家的规则未明确适用的片段与明确适用的片段共存。因此，我们要讨论的是：是否存在一种整体性的节奏的指导原则，换言之，作品节奏是不是基于对立的节奏原则的对比。回顾以往研究，我们还要质疑，我们是不是使用了尚不存在的一些原则？列奥宁的作品最早明确出现了调式节奏（modal rhythm），那是不是他设计了这个体系①（基于他对圣奥古斯丁《论音乐》[*De musica*] 的构想）？还是说该体系逐渐甚至是无意识地发展而成？除了关于节奏的解释外，还有两个问题涉及圣母院的双声部奥尔加农。利用两个或多个作品共通的标准部分与延长部分，我们越

---

① William Waite, *The Rhythm of Twelfth-Century Polyphony*, New Haven: Yale Univ. Press, 1954.

来越多地探索将各种作品组合在一起的方式。另外，我们对更加详细记录这些作品的传播过程抱有兴趣。保留下来的奥尔加农发生了变化，基本上所有旧式的、狂想的部分都被替换成了结构更紧凑的部分。

有证据表明，并非所有的"巴黎圣母院多声部音乐"都是在巴黎圣母院创作的，其中一些可能来自巴黎其他重要的教堂。众所周知，12世纪多声部音乐还有其他中心，但是到目前为止，那些地方几乎没有发现音乐史料。13—17世纪巴黎周边的音乐主题通常是优雅的古典风格，这一点逐渐被越来越多的学者接受。15—17世纪，来自中欧、东欧和冰岛等偏远地区的音乐有时可与10—13世纪法国和意大利的作品媲美。甚至在二战前夕，奇维达莱还有未中断过的演奏中世纪多声部音乐的传统。

回到发展的主流，即13世纪的法国《圣经》音乐，我们终于在解读乐谱方面有了坚实的基础。多数音乐已有现代版本。对这一类型的最新研究主要致力于统计调查其技术特征，但是也涉及更宽泛的风格问题。通常，中世纪多声部音乐是分层创建的，一层只有一种完整的声音。例如，《圣经》音乐作曲家首先选择一个既有的旋律（通常是花腔 [chant melisma]）作为作品的基础，且作品通常使用某些既定的节奏模式。作品将既有材料重复一次或多次，以达到所需长度，然后依次添加一个或多个高声部。因此，作品几乎可以随意添加、减去或替换人声部分。在一些手稿中，一些作品分成三部分流传下来，甚至还被分成四部分。有些作品使用两个底音的同一核心，但第三部分则不同。这种构造法与演奏会曲目中最为人熟悉的音乐所采用的构造方法大不相同。

这种方法一开始就设想了各种声线之间的相互作用。因此，时常有学者提出对这些作品的美学理解和评价的问题。实际上，这一时期的《圣经》音乐很好地扩展了潘诺夫斯基的研究，即哥特式建筑和士林哲学的相似之处。《圣经》音乐男高音的安排方式与他的主要观察相符合，即知识结构与空间系统相对应，而三声部（triplum）的划分则有助于解决男高音与经文声部分裂所带来的问题。某种程度上，这种平行性一直延续到 14 世纪末，一些人将最后几年的晚期风格称为"纤细的技法"（ars subtilior）。

　　14 世纪的主要曲目现在很容易获得。有时会出现一些意想不到的问题。直到最近，学界才知道 12—14 世纪有一种将多声部音乐标记为单声部音乐的传统。因此，在马肖音乐的两种选集中，不只一部作品表面上是单声部音乐，而实际上是多声部音乐。① 如果节奏复杂，有时还需修正转写内容。但总的来说，我们所得的资料还算不错。14 世纪以前的一些多声部音乐作曲家的名字众所周知，有几首作品的作者则直到 14 世纪才得以确定。法国的费利佩·德·维特里（Philippe de Vitry）和纪尧姆·德·马肖（Guillaume de Machaut）是 1900—1975 年间学界的两位重要人物。马肖的地位举足轻重，部分原因是他的作品手稿数量众多，因此研究 14 世纪法国音乐的学者面临的问题之一是如何求得整个时期的平衡视角。在研究 14 世纪意大利的音乐时，这一问题较不尖锐，尽管弗朗切斯科·兰迪尼（Francesco Landini）似乎是其中的佼佼者。我

---

① 参见 Richard Hoppin, "An Unrecognized Polyphonic Lai of Machaut," *Musica Disciplina 12* (1958): 93-104; Margaret Hasselman and Thomas Walker, "More Hidden Polyphony in a Machaut MS," *Musica Disciplina 24* (1970): 7-16; Sarah Fuller, "Hidden Polyphony — A Reappraisal," *Journal of the American Musicological Society 24* (1971): 169-92。

们对兰迪尼的许多前辈、同代人和后继者有更好的了解。14 世纪的意大利世俗多声部音乐令人惊艳，也使现代学者感到震惊，而我们对 13 世纪的意大利音乐创作仍了解不多。因此，我们要继续寻找有关早期意大利多声部音乐的更多资料，然后从结构的角度考察 14 世纪意大利的乐曲，以确定它们的结构是否会提供有关此类音乐来源的线索。

一些中世纪的作品的创作日期可以较准确地确定下来。有一些文本涉及特定的人或事件，这是一种帮助。15 世纪初这类作品的数量有所增加，当时某一资料为很多作品指明了具体的创作日期。我们知道中世纪和文艺复兴早期的编年史中很少有可以确定创作日期的作品。但是，可溯源的比例仍然很小。鉴于我们对音乐大师风格发展的浓厚兴趣，随着我们对作曲家身份的了解增加，年表和风格变化的问题也越来越多。学界已经在努力确定 13 世纪流行音乐的年代顺序，但是确定 14 世纪和 15 世纪的作曲家作品的年代更为重要。有时候，作曲家——例如迪费（Dufay）——所生活的时期很快就发生了乐谱技术的变革，因此，可以根据乐谱的技术特征确定其作品的年代顺序①（该方法已应用于杜菲的作品，但尚未应用于与他同时代的大师）。更多时候，我们依据的是结构分析方法，例如对马肖和兰迪尼作品的研究。②随着我们越来

---

① Charles Hamm, *A Chronology of the Works of Guillaume Dufay Based on a Study of Mansural Practice* (Princeton: Princeton Univ. Press, 1964).

② Gilbert Reaney, "A Chronology of the Ballades, Rondeaus and Virelais Set to Music by Guillaume de Machaut" and "Towards a Chronology of Machaut's Musical Works," *Musica Disciplina* 6 (1952): 33-38, nnd 21 (1967): 87-96; Ursula Gunther, "Chronologie und Stil der Kompositionen Guillaume de Machauts," *Acta Musicologica* 35 (1963): 96-114; Kurt von Fischer, "Ein Versuch zur Chronologie von Landinis Werken," *Musica Disciplina* 20 (1966): 31-46.

越多地掌握了各种中世纪剧目，可以预期的是，不断精进的分析技术将被用于评估出的处真实性，确定作品创作的日期。中世纪音乐史的大致轮廓业已出现。我们现在正在进一步寻求完善。

参考书目

音乐参考书目
主要考察二手材料的书目
关注中世纪音乐

Hughes, Andrew. *Medieval Music: The Sixth Liberal Art.* Toronto Medieval Bibliographies 4. Rev. ed. Toronto: Univ. of Toronto Press, 1980.

Smits van Waesberghe, Joseph. "Das gegenwärtige Geschichtsbild der mittelalterlichen Musik." *Kirchenmusikalisches Jahrbuch* 46（1962）: Cumulative index in vol. 53（1969）.

通用性音乐书目

Bibliographic des Musikschrifttums. Edited by Kurt Taut and Georg Karstädt,1936-39; Wolfgang Schmieder, 1950-. Leipzig: Hofmeister, 1936-.

International Inventory of Music Literature. RILM. Abstracts of Music Literature. Répertoire International de la Littérature Musicale. New York: International RILM Center, 1967-. *The Music Index.* Detroit: Information Service, 1949-.

专门类音乐书目

Charles, Sydney Robinson. *A Handbook of Music and Music Literature in Sets and Series*. New York: The Free Press, 1972.

——, and Julie Woodward. "Editions, historical." In *The New Grove Dictionary of Music and Musicians* 5:848-69.

Coover, James, and Richard Colvig. *Medieval and Renaissance Music on Longplaying Records: Supplement, 1962-1971*. Detroit Studies in Music Bibliography 26.

Duckies, Vincent, and Michael Keller. *Music Reference and Research Materials*. 4th ed. New York: Schirmer Books, 1988.

Hagopian, Viola. *Italian Ars Nova Music: A Bibliographic Guide to Modern Editions and Related Literature*. University of California Publications in Music 7. Berkeley: Univ. of California Press, 1964.

Heyer, Anna Harriet. *Historical Sets, Collected Editions, and Monuments of Music*. 3d ed. Chicago: American Library Association, 1980.

Jackson, Roland. *Performance Practice, Medieval to Contemporary, A Bibliographic Guide*. Music Research and Information Guides 9. New York: Garland, 1988.

Schmieder, Wolfgang. "Denkmäler der Tonkunst." In *Die Musik in Geschichte und Gegenwart* 3:164-92.

Sendry, Alfred. *A Bibliography of Jewish Music*. New York: Columbia Univ. Press, 1951.

Vinquist, Mary, and Neal Zaslaw, eds. *Performance Practice: A Bibliography*. New York: Norton, 1971.

主要考察一手史料的书目

通用书目

International Inventory of Musical Sources. *RISM*（*Repertoire International des Sources Musicales*）. Munich: G. Henle, 1960-. Series B, topical volumes.

3:1. Joseph Smits van Waesberghe, Pieter Fischer, and Christian Maas, eds., *The Theory of Music from the Carolingian Era up to 1400*. 1961.

3:2. Pieter Fischer, ed. *The Theory of Music from the Carolingian Era up to 1400. Italy*. 1968.

4:1. Gilbert Reaney, ed. *Manuscripts of Polyphonic Music, 11th-early 14th century*. 1966.

4:2. Gilbert Reaney, ed. *Manuscripts of Polyphonic Music*（*c. 1320-1400*）. 1969.

4:3-4. Kurt von Fischer and Max Lütolf, eds. *Handschriften mit mehrstimmiger Musik des 14. 15. und 16. Jahrhunderts*. 1972.

5:1. Heinrich Husmann, ed. *Tropen- und Sequenzenhandschriften*. 1964.

9:2. Israel Adler, ed. *Hebrew Writings Concerning Music in Manuscripts and Printed Books from Geonic Times up to 1800*. 1975.

专门类书目

Anderson, Gordon. "Notre Dame and Related Conductus: A Catalogue Raisonne." *Miscellanea Musicologica* 6（1972）: 153-229; 7（1973）: 1-81

Besseler, Heinrich. "Studien zur Musik des Mittelalters." *Archiv für Musikwissenschaft* 7(1925): 167-252; 8(1927): 137-258.

Fischer, Kurt von. *Studien zur italienischen Musik des Trecento und frühen Quattrocento*. Bern: P. Haupt, 1956.

Gennrich, *Friedrich. Bibliographie der ältesten französischen und lateinischen Motetten*. Summa Musicae Medii Aevi 2. Darmstadt: Privately published, 1957.

——. *Der musikalische Nachlass der Troubadours: Kommentar*. Summa Musicae Medii Aevi 4. Darmstadt: privately published, 1960.

Le graduel romain. Edited by the Monks of Solesmes. Vol. 2, *Les Sources*; vol. 4, *Le Texte neumatique* （all that is published）. Solesmes: Abbey of St. Pierre, 1957,1960.

Gröninger, Eduard. *Repertoire-Untersuchungen zum mehrstimmigen Notre Dame-Conductus*. Regensburg: Bosse, 1939.

Linker, Robert White. *Music of the Minnesinger and Early Meistersinger*. Chapel Hill: Univ. of North Carolina Press, 1962.

Ludwig, Friedrich. "Die Quellen der Motetten altesten Stils." *Archiv für Musikwissenschaft* 5（1923）: 185-22, 273-315. Summa Musicae Medii Aevi 7, edited by Friedrich Gennrich. Langen bei Frankfurt: privately published, 1961.

——, ed. *Repertorium organorum recentioris et motetorum vetustissimi stili*. Vol. 1, pt. 1, Halle: Niemeyer, 1910. 2nd ed., expanded, with preface by Luther

Dittmer, Musicological Studies 7. Brooklyn: Institute of Mediaeval Music, 1964; Vol. 1, pt. 2; vol. 2, Musicological Studies 26, 17. Brooklyn: Institute of Mediaeval Music, 1978, 1972. Portions of vol. 1, pt. 2 and vol. 2 issued by Friedrich Gennrich, Summa Musicae Medii Aevi 7, 8. Langen bei Frankfurt: Privately published, 1961. 1962.

Pillet, Alfred, and Carstens, Henry. *Bibliographie der Troubadours*. Halle: Niemeyer, 1933.

Raynaud, Gaston. *Bibliographie des chansonniers français des XIIIe et XIVe siècles*. 2 vols. Paris: F. Vieweg, 1884.

Spanke, Hans. G. *Raynauds Bibliographie des altfranzösischen Liedes*. Leiden: Brill, 1955.

百科及词典

原创研究综合多卷本

The New Grove Dictionary of Music and Musicians. Edited by Stanley Sadie. 20 vols. London: Macmillan, 1980.

Handwörterbuch der musikalischen Terminologie. Edited by Hans Heinrich Eggebrecht. Wiesbaden: F. Steiner. 1972-.

Die Musik in Geschichte und Gegenwart. Edited by Friedrich Blume. 17 vols. Kassel: Bärenreiter, 1949-67. Supplement, 1969-86.

较简短的工具书

Baker's Biographical Dictionary of Musicians. 7th ed. Edited by Nicolas Slonimsky. New York: Schirmer, 1984.

The New Harvard Dictionary of Music. Edited by Don Randel. Cambridge, Mass.: Belknap Press of Harvard Univ. Press, 1986.

Riemann, Hugo. *Musik Lexikon*. 12th ed. Edited by Wilibald Gurlitt. 3 vols. Mainz: B. Schott's Söhne, 1959-67. Supplement, 2 vols., edited by Carl Dahlhaus, 1972-75.

音乐史

内有独立章节考察中世纪音乐的多卷本著作或丛书

Bücken, Ernst, ed. *Handbuch der Musikwissenschaft*. 13 vols. in 9. Wildpark-Potsdam:

Akademische Verlagsgesellschaft Athenaion, 1927-21.

Besseler, Heinrich. *Die Musik des Mittelalters und der Renaissance*, 1931.

Haas, Robert. *Aufführungspraxis der Musik*. 1931.

Sachs, Curt. *Die Musik der Antike*. 1928.

Ursprung, Otto. *Die katholische Kirchenmusik*. 1931.

Harman, Alec, and Wilfrid Mellers. *Man and His Music*. 4 vols. London: Rockliff, 1957-59. reissued in 1 vol. in 1962. Vol. 1, *Medieval and Early Renaissance*, 1958.

Man and Music. 4 vols. Englewood Cliffs, N.J.: Prentice-Hall, 1989-90.

McKinnon, James, ed. *Ancient and Medieval Music*. 1990.

Fenlon, Iain, ed. *The Renaissance*. 1989.

The New Oxford History of Music. 10 vols. London: Oxford Univ. Press, 1954-86.

1. *Ancient and Oriental Music*. Edited by Egon Wellesz, 1957.

2. *Early Medieval Music up to 1300*. 2d ed., edited by Richard Crocker and David Hiley, 1990.

3. *Ars Nova and the Renaissance* (1300-1540). Edited by Anselm Hughes and Gerald Abraham, 1960.

The Norton History of Music Series. 7 vols. New York: Norton, 1940-.

Sachs, Curt. *The Rise of Music in the Ancient World, East and West*, 1943.

Reese, Gustave. *Music in the Middle Ages*, 1940.

———. *Music in the Renaissance*, rev. ed., 1959.

The Prentice-Hall History of Music Series. Englewood Cliffs, N.J.:Prentice-Hall, 1965-89.

Brown, Howard Mayer. *Music in the Renaissance.* 1976.

Yudkin, Jeremy. *Music in Medieval Europe.* 1989.

Robertson, Alec, and Stevens, Denis, eds. *The Pelican History of Music.* 3 vols. Harmondsworth, Middlesex: Penguin Books, 1960-69. Vol. 1, *Ancient Forms to Polyphony*, 1960.

Sternfeld, Fredrick William, ed. Praeger History of Western Music. New York: Praeger, 1973-. Vol. 1, *Music from the Middle Ages to the Renaissance.* 1973.

考察中世纪音乐的多卷本著作及重点论及了中世纪音乐的一般音乐史著作

Adler, Guido, ed. *Handbuch der Musikgeschichte.* 2 vols. 2d ed. Berlin-Wilmersdorf: H. Keller, 1930.

Cattin, Giulio. *II Medievo* 1. Turin: Edizioni di Torino, 1979. Steven Botterill, *Music of the Middle Ages* 1. Cambridge: Cambridge Univ. Press, 1984.

Chailley, Jacques. *Histoire musicale du moyen âge.* 2d ed. Paris: Presses universitaires de France, 1969.

Crocker, Richard. *A History of Musical Style.* New York: McGraw-Hill, 1966.

Gallo, F. Alberto. *II Medievo* 2. Turin: Edizioni di Torino, 1977. Karen Eales, *Music of the Middle Ages* 2. Cambridge: Cambridge Univ. Press, 1985.

Gérold, Théodore. *La musique au moyen âge.* Paris: Champion, 1932.

———. *Histoire de la musique des origines à la fin du XIVe siècle.* Paris: Renouard, 1936.

Lang, Paul Henry. *Music in Western Civilization.* New York: Norton, 1941.

Pirro, André. *Histoire de la musique de la fin du XIVe siecle à la fin du XVIe.* Paris: Renouard, 1940.

文集

Anthology of Music（original German edition, Das Musikwerk）. 47 vols. and index. Edited by Karl Gustav Fellerer. Cologne: Arno Volk Verlag: Philadelphia: Theodore Presser, 1960-76.

2. Gennrich, Friedrich, ed. *Troubadours, Trouvères, Minnesang, and Meistergesang*, 1960.

9. Husmann, Heinrich, ed. *Medieval Polyphony*, 1962.

13. Wellesz, Egon, ed. *The Music of the Byzantine Church*, 1959.

18. Tack, Franz, ed. *Gregorian Chant*, 1960.

30. Schmidt-Görg, Joseph, ed. *History of the Mass*, 1968.

47. Hüschen, Heinrich, ed. *The Motet*, 1975.

Davison, Archibald T., and Willi Apel, eds. Historical Anthology of Music. Vol.1, *Oriental , Medieval and Renaissance Music*. Rev. ed. Cambridge, Mass.: Harvard Univ. Press, 1949.

Fuller, Sarah, ed. *The European Musical Heritage,800-1750*. New York: Knopf, 1987.

Marrocco, W. Thomas, and Nicholas Sandon, eds. *The Oxford Anthology of Music: Medieval Music*. London: Oxford Univ. Press, 1977.

Parrish, Carl, ed. *A Treasury of Early Music*. New York: Norton, 1958.

——, John F. Ohl, eds. *Masterpieces of Music Before* 1750. New York: Norton, 1951。

Schering, Arnold, ed. *Geschichte der Musik in Beispielen*. Leipzig: Breitkopf & Hartel, 1931. Reprinted, New York: Broude Brothers, 1950.

图像学

Kinsky, Georg, ed. *Geschichte der Musik in Bildern*. Leipzig: Breitkopf & Härtel, 1929. French ed., Album Musical. Paris: Delagrave, 1930. English eds. *A History of Music in Pictures*. 1930, 1937, 1951.

Komma, Karl Michael, ed. *Musikgeschichte in Bildern. Stuttgart*: Alfred Kröner, 1961.

Lang, Paul Henry, and Otto Bettmann, *eds. A Pictorial History of Music*. New York: Norton, 1960.

Musikgeschichte in Bildern. 由 Heinrich Besseler 及 Max Schneider 创建,

present editor, Werner Bachmann, 28 vols. issned thus far. Leipzig: Deutscher Verlag für Musik, 1961-.

 2:5. Günter Fleischhauer, ed. *Etrurien und Rom.* 1965.

 3:2. Henry George Farmer, ed. *Islam.* 1966.

 3:3. Joseph Smits van Waesberghe, ed. *Musikerziehung,* 1969.

 3:4. Bruno Stäblein, ed. *Schriftbild der einstimmigen Musik.* 1975.

 3:5. Henrich Besseler and Peter Gülke, eds. *Schriftbild der mehrstimmigen Musik.* N.d.

 3:8. Edmund A. Bowles, ed. *Musikleben im 15. Jahrhundert.* 1977.

中世纪音乐理论

历史及文集

Riemann, Hugo. *Geschichte der Musiktheorie im IX.-XIX. Jahrhundert*（History of Music Theory: Books Ⅰ. Ⅱ, Polyphonic Theory to the 16th Century）. 2d ed. Berlin: Max Hesse, 1920. Book Ⅰ and Ⅱ translated and edited by Raymond H. Haggh. Lincoln: Univ. of Nebraska Press, 1962。

Strunk, Oliver. *Source Readings in Music History.* New York: Norton, 1950.

Tello, Francisco. *Estudios de Historia de la Tearia musicale.* Madrid: Consejo Superior de Investigaciones Cientificas, 1962.

论文集

Corpus scriptorum de musica. 34 vols. issued thus far. Rome: American Institute of Musicology, 1950-. Various editors.

Coussemaker, Edmond de. *Scriptorum de Musica Medii Aevi.* 4 vols. Paris: Durand, 1864-76. Reprinted, Milan: Bollettino Bibliografico Musicale, 1931; Hildesheim: G. Olms, 1963.

Eggebrecht, Hans Heinrich, and Friedrich Zaminer. *Ad organum faciendum: Lehrschriften der Mehrstimmigkeit in nachguidonischer Zeit.* Mainz: B. Schott's Söhne, 1970.

Erlanger, Randolphe d'. *La musique arabe*. 6 vols. Paris: Geuthner, 1930-59.

Gerbert, Martin. *Scriptores ecclesiastici de musica sacra potissimum*. 3 vols. St. Blasien, 1784. Reprinted, Milan: Bollettino Bibliografice Musicale, 1931; Hildesheim: G. Olms, 1963.

乐谱

Apel, Willi. *The Notation of Polyphonic Music, 900-1600*. 5th ed. Cambridge, Mass.: Medieval Academy of America, 1961.

Arlt, Wulf, ed. *Palaeographie der Musik*. Cologne: Arno Volk-Verlag & Hans Gerig, 1973-79.

1:1. Wulf Arlt. *Einleitung*, 1979.

1:2. Max Haas. *Byzantinische und Slavische Notationen*, 1973.

1:3. Solange Corbin. *Die Neumen*, 1977.

1.4. Ewald Jammers. *Aufzeichnungsweisen der einstimmigen ausserliturgischen Musik des Mittelalters*, 1975.

Parrish, Carl. *The Notation of Medieval Music*. London: Faber, 1958.

Suñol, Dom Grégorie. *Introduction à la paleographie musicale grégorienne*. Paris: Tournai, Desclee, 1935.

Wolf, Johannes. *Handbuch der Notationskunde*. 2 vols. Kleine Handbücher der Musikgeschichte nach Gattungen, 8. Leipzig: Breitkopf & Hartel, 1913, 1919. Reprinted, Hildesheim: Olms, 1963.

专题论文及有主要章节论及中世纪音乐的著作

Abert, Hermann. *Die Musikanschauung des Mittelalters*. Halle: Niemeyer, 1905. Reprinted, Tutzing: Schneider, 1964.

Angles, Higini. *El Codex musical de las Huelgas*. 3 vols. Biblioteca de Catalunya, Publicacions del Department de Musica 6. Barcelona: Institut d'Estudis Catalans, 1931.

———. *Historia de la musica medieval en Navarra*. Diputación Foral de Navarra, Institución Principe de Viana. Pamplona: N.p., 1970.

———. *La Musica a Catalunya fins al segle XII*. Biblioteca de Catalunya, Publicacions del Department de Musica 10. Barcelona: Institut d'Estudis Catalans, 1935.

———. *La musica de las Cantigas de Santa Maria del Rey Alfonso el Sabio*. 3 vols. Barcelona: Biblioteca Central, 1943-64.

Apel, Willi. *Gregorian Chant*. Bloomington: Univ. of Indiana Press, 1958.

Apfel, Ernst. *Studien zur Satztechnik der mittelalterlichen englischen Musik*. 2 vols. Abhandlungen der Heidelberger Akademie der Wissenschaften, Philosophisch-historische Klasse. Heidelberg: Carl Winter Universitatsverlag, 1959.

Auda, Antoine. *Les modes at les tons de la musique et specialement de la musique medievale*. Académie royale des sciences, des lettres et des beaux-arts de Belgique: Classe de beaux-arts. Mémoires, series 3, vol. 1. Brussels: Palais des Académies, 1931. Reprinted, Hildesheim: Georg Olms, 1979.

Batka, Richard. *Geschichte der Musik in Böhmen*. Vol. 1, *Böhmen unter deutschem Einfluß 900-1333*. Prague: Dürerverlag, 1906.

Bent, Margaret. *Dunstaple*.Oxford Studies of Composers 17. London: Oxford Univ. Press, 1981.

Bukofzer, Manfred F. *Geschichte des englischen Diskants and des Fauxbourdons nach den theoretischen Quellen*. Strasbourg: Heitz, 1936.

———. *Studies in Medieval and Renaissance Music*. New York: Norton, 1950.

Carpenter, Nan C., *Music in the Medieval and Renaissance Universities*. Norman: Univ. of Oklahoma Press, 1958.

Chailley, Jacques. *L'École musicale de Saint Martial jusqu'à la fin du XIe siècle*. Paris: Les Livres essentials, 1960.

Clercx-Lejeune, Suzanne. *Johannes Ciconia: Un musicien liegeois et son temps*.

2 vols. Acadèmie royale de Belgique, Classe des beaux-arts. Memoires, series 2, vol. 10. Brussels: Palais des Academies, 1960.

Corbin, Solange. *L'Église a la conquéte de sa musique*. Paris: Gallimard, 1960.

———. *Essai sur la musique religieuse portugaise au moyen âge*. Collection portugaise, 8. Paris: Les Belles lettres, 1952.

Crane, Frederick. *Extant Medieval Musical Instruments*. Iowa City: Univ. of Iowa Press, 1972.

Dannemann, Erna. *Die spätgotische Musiktradition in Frankreich und Burgund vor dem Auftreten Dufays*. Strasbourg: Heitz, 1936.

Evans, Paul. *The Early Trope Repertory of Saint Martial de Limoges*. Princeton Studies in Music 2. Princeton: Princeton Univ. Press, 1970.

Farmer, Henry G. *A History of Arabian Music to the XIIIth Century*. London: Luzac, 1929. Reprinted, 1967.

———. *Historical Facts for the Arabian Musical Influence*. London: Reeves, 1930.

Reprinted, Hildesheim: Olms, 1970.

Fellerer, Karl Gustav, ed. *Geschichte der katholischen Kirchenmusik*. Vol. 1, *Von den Anfangen bis zum Tridentium*. Kassel: Bärenreiter Verlag, 1972-.

Flotzinger, Rudolf. *Der Discantus-satz im Magnus liber und seine Nachfolge*. Wiener musikwissenschaftliche Beiträge 8. Vienna, Harmann Bohlaus Nachf., 1969.

Gamberini, Leopoldo. *Le Parola e la musica nell'antichità*. Historiae musicae cultores, Biblioteca, 15. Florence: Olschki, 1961.

Gennrich, Friedrich. *Grundriß einer Formenlehre des mittelalterlichen Liedes*. Halle: Niemeyer, 1932; reprinted Tübingen, 1970.

Harrison, Frank Lloyd. *Music in Medieval Britain*. London: Routledge, 1958.

Holschneider, Andreas. *Die Organa von Winchester*. Hildesheim: Olms, 1968.

Jammers, Ewald. *Anfänge der abendlandischen Musik*. Strasbourg: Heitz, 1955.

427 ——. *Musik in Byzanz, im päpstlichen Rom und in Frankreich.* Abhandlungen der Heidelberger Akademie der Wissenschaften, Philosophisch-historische Klasse. Heidelberg: Carl Winter Universitätsverlag, 1962.

Kippenberg, Burkhard. *Der Rhythmus im Minnesang.* Münchner Texte und Untersuchungen zur deutschen Literatur des Mittelalters, 3. Munich: Beck, 1962.

López-Calo, Josè. *La Musica medieval en Galicia.* Corunna: Fundación "Pedro Barrie de la Maza, Conde de Fenosa," 1982.

Lütolf, Max. *Die mehrstimmigen Ordinarium Missae-Sätze.* 2 vols. Bern: Haupt, 1970.

Machabey, Armand. *Genèse de la tonalité classique des origines au XVe siècle.* Paris: Richard-Masse, 1955.

——. *Guillaume de Machaut, 130?-1377.* 2 vols. Paris: Richard-Masse, 1955.

Maillard, Jean. *Évolution et esthétique du lai lyrique.* Paris: Centre de documenttation universitaire, 1963.

McGee, Timothy. *Medieval and Renaissance Music: A Performers Guide.* Toronto: Univ. of Toronto Press, 1985.

Montagu, Jeremy. *The World of Medieval and Renaissance Musical Instruments.* Woodstock, N.Y.: Overlook Press, 1976.

Moser, Hans Joachim. *Geschichte der deutchen Musik.* Vol. 1, *Von den Anfängen bis zum Beginn des Dreißigjährigen Krieges.* 4th ed. Stuttgart: Cotta, 1926.

Munrow, David. *Instruments of the Middle Ages and Renaissance.* London: Oxford Univ. Press, 1976.

Page, Christopher. *Voices and Instruments of the Middle Ages: Instrumental Practice and Songs in France, 1100-1300.* Berkeley, Univ. of California Press, 1986.

Pietzsch, Gerhard W. *Die Klassifikation der Musik von Boethius bis Ugolino.* Studien zur Geschichte der Musik-Theorie im Mittelalter. Halle: Niemeyer, 1929.

Quasten, Johannes. *Musik und Gesang in den Kulten der heidnischen Antike* und Christlichen Fruhzeit. Liturgiegeschichtliche Quellen und Forschungen 25. Münster: Aschendorff, 1930.

Reaney, Gilbert. *Guillaume de Machaut*. Oxford Studies of Composers 9. London: Oxford Univ. Press, 1971.

Rokseth, Yvonne. *Polyphonies du XIIIe siècle: Le MS H.196 de la Faculté de Médicine de Montpellier*. Paris: Oiseau-Lyre, 1935-39.

Sachs, Curt. *The History of Musical Instruments*. New York: Norton, 1940.

Seagrave, Barbara G., and Wesley Thomas. *The Songs of the Minnesingers*. Urbana: Univ. of Illinois Press, 1966.

Sesini, Ugo. *Poesia e musica nella latinita cristiana dallTII al X secolo*, ed. Giuseppe Vecchi. Nuevo Biblioteca Italiana 6. Turin: Societa editrice internazionale, 1949.

Smits van Waesberghe, Joseph. *Muziekgeschiedenis der Middeleeuwen*. 2 vols. Nederlandsche Muziekhistorische en Muziekpaedagogische Studien. Series A. Tilburg: W. Bergmans, 1939, 1942.

———. *School in Muziek in de Middeleeuwen; De muziekdidactiek van de vroegen middeleeuwen*. Amsterdam: Uitgeversnaatschapij, 1949.

Smoldon, William L. *The Music of the Medieval Church Dramas*. London: Oxford Univ. Press, 1980.

Stevens, John. *Words and Music in the Middle Ages: Song, Narrative, Dance and Drama, 1050-1350*. Cambridge: Cambridge Univ. Press, 1986.

Strohm, Reinhard. *Music in Late Medieval Bruges*. Oxford: Oxford Univ. Press, 1985.

Van der Werf, Hendrik. *The Chansons of the Troubadors and Trouveres*. Utrecht: Oosthoek, 1972.

Velimirovic, Milos. *Byzantine Elements in Early Slavic Chant: The Hirmologion*. Monumenta Musicae Byzantinae, Subsidia, 4. Copenhagen: Munksgaard, 1960.

Wagner, Peter. *Einführung in die gregorianischen Melodien*. 3 vols. Leipzig: Breitkopf & Härtel, 1911-21. Reprinted, Hildesheim: Olms, 1962. Vol. 1, *Introduction to the Gregorian Melodies*. Translated by Agnes Orme and E. G. P. Wyatt. London: The Plainsong and Mediaeval Music Society, 1901.

Waite, William G. *The Rhythm of Twelfth-Century Polyphony*. Yale Studies in the History of Music 2. New Haven: Yale Univ. Press, 1954.

Wellesz, Egon. *Eastern Elements in Western Chant*. Monumenta Musicae Byzantine, Subsidia, 2. Oxford: Oxford Univ. Press, 1947.

——. *A History of Byzantine Music and Hymnography*. 2d ed. Oxford: Clarendon, 1961.

Werner, Eric. *The Sacred Bridge*. 2 vols. London: Dobson, 1959; New York: Ktav Publishing House, 1984.

Whitehill, Walter M., Dom German Prado, Jesus Carro Garcia. *Liber Sancti Jacobi: Codex Calixtinus*. 3 vols. Santiago de Compostela: Consejo superior de investigaciones cientificas, Instituto P. Sarmiento de estudios gallegos, 1944.